证券借贷理论与实务

THEORETICAL AND PRACTICAL STUDY OF SECURITIES LENDING

聂庆平　主编

图书在版编目（CIP）数据

证券借贷理论与实务／聂庆平主编．—北京：中国财政经济出版社，2014.12

ISBN 978-7-5095-5843-0

Ⅰ.①证…　Ⅱ.①聂…　Ⅲ.①证券交易-借贷-研究-世界　Ⅳ.①F831.51

中国版本图书馆 CIP 数据核字（2014）第 276284 号

责任编辑：郁东敏　　　　责任校对：王　英
版式设计：董生萍

中国财政经济出版社出版

URL：http：//www.cfeph.cn

E-mail：cfeph@cfeph.cn

社址：北京市海淀区阜成路甲 28 号　邮政编码：100142

营销电话：010-88190965、88190912、88190406

北京财经印刷厂印刷　各地新华书店经销

787×1092 毫米　16 开　40.25 印张　388 000 字

2015 年 3 月第 1 版　2015 年 3 月北京第 1 次印刷

定价：78.00 元

ISBN 978-7-5095-5843-0/F·4724

（图书出现印装问题，本社负责调换）

本社质量投诉电话：010-88190744

打击盗版举报热线：010-88190492，QQ：634579818

编　委　会

前言

Preface

（一）

证券买空和卖空即信用交易行为，在全球已有四百余年历史。17世纪初，在欧洲荷兰阿姆斯特丹，买空和卖空行为随着证券交易的出现而出现。买空者通过融资买入标的资产推高资产价值；而卖空者则在资产价值频频走高时，通过卖空交易来挤压资产泡沫。1637年荷兰“郁金香泡沫”事件中，卖空交易发挥了抑制泡沫膨胀的作用，但因其未受到及时管控，导致泡沫破裂后股市仍继续大幅动荡，因此卖空行为一度被认为是打压股价的元凶。

买空与卖空这对孪生兄弟，从其登上历史舞台后就表现出截然不同的命运。买空由于其短时间内能够活跃市场交易、增加市场流动性，备受投资者和监管者推崇和青睐；而卖空在历史上却屡遭禁止。1750年，英国国会认为卖空是缺乏信誉的商业投机行为，在长达一个世纪里禁止卖空交易；1800年，拿破仑认定卖空操作属于“国家公敌”，开始禁止卖空行为；1812年，美国国会首次颁布禁空令；1929年，美国经济危机期间，美国证监会调查卖空交易并禁止融券卖空。虽然卖空禁令都在随后若干年后被废止，卖空行为也在1933年美国修订《证券交易法》后被规范。但是，无可否认，无论是市场还是专家对卖空行为始终存在争议。监管当局在万般无奈时往往祭出禁止卖空的极端手段。2008年全球金融危机期间，欧美等国家和地区金融当局再一次联手禁止卖空金融股。直至今日，一些习惯做多的投资者，仍然认为卖空是打压股价的罪魁祸首，是投机分子攫取财富的工具。

为什么历史上卖空机制无一例外都能恢复？卖空机制的生命力为什么又如此顽强？从根本上讲，还是卖空交易对证券市场有着积极的作用。这主要表现为以下几个方面：首先，卖空交易并非股市下跌的元凶。从对纽约股票交易所的交易指令研究发现[①]，股价下跌超过2%后，常规卖出指令占所有指令流的比重从47.48%上升到57.87%，而融券卖空指令的比重从5.62%下降到3.43%，股市下跌时卖空指令反而减少[②]。其次，卖空交易能抑制股市波动、稳定市场。对全球111个证券市场的研究发现[③]，允许股票卖空的市场中，股票收益率的波动性要比限制卖空的市场低。进一步研究表明[④]，允许股票卖空的市场中，负收益率极

---

① James J. Angel, 1997.10.27, Short Selling on the NYSE.

② 由于有卖空提价规则的限制，在股价连续下跌时，融券卖空指令无法被执行。

③ Anchada Charoenrook & Hazem Daouk, 2003, "The World Price of Short Selling".

④ Arturo Bris& William N. Goetzmann& Ning Zhu, 2003, "Efficiency and the Bear: Short Sales and Markets around the World", Working Paper, Yale International Center for Finance.

端值的分布频数也要小得多。再次，卖空机制具有价格发现功能。我国香港地区恒生指数实证研究显示[①]，限制卖空行为会造成指数合约发生错误定价的概率增加，放松对卖空行为的限制会加快股价的调整速度。最后，卖空会为股票市场提供流动性。对全球111个证券市场的研究表明[②]，允许股票卖空的市场，其换手率明显高于限制卖空的市场。

（二）

证券买空和卖空机制在全球经历数百年发展，已形成较为完整的理论与实务规范。由于各个地区证券市场的发展程度不一，参与者、中介机构和监管体系都有着显著的差别，欧美和东亚地区逐渐演化形成了不同的信用交易模式。一般而言，欧美大多采用分散授信模式，东亚地区大多采用集中授信模式。

东亚地区的日本于20世纪50年代开始，根据本国资本市场发展的需要，由政府出面建立了证券金融的集中授信模式，证券经纪商的资金和证券需求由专业的证券金融公司提供。紧接着，

① Fung, J. K. W. and P. Draper, 1999, "Index Arbitrage Opportunities and Short Sales Constraints", *Journal of Futures Markets*, Vol. 19, 695 – 715.

② Anchada Charoenrook & Hazem Daouk, 2003, "The World Price of Short Selling".

韩国、我国台湾地区和泰国也相继采用这种模式，证券金融公司在连接货币市场与资本市场，调节和监控市场买空与卖空行为等方面，集中发挥了极为重要的作用。相对于东亚地区的集中授信模式，欧美模式依赖于场外回购和证券借贷市场，证券经纪商之间通过分散的、一对一的资金和证券借贷，获得所需要的资金和证券。这种分散模式虽然能够相对自由、灵活地满足各经纪商的资券需求，但在信息披露、清算交收与监管规范等方面均存在明显缺陷。

1999 年，国际证监会组织技术委员会发布全球证券借贷市场研究报告，前瞻性地提出证券借贷市场应向中央化和集中化发展，要求通过中央对手方清算和集中性信息披露方式，控制场外交易的风险。2008 年全球金融危机爆发后，信息披露和清算交收方面的缺陷表现得尤为明显。金融危机期间，为防止市场行情进一步恶化，欧美监管层联手禁止卖空金融股，但收效甚微。金融危机后，欧美监管层相继修改卖空规则，部分恢复融券卖空提价规则，加强对卖空行为的监管，强化对卖空头寸的信息披露要求。

需要特别强调的是，进入新千年以后，欧美证券借贷市场实际上已经出现了越来越集中的趋势。一方面，欧美市场自发形成了一些集中化的电子证券借贷平台，市场份额已上升到三成多；另一方面，证券借贷中央对手方清算模式得到广泛应用，通过美国期权清算公司、明讯银行、欧洲清算集团等中央对手方清算的交易量近些年增长明显。与此同时，为了满足监管规则中提高透明度和增加信息披露的要求，境外第三方担保品管理服务开始升温，欧美市场出现了整合证券借贷前、中、后台服务为一体的担保品管理机构。欧美市场虽然没有引入专业从事证券金融事业的证券金融机构，但大型的证券经纪商、中央清算机构以及担保品管理机构，越来越多地承担着为全市场提供证券金融服务的职责。

在全球证券买空和卖空交易日益发展并步入改革的大背景下，我国自2006年开始设计中国融资融券制度体系。2010年3月31日，经国务院同意，中国证监会推出证券公司融资融券业务试点；2012年8月30日，经中国证监会批准，中国证券金融公司启动转融资业务试点；2013年2月28日，中国证券金融公司启动转融券业务试点。我国融资融券一起步就采取集中模式，由证券金融公司向证券公司集中提供转融通服务，赋予证券金融公司融资融券统计监测职责，及时掌握融资融券整体运行情况，监测监控融资融券市场风险和信用风险。这种制度安排，满足了我国证券市场的实际需要，顺应了当前加强金融集中监管、保持金融创新和风险控制并重的发展趋势。五年多的融资融券实践充分表明，融资融券从小到大、从试点转常规，已经成为我国资本市场完善交易机制的基础性制度建设，成为近几年证券公司创新发展的重要组成部分。

(三)

近年来，东亚地区尤其是日韩证券借贷市场出现了长足发展，在保持融资融券和证券借贷等传统证券金融事业稳步发展的同时，不断拓展证券金融业务的广度和深度，在创新与发展中赋予证券金融事业新的活力和生命力。

历史上，日本、韩国证券金融机构均强调提供公共服务的职能，促进了证券市场稳定。如韩国证券金融公司自20世纪70年代开始，在资本市场低迷时期通过各种资金借贷工具向市场注入流动性；20世纪90年代开始设立并管理证券市场稳定基金，在市场动荡时期通过稳定基金工具熨平市场波动等。

近些年，日本、韩国证券金融机构不断丰富证券借贷交易方式，拓展证券金融业务范围，为证券市场提供流动性支持的同时，进一步完善了多空机制。自20世纪90年代中期开始，日本和韩国证券金融公司先后推出证券借贷系统，引入竞价和协议交易方式，并为投资机构提供集中的担保品管理服务，提高了证券借贷的效率和安全性。同时，日本、韩国证券金融公司积极拓展证券抵押贷款的范围和用途；为债券承销商提供各类融资贷款；韩国证券金融公司为集合资产管理计划提供资产托管服务等。

值得一提的是，韩国证券金融机构在交易结算资金集中管理和员工持股计划管理方面发挥着独特作用。自20世纪70年代开始，韩国证券金融公司开始集中统一管理客户存放在证券公司、期货公司、资产管理公司和投资公司等机构的交易结算资金，并集中托管员工持股计划的资金和股份，为韩国员工持股会提供相关支持贷款。应该说，韩国证券金融公司在保障客户交易结算资金的安全性、改善上市公司治理结构和增强证券市场流动性等方面发挥了积极作用。

当前，中国证券金融公司也在汲取日本、韩国的有益经验，结合我国证券市场发展的实际需要，不断探索与创新证券金融业务的内容范围，逐步完善证券金融公司的服务功能。如探索研究拓宽转融资业务服务对象范围和资金使用用途，推动优化转融券业务模式，建立集中统一的证券借贷平台，探索研究员工持股计划、客户交易结算资金存管等配套服务，更好地发挥证券金融公司“维护市场稳定、活跃市场交易、提供市场服务”的功能。

（四）

近年来，全球证券借贷业务持续蓬勃发展。2009年以来，全球可供出借的证券总市值从7万亿美元，增加到2014年底的15

万亿美元，欧美成熟市场的证券借贷总规模已经恢复到2008年金融危机爆发前的历史峰值。新兴市场证券借贷业务也逐步建立，并取得了迅猛发展。泰国、巴西等国规划设计了证券借贷市场发展纲要，韩国和我国台湾地区均出台了相关法规以促进证券借贷交易。全球证券借贷业务增长迅速，已成为现代金融市场不可分割的一部分，越来越多的政府、机构和学者开始关注证券借贷与证券金融市场的发展。

当前，我国融资融券机制刚刚建立，证券借贷市场还需培育，这就需要我们立足于我国资本市场实际情况，深入研究多空交易机制，把握证券借贷的演变和运行规律。在此时机，出版本书，一是希望抛砖引玉，让对融资融券业务感兴趣的人士能在此书基础上做更深入的研究；二是希望能反映一些境内外证券借贷的理论与实务，进一步推进我国融资融券业务机制以及证券借贷理论的研究工作。本书收录的稿件，篇章安排，反复斟酌，真实反映了稿件写作之时作者的思想认识，大部分稿件保持原貌，只做一些简单的文字处理或删节。

全书共六章，主体框架与主要内容如下：

“第一章　我国融资融券业务运行与风险监测”，对我国融资融券标的证券的交易特征、担保证券结构和风险、投资者交易行为特征、融资资金流向等进行了集中反映。依托融资融券统计监测系统，对我国融资融券业务发展的现状、未来进行了描绘与展望，并对白酒塑化剂、昌九生化等重大风险事件进行了深入研究。

“第二章　境外证券卖空监管机制与证券金融创新”，关注了美国和中国香港地区等成熟市场卖空监管制度的发展演变，分析了中资概念股做空风潮中揭黑与卖空相结合的做空方式，研究了卖空行为和卖空禁令对市场的影响。对于境外融资融券与转融通担保物的使用情况，对于韩国证券金融公司在员工持股计划和结算交易资金管理方面的经验和成果，本章进行了集中报告。

“第三章　全球证券借贷市场最新趋势下我国证券借贷市场建设”，围绕证券借贷市场这一主题展开讨论，关注了东亚地区证券借贷市场的最新发展情况；研究了欧美证券借贷市场的发展特点、交易流程、风险管理、清算模式和影响因素；介绍了境外证券借贷技术平台和证券借贷中央对手方清算的最新发展情况。在此基础上，对于当前我国建立集中统一证券借贷交易系统的必要性、可行性与实施路径进行了论证。

“第四章　境外证券借贷实务借鉴与启示”，属于境外学习与考察报告的合集。考察了日本和韩国证券金融公司的业务创新和职能拓展情况，对韩国证券金融公司的证券借贷技术平台进行深入介绍，对两次国际证券借贷大会所反映的成熟市场证券借贷业务监管趋势、新兴市场证券借贷市场发展动态进行了集中报告。

“第五章　我国证券金融创新研究与规划”，证券金融创新始于规则修订，更在于长短结合的制度的确立与规则的制定。本章收集了对融资融券业务规则修改的理解，收录了《证券法》引入融资融券概念和“十三五”时期融资融券发展规划等问题的初步思考。同时，对沪深300指数基金纳入融资融券标的证券范围、我国上市公司员工持股计划实施路径等政策性问题也进行了初步探讨。

“第六章　我国转融通配套机制建设与业务运行”，主要介绍了我国转融通业务机制设计与运行情况，反映了市场需求，对约定申报、公募基金参与转融通业务等相关机制优化提出了切实有效的建议，关注了推出转融通业务的市场影响。

上述研究文章，难免会存在一些疏漏和错误，希望读者批评指正，以便以后能予以完善。

2015年3月31日

目录

Contents

Chapter one | 第一章

我国融资融券业务运行与风险监测

我国融资融券试点情况与发展展望*

2010年3月31日，经国务院同意，中国证监会推出证券公司融资融券业务试点。近期，中国证监会就《证券公司融资融券业务管理办法》和《转融通业务监督管理试行办法（草案）》公开征求意见，预示我国融资融券试点将逐步转为常规业务，转融通业务将适时推出，由此中国融资融券事业将步入一个新的发展阶段。

一、证券公司融资融券试点取得积极成果

试点以来，中国证监会先后批准25家证券公司开展融资融券业务试点资格。截至2011年8月31日，25家试点证券公司共有1 980家营业部可以办理融资融券业务服务，占25家试点证券公司2 364

* 作者：聂庆平。本文写于2011年9月，刊于《中国金融》2011年第20期。

家营业部的84%。融资融券开户的客户超过10万人，合计开立信用证券账户208 981户，其中，沪市信用证券账户104 365户，深市信用证券账户104 616户。融资融券客户提供的可充抵保证金证券市值为1 072.7亿元，其中，股票市值1 068.5亿元，占99.6%；债券和基金4.2亿元，占0.4%。客户平均维持担保比例为279%，最低为145%。

截至2011年8月31日，融资融券累计交易金额4 903.9亿元，其中，融资交易累计为4 672.9亿元，占95.3%；融券交易累计为231亿元，占4.7%。按市场划分，沪市累计成交2 969.2亿元，市场占比为61%；深市累计成交1 934.7亿元，市场占比为39%。融资融券余额343.6亿元，其中，融资余额340.5亿元，融券余额3.1亿元。融资融券日均交易金额为13.9亿元。

总体看，我国证券公司融资融券业务试点运行规范，达到了良好的试点效果。一是融资融券业务量稳步增长，交易金额逐月递增，投资者信用账户开户数量持续增加，试点证券公司范围稳妥有序扩大，资本市场功能进一步完善。二是融资融券业务技术系统安全稳定，证券交易所、登记结算公司、试点证券公司和存管银行等相关参与者的交易结算系统和市场监控系统运行平稳正常，业务处理及时、准确、顺畅，未出现业务差错和技术故障。三是证券公司融资融券业务运作合规安全，业务操作流程逐步完善，投资者教育和适当性管理工作扎实细致，投资者合法权益得到有效维护。四是融资融券业务风险控制实现了“可测、可控、可承受”的预期目标，各项风险应对预案和风险控制指标经试点检验审慎合理，相关风险控制措施和业务统计监测制度有效实施，未发生强制平仓风险。五是市场反应和媒体报道客观平和，普遍认为融资融券业务试点“准备充分、低调务实、平稳有序、稳步发展”。

二、融资融券是完善资本市场功能的基础性制度建设

开展证券公司融资融券业务试点，建立证券市场信用交易机制，是我国资本市场发展的内在要求。在认真总结国际金融危机经验教训、充分研究比较利弊关系的基础上，推出融资融券试点对完善我国资本市场功能具有积极作用：

一是为资本市场提供了一种双向的信用交易机制。目前我国资本市场已成为全球最大的新兴市场，逐步完善我国资本市场功能、增加股票信用交易方式，是我国资本市场发展的客观需要。融资融券试点既可以为做多提供融资便利，也可以为做空提供融券来源，增加了资本市场对冲渠道与程度，促进市场内在价格稳定机制形成。融资融券试点一年半的情况表明，信用交易不仅为资本市场建立做空机制提供市场匹配工具，而且适应了投资者多元化的投资需求和多样化管理风险的要求。

二是为资本市场提供了一条制度化的资金融通渠道。我国证券

市场建立以来，一直缺乏对投资者规范化监管的融资渠道，证券市场出现的市场风险和证券公司风险往往与违规融资有密切关系。推出融资融券业务试点，形成规范合理和有监管的资金融通渠道，不仅有利于理顺证券市场的融资活动，保护投资者利益，防范市场风险，而且有利于从制度上改善证券市场的资金供应，促进证券市场活跃和健康发展。

三是为证券公司拓展业务和服务实现转型提供了途径。融资融券试点拓宽了证券公司业务范围，增加证券公司收入来源，改善了证券公司盈利模式。2011 年上半年，25 家试点证券公司新增融资融券业务收入 13 亿元，融资融券业务收入平均占到经纪业务收入 6.69%。部分融资融券业务发展较快的证券公司，其融资融券业务收入占经纪业务收入的比重超过 10%，最高达到 16.3%。与此同时，融资融券业务试点提高了证券公司业务综合管理能力，促进了试点证券公司深化细化内部管理，改进了客户服务和客户管理，提升了核心竞争力。

三、融资融券试点平稳推出和稳步发展的主要经验

融资融券交易是有杠杆的股票信用交易，必须注重风险防范。在试点推出前，中国证监会高度重视业务试点可能出现的风险，扎实周密地做好风险防范工作。回过头来看，事先对各种风险状况都

有比较充分的预估，并制定了相应的防范措施，对保证试点平稳健康发展起到了积极作用。

一是将风险防范工作关口前移，以证券公司为中心，加强内部管理，把风险控制要求落实到业务环节。融资融券试点推出时，中国证监会要求试点证券公司提高认识，明确责任，加强领导，认真梳理完善业务制度、流程和机制；加强内部管理，合理确定业务规模，做好客户资质管理和征信调查，强化业务风险监控和防范；确保合规运行，力保全程安全平稳，准备好应对预案；及时总结分析，不断完善试点方案，细化风险控制措施。试点实践证明，把风险控制措施提前落实到证券公司业务环节是正确的，不仅保证了试点平稳，而且摸索出了一套适合我国情况的融资融券业务风控机制和措施。

二是监管部门加强风险监控，及时进行统计监测、分析和防范风险。防范局部和系统性风险，始终是金融监管工作的第一要务。融资融券试点推出后，中国证监会相关部门和地方派出机构加强对试点的监控，及时汇总试点情况，做好日常监管；密切监测试点证券公司净资本等风险控制指标，督促检查试点证券公司认真执行各项业务管理制度、流程，防范业务风险。与此同时，证券交易所认真做好试点业务信息发布、风险监控和预警工作，加强前端控制，进行盘中实时监控和盘后分析，及时监测和提示风险。由于监管职责明确，措施到位，比较好地监测监控了融资融券业务试点风险。

三是高度重视做好投资者教育和投资者适当性管理工作。加强风险防范的宗旨是要保护中小投资者的利益。由于融资融券的杠杆效应必须把投资者教育和适当性管理作为风险控制的重点来抓。融资融券试点推出后，中国证监会从提高风险教育水平入手，要求证券公司把好客户资质关，全面做好风险揭示工作。包括：及时督促检查试点证券公司投资者教育和投资者适当性管理工作的落实情况，严把“开户关”，防止风险承担能力和投资经验不足的客户介入融资融券业务；要求试点证券公司做好开户与签约环节的讲解工作，明确、客观地向客户告知权利、义务、责任和风险；要求试点证券公司持续维护管理客户资信资料库，对客户资信状况和风险承担能力及时进行监测、评估；要求试点证券公司继续深入扎实地开展投资者教育活动，分层次、多渠道对客户普及业务知识，宣传相关政策法规，提示业务风险；要求试点证券公司建立有效的客户纠纷处理机制，及时化解矛盾和纠纷。证券交易所、证券登记结算公司也加大在业务规则方面的宣传讲解力度，提示风险。

四是充分借鉴境外融资融券业务的经验教训，补充完善我国的融资融券制度建设。在设计我国融资融券制度时，我们注意借鉴和吸收境外成熟市场的经验，特别关注成熟市场在金融危机期间的调整与变化。比如：严格禁止“裸卖空”；融券交易实行提价交易规则，融券卖出的报价必须高于前一笔交易的成交价；实行融券交易的集中模式，在转融通业务推出前，试点证券公司只能用自有资金和证券开展融资融券业务；建立严格的风险控制制度，试点期间只选择部分蓝筹股作为标的证券，对单只股票规定比较严格的融资融券控制指标；加强融资融券业务的信息披露，证券交易所每日公布融资融券交易情况；强化对融资融券信用证券账户的管理，投资者卖出信用证券账户内证券所得价款，须先偿还其融资欠款；投资者在未了结融券交易前，融券卖出所得价款除买券还券外不得他用；除规定事项外，任何人不得动用信用账户内资金和证券等。这些安排，使得我国融资融券制度建设在高起点低风险上平稳起步，并且符合我国资本市场发展的实际需要。

四、我国融资融券制度发展展望

按照“试点先行、稳步推开”的既定工作安排，中国证监会根据融资融券业务试点积累的经验，从融资融券业务发展的内在要求和资本市场稳步发展创新的客观需要出发，积极稳妥地将该项试点转入常规业务，逐步扩大标的证券范围，适时推出转融通业务，以建立和健全完整的融资融券交易制度。

（一）融资融券从证券公司试点业务转为常规业务

在认真分析总结融资融券业务试点情况的基础上，中国证监会修改了《证券公司融资融券业务试点管理办法》，将融资融券业务纳入证券公司的常规业务。修改后的《证券公司融资融券业务管理办法》主要涉及优化行政许可程序，减少了在试点期间证券公司申请从事融资融券业务资格的硬性条件规定，增加了一些市场化约束条件。一方面，融资融券试点转常规后，证券公司申请融资融券业务资格的“门槛”降低，不再要求证券公司“最近6个月净资本均在12亿元以上”，改为“注册资本和净资本符合增加融资融券业务后的规定”即可；另一方面，增加证券公司融资融券业务准备情况作为申请资格的前置条件，要求申请资格的证券公司信息系统安全稳定运行，最近1年未发生因公司管理问题导致的重大事故，融资融券业务技术系统已通过证券交易所、证券登记结算机构组织的测试；要求申请资格的证券公司有拟负责融资融券业务的高级管理人员和适当数量的专业人员，融资融券业务方案和内部管理制度已通过中国证券业协会组织的专业评价。

证券公司申请融资融券业务资格行政许可的修改，体现了中国证监会在深化行政许可改革方面的有益尝试，逐步减少行政审批，更加注重业务监管，充分体现了市场准入的公平、公正性。虽然融资融券业务资格准入的硬性门槛降低，但对证券公司融资融券业务、技术、人才和客户服务等方面的准备要求却更加细化和具体，并明确了证券交易所和证券业协会等相关各方的责任。可以预见，融资融券业务成为证券公司的常规业务后，开展融资融券业务的证券公司数量有望进一步扩大。

（二）逐步有序扩大融资融券业务标的证券范围

目前融资融券业务试点标的证券数量约 90 只，上海为上证 50 指数成分股，深圳为深证 40 指数成分股。随着证券公司参与范围不断扩大，投资者数量持续增加，融资融券交易需求日益增长，需要增加可用于融资买入或融券卖空的标的证券数量，扩大融资融券业务市场覆盖面。

从境外成熟市场融资融券业务发展情况看，一般在证券交易所上市的证券都可以成为融资融券业务的标的证券。标的证券范围越广泛，融资融券做空机制的功能才能发挥得越充分，起到双边市的作用。根据目前的试点情况，我国融资融券标的证券适当扩大的条件和环境已经具备，市场也普遍反映需要扩大融资融券标的证券范围。为此，在融资融券业务转常规后，证券交易所将按照审慎分批的原则，在有效防控风险的前提下，有序扩大标的证券范围，以拓宽融资融券业务发展空间。

（三）适时推出转融通业务

2008 年 4 月，国务院发布了《证券公司监督管理条例》，规定证券公司从事融资融券业务自有资金或者证券不足的，可以向证券金融公司借入。我国的转融通业务将实行集中统一的运营模式。

欧美国家融券业务发端于场外市场，采取了证券公司对客户一对一的分散模式，在信息披露、清算交收与监管规范等方面存在缺陷。在2008年全球金融危机时期，欧美市场对卖空进行限制，并修改相关规则，就是看到了信息不对称下融券卖空分散监管的弊病，不得已只好采取“禁空令”的方式稳定市场，暴露了对市场卖空行为缺乏集中管理与监测带来的问题。1999年国际证监会组织技术委员会曾发布全球证券借贷市场研究报告，提出要对融券业务实行中央化和集中化，形成集中化的证券借贷交易平台。我国转融通业务一起步就采取集中模式，由证券金融公司向证券公司集中提供转融通服务，赋予证券金融公司融资融券统计监测职责，及时掌握融资融券整体运行情况，监测监控融资融券市场风险和信用风险，可以说顺应了当前加强金融集中监管、保持金融创新和风险控制并重的发展趋势和要求。我国转融通业务集中模式主要包括如下内容：

一是转融通业务技术系统充分利用证券交易所和登记结算公司现有技术系统和通讯网络。证券金融公司建设的转融通业务管理平台与证券交易所和登记结算公司业务平台相连接，形成完整的转融资和转融券业务处理技术系统，建设针对证券公司融资融券业务进行统计监测的技术系统，确保转融通业务能够在现有的证券交易体系内简单起步、转融通技术平台能够安全运行、转融通资金和证券能够封闭运行。

二是证券金融公司以转融通批发业务与证券公司融资融券零售业务相区别。证券金融公司只对证券公司转融出资金和证券，提供融资融券的批发业务服务，不直接面对证券公司的融资融券客户，证券公司从证券金融公司融入资金和证券后，对其客户进行融资融券业务，投资者融资融券交易习惯不改变。也就是说，证券金融公司办理转融通业务和证券公司办理融资融券业务在流程上实现了完全分开，更便于融资融券业务风险分层控制和管理。

三是证券金融公司承担融资融券统计监测职责。证券金融公司是证券类金融机构，不以赢利为目的，主要业务职责是：为证券公司融资融券业务提供资金和证券转融通服务；对证券公司融资融券业务运行情况进行监控；对融资融券市场交易情况进行统计监测。为此，证券金融公司通过证券公司的数据报送，并与证券交易所和证券登记结算公司等机构建立融资融券信息共享机制，形成完整的融资融券业务统计监测体系，全方位监测监控融资融券交易和运行。

根据这样一种转融通制度设计理念，转融通业务的制度框架主要包括五个方面的安排。

第一，明确转融通业务资金与证券来源。转融通业务包括转融资和转融券业务。业务试点期间，证券金融公司主要运用资本金以及通过借入次级债、定向或公开发行债券等方式筹集资金开展转融资业务。与转融资业务不同的是，证券金融公司向证券公司转融券的证券来源，主要不是自有证券，而是以从证券交易所业务平台向相关机构投资者融入的证券为主。

第二，确立转融通业务主要参与人。（1）上市公司机构持有人，包括证券投资基金、保险公司、证券公司以及其他一般机构投资者，它们是转融通业务资金或证券出借人；（2）具有融资融券业务资格的证券公司，它们是转融通业务资金和证券借入人；（3）证券金融公司，它是转融通业务的中间对手方，在转融通业务中具有独特地位，一方面向合格机构融入资金或证券，另一方面将资金或证券融出给证券公司，供其开展融资融券业务。

第三，建立转融通业务保证金制度。证券公司向证券金融公司申请转融资和转融券，需要向证券金融公司提交一定比例保证金，用以担保其向证券金融公司转融通所负债务。保证金由证券公司以自有资金和证券缴纳，现金部分占比不低于15%。证券金融公司可以根据证券市场供求状况、单一证券公司转融通业务规模、净资本与信誉、转融通业务履约情况等，对不同证券公司进行评估，确定不同的保证金比例。当证券公司出现转融通业务资金或证券交收违约时，证券金融公司可以按照约定处分证券公司交存的保证金。

第四，设立转融通业务风险控制指标。针对转融通业务试点设定了严格的风险管理指标体系。一是证券金融公司净资本与各项风险资本准备之和的比例不低于100%；二是向单一证券公司提供转融通余额不得超过证券金融公司净资本的50%；三是对单一证券的转融券余额不得超过该证券上市可流通市值的10%；四是单只证券担保证券余额不得超过该证券总市值的15%。

第五，健全转融通业务风险管理制度。证券金融公司将有针对性地建立一整套转融通业务风险管理制度：一是建立科学的征信与授信管理制度，公正合理确定对证券公司的授信额度；二是加强保证金盯市管理，做好事中风险控制；三是制定违约处置制度，证券公司出现违约时，可采取降低授信额度、提高保证金比例、收取违约金等处理措施；四是建立业务暂停机制，证券金融公司可以根据证券市场状况和风险管理需要，按照业务规则和合同约定，暂停部分或者全部证券的转融通业务；五是建立风险准备金制度，按税后利润的 10% 提取一般风险准备金，弥补证券金融公司可能出现的经营亏损。

总之，随着融资融券业务试点转入常规，融资融券业务标的证券范围逐步扩大，从事融资融券业务的证券公司数量不断增加和稳步推出转融通业务，我国的融资融券交易必将会稳步健康发展，成为我国资本市场一项重要的基础性制度，具有广阔的发展前景。

融资融券业务试点的基本经验与市场影响研究*

近期，我们对证券公司融资融券业务试点情况进行了总结，并对融资融券业务试点转常规和推出转融通业务可能产生的市场影响进行了分析。

一、融资融券业务试点基本情况与基本经验

一年多来，融资融券业务试点工作稳妥起步、平稳发展，交易量日益扩大，证券公司业务收入逐步增加，投资者整体实现了盈利，各项风险控制指标也基本得到落实，应该说达到了试点预期目标。

（一）融资融券交易量快速增长

自2010年4月到2011年8月底，融资融券月交易金额从8.43

* 作者：聂庆平、隆武华、李广川、史小愚。本文写于2011年9月。

亿元增至553.27亿元，月均增长30.3%。截至2011年8月31日，融资融券累计交易金额为4 903.95亿元，占股票市场总交易金额的1.5%左右；融资融券余额为343.62亿元，占股票流通总市值的2‰左右。从增长趋势上看，大体可分为三个阶段：从2010年4月到9月，融资融券月均交易额和月底余额均增长了11倍，试点平稳启动；从2010年10月至2011年2月，经历了第一轮大幅增长，融资融券月均交易金额达到300亿元，是前一阶段的6.22倍；2011年3月至8月，融资融券交易再上台阶，月均交易金额达到513.16亿元，其中2011年3月达到最高613.14亿元（见图1－1）。

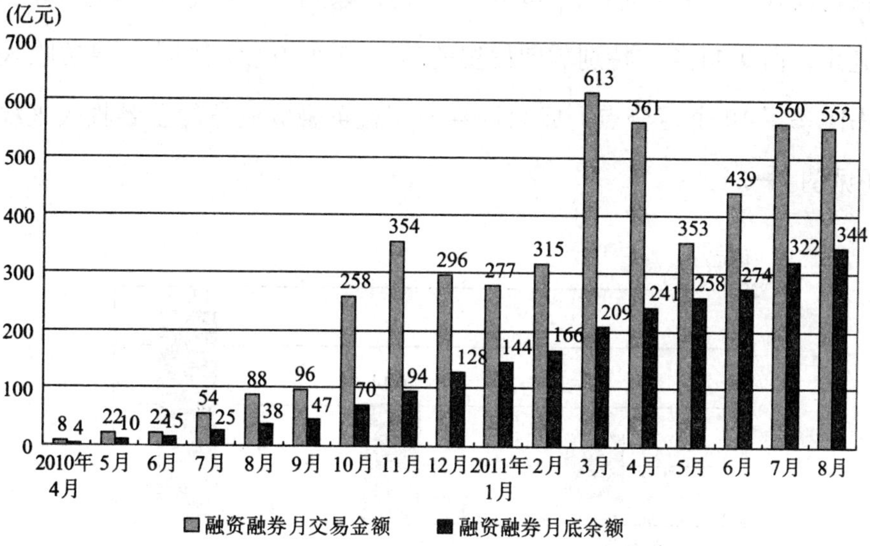

图1－1　2010年4月～2011年8月融资融券月交易量变化情况

（二）试点证券公司业务收入大幅提升

2010 年 3 月 19 日、6 月 3 日和 11 月 23 日，中国证监会分别行政审批许可了第一批 6 家、第二批 5 家和第三批 14 家证券公司相继开展融资融券业务试点。截至 2011 年 8 月底，试点证券公司营业部总数达到 1 980 家，占 25 家试点证券公司 2 364 家营业部的 84%。2011 年上半年，证券公司融资融券新增业务收入累计达到 13 亿元，加上 2010 年实现的 4. 85 亿元业务收入，证券公司融资融券业务总收入累计达到 17. 85 亿元。其中：佣金收入 7. 69 亿元，占 43. 09%；息费收入 10. 14 亿元，占 56. 80%；咨询顾问费等其他相关收入 0. 02 亿元，占 0. 11%。特别需要提出的是，与 2010 年底相比，息费收入占比多了 10 个百分点，成为证券公司融资融券业务的主要收入来源（见图 1 -2）。

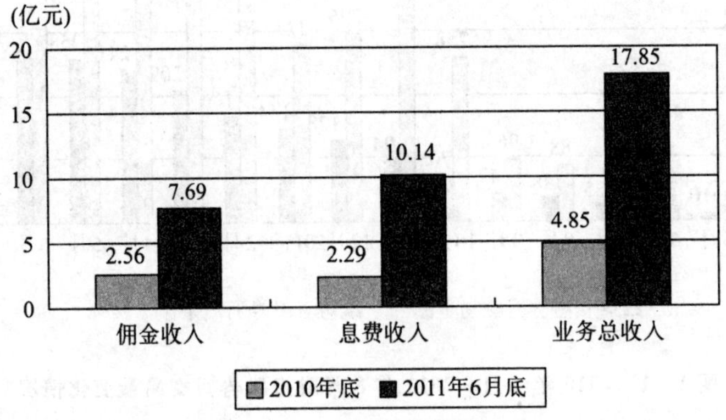

图 1 -2 试点证券公司融资融券业务收入增长图

（三）投资者整体实现了盈利

自2010年4月以来，开户投资者数量从0.18万户增至2011年8月的20.9万户，月均增长34.6%。特别是2011年以来，投资者开户数量月均增加2.09万户，是2010年的4倍。在全部开户投资者中，个人投资者20.82万户，占99.63%；机构投资者773户，占0.37%。据统计，融资融券投资者平均投资经验为7.65年，具有10年以上投资经验的占38%；平均持有金融资产387万元，金融资产高于100万元的占60%；融资交易平均持仓时间为32.9天，低于14天的占42%；融券交易平均持仓时间为7.5天，低于3天的占84%。综合来看，大部分投资者拥有比较丰富的投资经验、较大规模的资产和谨慎的交易习惯，具备较强的风险承受能力。从融资融券业务试点开始到2011年6月底，融资融券投资者整体实现盈利26.06亿元。其中，盈利投资者数量占63%，合计盈利59.49亿元；亏损投资者数量占37%，合计亏损33.43亿元。总体考量，这期间投资者平均收益率为4%，而同期市场跌幅却超过9%，说明融资融券投资者股票投资管理能力跑赢大市。盈利投资者户均资产320万元，亏损投资者户均资产216万元，前者是后者的1.5倍，这表明盈利投资者的资产规模相对较大。

（四）风险控制指标安全度较高

融资融券业务试点一年多来，没有发生因投资者保证金比例过低而引发强行平仓情况，没有发生重大风险事件，还经受了“双汇发展”停牌事件、股市大幅波动等外部多重因素的考验。融资融券业务试点风险控制得比较好，首先得益于一系列融资融券制度安排。这期间，试点证券公司依照监管部门要求，普遍建立了“规则制度+防范预案+指标设计”三层风险管理体系，如建立严格的客户资质管理制度，制定逐日盯市等风险防范与处置预案，设计32项风险监控指标等等。其次得益于对投资者维持保证金比例有较高要求。截至2011年8月底，投资者提交的担保证券总余额达到1 072.76亿元，客户平均维持担保比例为279%，最低为145%。其中，维持担保比例介于145%～300%的投资者占56%，高于300%的投资者占44%。第三，得益于担保证券结构合理和集中度风险较低。统计数据显示，担保股票市值占到担保证券总市值的99.6%，其中沪深主板股票市值占90.4%；单一担保证券担保股数占总股本数的比重超过3%的股票只有31只，最高的一只股票达到11.54%，低于20%的监管标准要求；单一担保证券市值占证券公司担保总市值比重超过5%的股票只有22只，平均比重仅为7.9%。作为担保品的证券相对分散，而且主要是蓝筹股票，对融资融券客户的维持担保比例在股市下跌中仍保持比较稳健的水平发挥了重要作用。

一年多来融资融券业务试点顺利推出和平稳运行证明，试点的组织工作、试点稳步推出的原则、试点业务的流程设计和风险控制基本制度安排都是审慎务实的。

一是有序扩大试点证券公司范围，执行严格的投资者准入门槛。“试点先行、逐步推开”的工作思路符合当前证券市场的实际情况，先选择净资本规模较大、风险分类监管评价在A类以上的证券公司小范围起步，然后逐步扩大到符合融资融券试点管理办法要求的其他证券公司。在试点阶段，证券公司要取得融资融券业务试点资格，除了要满足净资本规模和从事经纪业务时间等硬性指标外，还必须通过证券交易所和登记结算公司组织的技术系统全网测试，通过证券业协会的专业评价考核。经过公开、透明的行政许可，25家试点证券公司分三批参与融资融券业务试点，充分体现了市场准入的公平性和公正性，并切实做到了准备充分和有序扩大。同时，通过窗口指导等方式，加强对试点证券公司的业务指导，督促证券公司执行更为严格的投资者资格条件。投资者参与融资融券交易，必须在该试点证券公司开户时间满18个月，资产不低于50万元。还要求试点证券公司认真做好投资者适当性管理和投资者教育培训工作，在与客户签订融资融券合同前，指定专人讲解业务规则和合同内容，并将融资融券交易风险揭示书交由客户签字确认。通过上述工作，有利于从源头上防范和控制融资融券业务风险，也有效防止了试点阶段客户从非试点公司向试点公司转移的现象。

二是坚持以防范风险为前提，建立融资融券风险控制指标体系，实时动态地监控融资融券信用风险和市场风险。经过一年的实践和探索，各试点证券公司根据风险控制的监管要求，结合自身的实践，均建立了一整套融资融券风险控制指标体系。这些风险控制指标具体、明确，有很强的针对性和可操作性。如加强证券公司融资融券业务规模控制，试点证券公司对单一客户融资和融券规模分别不得超过净资本的5%，对客户融资和融券业务规模按50%计算风险资本准备，并按5%的比例扣减净资本；在担保证券方面，试点证券公司接受单只担保股票的市值不得超过该股票总市值的20%。不仅如此，试点证券公司开发建立了融资融券交易和风险管理系统，对选择标的证券和可冲抵保证金证券、净资本风控比例要求、客户维持担保比例和客户信用证券账户内资产风险等进行集中管理和逐日盯市，实时监控、动态把握和及时报告，已形成比较严密的指标体系监控融资融券业务的信用风险和市场风险。

三是加强统计监测与监控，做到前端控制、盘中实时监控和盘后分析的有机结合，形成了融资融券业务的监管合力，初步探索了一条行政监管与市场自律相结合的融资融券监管路子。中国证监会加强对融资融券业务试点的监控，及时汇总试点情况，做好对业务试点情况的统计监测，提醒和督促试点证券公司认真执行各项业务管理制度，防范融资融券业务风险，初步形成对证券公司融资融券业务进行统计监测的基本做法和基本制度。各地方证监局等派出机构按照辖区监管责任制的要求，依法对证券公司及其分支机构的融资融券业务活动进行非现场检查和现场检查。证券交易所依法发布标的证券范围和担保证券范围与折算率，依托技术平台加强融资融券业务的前端控制，督促试点会员公司做好业务信息报送、风险监控和预警工作，实时监控融资融券异常交易行为，监测和提示融资融券市场风险。证券业协会精心设计了专业评价机制、工作流程、评价指标与要点，对26家证券公司的业务试点实施方案进行了客观、公正的评价，要求25家试点证券公司报备融资融券业务合同和风险揭示书，认真做好融资融券业务培训和宣传工作，及时反映行业意见和建议。

四是充分借鉴境外融资融券业务的经验教训，补充完善我国融资融券制度建设。在设计我国融资融券制度时，注意借鉴和吸收境外成熟市场的经验，特别关注成熟市场在金融危机期间的调整与变化。比如说严格禁止“裸卖空”；融券交易实行提价交易规则，融券卖出的报价必须高于前一笔交易的成交价；投资者卖出信用证券账户内证券所得价款，须先偿还其融资欠款；投资者在未了结融券交易前，融券卖出所得价款除买券还券外不得他用；除规定事项外，任何人不得动用信用账户内资金和证券等。这些安排，使得我国融资融券制度建设在高起点上平稳起步，并且符合我国资本市场发展的实际需要。

二、融资融券试点对证券市场的积极作用

（一）初步建立了单只股票的做空机制

融资融券的基本功能是投资者可运用融资买入或融券卖空对单

一股票进行做空。融资融券试点推出以来，随着部分标的证券融资融券交易达到该证券全部成交量的20%左右，投资者利用融资融券进行做空比较明显。特别是在某些标的证券发生敏感事件或价格出现大幅波动时，投资者运用融资买空和融券卖空方式套利明显，融资融券交易量相应大幅增加。在融资买空方面，如2010年5月，“平安收购深发展”获中国证监会原则同意后，投资者积极运用融资杠杆买入两只股票，至5月底，“深发展A”和“中国平安”的融资余额分别达到1.10亿元和0.73亿元，居于市场前两位。2010年7月中上旬，保险股受利空政策影响下跌超过10%，投资者却融资买入“中国太保”和“中国人寿”近1亿元，反映投资者运用融资买入进行抄底。在融券卖空方面，2011年3月15日双汇“瘦肉精”事件曝光后，有投资者进行融券卖空操作，当天融券余量达到5.3万股，是前一日的132.5倍。2011年7月1日，“万科A”最高涨幅4.26%，但当日融券卖出高达215万股，较前一日增长141.93%等。综合来看，融资融券的逆势放量有利于个股价格稳定，单只股票的做空功能基本被投资者运用。

（二）融资融券收入成为证券公司业务收入新的增长点

2010年6月，证券公司融资融券相关收入占经纪业务收入比重还只有0.23%，2011年第二季度就提高到6.69%，增长了29倍，平均每季度增长1.62个百分点。中信证券、光大证券和海通证券的融资融券收入占经纪业务收入比重，分别达到16.3%、12.5%和10.1%。这表明融资融券已经促进了试点证券公司收入结构的积极变化。按成熟市场融资融券成交金额占市场总成交金额的15%～20%测算，在未来5～10年内，我国证券公司每年融资融券相关收入可能达到200亿～300亿元，这将有利于改变证券行业以传统经纪业务为主的收入格局。正因为如此，目前各证券公司无论有无融资融券业务资格，均对这项业务高度重视，强调要从通道服务转变为增值服务，以此业务收入作为调整收入结构的重要抓手。

（三）为股票市场增加了一条制度化的资金供应渠道

从余额来看，融资融券业务已为市场注入约344亿元的增量资金，平均每月递增40%左右。这期间，股票市场成交量下降，股市资金呈净流出趋势，融资融券余额却不断增加，对补充市场流动性、增加市场资金存量起到了一定积极作用。同时，在融资融券业务推出后，沪深300指数的波动性降低了12.28个百分点，上证50指数降低了16.87个百分点，深成指降低了7.97个百分点。这种情况尽管是多种因素共同作用的结果，但也反映出融资融券业务试点增强了市场稳定因素。

（四）逐步拓展了金融市场的投资功能

融资融券带来的做空机制，可以通过构造套利、市场对冲和结构化等方法来创新投资品种和渠道，从而扩充和完善金融市场投资功能。从目前摸底情况看，各试点证券公司逐步迈出了融资融券创新金融产品和服务的步伐。有的公司正在建立统计套利模型，用于向核心客户提供统计套利配对股票作为参考，有的公司拟将信用交易纳入证券组合设计，构造融资融券组合交易产品。

（五）增强了证券公司综合竞争意识

融资融券技术系统全网测试与试点方案专业评价，要求试点证券公司充分发挥自主性、竞争性和创造性，不断优化市场、财务、结算、信息技术、风控等业务和管理流程，细化内部管理，切实推进证券公司的综合管理水平。同时，融资融券业务并非单向业务，而是一项充分体现综合竞争力的业务，这就促使试点证券公司在融资资金规模、融券券源品种和规模、服务类型等方面更加注重差异化，改变同质化竞争态势，从而促进证券公司多元化业务经营。另外，试点证券公司通过对优质客户信息的全面掌握，在提供量身服务、建立分级服务体系、完善突发事件应急处置、提供创新交易建议等方面，增强了证券公司客户管理和服务水平。

当然，融资融券业务试点工作确实还存在试点标的证券范围偏窄、试点证券公司范围不广、投资者门槛较高、可供券源相对有限等问题，因而决定了无论是监管、监测监控方法，融资融券规模还是市场影响力，都还只是初步的，还不能完全满足和适应市场发展的需要。这些问题或局限性，在制度设计之初就有过预估，是基于试点阶段稳妥起步、严控风险的需要，并可望在融资融券业务转常规和转融通机制实现后妥善加以解决。

三、逐步扩大融资融券试点范围的政策影响分析

证券公司融资融券试点业务转为常规业务，有序扩大标的证券数量和品种，以及以试点方式平稳推出转融通业务，必然带来融资融券业务规模的不断扩大，对市场的影响也将逐步增强。为此，基于融资融券业务试点转常规、交易型开放式指数基金（ETF）作为融资融券标的证券和推出转融通业务三项政策，我们对其可能产生的市场影响进行了业务模拟和市场反应预判。

（一）扩大融资融券业务规模的政策影响分析

从政策效果一般性分析来看，扩大标的证券范围、将证券公司的融资融券转入常规业务和推出转融通，可以从增加融资融券交易量、拓宽证券公司业务覆盖面和增加融券业务来源三方面，触发投资者参与融资融券业务的积极性，证券公司的融资融券业务规模将成倍放大。

首先，融资融券标的证券范围从目前的90只扩容至300只左右时，上海180指数范围内的近200只股票和深成指及部分中小板股

票在内的近100只股票将成为融资融券的标的证券。相对90只大盘蓝筹标的股票而言，这些股票不仅市值规模相对较小，而且交易活跃程度较高，投资者更愿意参与这类股票的融资融券交易。据测算，标的证券扩大到300只后，与90只标的股票的交易规模相比，日均股票交易量将放大1.85倍。而且新增标的证券的换手率和波幅分别为目前90只标的证券的1.9倍和1.1倍。以此推测，融资融券交易量有望在相关政策实施后3个月内放大2倍，即日均交易量由目前的10亿元左右增加到30亿元左右。

其次，融资融券业务转常规后，预计两年内具有从事融资融券业务资格的证券公司数量将增至80家左右，不仅带来可供开展融资融券业务的增量，也带来参与融资融券业务的客户量增加。相应的，从事融资融券业务的证券公司经纪业务市场份额将从目前的58%上升至90%左右，据此融资融券交易可能再放大1.3~1.5倍，日均交易量达到80亿~100亿元。

第三，转融通业务推出后，可以明显拓宽证券公司开展融券业务的来源，融券交易量占融资融券交易量的比重有望从目前的5%增加到20%左右，客户数量也有望在2年内增长4倍，即从目前的10万人增加到34万人，融资融券日均交易量可达到200亿~250亿元，融资融券余额1 400亿~1 800亿元；5年后，融资融券日均交易量可达到400亿~500亿元，融资融券余额2 800亿~3 600亿元。届时，我国融资融券交易金额占证券市场总交易金额比重可望由目前的 1.5% 上升到 10% 左右，融资融券交易将成为我国证券市场重要的股票交易方式，也会成为证券公司的主要业务之一。

从市场变化来看，随着融资融券业务规模的扩大，对于信用风险和市场风险管理的要求提高。一方面，标的证券从 90 只扩容到 300 只以后，部分波动性较大、流动性较好的标的证券有可能成为融资融券的主要对象，增加了证券公司做好客户盯市、追缴保证金和强制平仓等客户信用风险管理的频率和难度，对证券公司控制融资融券业务规模和比例、加强市场分析、认真做好客户和标的证券筛选工作要求更高；另一方面，转融通业务推出后，会加大证券公司的资券头寸管理压力。扩大融资融券业务与新增转融通业务的叠加，以及标的证券停牌和权益处理等事件的逐渐增多，又对证券公司的人力素质、管理水平和风险控制能力形成挑战。此外，监管难度也会增加。随着融资融券交易对证券市场的影响力更加显性、转常规带来的证券公司数量和投资者数量的增加，以及融资融券异常交易行为和风险点的增多，对于融资融券统计监测监控和系统性风险防范的预见性、及时性、适应性和针对性都形成考验。

这些问题和挑战是融资融券业务发展必须经过的过程。在转常规和转融通条件下，适当控制节奏，仍然坚持试点期间的一些行之有效的风险控制措施和做法，有利于保持融资融券业务继续平稳发展。

一是证券交易所分步放开标的证券范围，增加标的证券数量可分批进行，先放到300只左右，如果运行和监管情况良好，综合研究论证后可再放到500只或800只，逐步使符合标的证券条件和标准的上市证券全部成为标的证券。此外，暂时维持投资者准入门槛不变，坚持开户满18个月、资产额不低于50万元的窗口指导原则。在25家试点证券公司中，目前融资融券业务实际开户投资者仅占符合资格的潜在开户投资者的7%，客户资源在现有门槛下依然有相当潜力可挖。

二是逐步有序放开证券公司准入。新申请业务的证券公司仍需通过业务技术测试和专业评审，开展有针对性的培训工作，因此是根据时间服从质量的原则，成熟一家，准入一家，有序放开，逐步推进。

三是督促证券公司强化融资融券业务风险管理措施。一年多来融资融券试点的重要经验之一，就是试点证券公司按照监管要求，逐步形成了一套比较完整的融资融券风险控制指标体系，并且经历了市场的考验。以此为基础，各证券公司目前正在对融资融券风控指标体系进行系统解剖和评估，使各项风险控制措施更加制度化，更加有针对性，更具有可操作性。

四是加快建成全市场融资融券统计监测体系。目前相关融资融券统计监测与风险监控的业务规则已经起草，相关数据接口规范已经制定，技术平台开发也在有序推进，未来有望形成包括中国证监会机构部、上海证券交易所、深圳证券交易所、登记结算公司和证券金融公司在内的，以融资融券信息共享机制为基础的融资融券业务统计监测体系。

（二）交易型开放式指数基金成为标的证券的政策影响分析

交易型开放式指数基金成为标的证券是成熟市场的普遍做法。沪、深证券交易所对此进行了专题研究，认为我国选择一部分交易型开放式指数基金进入标的证券的时机已经成熟，待相关各方充分论证后，经中国证监会批准，可以将融资融券标的证券范围扩大到交易型开放式指数基金，选择几只交易型开放式指数基金成为标的证券。

交易型开放式指数基金成为标的证券后，给市场带来的影响是增加投资者利用交易型开放式指数基金、标的股票融券卖空和股指期货三者联系进行股票的跨市场套利和期现套利，可以促进市场套利机制的完善。具体做法是：（1）交易型开放式指数基金和标的股票一二级市场套利。即在信用账户允许交易型开放式指数基金申赎操作后，套利者可在一级市场申购交易型开放式指数基金，同时在二级市场融券卖空，使交易型开放式指数基金的二级市场价格接近指数资产净值，既缩短了原先在两级市场套利交易的时间差，又提高了套利可靠性。（2）交易型开放式指数基金和标的股票期现套利。即当股指期货价格低于沪深300指数价格时，套利者可以同时融券卖空交易型开放式指数基金组合和买入股指期货，套取基差收益，改变了原先只能做期现正向套利的局面，也可以进行股指期货的反向套利。

在下列三种情形下，套利者会集中放大交易型开放式指数基金套利做空行为：一是交易型开放式指数基金暂停申赎前后，期现价格、交易型开放式指数基金一二级市场价格出现巨大偏差，投资者可通过在交易型开放式指数基金二级市场做空，同时在期货市场或交易型开放式指数基金一级市场做多的方式进行套利。二是交易型开放式指数基金成分股长期停牌时，投资者预期复牌后股价下跌，通过构造股票组合申购交易型开放式指数基金，然后二级市场卖出交易型开放式指数基金变相套利。三是投资者长期、集中地看空市场，通过大量卖空交易型开放式指数基金的方式抛压市场。当上述情形较为严重时，做空交易型开放式指数基金的力量可能会集结放大套利资金，从而引发市场波动，并有可能对证券公司甚至证券交易所的技术系统形成一定压力。

对于交易型开放式指数基金进入标的证券引发的这些风险和问题，相关各方在论证中已经反复进行了评估，认为风险相对可控。目前，期货价格绝大部分时间高于现货价格，投资者卖空交易型开放式指数基金进行期现套利的行为相对较少。更何况一二级市场套利机制会自我纠偏，投资者可以通过套利操作使交易型开放式指数基金二级市场的交易价格与单位净值一致或不一致，以反映对市场走势或停牌股票实际价值的预期，套利机会不会长期存在。对于交易型开放式指数基金交易对技术系统的冲击，相关的评估认为，交易型开放式指数基金成为标的证券后，考虑50%的杠杆比例和融券卖空量的增加，套利资金将放大2～3倍左右，正常情况下对证券公司和证券交易所技术系统的压力增加并不大。

对于一些极端情况，相关方面已经采取了一些事先防控措施，以尽可能减少交易型开放式指数基金发展带来的影响。一是审慎决定交易型开放式指数基金标的证券种类和数量。目前只考虑将规模较大、流动性较好、套利交易较多、运行风险较低的3～5只交易型开放式指数基金设为标的证券，待业务平稳运行后再逐步扩大。二是严格交易型开放式指数基金融资融券的盘中监控措施。对交易型开放式指数基金的融资融券交易进行每日盯市，在市场剧烈波动或者出现重大风险事件时，通过调高转融通费率、加大担保品比例、暂停交易型开放式指数基金转融通业务等措施加以应对。三是协调相关各方加大对交易型开放式指数基金管理人的风险监控。要求交易型开放式指数基金管理人加强技术系统建设和维护，强化前端控制，严格执行交易型开放式指数基金风险管理指引，降低发生操作风险的可能性。一旦发生操作失误，要求其立即报告并采取暂停申赎措施；可能影响融资融券交易的，实施临时停牌，暂停融资融券和转融通业务，减缓或暂停相关管理人交易型开放式指数基金新产品发行进度等措施。

与此同时，相关各方对境外交易型开放式指数基金的发展经验和教训进行了研究和总结。我们注意到，近来境外市场出现交易型开放式指数基金裸卖空现象，即交易型开放式指数基金管理人在融出交易型开放式指数基金时，并未真正买入对应的成分股，造成很多交易型开放式指数基金的卖空量超过成分证券本身，一旦空方集中回补，“逼空”就会出现。而且由于缺乏股票交割给买方，交收也会有失败风险。不仅如此，境外交易型开放式指数基金还大量衍生品化，即交易型开放式指数基金发行商并不构造指数成分股组合，而是购买与该指数相关联的场外衍生工具来跟踪指数表现。这样一来，衍生工具供应方一旦发生信用风险，就会产生交易对手风险。另外，境外市场的中小盘交易型开放式指数基金规模增长较快，大量分流投资于中小盘股的市场资金，一定程度上降低了中小盘股本身的流动性，甚至影响了它们的价格走势。然而，我国交易型开放式指数基金市场暂时不会出现上述情况。这是因为，我国融资融券制度安排中裸卖空被制度性禁止，交易型开放式指数基金采取完全复制指数成分股的方法构造，多以流动性充裕的大盘股为基础证券，尚未衍生品化。为进一步防范上述风险出现的可能性，有必要继续坚持并严格限制裸卖空，未来如果推出跨境交易型开放式指数基金，或者当中小盘交易型开放式指数基金大量增加后，严密监控交易型开放式指数基金衍生品化和小盘股化的风险，更加审慎地决定能够成为融资融券和转融通标的证券的交易型开放式指数基金种类和数量。

（三）转融券卖空机制的政策影响分析

从市场反应和媒体报道情况看，目前普遍希望转融通业务能够尽快推出，完善市场做空机制。截至 2011 年 8 月底，融券交易累计为 231 亿元，仅占融资融券交易量的 4.7%，融券交易最大的 10 只标的证券占据了 40% 左右的融券交易量，不少标的证券几乎没有融券交易，证券公司无券可融是当前融资融券试点发展遇到的突出问题，有必要适时推出转融通业务。

据统计，目前 25 家试点证券公司提供的可融券源约为 1.68 亿股，而根据登记结算公司的实地调研和保守测算，转融通机制推出后，机构投资者能够向市场提供 90 只标的证券共约 120 亿股的券源。据此估算，如标的证券扩大至沪深 300，考虑到后者总股本规模约为前者的 1.53 倍，机构投资者预计可向市场提供约 184 亿股的券源，是目前券源总量的 110 倍。这样，转融通机制可以初步缓解融券需求矛盾，完善融资融券业务双向做空机制功能。

从市场功能上讲，融资业务属于买空，有利于增加购买资金并预期股票价格上涨。而融券业务属于卖空，有利于投资者借券抛售，对单只股票的股价形成下跌压力。在没有转融通之前，证券公司的券源有限，融券抛空的功能实际上难以发挥。但有了转融通后，证券公司客户借券的需求有可能得到满足，抛压单只股票的情形则有可能出现，好处是通过融资融券使单只股票的价格尽可能反映其真实价值，融券做空机制起到挤泡沫的作用。坏处是可能加剧单只股票的下跌风险，对市场形成一定的下行压力。据统计，2011 年第 1 季度，波幅最大的标的证券的平均融券交易量为 0.28 亿元，是波幅最小的标的证券的 1.98 倍。按照这种融券交易特点，存在投资者做空某些波幅较大个股的风险。

经过认真评估，我们认为，尽管转融通推出有可能带来单只股票的卖空压力，但对市场的整体影响却是非常有限的，理由如下：

第一，我国融资融券制度排除了大幅做空市场的可能性。我国融资融券制度安排充分借鉴了境外融资融券交易经验教训。既禁止裸卖空，要求客户信用账户内必须真实有券才能卖出，又规定了提价规则，明确融券卖出的报价不得低于上一个市场报价。也就是说，境外市场实施“禁空令”的几项主要措施在我国融资融券制度中已经事先作了规定，客观上限制了投机者利用融券交易进行无限量卖空的情形，基本不会对市场产生急剧下跌的卖空影响。

第二，目前的市场环境不适宜大规模做空。转融通推出后，最大的担心是融券交易是否会成为继续触发股市下跌的心理因素。从目前的市场分析看，转融通推出对市场的影响可能是中性的，因为融券做空的前提条件是证券市场估值偏高。目前 A 股市场处于低位，蓝筹股具有明显的低市盈率特征，估值水平已经比较合理，不太可能造成过度卖空。相反，在转融通使资金供应得到补充的情况下，对股指反弹将可能起到推动作用。

第三，转融通推出后，融券交易不会像股指期货交易那样出现放量情形。一方面，融资融券业务毕竟是证券公司对其客户进行的资券贷放业务，余额增长是一个相当缓慢的过程，需要很长时间融资融券交易才能发展成为股票交易的重要方式；另一方面，我国融资融券制度，尤其是证券金融公司为中介的转融通制度，已经使得融券卖空无法以 T +0 方式进行交易，投资者如果大量融券卖空，风险很大。据我们分析，2011 年1 月25 日～4 月13 日，上证指数平均每周上升 1.24%，同期融券卖出金额平均每周增加 0.22 亿元；而 2010 年 11 月 6 日～2011 年 1 月 24 日，上证指数平均每周下降 1.36%，融券卖出金额却几乎无变化。说明我国投资者对于融券卖空股票非常审慎，不敢轻易去做。另外，目前规定比较严格的融资融券风险控制比例，也限制了市场上大量融券卖空的可能性。融资融券业务规则明确规定，当单只证券融券卖出余额达到该证券上市可流通市值的25%时，证券交易所将在次一交易日暂停其融券卖出，只有当该比例降为20%时才恢复其融券卖出。同时，转融通业务规则明确规定，当单只证券转融券余额达到该证券上市可流通市值的10%时，证券金融公司将暂停其转融券借出，只有当该比例降为8%时才恢复其转融券卖出。同时，对于单只证券在普通账户和信用账户中被大量买入或卖出的，证券交易所会以融资融券异常交易行为来进行监控。考虑上述因素，在转融通业务推出时，出现融券放量做空市场的可能性不大。

第四，转融通制度设计本身具有“断路器”功能，可以间接调节市场融券规模。目前设计的转融通制度是证券公司在融资融券出现资金和证券不足时，必须向证券金融公司借入资金和证券。一方面，证券公司迫于头寸管理不会大量借入股票，因为转融通业务实行固定期限制度，证券公司从证券金融公司借入证券，需要 T +1 才能到账，证券公司不仅需要分析投资者的需求，而且有期限匹配和头寸管理的压力，会比较谨慎地借入证券；另一方面，证券金融公司可以根据风险管理需要调节融券业务规模。集中模式转融通制度好处是便于证券金融公司和监管部门及时掌握融资融券整体运行情况和风险状况，在需要时，证券金融公司可以通过提高转融通费率和增减转融通业务规模，调节融资融券业务的供给量。

作为融资融券业务的配套安排，推出转融通机制是必要的，对市场的影响有积极作用。融券卖空机制有利于促进价值投资理念的形成，在当前估值水平下成为触发大盘蓝筹股和绩优股上涨的因素。当然，为稳妥起见，在推出转融通业务的政策考虑上，还是以“试点先行、逐步推开”的策略为好。证券金融公司成立后，拟先从前两批进行融资融券试点的 11 家证券公司平稳起步，再逐步放开到 25 家融资融券试点证券公司。此外，慎重确定转融通业务初期的标的证券范围。在证券交易所公布的融资融券标的证券范围内，初期选取 200 只左右作为转融通标的证券，尽量将股本较小、股价波动较大、流动性较差、机构持股不多的股票先不作为转融券的标的证券，并加强对波动较高标的证券的风险监测，强化对盘子小、波动高、机构持有少的标的证券的风险特征研究，加强转融券规模和集中度指标控制，逐步取得对这些证券的风险监测监控经验后，再有序放开。

总之，标的证券范围有序扩大、融资融券试点业务转常规、转融通机制平稳推出，既是事关资本市场改革发展的制度创新，也是当前阶段完善融资融券机制的改革举措。只要严格遵循试点先行、稳妥起步的原则，注重制度建设和技术平台安全，强化风险控制，审慎推进，将融资融券试点扩大与转融通制度建设结合起来，一定能够建设好适合我国资本市场实际需要的融资融券制度。

A股新常态 融资融券顺应行情走势*

——深刻认识融资融券“双刃剑”性质

自2010年3月31日开展融资融券试点业务以来，这一项“新”业务已经在A股市场运行了4年多的时间，但从未像过去几个月那样获得投资者和舆论密集的关注和讨论。认同者认为，正是融资融券的助力才使得此轮行情牛气冲天；质疑者指出，“杠杆上的牛市”容易过热，不可取。

为了深入了解融资融券业务情况，《中国证券报》日前专访了中国证券金融公司董事长聂庆平。他认为，此轮行情具有“结构性牛市”特征，融资融券业务只是顺应了行情的走势：2014年7月以来，沪深300指数成分股融资买入金额占全市场融资买入金额的比例超过70%，买入资金主要流向以金融股为代表的权重股。

* 作者：聂庆平。本文写于2015年1月，曾整版刊于2015年1月26日的《中国证券报》。

尽管如此，聂庆平坦言，借钱买股本身就是有风险的投资，尤其是行情出现大起大落和标的股票发生“黑天鹅”事件，往往会导致融资客户股票爆仓，出现被强制平仓风险。融资融券是“双刃剑”，投资者一定要审慎利用融资融券的信用放大功能进行股票投资。此外，目前市场上还出现了一些配资公司借钱给投资者炒股，投资者最高可获得5～10倍杠杆的配资。此类社会配资游离于监管之外，门槛低、杠杆高、风险大，建议广大投资者掌握融资融券知识，深刻认识融资融券“双刃剑”性质。

对于下一步融资融券业务的发展方向，他透露将稳步扩大融资融券标的证券种类和范围，逐步增加融资融券业务的覆盖面，探索建立“负面清单”管理制度，完善融资融券交易机制。证券公司要采取逆周期调节措施加强融资融券业务风险管理，提高融资融券业务的各项风险控制比例，做好投资者适当性管理。逐步完善融券交易机制，积极推动社保基金、公募基金、信托、保险、资管等专业机构投资者和个人参与证券出借业务，扩大券源，促进融资业务和融券业务平衡发展。

一、两融业务表现与股市大势吻合

《中国证券报》：有人把2013年下半年以来的这波行情评价为“杠杆上的牛市”，而两融（融资融券）是撬动行情的重要力量，您

是否认同这一说法？从数据来看，两融杠杆到底给此轮行情带来了多大影响？

聂庆平： 随着实体经济的转型升级和资本市场改革的深化，目前A股市场也已经进入新常态，只不过这一轮的行情和以前相比多了一个利用融资来投资的功能。

融资融券不论在国内还是国外，都只是资本市场一项基础业务。在成熟市场，其规模随着市场行情的上涨而增加是一种普遍现象，关键在于这种规模变化是否与市场发展相适应。事实上，从2010年开展试点以来，融资融券业务已经平稳运行了4年多时间，在这4年多时间里这一项业务都没有受到市场这么多的关注和讨论，说明目前的热度来自于市场本身的回暖和走强。

种种迹象来看，我个人认为，此轮行情主要表现为“结构性牛市”。以金融股等大盘蓝筹股为代表的结构性上涨，出现这样的局面主要是因为银行股价值低估、资本市场深化改革使得上市证券公司基本面发生根本改变，加上经济基本面总体平稳，以及“沪港通”试点启动等因素共同作用推动了此轮大盘上涨。

首先，从融资融券业务数据来看，近万亿元的融资融券资金主要流向以金融股为代表的权重股，与市场表现契合，体现了以价值投资为主的特征。2014年7月以来，融资买入资金流向大盘蓝筹股的现象比较突出。据统计，融资融券客户累计融资买入926只标的证券，融资买入金额为8.6万亿元，其中证券类主板股票17只，金额9 970亿元，占11.54%；银行类主板股票15只，金额6 617亿元，占7.66%；保险类主板股票4只，金额2 496亿元，占2.89%，三者合计融资买入1.9万亿元，占全部融资买入金额的22.1%。目前，三者融资融券余额合计2 514亿元，占全部融资融券余额的22.7%。如果再放大标的证券范围统计，从2014年7月至2005年1月19日，融资融券客户累计融资买入沪深市场主板股票677只，累计金额7.2万亿元，占比高达83%，说明融资融券资金主要流向估值较低的蓝筹金融股。

其次，上证指数从2000点涨到目前的3300点左右，大盘蓝筹金融股上涨是主要的推动因素。据统计，上证指数从2014年7月1日2050点持续上涨到2015年1月22日3343点，涨幅63%。期间，A股流通市值从20.25万亿元增至33.15万亿元，增加12.9万亿元。其中，沪深300成分股票流通市值增加8.8万亿元，占A股流通市值总增加额的68.2%；金融类股票流通市值增加4.1万亿元，占A股流通市值总增加额的31.8%。由此可见，此轮行情的结构性上涨特征比较突出，大盘蓝筹股股价上涨对大盘指数上涨的贡献度近七成，金融类股票股价上涨贡献度超过三成，这与我国大型银行股估值偏低不无关系。从中美银行股估值比较看，股市上涨前，我国银行股的市净率只有0.6倍左右，市盈率8倍左右，股本收益率（ROE）却高达17%，而美国银行股的股本收益率（ROE）只有5%，但市净率确为2倍左右，市盈率15倍左右。即使是目前我国大盘蓝筹银行股上涨了30%左右，其市盈率、市净率仍处在合理区间。

第三，行情是决定融资融券业务规模增长的主要原因。融资融券业务规模增长与股市行情有直接关系，境外市场融资融券交易量占市场交易量比例约为20%左右。目前，此比例日本为15%，美国为18%，我国台湾地区为20%。我国自融资融券业务开展以来，证券公司融资融券余额一直增长缓慢。2014年初，融资融券交易额占市场交易额的比例为7%左右，只是在此轮股市行情启动后呈爆发式增长。目前尽管融资融券余额达到1万亿元，但该比例为19%，与境外市场平均比例接近相关资料见表1－1。

表1－1　　2014年7月以来客户融资买入标的证券情况

（2014年7月1日～2015年1月19日）

证券品种				数量（只）	融资买入额（亿元）	融资买入额占全市场比重（%）	A股普通交易额（亿元）	融资买入额占A股普通交易额比重（%）	融资融券余额（亿元）	期间平均涨跌幅（%）
股票	主板	金融	证券	17	9 970.01	11.54	46 717.74	21.34	1 113.98	158.41
			银行	15	6 617.03	7.66	34 185.27	19.36	979.34	60.15
			保险	4	2 496.48	2.89	12 117.93	20.60	421.02	112.22
		房地产		61	4 381.36	5.07	21 574.87	20.31	495.91	57.79
		有色金属		46	3 851.93	4.46	19 934.29	19.32	396.38	32.50
		医药生物		51	3 156.18	3.65	15 554.86	20.29	431.41	24.05
		机械设备		38	3 380.00	3.91	18 024.64	18.75	399.85	69.44
		国防军工		14	2 883.67	3.34	13 766.39	20.95	280.02	52.46
		其他行业		431	34 964.52	40.48	173 166.80	20.19	4 182.16	—
	主板合计			677	71 701.18	83.02	355 042.79	20.20	8 700.05	48.20
	中小板			176	9 436.33	10.93	50 139.98	18.82	1 113.74	22.39
	创业板			58	3 337.82	3.86	16 890.49	19.76	406.91	19.84
	股票合计			911	84 475.33	97.81	422 073.26	20.01	10 220.70	—

续表

证券品种		数量(只)	融资买入额(亿元)	融资买入额占全市场比重(%)	A股普通交易额(亿元)	融资买入额占A股普通交易额比重(%)	融资融券余额(亿元)	期间平均涨跌幅(%)
交易型开放式指数基金	华泰柏瑞沪深300指数基金	1	952.79	1.10	3 546.04	26.87	465.36	51.26
	华夏上证50指数基金	1	515.30	0.60	1 866.62	27.61	201.19	60.47
	嘉实沪深300指数基金	1	203.36	0.24	936.51	21.71	92.12	52.15
	其他ETF品种	12	219.72	0.25	1 927.58	11.40	85.76	48.72
全市场合计		926	86 366.51	100.00	430 350.01	20.07	11 065.13	—

所以总体来看，我认为融资融券业务的表现还是与股票市场大势吻合的，说明投资者看好金融类蓝筹股。是先有牛市，后有融资余额增加，而不是相反。实际上，这些数据也恰恰反映了在大盘蓝筹股估值回升的过程中，市场化的融资买入机制发挥了作用，满足了投资者价值投资的需要。

二、融资融券是把“双刃剑”

《中国证券报》：目前有不少投资者担心融资融券给市场带来大幅震荡的风险，也担心在类似成飞集成这样“黑天鹅”事件里，融资融券的投资者会遭遇强行平仓和大幅亏损的风险，从当前情况看，应当如何做好风险防范工作？

聂庆平：截至 2015 年 1 月 19 日，融资融券担保品市值达到 2.7 万亿元，其中沪深主板股票 1.98 万亿元，约占 73%；中小板和创业板股票 5 815 亿元，约占 21%；担保资金 1 339 亿元，约占 5%。2014 年以来担保证券市值增加约 1.6 万亿元，其中超过 70% 来自于沪深主板股票担保市值的增加。融资融券客户平均维持担保比例为 232%，自业务启动以来该比例一直高于 200%，低于 150% 的客户数量只占 0.5%，业务及客户投资风险总体平稳。

无论怎样讲，借钱买股票都是一件有风险的事情，尤其是行情出现大起大落和标的股票发生“黑天鹅”事件，往往会导致融资客户股票爆仓，出现被强制平仓风险。融资融券是“双刃剑”，投资者一定要审慎利用融资融券的信用放大功能进行股票投资。

客观上，随着标的证券范围的持续扩大，标的证券结构将更加均衡，既会有业绩好的股票，也会有业绩差的股票。从昌九生化、獐子岛、成飞集成等部分股价波动较大的标的股票来看，部分维持担保比例过低、担保证券集中度过高的投资者确实受到了损失。总结海内外市场经验来看，投资者和证券公司都应深刻认识融资融券业务的风险特征，密切关注融资融券业务快速增长带来的风险。

如 1929 年美国股市大崩盘爆发前，证券经纪商放松了融资保证金比例要求，杠杆比例接近 10 倍，大量商业银行也开始提供贷款买股票。1929 年 8 月，客户融资余额达到 85 亿美元，超过了美国当时的流通中货币供应量（M_0）。10 月股市崩盘后，大量融资客户被证券经纪商追缴保证金，很多投资者根本没有能力补仓，只能抛售止损，进一步压低了股价，造成恶性循环和恐慌性抛售，道琼斯指数由高峰时的381点持续跌到1932年7月8日的41点，市值损失近九成。大量普通投资者欠下巨额贷款，证券经纪商坏账大量增加，有4 000家银行倒闭，几乎是当时美国全部银行总数的40%。

美国政府随后出台《证券法》和《证券交易法》，特别对融资融券作出两项规定，把融资融券账户保证金比例提高到25%，1974年1月调整为50%并持续至今；再就是明确卖空提价规则，防止“裸卖空”。借鉴西方金融危机教训，我想在当前形势下平稳开展融资融券业务，证券公司必须高度重视和加强融资融券业务的风险管理，要采取逆周期调节措施，提高融资融券业务的各项风险控制指标，控制好风险：

一是要规范和合理发展融资融券业务。融资融券是把“双刃剑”，如果制度设计合理、杠杆比例适度、风险控制有效，就能够充分发挥完善交易机制、活跃证券交易、平滑市场波动、促进价格发现，为市场注入流动性等积极作用。但如果肆意放大杠杆，只考虑发展规模，失去对融资融券业务的风险控制，就可能给资本市场的发展带来危害，破坏证券行业的发展秩序，同时损害投资者利益。证券公司要根据自身资本实力和风险管理水平，适当控制经营杠杆，审慎扩大业务规模，确保与公司资本实力和风险管理能力相适应。

二是要遵循业务发展逆周期调节的原则，根据市场具体状况和审慎原则，及时通过调高保证金比例和维持担保比例、调低可充抵保证金证券折算率等市场化手段，合理调节融资融券杠杆率，防范客户业务风险。坚持证券公司总部统一管理授信、合同文本制定、标的证券和担保证券风险盯市、风险控制指标体系跟踪、强行平仓等工作，统一进行流动性风险、信用风险、市场风险、技术系统风险等压力测试，采取相应的风险控制措施。

三是全面强化标的证券和担保证券管理。要建立健全标的证券、担保证券的筛选和调整机制，及时根据市场状况、上市公司变化等情况主动管理，调整标的证券、担保证券的范围。强化担保证券集中度管理，对集中度风险比较高的担保证券，及时采取调低折算率、调出担保证券范围等手段，切实防范潜在风险。

四是进一步健全客户风险分析和管理机制。要定期、不定期对客户资产结构、负债结构、交易习惯、行为特征、信用状况等方面情况进行分析，对集中度较高、担保品风险较大、风险承受能力较低的客户，要审慎控制其融资融券业务规模，与其风险承受能力相匹配。要健全强制平仓的业务规则和程序，通过业务合同对强制平仓条件、固定期限了结以及其他特殊事件处理等事项作出细化约定。进一步加强投资者适当性管理与风险教育，严格执行投资者适当性管理规定，大力宣传融资融券合同契约性和“买者自负”原则，提高投资者风险防控意识，引导投资者理性审慎参与融资融券交易。要特别建议广大投资者认真掌握融资融券知识，了解融资融券风险特性，切实增强融资融券风险意识和防范能力。

三、多项融资融券业务完善工作将开展

《中国证券报》：自从 2010 年推出融资融券业务以来，已经运行了 4 年多的时间，您如何总结和评价 4 年来这个市场的表现？

聂庆平：融资融券业务开展 4 年多来，总体业务发展平稳，风险控制措施基本到位，对完善资本市场功能起到积极作用。一是融资融券成为资本市场一项重要的基础性制度，改变了我国证券市场一直以来的单边市格局，为资本市场提供了一条制度化、规范化和有监管的资金融通渠道。二是融资融券交易成为一种重要的交易方式。4 年多来，客户融资交易日趋活跃，融资买入金额占同期 A 股总成交额的比重，2012 年底为 4%，2013 年底增至 9%，2014 年该比重平均为 12.9%，至 2014 年末达到 19% 左右。客户融券交易活跃度也在增加，2014 年，共有 896 只标的证券发生过融券交易，融券卖出金额达到 1.1 万亿元，较上年同期增长 90%，融券余额为 81.8 亿元，较上年同期增长 169%。三是融资融券客户群体成为一支重要的投资力量。2014 年末，融资融券投资者达 303 万名，较年初增长 121%，占 A 股投资者总数的 4%；信用证券账户持仓市值为 2.57 万亿元，占 A 股流通总市值的 8.2%。四是融资融券业务成为证券公司一项重要的创新业务。2014 年，证券公司融资融券业务利

息收入大幅增长至446.24亿元，已经发展成为证券公司的主营业务之一，也为证券公司业务创新提供了工具环境。五是转融通成为融资融券一项重要的配套制度。推出两年多来，试点范围有序扩大，业务规模稳步增长，市场反应积极正面，已经成为融资融券业务的重要资券来源，促进融资融券业务发展、增强市场流动性的作用逐渐显现。

下一步，融资融券业务的完善方面，还是有很多工作需要继续开展。

首先，继续推进完善融资融券交易机制。适应市场发展需要，继续推进融资融券、转融通业务规则的修订完善，稳步扩大融资融券标的证券种类和范围，逐步建立“负面清单”管理制度。推动优化融券和转融券业务模式，丰富券源渠道，拓展融券用途。探索推进证券借贷平台建设，建立健全业务规则体系，简化证券借贷流程环节，推出竞价、议价等交易方式，建立第三方担保品管理制度，提高证券借贷的灵活性和市场化程度。

其次，进一步加强融资融券风险防控工作。督促证券公司审慎合理确定融资融券业务规模，加强融资融券内控机制建设，制定标的证券池的动态管理调整机制和担保证券集中度管理机制，加强投资者适当性管理与风险教育，引导投资者理性审慎参与融资融券交易。巩固强化融资融券统计监测系统非现场检查功能，丰富完善统计报表和风险监控指标体系，提高统计监测工作的全面性、及时性和准确性。着力强化对负债规模大、维持担保比例低、担保证券集中度高的客户风险评估，加强对涨跌幅较大、业绩波幅较大、舆论关注度较大的标的证券和担保证券市场风险盯市。强化监管信息资源共享和功能协作，推动建立现货、融资融券、个股期权、股指期货等跨市场、跨平台、跨品种套利与对冲行为风险联防联控的工作机制。

三是逐步扩大融资融券、证券出借业务的投资者参与范围。积极推动社保基金、公募基金、信托、保险和资管等专业机构投资者开展融资融券交易，满足机构投资者实施量化、对冲、套利等多样化交易策略的需求。逐步推动养老基金、社保基金、公募基金、信托、保险等机构投资者参与证券出借业务，提升机构投资者出借证券的收入，提高机构参与证券出借业务的积极性，探索个人投资者参与证券出借业务的路径，丰富券源，促进融资业务和融券业务的平衡发展，使资本市场的内在约束机制和平衡机制发挥作用。

此外，目前市场上出现了一些配资公司借钱给投资者炒股，投资者通过缴纳数额不等的保证金，存入配资公司的指定账户中，最高可获得 5 ~10 倍杠杆的配资，据媒体报道此类配资规模可能超过 1 000 亿元。正如前面提及的美国市场案例所揭示的，我们认为，此类社会配资游离于监管之外，门槛低、杠杆高、风险大，无标的证券范围管理，容易产生融资爆仓风险。自我国股市设立以来，一旦出现牛市行情，场外股票融资活动通常比较活跃，历史上曾经出现过证券公司违规透资、股票账户三方监管透资、民间金融机构配资、委托理财和国债回购融资等违规融资炒股的情况，由于缺乏公开透明的监管，给证券行业和客户带来了较大的风险。因此，加强对场外融资的监管，合理控制和管理规范的场内融资融券业务发展，对我国资本市场平稳健康发展将具有积极意义。

关于证券公司融资类业务风险状况的分析报告*

近年来证券公司融资类业务持续保持快速发展态势，客户数量、交易额和存量规模均创历史新高。证券公司筹集与贷放的资金规模成倍增加，行业杠杆水平快速上升，客户违约风险和证券公司流动性风险等隐患逐渐积累。

一、证券公司融资类业务发展情况

证券公司融资类业务开展以来，发展迅速，已成为证券公司主要的资金投向和重要的收入来源。截至 2014 年 11 月底，证券公司场内融资类业务规模达到 1.14 万亿元①，其中，融资融券业务融资

---

* 作者：王媛媛、刘春波。本文写于 2014 年 12 月。

① 股票质押式回购和约定购回式证券交易数据来源于上海证券交易所和深圳证券交易所发布的业务周报，下同。

余额 8 188.50 亿元，股票质押式回购融资余额（待购回初始交易金额）3 019.39 亿元，约定购回式证券交易融资余额（待购回初始交易金额）123 亿元。加之部分证券公司自行开展的场外股权质押和收益互换等场外融资类业务（截至 8 月已有约 1 700 多亿元的规模），证券公司场内和场外融资类业务规模总和约超过 1.3 万亿元。证券公司 11 月底资产负债表显示，证券公司在上述三项场内融资类业务上融出自营资金 9 931.37 亿元，约占证券公司资产总规模的 28%，是净资本总规模的 1.51 倍。以自营资金出资的场内融资类业务规模与净资本比例超过 100% 的有 56 家证券公司，其中 13 家公司超过 200%，最高达到 483.73%。

随着证券公司融资类业务规模的增长，融资类业务利息收入在证券公司总收入中的比重越来越大。自年初至 11 月底，证券公司融资类业务实现利息收入 476.66 亿元，其中，融资融券利息收入 372.46 亿元，股票质押式回购利息收入 77.95 亿元，约定购回式证券交易 13.01 亿元，占证券公司营业收入 2 028.13 亿元的 23.50%，仅次于经纪业务和自营业务收入，成为证券公司第三大收入支柱。

二、证券公司融资类业务风险状况

一是证券公司资产负债率和杠杆水平明显上升，偿债能力有所下降。证券公司融资频率、规模与融资类业务发展显示出高度一致性，对比 2012 年和 2013 年，证券公司在 2012 年仅通过短期融资券和转融资两种债务工具融入资金 941.33 亿元，而在 2013 年通过短期融资券、公司债、次级债和转融资等多种方式累计融入资金 7 569.89 亿元，较 2012 年增长了约 7 倍。2012 年底至 2014 年 11 月，证券公司总负债由 4 300 亿元增长至 1.46 万亿元，年均增长 1.20 倍；资产负债率由 38.39% 增至 54.51%，年均增幅 20.99%；杠杆水平由 1.61 倍提高到 2.56 倍。无论是从债务总额还是负债率看，证券公司负债水平均大幅增加，财务风险上升，偿债能力有所下降。

二是融资类业务的快速扩容进一步加深证券公司对滚动短期融资的依赖，流动性风险上升。证券公司资产负债表显示，截至 11 月底，证券公司债务结构中短期和超短期融资规模占融资负债总额的比例均超过 50%，其中有 59 家超过 80%，48 家达到 100%；约有 20 家公司长期依赖滚动发行短期融资券融入资金，25 家公司主要利用转融资展期实现短债长用。另外，部分证券公司还通过卖出回购方式将自营债券质押融入资金用于融资类业务，由于卖出回购期限一般在 7 天左右，利率相对较低（目前加权平均利率约为 3.41%），证券公司将该渠道资金配置于融资类业务，虽可赚取较大利差，但频繁续作进一步加剧了资金来源的短期化。由于各类融资渠道都有规模限制，证券公司通过单一渠道融入资金的规模不可能无限放大，在融资类业务面临不确定性资金需求或市场流动性紧张时，证券公司可能出现无钱可贷或无钱可还的情况，融资类业务流动性风险容易爆发。

三是证券公司融资类业务在单一客户负债规模、单一担保券或质押券等方面集中度过高，信用风险显现。融资融券业务单一客户持有单一担保证券的比例较高，截至11月底，持仓集中度超过90%的客户人数约为15.9万人，其负债共计1 793亿元，占负债总额超过1/5的客户只有1只担保品。约定购回业务单个客户待购回融资金额占证券公司净资本的比例最高达30%。股票质押式回购业务的部分股票质押比例高，且部分证券公司客户结构较为集中。根据中国证券结算有限责任公布的单一股票质押比例信息，全市场74只股票质押数量占总股本的比例超过50%，其中29只股票无限售股份质押数量占总股本的比例超过50%，25只股票有限售股份质押数量占总股本的比例超过50%。质押比例偏高的股票以中小市值股票为主，控股股东大比例参与融资是质押比例偏高的主要原因。由于股票质押式回购业务“大股东参与为主、大额融资”的特点，部分证券公司单个客户融资规模与净资本的比例较高。这些证券公司往往仅有一位或几位客户的限售股质押，证券公司受客户违约风险影响增大。此外，考虑到股票质押回购业务的违约处置流程多、处置所需时间长，对质押比例较高的股票进行强平操作可能引发股价的重挫，进一步加深证券公司的损失和市场的波动。

四是证券公司融资类业务开展过程中暴露较多合规性问题。证券公司开展融资类业务时，在投资者适当性、风险控制等环节把握不严容易引发合规风险。两融业务的合规风险多由证券公司经营管理不规范、内部控制不健全所致，表现为证券公司为了追求业务规模对相关法规、规则的变相执行，如未对维持担保比例下跌至平仓线以下的客户进行及时平仓、为交易时间不足6个月时限要求的客户开立信用账户、为客户逾期融资或融券合约办理展期，以及为维持担保比例低于300%的客户办理现金提取等。约定购回和股票质押式回购业务属于非标准化业务，证券公司对客户选择标准以及质押率、平仓线、业务规模等自设风险控制指标的确定具有较大自主管理空间，合规风险主要存在于管理不到位以及对业务规则的变相运用，表现在客户适当性管理不到位、不能按照交易所规定建立健全风控指标监控机制、合同文本不满足必备条款规定以及内控管理不足等方面。

五是场外融资类业务尚属“黑箱”，蕴藏风险隐患。针对无法通过场内融资业务满足资金需求的客户，证券公司提供了场外股权质押融资和股票收益互换交易两类场外融资类业务，截至8月分别约有1 400亿元和340亿元的规模。由于这两项业务均在场外进行，证券公司开展业务存在较大自主性和随意性，对业务的风险控制以及信息披露等缺乏必要监督，场外融资类业务潜藏的风险不容忽视。

目前，融资类业务已经成为证券公司重要的业务形式，风险控制将是今后相当长时间内制约证券公司业务发展的重要因素。下一步，相关证券公司应加强融资类业务的内控管理和风险控制工作，严格执行投资者适当性管理规定，强化标的证券和担保证券管理，合理控制融资类业务规模和结构，促进融资类业务有序运行。

强化风险管理，促进融资融券业务稳健发展*

一、当前融资融券业务发展总体上适应了市场发展需要

2014 年以来，融资融券业务发展上了一个新台阶，融资融券余额突破万亿元水平；客户数量近 300 万，较 2013 年翻了一番多；证券公司前 11 个月的业务收入超过 500 亿元，较 2013 年同期增幅超过 70% 。融资融券业务在增长较快的情况下，运行比较平稳，技术系统安全稳定，没有发生系统性和区域性风险，总体上适应了市场发展需要。总的来看，2014 年的融资融券业务有这样几个特点：

一是发展速度总体上有所加快。2014 年初融资融券余额不到 3 500 亿元，1 ~8 月余额每月增加约 220 亿元，9 ~11 月余额增速加快，大约每 20 天增加 1 000 亿元。进入 12 月，前 9 日余额日均增加

* 作者：聂庆平。本文是作者在 2014 年 12 月证券公司合规与风控高级研讨班上的讲话。

约 150 亿元，随后日均增加约 90 亿元，增速有所放缓。

二是融资和融券交易活跃度都有所增强。客户日均融资买入额上半年只有 163 亿元，下半年达到 577 亿元。融资买入额占同期 A 股成交额的比重，2013 年底为 9%，2014 年以来平均值为 11.4%，12 月达到 19% 左右。2014 年以来，客户合计融券卖出金额超过 9 000 亿元，较上年同期增长 64%，融券余额为 66.5 亿元，较上年同期增长 81%。

三是融资融券负债向高净值个人客户集中。截至 2014 年 12 月 16 日，融资融券投资者达 287 万名，较年初增长 109%，占 A 股投资者总数的 4%。其中，资产在 100 万元以上的个人投资者 35 万名，但融资融券余额合计占到全市场余额的 82%；资产在 50 万元以下的中小投资者有 251 万名，人数上占 87.5%，但融资融券余额合计只占 3.5%。

四是大盘蓝筹股担保市值大幅增长。截至 2014 年 12 月 16 日，融资融券担保品市值达到 2.65 万亿元，较年初增加 1.67 万亿元，其中 73% 来自沪深主板股票担保市值的增加。目前，沪深主板股票担保市值为 1.85 万亿元，占 70%；中小板和创业板股票 6 674 亿元，占 25%；担保资金 1 294 亿元，占 5%。

五是客户维持担保比例处于较高水平。截至 2014 年 12 月 16 日，客户平均维持担保比例超过 240%，低于 150% 的客户数量只占 0.45%。12 月 9 日上证指数下跌超过 5%，全市场只有 14 名融资融券客户因维持担保比例低于 130% 而平仓，平仓金额仅 376 万元，不足当日客户还款额的万分之一。当日全市场平均维持担保比例由 247% 微降至 236%，降幅不大。

对于 2014 年下半年以来融资融券规模的增长，市场有不同的解读。要准确理解这段时期市场的变化，包括融资融券在其中所起的作用，有几个基本的事实不能被忽略。

第一，行情上涨有一定的“结构性”。2014 年 7 月初到 12 月 19 日，沪深 300 指数上涨 53%，而中小板和创业板指数只上涨了 26% 和 20%，大盘蓝筹股的涨幅更加明显。44 只金融类股票涨幅最大，平均上涨 115%，同期 A 股流通市值增长 10.36 万亿元，金融股流通市值增长 3.07 万亿元，占 30%。也就是说，A 股大盘上涨的三成推力来自 44 只金融股。

第二，银行类股票估值处于历史较低水平。截至目前，沪深两市 16 只银行股按照流通市值加权的平均市盈率只有 5.8 倍，市净率为 1.1 倍，均为目前各行业最低水平，而美国前五大银行最新市盈率中位数为 16.7 倍。同时，我国 16 只银行股 ROE 中位数为 18.6%，而美国前五大银行 2013 年 ROE 中位数只有 7%，财务指标上还要逊于我国银行。

第三，证券行业深化改革释放了一定的政策红利。2014 年 7 月初到 12 月 19 日，证券板块上涨 186%，大幅领先于其他板块。这与国务院推出“国九条”深化资本市场改革，中国证监会启动“沪港通”试点，大力推进股票发行注册制、退市制度、优先股、资产证券化、重大资产重组、新三板做市商等制度紧密相关，证券行业利好不断，增强了市场信心。

第四，客户融资资金主要流向大盘蓝筹股票。2014 年 7 月初到 12 月 19 日，客户合计融资买入 925 只标的证券，融资买入金额为 6.61 万亿元，其中融资买入沪深主板股票 677 只，金额为 5.39 万亿元，占 81.5%。这其中包括 36 只金融类标的股票，合计融资买入金额 1.27 万亿元，占全部融资买入金额的 19.2%。同时，在目前万亿元融资融券余额中，沪深主板股票融资融券余额 7 780 亿元，占 77.8%。

由上面这些基本事实，可以基本看出此轮行情变化的脉络。那就是以证券、银行等金融类股票为主的大盘蓝筹股是此轮行情上涨的主导力量，这背后有我国经济转型升级步入新常态、股票估值水平比较低、政策红利有所释放、“沪港通”试点稳步推进的大背景，因此这类股票的估值回升吸引了市场资金流入，融资资金也是其中一部分。可见，“杠杆上的牛市”说法并不完全准确，是先有牛市，后有融资余额增加，而不是相反。实际上，这恰恰反映了在大盘蓝筹股估值回升的过程中，市场化的融资买入机制发挥了作用，满足了投资者价值投资的需要。

二、要深刻认识融资融券“双刃剑”性质，密切关注业务快速增长带来的风险

融资融券规模随着市场行情的上涨而增加，这在成熟市场是一种普遍现象，关键在于这种规模变化是否与市场发展相适应。1929年美国股市大崩盘爆发前，美国经济快速发展和技术革命拉动了上市公司业绩，市场资金面比较宽松，股票投资十分火热，杠杆投机活动越来越活跃。美国证券经纪商于是放松了融资保证金比例要求，很多投资者只需要交10% ~20% 的保证金就可以融资买入股票，杠杆比例接近10倍，大量商业银行也开始提供贷款买股票，进一步刺激了投资者的融资热情。到1929年8月，客户融资余额达到85亿美元，超过了美国当时的货币供应量（M_0）。10月股市崩盘后，大量融资客户被证券经纪商追缴保证金，很多投资者根本没有能力补仓，只能抛售止损，进一步压低了股价，造成恶性循环和恐慌性抛售，道琼斯指数由高峰时的381点持续跌到1932年7月8日的41点，市值损失近九成。大量普通投资者欠下巨额贷款，证券经纪商坏账大量增加，有4 000家银行倒闭，几乎是当时美国全部银行总数的40%。

美国政府随后出台《证券法》和《证券交易法》，特别对融资融券作出两项规定。一是保证金比例提高到25%，也就是最多4倍

杠杆，1946 年 1 月一度调高至 100%，1974 年 1 月调整为 50% 并持续至今。二是明确卖空提价规则，防止卖空交易在熊市中进一步拖低股价。此外，美联储还对可以进行融资融券的证券经纪商、银行、机构和个人等进行了限制，同时要求开展融资融券业务的证券经纪商流动资产与负债总额比例不得低于 1∶15。

2008 年美国金融危机爆发前，融资活动同样很活跃，纽交所融资余额在 2007 年 7 月达到 3 810 亿美元的峰值，道琼斯指数于当年 10 月中旬达到最高 14198 点。2008 年金融危机爆发后，道琼斯指数于 11 月 21 日降至最低点 7450 点，跌幅接近 50%。融资客户被追缴保证金，进而抛售止损的戏码再次上演，纽交所融资余额 2009 年 2 月降至 1 730 亿美元，较最高时缩水一半多。由于此次危机中金融股跌幅较大，美国实施了限制卖空金融股、重拳打击裸卖空、强化卖空交易报告等措施。2014 年 12 月，美国股市历经 5 年上涨，道琼斯指数已经突破 18000 点，创造了新的历史纪录，纽交所融资余额也上升到 4 500 亿美元水平，同样站上历史高位，再次引起了监管部门和舆论对于融资风险的担忧。

总结历次金融危机，对于融资融券有这样几个启示：

一是要规范和合理发展融资融券业务。融资融券是把双刃剑，如果制度设计合理、杠杆比例适度、风险控制有效，就能够充分发挥完善交易机制、活跃证券交易、平滑市场波动、促进价格发现，为市场注入流动性等积极作用。但如果肆意放大杠杆，只考虑发展规模，失去对融资融券业务的风险控制，就可能给资本市场的发展带来危害，破坏证券行业的发展秩序，同时损害投资者利益。

二是融资融券风险要防患于未然。美国当前对于融资融券业务的监管规则和风控举措，几乎都是在几次金融危机后确立和发展起来的，这恰恰是因为教训比较惨痛。历次金融危机前后，市场融资余额变化都比较大，这一过程中市场秩序被影响，券商和银行蒙受了损失，投资者利益遭到了损害。我们必须深刻吸取这些教训，在融资余额增长较快的情况下认真评估业务风险，预作风控，避免类似风险的发生。

三是证券公司要加强融资融券业务内控。金融危机中，美国证券经纪商或银行往往受经济利益驱动，放松客户资质管理，对任何客户都给予融资贷款，同时放低杠杆比例，放大了客户亏损风险。因此，越是在市场行情比较好的时候，越是需要加强内控，特别是客户适当性管理和杠杆管理，一方面是保证不向风险承受能力不强的客户融资，另一方面是管理好自身的杠杆和放给客户的杠杆，有所控制。

三、当前要进一步加强融资融券业务风险管理工作

从我国融资融券业务目前的发展情况看，尽管总体风险安全可控，但在局部或个体上也出现了一些值得关注的风险点。一是由于

少数标的股票业绩不稳定、股价波动大，融资融券出现投资风险。像重庆啤酒、昌九生化、獐子岛、成飞集成等标的证券因突发风险事件而引发部分融资融券客户被强制平仓。二是这段时间金融类、军工类等标的股票涨幅比较大，有一定的价格回调风险。三是目前有大约 2 万名左右的客户持有单一担保证券市值占其担保总市值的比重超过 90%，同时维持担保比例低于 170%。这类客户容易受集中持仓证券的价格影响出现融资融券业务风险。四是有些客户维持担保比例在 145% 以下，可能因维持担保比例过低而被强制平仓。五是有些标的证券的担保市值占其总流通市值的比重超过 30%，担保市值规模比较大，这些证券价格下跌时，可能造成部分客户担保品市值整体下降。六是部分证券公司业务杠杆倍数比较大，业务集中度比较高，集中持仓客户比较多，低维持担保比例客户负债占比较大等。

针对这些情况和问题，中国证券金融公司结合自身的融资融券统计监控职责，2014 年以来也开展了一系列具有针对性的工作。一是强化日常统计监测，每月向证监会报送数据统计和风险监测月报。二是升级改造统计监测系统，增强系统的风险预警、评估和报告能力，不断加大对证券公司业务风险的警示力度。三是配合证监会开展融资融券业务现场检查和专项检查，协助解决好证券公司融资融券业务合规和风险问题。四是密切跟踪客户持有市值大、涉及风险客户多、市场风险高、舆情关注度大的标的证券市场风险，向证监会报告獐子岛、成飞集成等事件的融资融券风险情况。五是加强对单一证券公司的风险监控，定期扫描每一家证券公司的融资融券业务风险，按照不同风险层级进行分类，指派专人跟踪监控。六是加强交易和风险信息披露。每日通过公司官网向市场披露融资融券和转融通交易数据，发布担保市值集中度较高的担保证券信息，等等。

在当前市场环境下，为了进一步化解和防范融资融券业务风险，促进这项业务长期平稳健康发展，证券公司自身也需要切实加强风险管理工作。这里我谈几点建议：

第一，审慎合理确定融资融券业务规模。要根据自身资本实力和风险管理水平，适当控制经营杠杆，审慎扩大业务规模，确保与公司资本实力和风险管理能力相适应。要建立健全风控指标体系，根据市场具体状况和审慎原则，及时通过调高保证金比例和维持担保比例、调低可充抵保证金证券折算率等市场化手段，合理调节融资融券杠杆率，防范业务风险。

第二，对融资融券业务进行集中统一管理。由证券公司总部统一管理授信、合同文本制定、标的证券和担保证券风险盯市、风控指标体系、强行平仓等工作，统一进行流动性风险、信用风险、市场风险、技术系统风险等压力测试，采取相应的风险控制措施。

第三，全面强化标的证券和担保证券管理。要建立健全标的证券、担保证券的筛选和调整机制，及时根据市场状况、上市公司变化等情况进行主动管理，调整标的证券、担保证券的范围。强化担保证券集中度管理，对集中度风险比较高的担保证券，及时采取调低折算率、调出担保证券范围等手段，切实防范潜在风险。

第四，进一步健全客户风险分析和管理机制。要定期、不定期地对客户资产结构、负债结构、交易习惯、行为特征、信用状况等方面情况进行分析，对集中度较高、担保品风险较大、风险承受能力较低的客户，要审慎控制其融资融券业务规模，与其风险承受能力相匹配。要健全强制平仓的业务规则和程序，通过业务合同对强制平仓条件、固定期限了结以及其他特殊事件处理等事项做出细化约定。

第五，进一步加强投资者适当性管理与风险教育。严格执行投资者适当性管理规定，把投资者交易时间、投资经验、资产质量、风险承担能力等制度安排落到实处，并切实做好风险揭示工作。同时大力宣传融资融券合同契约性和“买者自负”原则，提高投资者风险防控意识，引导投资者理性审慎参与融资融券交易。

我国融资融券风控措施与境外之比较*

融资融券具有杠杆特性和买空卖空双向交易特性，主要风险集中在客户信用违约风险，以及客户买空卖空对市场造成的压力风险，因此境内外融资融券风控措施重点围绕客户保证金比例、担保品折算率、合约期限、强制平仓、卖空限制等方面展开。我们对境内外市场的融资融券风控制度进行了简要的列举和对比，综合来看，我国融资融券业务尚处于发展初期，各项风控措施相对较多，且更加严格。

一、初始保证金比例

我国内地融资融券客户初始保证金比例下限为50%，证券公司

* 作者：中国证券金融公司市场监测部。本文写于2014年12月。

可根据客户具体情况适当上浮该比例。

日本规定的初始保证金比例不得低于 30%，且不得少于 30 万日元，证券交易所和证券公司可在此基础上制定更高的要求。

韩国规定的初始保证金比例为 50%。

我国台湾地区规定的初始保证金比例为融资 60%，融券 90%。

我国香港地区客户的初始保证金比例为 50%，客户提交的担保证券市值按该证券的孖展比率折算之后作为初始保证金。

美国规定的初始保证金比例 50%。

二、维持担保比例

我国内地要求融资融券客户维持担保比例不得低于 130%。当客户维持担保比例低于 130% 时，证券公司应当通知客户在约定的期限内追加担保物，追加担保物后的维持担保比例不得低于 150%。

日本规定的最低维持担保比例约为 120%，该比例由证券交易所确定，证券公司可在该比例基础上根据不同客户情况确定更高的标准要求。

韩国规定的维持担保比例为 140%。

我国台湾地区规定的维持担保比例为 120%。

我国香港地区证券公司一般按照保证金比率［保证金比率 = 欠款资金/（保证金市值 * 抵押比例）］对客户盯市，客户保证金比率须低于 120%。

美国规定的维持担保比例约为 125%。

三、融资融券期限

我国内地的融资融券合约目前期限为 6 个月。

日本的“标准信用交易”的融资融券借贷期限由交易所规定，期限为 6 个月，而“协议信用交易”的融资融券期限则由证券公司和客户自主决定。

韩国的融资合约期限一般为 90 天，可在到期后申请延期。

我国台湾地区的融资融券期限为 6 个月，证券公司可根据客户信用状况，最多展期两次。

美国和我国香港地区一般不对合约期限做限制。

四、担保证券折算率

我国内地担保证券折算率由交易所公布，一般来说指数成分股折算率不超过 70%，其他 A 股股票折算率不超过 65%，被实行特别处理和被暂停上市的 A 股股票的折算率为 0，交易所交易型开放式指数基金折算率不超过 90%，国债折算率不超过 95%，其他上市基金和债券折算率不超过 80%。

日本的担保证券中，国债折算率不超过95%，政府保证债不超过90%，地方债、公司债、金融债不超过85%，可转债、上市公司股票等不超过80%。

我国香港地区的股票抵押比率一般是其市值的0～70%，大致划分为：恒生指数成分股70%，H股及红筹股20%～50%，其他根据成交量、市值、公司背景及财务指标等设定为10%～40%，认股权证和牛熊证为0。

我国台湾地区的担保证券中，政府债券折算率为90%，上市有价证券为70%，上柜（台湾的OTC市场）有价证券为60%。

韩国担保品折算率情况未知，但从考察韩国大宇证券公司的情况来看，大致债券90%，股票70%。

美国监管规则没有具体规定。

金融稳定理事会（FSB）对非银行机构间非中央化清算的证券金融交易建议相应折算率：剩余期限1年以下，公司债券及浮动利率债券为99.5%，证券化产品为99%；剩余期限1年以上5年以下，公司债券为98.5%，证券化产品为96%；剩余期限5年以上10年以下，公司债券为97%，证券化产品为94%；剩余期限10年以上，公司债券为96%，证券化产品为93%；主要指数股票为94%；其他资产为90%。

五、强制平仓措施

我国内地规定当客户维持担保比例低于130%时，证券公司应当通知客户在2个交易日内追加担保物，否则证券公司应对客户进行强制平仓。如投资者到期未偿还融资融券债务的，证券公司也应当根据约定采取强制平仓措施。

日本要求融资融券客户维持保证金比例不足时，应在3个交易日内补足至规定比例，否则证券公司将强制平仓。如客户的信用交易合约到期但未履行偿还责任，证券公司也可以采取强制平仓措施。

韩国追缴保证金的期限为4个工作日，如果不能在之内补足担保品，则会实施强制平仓。客户信用债务到期未偿还的，优先使用客户账户中的现金偿还债务，并按照担保证券、其他证券的顺序采取平仓措施。

我国台湾地区规定客户应于通知送达之日起2个营业日内补缴保证金差额。客户第一次被通知追缴时，如果未缴足全部差额，或低于之前的约定标准，则视同第一次的追缴通知未取消，只要下一次又低于120%时，而投资人当日下午没有补足差额，则证券公司次日即可进行强制平仓。如客户的信用交易合约到期但未履行偿还责任，证券公司也可以采取强制平仓措施。

我国香港地区证券公司一般会对保证金比率超过100%的客户发

出追加保证金通知，如客户未按要求进行补仓，证券公司有权进行平仓。从实际操作来看，证券公司对客户补交保证金的期限规定较为灵活，尽可能给客户缓冲，一般情况下尽量不用强制平仓。对于合约到期强制平仓，监管规则和券商合同中均未见要求。

美国的强制平仓证券公司掌握较大主动权，如果客户维持担保比例跌至规定值以下时，证券公司通知客户补交保证金，但证券公司平仓时并不需要事先通知客户，甚至可在要求客户补交保证金的最后期限之前不通知客户进行平仓。对于合约到期强制平仓，监管规则和券商合同中均未见要求。

六、裸卖空

我国内地目前禁止客户进行裸卖空交易。

日本在 2008 年金融危机期间发布了“裸卖空”禁令，并一直对该禁令进行延期，目前日本市场仍执行禁止“裸卖空”的规定。

韩国、美国及我国台湾和香港地区也都禁止客户实施无交收担保的卖空交易。

七、卖空提价规则

我国内地对融券卖空有提价规则的规定，即融券卖空委托价格不得低于前一笔成交价。

日本规定如果当日股价在某一时点上较上一个交易日的收盘价跌幅超过 10%，则触发提价规则，并一直延续到当日收盘。

韩国要求融券卖出不得低于上一个交易价格报价。

我国台湾地区要求融券卖出委托价格不得低于前一营业日的收盘价，但融券卖出 ETF 可以在当日涨跌幅范围内限价委托卖出。

我国香港地区要求融券卖空指定证券的价格不得低于当时最优卖盘价，但对经证监会批准的证券可以豁免该规定。

美国规定当单只股票在单个交易日内下跌 10% 或更多时，卖空价必须要高于该证券当时的全国最优买方报价。

八、卖空规模限制

我国内地规定单只标的证券的融券余量达到该证券上市可流通量的 25% 时，交易所可在次一交易日暂停其融券卖出，直至该比例降到 20% 以下再恢复融券卖出交易。

日本对融券卖空限制有三类：一是个股卖空总量限制，个股融券余额不超过该证券总市值的 10%，融券余额不得超过融资买入余额的 60%。二是客户卖空总量限制，如果融券余量占流通股的比例超过 0.2%，则卖空客户有义务申报相关情况；如该比例超过 0.5%，则卖空客户必须向市场披露。三是变动限制，如果客户融券余量占流通股的比例变动超过 0.1% ，则卖空客户必须申报；如果该比例下降至 0.2% 或 0.5% ，则卖空客户必须申报或向市场披露相关情况。

我国香港地区要求任何人的卖空仓位净值达到 3 000 万港元或所卖空股票总市值的 0.02% 时，必须报告证监会。

我国台湾地区融券卖空规定主要是融券卖空规模不得超过该股发行量的 25% 等；证券借贷市场借券卖空总量限额为该证券发行量的 10% ；借券卖出单日限额为该证券发行量的 3% 。

九、担保品使用

我国内地证券公司尚不能使用融资融券客户提交的担保品。

日本证券公司向客户收取的担保品可归为两类：一是由客户提交的初始保证金。在获得客户书面同意的情况下，证券公司可将初始保证金中的证券用于作为担保品抵押或出借给第三方。二是客户融资买入所得的证券和融券卖出所得的资金。证券公司可出借给第三方，或作为担保品抵押，或用于其他客户的融资融券交易，或行使证券所拥有的附属权利。

韩国融资融券交易中，投资者交付证券公司的资金和证券都是担保品，可用于证券公司向证券金融公司转融通的担保品。证券金融公司对客户通过转融通所取得的担保品，在 50% 的范围内可作为融券用途使用。

我国台湾地区允许证券公司在客户同意的情况下使用信用交易账户中的证券，包括投资者融券卖空（融资买空）所得资金（证券）。

我国香港地区允许证券公司在获得客户授权的情况下，将证券担保品用于证券公司的再质押。

美国的证券担保品通常用于转担保融资，现金担保品只能投资于短期货币市场工具。

十、证券公司开展融资融券业务的资本要求

我国内地规定证券公司按照对客户融资业务规模的5%、融券业务规模的10%基准计算融资融券风险资本准备，并根据证券公司评级调整计算标准，证券公司净资本与各项风险资本准备之和的比例不得低于100%。

日本对证券公司的要求是自有资本比率大于120%。

韩国对证券公司的要求是资本金在20亿韩元以上。根据证券公司的信用评级，贷款额度不得高于自有资本的50%～200%。

我国台湾地区对证券公司的资格要求包括净资产2亿台币、经营满1年、财务报表每股净值不得低于票面金额且自有资本充足率不得低于200%。

十一、标的证券范围

我国内地目前的融资融券标的证券选择标准主要是上市时间、流通股本、股东人数等，并剔除了换手率低、成交额小以及波动幅度大等股票。目前的标的证券共有 915 只，其中标的股票 900 只，标的交易型开放式指数基金 15 只。

日本融资融券标的证券名单由交易所公布，选择标准较为宽松，正常交易的证券均可成为标的证券。目前，东京证券交易所的标的证券超过 3 600 只。

韩国实施负面清单制度，交易所认定不能够参与信用交易的证券。

我国台湾地区的标的股票选择标准包括股票上市时间、票面价值、公司成立时间、实收资本以及盈利指标等标准，并剔除了价格波动剧烈、股权过度集中、成交量异常的证券。

我国香港地区对融资交易没有标的证券的规定，但要求卖空只能是交易所的指定证券，包括指数成分股、股票期权相关股票和股票期货合约等。除此之外还将符合连续交易时间、公众持股市值、成交额等要求的证券纳入标的。

美国规定，可作为融资买入标的的证券必须是在全国性证券交易所上市的交易的证券，或者在 OTC 市场活跃的证券，或是在证券交易委员会开列名单上的证券。

十二、客户准入要求

我国内地要求客户满足同一家证券公司及从事证券交易的时间满半年，由各证券公司对客户的资产门槛进行限制。

日本对客户开展融资融券交易的限制由证券公司自行规定。一般来说客户只要在80岁以下，没有财务危机，有一定的金融和股票投资知识并与证券公司签订相关的业务合同即可。

韩国开立普通交易和融资融券交易的证券账户系统没有差别，普通客户只需要与证券公司签订融资融券业务合同即可从事融资融券交易。

我国台湾地区要求客户开立普通买卖账户满3个月。

我国香港地区并未对信用账户设定特殊限制，和普通交易账户的开设条件是一样的。

美国要求开立信用交易账户的投资者已达到合法年龄的自然人，且满足不是交易所大股东、上市公司大股东以及从事经纪业务交易者等条件。交易所可设定客户开户资金要求，例如纽交所和纳斯达克要求客户的最低开户资金为2 000美元，日内交易最低开户资金为2 500美元。

十三、单一客户融资融券比例

我国内地证券公司对单一客户融资业务规模不得超过净资本的5%，对单一客户融券规模也不能超过超过净资本的5%。

日本证券公司对客户授信额度与客户的资产规模挂钩，一般是客户金融资产的1～2倍。部分证券公司规定客户单一股票融资额度不超过5 000万日元，或股价低于100日元的股票的总建仓股数不超过3万股。

韩国证券公司对每个客户的授信不得超过公司自有资本的20%。

我国台湾地区证券公司要求客户的授信额度不得高于客户最近一年所得各种财产价值的3.33倍，单一客户最高融资限额为8 000万元新台币，最高融券限额为6 000万元新台币。每个客户对单一上市证券的最高融资、融券限额为3 000万元新台币，对单一上柜证券的最高融资、融券限额为2 000万元新台币。

十四、证券公司接受单一担保证券市值比例

我国规定证券公司接受单只担保股票的市值不得超过该股票总市值的20%。

境外市场尚未发现有对证券公司接受单一担保证券市值限制。

“昌九生化”融资融券交易情况与政策建议*

“昌九生化”因重组预期落空导致股价大幅波动事件（简称“昌九生化事件”）发生以来，市场各方高度关注，众多客户投资亏损，信息披露受到质疑，舆论信访压力凸显，呼吁加强完善监管的声音贯穿事件始终，暴露和反映出来的问题值得各方认真反思和研究。从融资融券角度来看，部分客户高价位集中融资买入昌九生化，导致资不抵债并被强制平仓，成为相关各方关注的焦点之一，反映出融资融券部分现有机制与实际业务运行不相适应的问题。

一、昌九生化事件期间的融资融券交易情况

2013 年 9 月 16 日之前，昌九生化尚不是融资融券标的证券，业

* 作者：中国证券金融公司市场监测部。本文写于 2014 年 1 月。

绩连年亏损，已经资不抵债。2012 年 12 月 27 日，昌九生化公告了赣州市国资委给昌九生化的《关于稀土资产注入问题的复函》，主要内容为："赣州市国资委表示，鉴于组建国家级南方稀土大型企业集团的方向、途径、方式等尚未确定，稀土产业整合工作尚未到位，市属国有稀土企业的产业结构、资产质量等方面还不具备整合上市的条件。因此，没有将市属国有稀土资源、资产注入昌九生化的考虑。"但部分投资者认为，"上述公告恰是在给赣州稀土借壳昌九生化埋下伏笔，等时机成熟借壳是水到渠成的事情"，对重组空间的过度预期为股价上涨留下了巨大的想象空间。受投资者大量买入的影响，昌九生化股价从 2013 年初的每股 15 元持续上升，并在 5 月 9 日创下每股 40.60 元的历史新高，较年初上涨 170%，至 9 月 13 日昌九生化股价为 26 元/股。

2013 年 9 月 16 日，昌九生化被纳入融资融券标的证券范围，同期被纳入标的证券范围的股票共有 206 只。随后，客户买入该股票更加踊跃，至 11 月 1 日累计买入 40.6 亿元，其中融资买入额达到 7.27 亿元，日均融资买入约 0.27 亿元，占其全部买入额的 17.6%，该比例居同期新增 206 只标的股票第 4 位。融资余额从初期不足 0.4 亿元增至 3.54 亿元，日均增加 1 170 万元。股价在此阶段高位盘整，由每股 26 元微幅涨至 29 元。

11 月 3 日，威华股份公告了赣州稀土确定借壳的事项。至此，昌九生化长达数年之久的重组预期落空，此后股价连续跌停，至 11

月14日股票停牌，股价跌至13.89元/股，下跌幅度高达52%。因股价连续跌停，客户无法卖出昌九生化来偿还融资负债，只能通过直接还款及卖出其他证券等补充手段偿还融资负债，融资余额下降较为缓慢。截至12月19日复牌前，昌九生化融资余额为2.63亿元，较大跌之前减少0.91亿元。

12月20日，昌九生化复牌，股价再次出现三个跌停至10.1元/股。12月25日，股价打开跌停，当日收盘时，昌九生化的融资余额只剩8 556万元，较12月24日下降约1.55亿元，下降幅度为64%，客户信用风险已大部分释放。

二、昌九生化事件反映出来的问题与政策建议

（一）证券公司现行强制平仓规定的灵活性有待提高

融资融券的强制平仓措施，是证券公司防范客户信用风险的必要手段，也是境外成熟市场信用交易体系的通行做法。在我国三年多的融资融券业务实践中，强制平仓措施为融资融券客户和证券公司提供了最基本的风险控制底线，对于客户及时止损、防止信用风险扩散等起到了重要作用，应予以肯定和坚持，并根据业务实际发展需要不断修改完善。

在昌九生化事件中，现有的强制平仓措施暴露出以下几方面的

问题：一是强制平仓标准过严，证券公司在执行时缺乏灵活性。目前，根据《证券公司监督管理条例》和《证券公司融资融券业务管理办法》的授权，由证券交易所对客户最低维持担保比例（即强制平仓线）作出规定，即130%。低于130%时，客户要在2个交易日内追加担保物，否则就会被强制平仓。昌九生化事件中，很多客户在维持担保比例降至130%以后，无力或不能及时追加担保物，证券公司按照规定必须平仓，导致部分证券公司每日以跌停价大量挂出强制平仓指令单，成为昌九生化股价承压的原因之一。二是在极端单边市下强制平仓指令失效。昌九生化事件中，股价连续跌停，买盘较少，即使强制平仓指令以跌停价挂出也很难成交，导致客户和证券公司无法及时止损。三是强制平仓的规定较为笼统，缺乏对操作细节的规范。昌九生化事件中，由于个别证券公司对强制平仓的时间、顺序等操作细节并未作出明确规定，造成了个别客户对强制平仓操作细节的理解存在分歧。一些证券公司在尊重客户意愿的基础上，通过签订补充协议的方式，在确保风险可控的前提下，延缓了客户强制平仓期限，处理较为平稳。

从境外经验看，境外监管机构通常对强制平仓的规定较为灵活，并将强制平仓的主要权限给予证券公司。以美国为例，美国联邦储备委员会和美国金融业监管局规定，客户维持担保比例不足的可以有15日的期限追加担保物。在此期间，证券公司可不经通知即卖出客户的担保证券以恢复其维持担保比例，也可向主管机关提出申请，为客户一次或多次延长追加担保物的期限。如果客户保证金差额在1 000美元或以下，证券公司还可以不采取任何措施。这种灵活的规定既将风险控制的责任更多交给证券公司，也允许证券公司根据情况与客户协商追加担保物的时限与方式，给予证券公司更大的平仓自主权，有利于缓和监管规定与市场需求之间的摩擦，充分体现了市场化的思路。

对于强制平仓所反映出来的问题，应从问题本身出发，结合境外经验，进一步研究修改和完善证券公司现行强制平仓措施的有关规定，逐步给予证券公司更大的强制平仓自主权。具体来说，建议逐步放宽对最低维持担保比例的统一规定，证券交易所只对最低维持担保比例规定界限值或区间值，允许证券公司结合上述规定，根据实际情况自行确定最低维持担保比例。条件成熟后，逐步允许证券公司自行与客户协商强制平仓的方式和期限，允许证券公司延长客户追加担保物的期限。同时，建议要求证券公司在合同中与客户约定强制平仓的品种、价格、时间、顺序等细节条款，允许证券公司和客户协商一致后，通过补充协议等方式约定具体的强制平仓措施，增强实际应用中的灵活性和适应性等。

（二）完善融资融券标的股票选取和调整机制，逐步增大证券公司选取标的股票的自主权和决定权

昌九生化事件发生后，围绕融资融券标的股票的选取问题，有

观点认为昌九生化等业绩不佳、基本面较差的股票，不应成为标的股票供投资者融资买入，监管部门应加强完善融资融券标的股票的选取机制。

这反映出以下几方面问题：一是监管部门确定融资融券标的股票范围，尽管有利于融资融券业务发展初期的总体风险控制，但也承担了标的股票的选取和调整压力，在个股市场风险爆发等情况下易受舆论质疑。二是标的股票的选取方式和条件值得反思和研究。目前，我国选择标的股票时采用了“正向清单”法，即由证券交易所划定一个股票范围，凡是范围内的股票都可以融资融券。沪、深证券交易所在选择融资融券标的股票时，主要考虑了股票的流通市值、流动性、股价波动性等客观因素，除要求股票没有被证券交易所特别处理外，没有对上市公司经营业绩等财务基本面因素作出限定，即不考虑股票的投资价值。这种选取条件在昌九生化事件中受到了质疑。三是缺少标的股票常态化调整机制。为确保融资融券业务初期运行稳定，证券交易所按照“从严到宽、从少到多、逐步扩大”的原则分阶段三次扩大标的股票范围，融资融券标的股票由 90 只逐步扩大至 287 只、700 只。与扩容步伐相适应，标的股票范围的内在调整也主要在扩容时进行。即在日常条件下，除非股票被 ST 处理，否则不会被调出标的股票范围。当股票不再满足流通市值、流动性、波动性等客观条件时，一般会等到下次标的股票扩容时一并调整。

从境外情况看，成熟市场一般采用证券公司自行确定、限定条件或“负向清单”的方法确定标的股票范围。证券公司自行确定，是指监管层不规定标的股票的条件，由证券公司根据情况自行确定标的股票范围。欧美成熟市场的市场化程度较高，场内交易的股票一般都可以融资做多和融券做空。证券公司会根据自身风控要求、自有证券池以及证券借贷的难易程度等因素，结合与客户一对一协商的情况，为客户提供比较个性化的融资和融券服务，标的股票范围一般比较宽泛，总体上能够覆盖场内市场绝大部分的股票，而且可以视情况动态调整。

限定条件方法是指监管层规定标的股票应符合的条件，原则上符合这些条件的股票都能进行融资或融券交易，具体也由证券公司按照规定的条件，结合监管部门可能给出的标的股票池，根据自身风控要求和客户情况确定个性化的标的股票范围并动态调整。如美国《T 规则》第 11 条规定了场外交易股票可进行融资交易的条件，除对公开交易时间、流动性、最低股价、股票数量和持股集中度等作出限定外，还要求发行公司在成为融资交易标的时，资本、盈余和未分配利润均不低于 400 万美元等。我国台湾地区的《有价证券得为融资融券标准》规定了标的股票在上市时间、实收资本、股价波动性、股权集中度、流动性等方面的条件，同时规定股票的每股净值应在票面价值以上，无累计亏损，营业利益及税前收益占实收资本额比例达 3% 以上等。我国台湾证券交易所每个季度对标的股票财务指标进行审核，并根据每股净值与票面价值之比调整标的股票池。我国香港地区《卖空规则》第 18 条列举了可被卖空股票应符合的各项条件，主要包括公众持股市值、成交量等客观指标。我国香港交易所按照上述条件维护一个可被卖空的标的股票池，每季度根据交易所上市股票的条件变化情况，动态调整上述股票池。

“负向清单”方法是指监管部门划定一个证券范围，凡是范围内的股票都不能进行融资融券交易。这种方法多用于禁止卖空某些股票的情形。如德国《法兰克福交易所交易规则》禁止对结构性产品进行卖空。又如 2008 年金融危机期间，多数欧美市场禁止卖空一篮子金融股等。

总体来看，成熟市场融资融券业务的市场化程度较高，标的股票一般不设条件，即使规定了条件也较为宽松，证券公司可以灵活选取标的股票，自主承担和监控标的股票市场风险。部分市场选取标的股票考虑了上市公司财务基本面因素。部分市场的证券交易所设有常态化的标的股票池调整机制，证券公司可以动态进行适应性调整。建议以昌九生化事件为契机，结合境外经验和我国融资融券业务发展实际，研究完善我国融资融券标的股票的选取和调整机制。具体来说，建议在现有市场环境和风控条件下，仍以“正向清单”方法为主，进一步大幅扩大标的股票范围，力争覆盖沪深市场大部分股票，缓解监管压力，充分满足投资者的交易需求。适当引入财务基本面等条件，剔除连年亏损、业绩很差或明显炒作过度的股票。

证券交易所建立标的股票定期和动态调整机制，及时剔除不再符合条件的股票。建议条件成熟后，只规定融资融券标的股票的监管条件要求，不再划定标的股票范围，由证券公司按照规定条件，自行决定标的股票范围。最终在证券公司风控能力和市场条件满足要求的前提下，取消标的股票的监管条件要求，完全由证券公司自行决定标的股票的选取条件。

（三）督促引导证券公司加强事前调节与防范，疏导客户担保证券集中度过高的风险

昌九生化事件中，很多融资融券客户之所以承受不了股价下跌风险而出现爆仓，主要原因是过于集中地持有昌九生化作为担保物。统计显示，在全部 1 200 位持有昌九生化的客户中，有 360 位融资融券客户只持有昌九生化一只股票，有 390 位客户持有昌九生化的市值占其担保品市值的比例达到了 90%。结果，在昌九生化股价连续跌停、交易大幅缩量的极端情况下，这些客户无法卖出唯一持有的昌九生化进行还款，只能承受维持担保比例每天下降 10 个百分点的后果，很快就突破了 150% 风险预警线和 130% 的强制平仓线，部分客户还出现了资不抵债的情况。

昌九生化事件反映的上述问题并非个案。在重庆啤酒、广汇能源等市场关注度较大的股票市场风险事件中，同样有很多客户出于跟风炒作、投机冲动等因素集中持有上述股票，并在股价大幅下跌过程中亏损或爆仓。中国证券金融公司融资融券统计监测系统的数据显示，截至2013年11月底，在有融资融券负债的约33万位客户中，有5.6万位客户只持有1只股票作为担保证券，有7.35万位客户持有单一担保股票的市值占其全部担保品市值的90%以上。初步统计发现，这7.35万位客户以中小客户为主，其中资产规模在100万元以下的客户数量约占64%，从事融资融券交易不足1年的客户数量约占69%。这些客户集中持有的股票多为中小盘和波幅较大的股票，在总计约1 300亿元的持股总市值中，中小盘股票（流通市值在500亿元以下）市值约占68.5%，股价日均波幅在2.7%以上的股票市值约占67.7%。

对于中小客户来说，这种操作方式的好处是，在股价上涨阶段能够最大程度放大收益。但显而易见的坏处是，在股价短时间内下跌幅度较大时，客户维持担保比例会迅速下降，跌破平仓线后需要追加担保物，否则将面临被强制平仓的风险。中小客户往往财力有限，在集中持有单只股票后，没有余力追加担保物，因此平仓风险较大。目前，融资融券业务相关规则除规定单个证券公司“接受单只担保股票的市值不得超过该股票总市值的20%”外，并无对客户持有单只股票的市值占其全部担保品市值的比例等作出规定，证券公司也没有针对上述情形的具体措施，一旦类似事件再次出现，仍然具有一定的潜在风险。

为了防范类似事件对个别标的股票造成的流动性风险，疏导客户担保证券集中度过高风险，及其最终引致的平仓风险，建议从以下两方面督促引导证券公司，加强事前调节与防范，做好类似情况下的风险缓冲工作：一是拉大可充抵保证金股票折算率的差距。目前，证券公司在证券交易所规定的股票折算率上限水平（70%）基础上，一般将股票折算率大致设置为65%和70%两个水平，差距较小，尚不足以反映担保证券基本面风险，以及担保证券集中度过高带来的流动性风险。建议引导证券公司审慎评估担保证券风险，降低炒作风险较大、价格波动率过高、客户持有集中度过高的股票折算率，引导客户提交更多高质量的担保品，合理适当调节客户杠杆，提高客户自身风险缓冲的能力。二是建立综合的客户风险评估机制。目前，证券公司实际执行的还是以维持担保比例为核心的客户风险评估体系。该指标虽然可以反映客户的偿债能力，但不足以反映客户的潜在风险。建议督促引导证券公司，将客户资产规模与单一担保证券集中度纳入客户风险评估体系，对个别持有单一担保证券较为集中的中小客户，尝试通过降低授信额度、提高最低维持担保比例要求、增加担保证券集中度指标要求等手段，疏导客户担保证券集中度过高的风险。

（四）加强完善证券公司融资融券内部风控机制，增强主动风险管理能力

昌九生化事件，暴露出证券公司在融资融券内部风控机制上存

在不足，主要表现在标的股票管理和客户适当性管理方面。根据《证券公司融资融券业务内部控制指引》的规定，证券公司应当在符合有关规定的基础上，确定客户可融资买入和融券卖出的证券种类。因此，证券公司应在证券交易所公布的标的股票清单基础上，审慎选取和动态调整标的股票范围。但实际操作中，大多数证券公司只是出于自营证券业务风险的考虑，确定了可融券卖出的证券种类，但在业绩因素驱动下，普遍不对可融资买入的证券进行甄别和筛选，只是被动接受了证券交易所规定的范围；同时，动态跟踪管理标的证券市场风险的投入人力不足，没有建立标的证券动态调整与管理机制。在昌九生化纳入融资融券标的股票后，大部分证券公司没有主动对该股票进行分析，没有采取将昌九生化调出标的证券、担保证券的措施，导致最终有 75 家证券公司的客户融资买入了昌九生化。

与此同时，很多证券公司没有针对昌九生化事件，对融资融券客户特别是中小客户进行有效的适当性管理。昌九生化事件发生前，融资买入昌九生化的客户中，约有 74% 是资产规模小于 100 万元的中小客户，这些客户往往缺乏投资经验，盲目跟风，借题材炒作的投机心理严重，过于集中地融资买入昌九生化。证券公司风险提示工作相对表面化，使这些风险防范意识和承受能力不强的客户参与交易，造成股价大幅下跌时部分客户难以承受亏损，认为证券公司没有履行信息提示和强制平仓告知义务等，出现了客户纠纷、投诉上访等行为。

因此，建议督促证券公司，加强完善融资融券内部风控机制建设，增强主动风险管理能力。具体来说，建议督促证券公司加大标的证券市场风险管理的工作力度，确保人力投入，分别建立适合自身风控要求的可融资买入、可融券卖出标的证券池，制定动态管理和调整机制，动态跟踪标的证券交易和基本面情况。同时，建议督促证券公司进一步加强客户适当性管理工作，开立信用账户前尽可能了解客户背景、相关证券历史交易行为等特点，将不具备杠杆投资和风险承受能力的客户及时排除在外，降低投机性倾向较强、交易时间较短、资产规模不大的客户授信额度。探索为不同类型客户提供差异化的融资或融券服务，对于炒作迹象明显、价格波动较大等市场风险较高的股票，从制度上避免向风险承受能力不强的中小客户融资融券。增强客户开户与风险提示环节的操作和影像留痕，保护证券公司和客户双方的合法权益，减少事后纠纷等。

（五）推动转融通与融资融券标的股票范围同步一致，有效平衡市场做多与做空力量

昌九生化事件集中反映的另一个问题是，在该股票价格不断上涨、偏离内在价值时，并没有有效的做空力量来发挥价格发现功能，抑制过度的投机炒作。自9月16日被纳入标的股票范围以来，昌九生化的融资规模一直远高于融券规模。据统计，昌九生化事件发生前一个月，该股票日均融资余额约2.8亿元，而日均融券余额仅5.3万元，不足融资余额的万分之二。做空动能的不足，一方面是证券公司出于自营证券业务利益考虑，准备用于融券业务的券源不足。初步统计，自9月16日至11月底，开展融资融券业务的84家证券公司中，仅有华泰证券1家证券公司准备了昌九生化作为融券券源，日均可供融券数量仅为5 000股，不到昌九生化可上市流通股本的万分之一。另一方面，转融通和融资融券标的股票范围并不一致，融资融券标的股票有700只，转融通标的股票只有287只，昌九生化不是转融通标的股票，因此无法发挥对融券业务的配套支持作用，不足以平衡做多与做空的力量。

因此，建议扩大转融通标的股票范围，与融资融券标的股票范围同步一致，充分发挥转融券对融券业务的配套支持作用，平衡市场做多和做空力量。同时，在条件允许的情况下，未来转融通和融资融券标的股票的扩容方式、时间和范围均保持一致，确保融资融券机制的对冲与平衡作用有效得到发挥。

融资融券标的证券的交易特征①

近期，我们根据沪、深证券交易所和试点证券公司提供的数据，对标的证券的融资融券交易情况进行了统计，分析了融资融券标的证券的交易特征与基本规律。

一、标的证券的交易特征

（一）从行业分布看，金融保险行业标的证券的融资融券成交额较高

我国融资融券交易试点以上证50指数和深圳成指的成分股作为标的证券，试点正式启动时共90只蓝筹股票，后沪、深证券交易所

① 作者：何卫东。本文写于2010年8月。

两次调整标的证券范围，实际发生融资融券交易的股票共 94 只。标的证券覆盖 12 个行业，其中制造业 35 只、金融保险业 22 只、采掘业 13 只，占比分别为 37%、23% 和 14%。

截至 2010 年 8 月 18 日共有 96 个融资融券交易日，标的证券融资买入累计成交 98.1 亿元，其中：金融保险行业的标的证券融资买入成交额 30.6 亿元，占 31.1%；制造业标的证券融资买入成交额 28.6 亿元，占 29.1%；采掘业标的证券融资买入成交额 14 亿元，占 14.3%。上述三类标的证券融资买入成交额合计 73.2 亿元，占全部标的证券融资买入成交额的 74.6%，反映融资融券业务试点初期，投资者以融资买入金融业、制造业和资源采掘业类股票为主。同时，也表明参与融资融券交易的投资者以长线投资为主，大多数购买的是大型蓝筹股票。

按单只标的证券成交额计算，排名在前 10 名的标的股票中，有 6 只为金融保险行业的股票，分别是中国太保、浦发银行、招商银行、民生银行、中国平安和中信证券，合计成交额 16.6 亿元，占标的证券融资买入成交总额的 17%。

从融券卖出看，共有 19 只金融保险行业标的证券被投资者融券卖出，成交额 1.4 亿元，占标的证券融券卖出成交总额的 46%。中国平安、招商银行 2 只标的证券合计融券卖出成交额 1.07 亿元，占标的证券融券卖出成交总额的 35%，远超其他标的证券的融券卖出成交额。

(二)从股本结构看,流通股本规模大的标的证券融资融券成交额较高

由于每只标的证券流通股本规模差别较大,既有流通股本超过2 500亿股的工商银行,也有流通股本低于3亿股的潍柴动力,为便于比较分析,我们按照流通股本规模将标的证券划分为大于50亿股、20亿股至50亿股、10亿股至20亿股和小于10亿股四个组。经对比每组标的证券合计融资买入成交额发现,流通股本规模大的标的证券融资融券成交额较高。

按流通股本超过50亿股、20亿股至50亿股、10亿股至20亿股和低于10亿股排序,四个组的标的证券合计融资买入成交额分别为27.15亿元、26.86亿元、22.14亿元和21.92亿元,呈现递减态势,流通股本超过50亿股的标的证券合计融资买入成交额比流通股本低于10亿股的标的证券合计融资买入成交额约高出24%(见表1-2)。

表1-2　2010年3月31日~8月18日不同流通股本规模标的证券的融资融券成交额

流通股本规模	标的证券数量(只)	合计融资买入成交额(亿元)	合计融券卖出成交额(亿元)
小于10亿股	23	21.92	0.52
10亿~20亿股	23	22.14	0.32
20亿~50亿股	25	26.86	1.35
大于50亿股	23	27.15	0.83

注:试点期间曾经被交易所确定为标的证券的股票共有96只,排除长期停牌的双汇发展和刚上市的农业银行,实际发生融资融券交易的股票共94只(本文下同)。

按单只标的证券融资买入成交额计算，排名在前 10 名的标的证券中，有 4 只为流通股本超过 50 亿股的证券，分别是浦发银行、招商银行、民生银行和中信证券，合计融资买入成交额约 10 亿元，占标的证券融资买入成交总额的 10.2% 。

融券卖出方面，流通股本规模较大证券的融券卖出成交额也相对较高。如表 1 -2 所示，流通股本超过 20 亿股的标的证券的合计融券卖出成交额 2.18 亿元，而流通股本低于 20 亿股的标的证券的合计融券卖出成交额约 0.84 亿元，相差超过 1.5 倍。

流通股本较高的标的证券融资融券成交额较高，与投资者在此期间集中交易金融保险股存在关联。与其他行业的标的证券相比，金融保险行业标的证券的流通股本规模较大，流通股本规模排名前 10 名的标的证券中有 7 只是金融保险股，当投资者融资买入金融保险股时，在一定程度上也体现为融资买入流通股本规模较大的股票。

（三）从流动性指标看，日均换手率高的标的证券融资买入成交额较高

在对标的证券依据日均换手率进行分组时，经比较每组标的证券合计融资买入成交额发现，日均换手率高的标的证券融资买入成交额较高。

如表 1 -3 所示，日均换手率低于 0.5% 的 16 只标的证券合计融资买入成交额约 15.07 亿元；而日均换手率高于 1.5% 的 26 只标的证券的合计融资买入成交额约 29.94 亿元，相差近 1 倍。

表 1-3　　2010 年 3 月 31 日～8 月 18 日不同日均换手率标的证券的融资买入成交额

日均换手率	标的证券数量（只）	合计融资买入成交额（亿元）	平均每只证券融资买入成交额（亿元）
小于 0.5%	16	15.07	0.94
0.5% ～1%	27	26.40	0.98
1% ～1.5%	25	26.66	1.07
大于 1.5%	26	29.94	1.15

注：日均换手率等于 3 月 31 日至 8 月 18 日每日换手率之和除以交易日数。

日均换手率高的标的证券流动性较好，投资者融资买入或融券卖出此类证券后，能够根据价格走势变化，及时平仓了结合约，既可避免亏损，又能节省利息支出，所以在一定程度上投资者比较偏好融资买入或融券卖出日均换手率较高的证券。然而，由于与基准指数相比，标的证券的日均换手率整体偏低，沪市和深市分别有 25 只和 35 只标的证券日均换手率低于基准指数（上证综指、深证综指）的日均换手率，占标的证券总数的 64%，参与融资融券交易的投资者在流动性方面的交易需求受到一定限制。

（四）从波动幅度指标看，日均涨跌幅高的标的证券融资买入成交额相对较高

我们将日均涨跌幅划分为超过 2.2%、1.85% ～2.2%、1.45% ～1.85% 和小于 1.45% 四个组。经计算，各组标的证券合计融资买入成交额分别为 32.15 亿元、23.20 亿元、22.16 亿元和 20.57 亿元，呈现逐级递减的态势，日均涨跌幅超过2.2%的标的证券合计融资买入成交额和平均融资买入成交额比日均涨跌幅低于1.45%的标的证券分别高出56%和62%（见表1－4）。

表1－4　2010年3月31日～8月18日不同日均涨跌幅的标的证券的融资买入成交额

日均涨跌幅	标的证券数量（只）	合计融资买入成交额（亿元）	平均每只证券融资买入成交额（亿元）
小于1.45%	24	20.57	0.86
1.45%～1.85%	24	22.16	0.92
1.85%～2.2%	23	23.20	1.01
大于2.2%	23	32.15	1.40

注：日均涨跌幅等于3月31日至8月18日每日涨跌幅的绝对值之和除以交易日数。

日均涨跌幅高的标的证券以房地产和采掘业股票为主。以单只股票的日均涨跌幅计算，日均涨跌幅排名前10的标的证券中，房地产和采掘业股票有5只，合计融资买入成交额约9.1亿元，占标的证券融资买入成交总额的9.2%。

日均涨跌幅高的股票波动幅度较大，投资者偏好此类证券“低吸高抛”的交易机会，融资买入并短期持有后，能够利用市场出现的反弹机会卖出获利，这是导致日均涨跌幅高的标的证券融资买入成交额较高的原因之一。

（五）从抗短线操纵指标看，机构持股比例高的标的证券融资买入成交额较高

根据各上市公司披露的2010年第1季度季报数据计算，全部标

的证券机构持股比例平均为41.6%。其中，最高的为中国银行，持股比例为96.8%；最低的为中国中冶，持股比例为4.9%。由于持有标的证券的机构主要为基金公司、证券公司、保险公司等长期投资者，机构持股比例高的标的证券被个别投资者短线操纵的可能性较低，抗操纵能力较强。

表1-5显示，机构持股比例低于15%的16只标的证券合计融资买入成交额约11.98亿元，而机构持股比例在15%～30%、30%～60%和超过60%的标的证券的合计融资买入成交额分别为24.13亿元、29.53亿元和32.44亿元。无论是按合计融资买入成交额比较，还是按平均融资买入成交额比较，机构持股比例超过60%的标的证券融资买入成交额均大大超过机构持股比例比较低的标的证券。

表1-5　2010年3月31日～8月18日不同机构持股比例标的证券的融资买入成交额

机构持股比例	标的证券数量（只）	合计融资买入成交额（亿元）	平均每只证券融资买入成交额（亿元）
小于15%	16	11.98	0.75
15%～30%	24	24.13	1.01
30%～60%	26	29.53	1.14
大于60%	28	32.44	1.16

注：机构持股比例=机构持股数量/流通股本×100%，以2010年3月31日数据为基期。

二、调整标的证券数量和结构的思考

（一）适度增加标的证券数量

从统计分析情况看，融资融券业务试点以来，投资者买卖标的证券的投机性不明显，具有运用信用杠杆进行长期投资的特征，适度扩大标的证券范围是可行的。目前全部 A 股符合沪、深证券交易所《融资融券交易试点实施细则》（简称《实施细则》）标的证券规定条件的股票共 1 225 只，90 只标的证券仅占符合《实施细则》规定条件标的证券总数的 7.3%。在成交额方面，2010 年 3 月 31 日 ~8 月 18 日，全部标的证券的累计成交总额约 3.2 万亿元，占同期符合《实施细则》规定条件标的证券成交总额的 23% 和全部 A 股成交总额的 18.5%。因此，无论从标的证券的数量占比看，还是从成交额占比看，融资融券标的证券范围都有较大的调整空间，适度增加标的证券数量至 300 只左右是可行的。

（二）适当调整标的证券结构

当前标的证券存在个别行业证券数量较多、成交额占比较高的结构不合理状况。例如，在目前确定的标的证券中，归属于金融保险业、采掘业的股票分别有 22 只和 13 只，占标的证券数量的 23%

和14%。但在符合《实施细则》规定条件的标的证券中，归属于金融保险业、采掘业的股票分别有31只和36只，仅占2.4%和2.8%。换言之，在符合《实施细则》规定条件的金融保险业和采掘业股票中，超过70%和36%的股票被确定为标的证券，而在其他行业，这一比例最高不超过5%。由于标的证券数量少且集中在个别行业，投资者的选择范围较窄，交易需求集中限制在少数标的股票上，融资融券交易容易受行业景气程度或少数股票短期波动的影响。融资融券试点启动后，由于恰逢市场持续下跌，金融保险行业股票的跌幅明显超过市场的整体跌幅，而投资者融资买入的股票又集中在金融保险行业股票，这是部分参与融资融券交易的投资者在试点初期遭受较大浮亏的主要原因之一。因此，建议在增加标的证券数量的同时，统筹考虑理顺标的证券结构，提高其他行业标的证券的数量和占比。

（三）结合试点业务运行情况，适时对《实施细则》规定的标的证券条件修订完善，为调整标的证券范围提供依据

一是对日均换手率指标标准作出修正。自2010年3月31日至6月30日，作为基准指数的上证综指、深证综指的日均换手率分别为0.7%和2%，同期5只标的证券的日均换手率低于基准指数日均换手率的20%，但因这5只股票均为大型蓝筹上市公司股票，也未及时调出标的证券范围，建议证券交易所适当修改日均换手率的规定。

二是对股东人数条件进行修改，由于当前全部 1 900 多家 A 股公司中仅有 10 多家公司的股东户数在 4 000 人之下，这一指标规定要求偏低，缺乏实际意义。三是对上市时间指标作出修正，由标的证券的上市时间须满 3 个月改为不对上市时间作出具体要求。

融资融券担保证券总量、结构与风险*

在融资融券业务中，担保证券的总量与结构以及维持担保比例是反映整体业务风险的重要指标。为此，我们对11家试点证券公司担保证券总量、结构和风险进行了分析。

一、担保证券的总量与结构情况

截至2010年9月30日，11家试点证券公司的担保证券共1 546只，市值174.44亿元，较首日增长126.33倍。其中：股票1 495只，占担保证券总数的比例为96.70%，市值173.13亿元，占担保证券总市值的比例为99.24%；基金44只，市值1.30亿元，占比分别为2.85%和0.75%；债券7只，市值0.02亿元，占比分别为

* 作者：徐雯岚。本文写于2010年10月。

0.45%和0.01%。

(一)担保证券以主板上市的股票为主

从担保证券种类看，股票占绝大部分，按板块分类，则以沪深两市主板股票为主。据统计，截至2010年9月30日，1 086只沪、深主板股票担保市值合计160.99亿元，占全部担保证券市值的92.29%（见表1-6）。

究其原因：一方面，说明融资融券客户资产质量较好，主要用流通盘大、流动性好的蓝筹股票作为担保品提交保证金，比较符合融资融券业务对担保证券品质的风险控制要求；另一方面，说明客户主要融资买入蓝筹股票，长期性投资占比较高。

表1-6 担保证券种类及其市值情况表

（截至2010年9月30日）

担保证券种类			数量（只）	只数占比（%）	市值（亿元）	市值占比（%）
股票	沪市	主板	729	47.15	106.25	60.91
	深市	主板	357	23.09	54.74	31.38
		中小板	331	21.41	10.95	6.28
		创业板	78	5.05	1.18	0.68
	股票合计		1 495	96.70	173.12	99.24
基金合计			44	2.85	1.30	0.75
债券合计			7	0.45	0.02	0.01
担保证券总计			1 546	100.00	174.44	100.00

（二）首批试点证券公司担保证券市值占比相对较大

截至2010年9月30日，首批6家试点证券公司客户开立信用证券账户13 315户，占沪、深两市信用证券账户总量15 434户的86.27%，担保证券市值136.13亿元，占全部11家试点证券公司担保证券市值的78.04%。其中，海通证券、中信证券、国泰君安和光大证券的担保证券市值均超过20亿元，合计市值占比60.54%，远远超过其余7家试点证券公司（见表1－7）。第二批试点中的招商证券和申银万国虽然起步较晚，但在客户数量、担保证券数量和市值等方面与首批试点证券公司业务规模进展相当。

表1－7　11家试点证券公司担保证券数及其市值情况表

（截至2010年9月30日）

证券公司	担保证券数（只）	担保证券市值（亿元）	市值占比（%）
海通证券	917	30.23	17.33
中信证券	816	28.32	16.23
国泰君安	510	25.94	14.87
光大证券	618	21.13	12.11
广发证券	497	16.66	9.55
国信证券	477	13.86	7.94
招商证券	295	13.30	7.63
申银万国	328	12.38	7.10
银河证券	180	5.54	3.18
东方证券	109	5.36	3.07
华泰证券	144	1.72	0.99
合计		174.44	100.00

二、担保证券风险分析

（一）担保证券种类风控总体较好

从种类分布来看，11家试点证券公司的担保证券涵盖了股票、基金、债券、权证等证券，但风险相对较高的证券数量很少。截至2010年9月30日，11家试点证券公司担保证券中已无权证等衍生产品。此外，虽然股票作为担保证券占比大，但是股价波动相对较大的创业板股票所占比例很小。截至2010年9月30日，11家试点证券公司担保证券中创业板股票市值1.18亿元。其中，占比大的海通证券担保证券账户里共54只创业板股票，市值0.53亿元；其他公司的创业板股票不超过32只，市值均在2 500万元以内（见表1-8）。招商证券和银河证券担保证券账户中没有创业板股票。

表1-8　11家试点证券公司担保证券中创业板股票情况表

（截至2010年9月30日）

证券公司	创业板股票数（只）	担保股票市值（万元）
海通证券	54	5 309.93
光大证券	31	2 232.12
广发证券	14	1 525.29
国信证券	13	1 101.05
国泰君安	5	565.22
申银万国	3	516.59
中信证券	22	485.32

续表

证券公司	创业板股票数（只）	担保股票市值（万元）
华泰证券	3	62.73
东方证券	1	6.11
招商证券	—	—
银河证券	—	—
合计		11 804.37

（二）担保证券集中度控制总体较好

担保证券过分集中容易导致证券公司担保证券市值急剧变化，造成维持担保比例大幅波动，会带来融资融券业务风险。因此，管理好客户担保证券的集中度，是防范风险的一项重要措施。2010 年 5 月至 9 月的月末数据显示，11 家试点证券公司有 20 只担保股票市值占公司当期全部担保证券市值的比例在 10% 以上。有关试点证券公司担保证券集中度情况见表 1－9。

表 1－9　试点证券公司担保证券集中度情况表

证券公司	交易日期	证券名称	担保证券市值（万元）	担保证券市值占试点证券公司当期全部担保证券市值的比例（%）
东方证券	8 月 31 日	宝钢股份	12 088.54	25.51
		华侨城 A	11 796.61	24.90
	9 月 30 日	宝钢股份	12 685.84	23.68
		华侨城 A	11 196.39	20.90

续表

证券公司	交易日期	证券名称	担保证券市值（万元）	担保证券市值占试点证券公司当期全部担保证券市值的比例（%）
银河证券	8 月 31 日	大秦铁路	8 203.45	23.16
	9 月 30 日	大秦铁路	8 804.26	15.88
		中国建筑	6 391.24	11.53
中信证券	6 月 30 日	深发展 A	29 474.12	17.58
	7 月 30 日	深发展 A	29 491.63	12.96
	8 月 31 日	深发展 A	29 495.13	11.42
申银万国	8 月 31 日	云南白药	11 483.55	13.94
		中国平安	11 274.02	13.69
		招商银行	8 338.15	10.12
	9 月 30 日	中国平安	14 613.23	11.80
		云南白药	13 678.18	11.05
光大证券	5 月 31 日	长江证券	6 059.98	12.67
海通证券	6 月 30 日	宁波富达	10 419.41	10.43

从表 1 -9 可以看到，6 家试点证券公司的 10 只股票市值集中度大于 10%，除“宁波富达”以外，其余 9 只股票均为标的证券。东方证券的担保证券中“宝钢股份”和“华侨城 A”占其全部担保证券市值比例合计超过 40%，相对其他试点证券公司比例较高，其集中度仍有待于持续关注。

（三）维持担保比例保持在安全水平

截至2010年9月30日，客户日均维持担保比例为340%以上，维持在较高安全水平。据统计，自融资融券交易启动以来，日均维持担保比例超过300%的客户占60%以上，日均维持担保比例介于150%～300%的客户占40%。即使在近期市场最为低迷的7月2日，客户平均维持担保比例仍高达322%。

11家试点证券公司有融资融券余额的客户3 077户。其中，客户平均维持担保比例高于300%的有1 843户（占59.90%），平均维持担保比例高达435.56%；平均维持担保比例介于150%～300%的客户1 234户（占40.10%），平均维持担保比例是262.85%。

由于客户的担保物较为充裕，11家试点证券公司的客户维持担保比例，均控制在较为安全的区间。截至2010年9月30日，11家试点证券公司有融资融券余额的客户平均维持担保比例均处于150%以上（见表1－10），持续高于试点证券公司规定的强制平仓标准，迄今为止，未出现强制平仓的情况。

（四）客户资质相对较高，提供的担保证券占总股本比例相对很低

以市场全部有效证券账户统计，截至2010年9月30日，沪、深两市投资者人均持股市值为18.6万元，而融资融券客户平均担保证券市值约为514.5万元，大于沪、深两市投资者的人均持股市值，

表 1-10　11 家试点证券公司客户及其平均维持担保比例表

（截至 2010 年 9 月 30 日）

证券公司	维持担保比例 300% 以上客户情况			维持担保比例 150% ~300% 之间客户情况		
	客户数（户）	占公司客户总数的比例（%）	平均维持担保比例（%）	客户数（户）	占公司客户总数的比例（%）	平均维持担保比例（%）
海通证券	454	69	365.56	205	31	265.74
国信证券	280	71	428.05	116	29	272.73
光大证券	224	58	383.86	163	42	266.46
广发证券	211	48	372.00	225	52	260.09
中信证券	208	51	360.73	200	49	254.60
招商证券	147	67	432.55	72	33	264.48
国泰君安	137	43	362.30	180	57	261.39
申银万国	88	87	512.69	13	13	261.29
银河证券	57	71	803.30	23	29	274.36
华泰证券	19	39	421.35	30	61	239.23
东方证券	18	72	348.79	7	28	270.93

说明融资融券客户的资质相对较高。

截至 2010 年 9 月 30 日，以担保证券流通总市值统计，在 1 546 只担保证券中，共有 1 531 只担保证券市值占其流通市值比例在 1% 以内，比例相对较低。目前共有 9 家试点证券公司其客户担保证券账户内有 42 只股票市值占其流通市值的比例超过 0.5%；4 家试点证券公司担保证券账户内有 8 只股票占流通市值的比例超过 1%（见表 1-11）。

表1-11 担保证券市值占流通市值比例超过1%的证券一览表

（截至2010年9月30日）

证券公司	证券名称	担保证券市值（万元）	担保证券市值占该股流通市值比例（%）
海通证券	宁波富达	11 885.88	3.87
中信证券	宁波富达	10 092.65	3.29
招商证券	滨海能源	2 754.00	1.80
国泰君安	佛塑股份	11 327.56	1.39
海通证券	长春经开	2 834.44	1.23
国泰君安	浙富股份	2 734.73	1.16
中信证券	上风高科	2 517.95	1.14
中信证券	山鹰纸业	3 077.17	1.07
国泰君安	双环科技	3 208.77	1.02

也有少数融资融券客户持有单只股票作为担保证券在该股票流通总市值中的占比较高，存在集中持股程度相对偏高的风险，主要是“宁波富达”。在海通证券和中信证券的融资融券客户担保证券账户中，该股票的担保市值占流通市值的比例分别为3.87%和3.29%。在上市公司2010年半年报中，海通证券和中信证券的信用交易担保证券账户持股数量已经位居第三、第四大流通股东之列，应加以关注。

三、相关思考

（一）研究增加客户信用账户新股申购功能

试点证券公司反映，为简化操作和节省成本，部分参与融资融券业务的客户存在使用信用证券账户替代普通证券账户进行普通交易的需求。但是，目前客户申购新股只可通过普通证券账户，无法使用融资融券的担保物申购新股，所以，为避免较繁杂的资金和证券划转手续，客户只愿意将小部分资产转入担保账户。

随着新股发行机制的逐步完善，试点证券公司将新股作为担保物对融资融券业务的风险影响有限。证券公司向客户提供融资申购新股服务，不仅可以获得较为安全稳定的收益，而且可以提高信用账户中客户资产的利用效率，进而活跃市场。据了解，沪、深证券交易所相关技术系统改造工作量不大。所以，建议相关单位就融资申购新股的相关风险进行分析研究，考虑是否增加客户信用证券账户的新股申购功能。

（二）完善客户担保证券账户信息披露机制

根据现行制度，客户的担保证券必须划转到试点证券公司的担保证券账户上。由于证券公司只是担保证券的名义持有人，试点证券公司的客户担保证券账户尚未充分披露实际持有人的相关信息，不利于全面反映上市公司股东持股的真实情况。建议对于担保证券账户的持股比例达到一定比例时，要求充分披露实际持有人信息，进一步完善客户担保证券账户的信息披露。

（三）建议取消融资融券客户非交易划转的收费

目前融资融券业务中客户信用证券账户和普通证券账户之间担保证券划转，要按每笔收取 20 元手续费。融资融券业务启动至今，市场各方对于减免该项非交易过户费用均有所反映。

目前结算公司已着手研究上述事项，鉴于现行《融资融券试点登记结算业务实施细则》中已规定“参照现有收费项目和标准收取相关登记结算费用”，建议在融资融券业务试点结束后，结算公司修订融资融券相关登记结算业务实施细则，再取消非交易过户的相关收费。

深市融资融券投资者交易行为分析*

我们对深圳市场2010年4月～9月的融资融券交易明细数据进行了分析，从交易月份、客户属性等角度，分析研究融资融券客户的交易行为。

一、客户交易日趋活跃和成熟，“快进快出”式的尝试性交易特征逐渐消退

从月度交易情况来看，客户的信用交易（主要是融资交易）日趋活跃。数据显示，2010年9月的融资和融券账户数分别是4月的8.93倍和6.06倍，后3个月的户均融资买入金额、户均交易股票只数比前3个月分别增加了59.30%和22.37%。

---

* 作者：李广川。本文写于2010年12月。

客户的交易行为日趋成熟，“快进快出”式的尝试性交易特征逐渐消退。研究发现，客户以卖出本券（即融资买入的证券）进行还款的比重从 4 月的 26.68% 增加到了 9 月的 51.61%。同时，还款还券周期均从初期的 1～2 天增加为 7～9 天，其中卖本券还款周期增长 346.96%，买券还券周期则增长 407.35%。

二、客户交易集中度较高，交易行为受到市场走势的很大影响

统计发现，10% 的大额活跃客户贡献了 60% 左右的融资融券交易量，日均委托次数多于 3 次的客户占比不足 15%，但他们的委托总金额占比大于 40%。此外，融资融券客户的买卖行为与瞬时市场走势的相关系数绝对值在 0.03 以上，明显大于普通客户（0.03 以下）。这表明，相对于普通客户，部分大额活跃客户成为融资融券交易的主要力量，其交易行为受到市场走势的影响更为明显。

三、运用信用账户进行担保品交易，信用交易和普通交易为同一只股票的客户，其融资融券交易更为活跃

首先，在已经发生融资融券交易的客户中，71.58% 的客户运用信用账户进行了担保品交易，其中担保品买入额达到融资买入额的

70%。这些客户在户均融资买入额、户均融券卖出额和户均交易次数方面，比那些没有进行过担保品交易的客户分别超出138.27%、98.47%和316.41%，融资融券交易明显更活跃。

其次，31%的客户曾在同一天同时运用信用账户和普通账户交易同一只股票。两账户同时买或同时卖的交易次数占比接近八成，这种操作方式仅占这些客户全部信用账户操作记录的16.07%，应属于偶尔的行为。但统计发现，凡运用过这种操作方式的客户，其交易规模、频率和范围均较大，在户均融资买入额、户均融券卖出额以及户均交易次数方面，分别超出其他人172%、13%和186%，融资融券交易明显更活跃。

四、客户交易规模主要受资金规模影响，交易范围主要受投机倾向影响

研究表明，如将客户按资金规模分为两组，大规模组的平均资金规模为小规模组的10倍，则大规模组的平均融资买入和融券卖出金额分别高出小规模组3.52倍和1.08倍。而如将客户按年龄、开户年限、投机倾向[①]等因素分组，则各组之间的交易规模无显著差别。这说明，客户的融资融券交易规模主要受资金规模的影响。

---

① 这里指交易频繁、偏好高市盈率和高换手率股票。

研究还发现，如将客户按交易频繁程度分成两组，则交易频繁组的信用账户交易股票数量，是交易不频繁组的 1.77 倍；类似地，偏好高市盈率组是偏好低市盈率组的 1.65 倍，偏好高换手率组是好低换手率组的 1.43 倍。而如将客户按年龄、开户年限、资金规模等因素分组，则各组之间的交易范围无显著差别。这说明，客户的融资融券交易范围主要受投机倾向的影响。

五、客户的融资融券交易规模、买卖平衡程度和交易范围明显小于对应的普通账户

首先，融资融券推出之后的半年时间里，信用账户的户均买入金额仅为 200 万 ~300 万元左右，而在推出之前的半年时间里，对应普通账户的户均融资买入规模高达 1 100 万 ~1 200 万元左右；其次，普通账户的买卖规模基本相等，而对应信用账户的融资买入明显大于融券卖出；最后，信用账户户均交易股票 3 ~4 只，而对应的普通账户户均交易股票 12 ~14 只，后者是前者的 4 倍左右。

六、相对于普通客户，融资融券客户倾向于上午融资买入、下午融券卖出

研究显示，融资融券客户上午的买入委托金额和次数占比分别

超出普通客户6.59%和5.51%，而普通客户上午的卖出委托金额和次数占比分别超出融资融券客户18.33%和6.47%。可见，相对于普通客户的普通买入，融资融券客户上午融资买入的倾向更大一些，表明融资融券客户在处理利好消息或看好后市时更为果断和迅速；相对于普通客户的普通卖出，融资融券客户下午融券卖出的倾向更大一些，表明融资融券客户在处理利空消息或看空后市时较为谨慎。

“塑化剂事件”与白酒类股票融券卖空*

2012年以来，受业绩预期变化以及塑化剂事件等影响，白酒类股票交易较为活跃，价格波动较大。为此，我们结合融资融券统计监测系统有关白酒类股票融券卖空的统计数据，对白酒类股票交易和融资融券情况进行了分析研究。

一、2012年白酒类股票交易情况

2012年上半年，13家上市白酒类企业盈利创新高，净利润较2011年同期增长48%，净资产收益率达22%，高于全部23个大类行业。而同期沪深300指数成分股平均净利润仅增长3.1%，净资产收益率仅为8.3%。受此影响，上半年白酒类股票交易呈现如下特

* 作者：刘春波、蒋焰、罗莎。本文写于2012年12月。

征：一是交易较为活跃，日均交易0.8亿股，日均换手率为0.87%，明显高于沪深300指数成分股0.35%的平均换手率。二是股价平均上涨了20%，在所有行业中仅次于房地产类股票22%的涨幅，高于同期沪深300指数4.9%的涨幅。三是平均市盈率维持在25倍左右，为沪深300指数成分股平均市盈率的2.3倍。

进入2012年10月下旬，白酒行业景气开始下行。国家统计局公布的制造业景气指数由9月的49.8升至10月的50.2，显示整体制造业开始回暖；而饮料制造业景气指数却由54.7大幅降至44.4，10个月来首次低于荣枯线。“三公”消费的大幅度压缩，也加重了市场对酒类企业未来业绩的担忧。从10月下旬到11月19日塑化剂事件之前，白酒类股票交易出现了缩量下跌的情况。一是日均交易量降至0.72亿股，较上半年日均交易量下降了9%；二是股价累计下跌13.1%，而同期沪深300指数跌幅仅为6.7%；三是市盈率由上半年的25倍收缩至17倍。

2012年11月19日，酒鬼酒塑化剂含量超标事件曝光，该股票当日及次日停牌，之后连续4个交易日跌停，进一步加重了市场对白酒行业业绩的担忧。当日，沪深300指数微跌0.1%，白酒类股票却放量下跌，整体跌幅高达5.2%，交易量由0.72亿股放大至1.56亿股，增长了117%。截至11月29日，白酒类股票累计下跌8.6%，日均交易量维持在1.11亿股，平均市盈率进一步收缩至16倍。

综上，2012年初至11月底，白酒类股票价格经历了上涨、回落和加速回落三个阶段的调整，流通市值从 4 800 亿元增至 6 000 亿元，降到 5 500 亿元后又进一步回落至 5 100 亿元，主要的影响因素是白酒类上市公司盈利预期等基本面的变化。上半年白酒类上市公司盈利创新高，股价平均上涨 20%，市盈率达到 25 倍；10 月下旬至塑化剂事件发生，白酒类上市公司盈利预期下滑，交易量下降 9%，股价下跌 13%，市盈率降为 17 倍；11 月 19 日塑化剂事件发生至 11 月底，白酒类上市公司交易量放大 54%，股价下跌 8.6%。

二、塑化剂事件期间白酒类股票的融券卖出情况

在 13 只上市白酒类股票中，4 只为融资融券标的股票，分别是贵州茅台、五粮液、洋河股份和泸州老窖，股票流通市值合计占全部白酒类股票流通市值的 82%。11 月 19 日～11 月 29 日塑化剂事件发生期间，4 只标的股票的融资融券交易同步放大，主要有以下特征：

（一）融券交易规模显著增加

塑化剂事件发生当天，白酒类股票共融券卖出 307.3 万股，是事件发生前一周日均融券卖出量的 3.6 倍。塑化剂事件期间，白酒类股票日均融券卖出量为 160 万股。统计显示，塑化剂事件发生前，白酒类股票的融券交易量呈逐步增加的趋势。2012 年上半年日均融

券卖出约40万股；10月下旬白酒类股价转入下跌后增至60万股左右；塑化剂事件发生前一周达到85万股左右。

（二）融券交易占普通交易的比重有所放大

塑化剂事件发生当天，4只白酒类股票交易8 200万股，融券卖出占3.7%；塑化剂事件期间，日均交易4 570万股，融券卖出占3.5%。而2012年上半年，在白酒类股票交易量持续增大时，日均融券卖出占比为1.4%；10月下旬到塑化剂事件发生前，在白酒类交易缩量回调时，日均融券卖出占比为2.4%。

（三）融券卖出以日内回转交易和分散交易为主

塑化剂事件发生前后（2012年11月14日~29日），共有20余家证券公司的逾1 600名投资者融券卖出白酒类标的股票。统计显示，融券卖出的投资者较为集中，融券卖出最多的前10名投资者共卖出2.75亿元，占全部融券卖出额的36%。从前10名投资者的交易行为看，均以日内回转交易为主，即当日开仓当日偿还，较少在融券卖出后长期持仓。在前10名投资者中，有9名投资者融券卖空的品种在150个以上，较少针对个别品种集中卖空；1名投资者的卖空品种尽管限于中国平安、五粮液和招商银行3只股票，但其卖空的主要品种是中国平安，累计卖空额是五粮液的2倍以上。

（四）融券余额与融资余额增长趋于平衡

截至2012年11月29日，4只白酒类股票融券余额为2亿元，较塑化剂事件发生前增长了11%；融资余额为33.2亿元，增长了11.6%，二者增幅基本一致。而在上半年白酒类股票上涨期间，融券余额和融资余额分别从年初的0.94亿元和17.3亿元，上涨至6月底的1.46亿元和20.2亿元，涨幅分别为55.3%和16.8%，融券余额涨幅明显高于融资余额涨幅。10月底至塑化剂事件发生前，在白酒类股价回调时，融券余额与融资余额分别维持在1.8亿元和29亿元左右，较6月底涨幅分别为23.3%和43.5%，融资余额涨幅明显高于融券余额涨幅。

（五）融资买入量一直大于融券卖出量

塑化剂事件期间，累计融券卖出0.15亿股，融资买入0.41亿股，后者是前者的2.7倍。11月19日塑化剂事件曝光当天，4只白酒类标的股票融券卖出307.3万股，融资买入713.4万股，后者是前者的2.3倍。而在上半年白酒类股价持续攀升期间，日均融券卖出量为40万股，日均融资买入量为145万股，后者是前者的3.6倍。10月底至塑化剂事件爆发，白酒类股票价格持续下跌期间，日均融券卖出量为60万股，日均融资买入量为246万股，后者是前者的4.1倍。截至11月29日，4只白酒类标的股票融资余额为33.2

亿元，是融券余额的16.5倍。

总之，2012年初至11月底，与白酒类股票普通交易量的增长、回落和大幅下跌相比，融券卖出量一直在增长，从日均40万股到60万股再到160万股，占普通交易量的比重从1.4%到2.4%再到3.5%。这说明融资融券投资者面对变化的市场采取了较为理性的投资行为，也说明融资融券交易作为股票市场双向交易机制，其发现证券市场价格、提高证券市场定价效率和资源配置效率的功能在逐步发挥。当然，由于我国融资融券业务还刚刚起步，即便在塑化剂事件期间，融券交易占普通交易比重都还比较小，加上投资者的融券卖出以日内回转交易和分散交易为主，融资买入量一直大于融券卖出量。因此，2012年白酒类股价的调整，主要是由上市公司盈利能力等基本面和普通交易量决定的。

Chapter two | 第二章

境外证券卖空监管机制与证券金融创新

美国股票卖空监管制度的演变及启示*

2008年全球金融危机期间，美国对股票卖空行为采取了一些监管措施：一是临时性采取直接禁止卖空措施；二是部分恢复提价规则；三是禁止裸卖空。这些监管措施在美国证券市场发展过程中有些一度实行后取消，有些存在较大的市场争议。

一、临时性采取直接禁止卖空措施

直接禁止卖空，就是出台相关法案禁止投资者从事一切卖空交易活动，或者出台卖空禁令禁止投资者卖空相关股票。在美国证券市场发展早期和金融危机期间，美国监管当局会临时性采取这种方式。这种方式干预最直接，但效果并不理想。

---

* 作者：隆武华。本文写于2012年1月，曾刊于《融资融券研究》第1期。

在19世纪的美国，卖空交易长期被视为投机行为或操纵证券市场价格的行为。1836年和1841年，美国马萨诸塞州和宾夕法尼亚州先后通过法案，禁止卖空交易。但卖空法案始终难以杜绝卖空交易。约伯·雷托（Jacob Little）是19世纪美国卖空者的代表，被称为“华尔街之熊”。他在1822年开始进行卖空交易，在1837年美国金融危机时期更是大量卖空，受到各方关注和指责。第一次世界大战期间，出于战争影响股价和敌对国可能在股市上发动“空头袭击”的担心，纽约证券交易所推行严厉限制卖空的政策。

1929年美国发生股市“雪崩”。纽约证券交易所要求会员标注卖空指令，报告卖空盈利信息，并在1931年开始对卖空进行一定的限制。但市场对卖空交易的态度分歧很大。一些人将卖空交易视为股市崩盘的“元凶”，大加指责。另一些人则认为卖空与1929年的股灾无关，并强调卖空有利于市场的价格稳定。后者观点以著名经济学家爱德华·米克（Edward Meeker）为代表。在这种情况下，1934年出台的美国《证券交易法》并未直接就卖空监管作出规定，只是授权新成立的美国证监会对此进行调查和监管。

二十世纪七八十年代，美国号称“空头司令”的雷·德克斯向客户发布报告，揭露股权融资公司（Equity Funding）暴露出来的公司丑闻。这就是美国历史上著名的卖空与揭黑相结合的事件。据资料记载，德克斯的行动受到了美国证监会的公开指责。德克斯表示不服，提起诉讼，官司一直打到美国最高法院。最高法院最后裁定，美国证监会的指责为非法。美国最高法院的裁定公开支持卖空者，认定卖空交易与揭露黑幕相结合属于合法行为，有力推动和拓展了美国证券市场的卖空交易，使卖空机制逐步为投资者理解和接受，并成为美国证券市场基础交易制度的重要组成部分。

2008 年发生全球金融危机，对于刚刚取消股票卖空提价规则的美国证监会来说，无异于雪上加霜。面对突如其来的金融危机，面对来自美国国会议员等各方面的严厉指责，美国证监会采取传统办法，直接禁止卖空。有所不同的是，它不是全面禁止卖空，而是有选择地禁止卖空。2008 年 7 月 15 日，美国证监会宣布，为防止部分投资机构利用卖空交易操纵股价，禁止卖空房地美和房利美两大房贷机构股票，以及雷曼兄弟、高盛、美林、摩根斯坦利等金融机构股票。该禁空令原定于 2008 年 7 月 29 日失效，但美国证监会又将期限延长至 2008 年 8 月 12 日。随着危机的不断恶化，美国证监会又于 2008 年 9 月 18 日颁布了“卖空禁令”，禁止卖空其列明的 799 只股票，其后又增加至 950 只。

二、从实行提价规则到取消和部分恢复提价规则

1934 年美国证监会成立伊始，研究出台了“提价规则”，适用于当时的 16 家证券交易所。1937 年秋，纽约证券交易所在股票交易量和波动性增加的同时，市场出现了相当幅度的下跌。美国证监会

对股市下跌进行了调查，发现一些蓝筹股的卖空交易量占全部卖出交易量的比重相当高。据此，美国证监会认为，卖空加剧了市场下跌，而现有交易所的卖空监管是无效的。在这种情况下，美国证监会在 1938 年推动了《证券交易法》的修改，正式把提价规则写进法律，即 10a −1 条款。

10a −1 条款的主要内容是，对卖空进行价格限制，明确规定除少数情况外，卖空交易应符合“提价规则”，即：（1）卖空价格应高于最新成交价格，即所谓加价规则（Plus Tick）；或（2）卖空价格如果等于最新成交价格，则该价格必须高于前一次成交价格，即所谓零加价规则（Zero Plus Tick）。美国证监会坚持认为，该条款的目的是“防止空头产生一系列低于市场的报价，从而在一个下降的市场中对市场产生加速下跌的影响。”

1961 年 9 月，应美国国会的要求，美国证监会着手对卖空交易进行调研。1963 年，美国证监会完成和发布了“关于证券市场的特别研究报告”。对于该项研究，美国证监会前主席皮特在 2001 年曾强调，这是一项“独一无二”和“有重大意义”的研究。“特别研究报告”认为，在一个持续下跌的市场中，卖空交易占总交易量的比重会逐步增加；卖空交易规则不能完全有效地避免卖空交易的不利影响，需要强化对卖空交易的监管，包括强化对卖空交易的数据收集工作。“特别研究报告”还进一步明确了卖空交易提价规则的三项原则：一是在一个向前发展的市场，应该允许无限制的卖空交易；

二是阻止连续低价格的卖空，以杜绝把卖空交易作为打压市场工具的做法；三是阻止卖空者在一个价格水平上清盘抛售，这种方式不仅会加速市场下跌，还会导致买空的证券投机商以更低的价格竞价。

1976 年，美国证监会再次对卖空交易进行大规模调查和研究，旨在对卖空交易监管进行全面反思。该报告注意到了 1963 年“特别研究报告”面临的数据不充分问题，认为提价规则在很大程度上限制了卖空机制发挥作用，要求相关各方讨论“卖空交易监管是否为今天的监管环境所必需”，并提出了三种可供选择的临时规则：一是对所有注册证券暂停执行卖空交易规则；二是对股票暂停执行提价规则，但认股权证、配股权证和选择权等衍生股权证券仍适用提价规则；三是对最活跃的 50 只股票暂停实行提价规则，时间为 1 年，但其他证券仍适用提价规则。对于美国证监会放宽提价规则限制的三种选择，以纽约证券交易所、美国证券交易所为代表的交易所表示难以接受，强烈反对提价规则的任何改动。纽约证券交易所在报告中提出，取消提价规则会产生一系列不利影响：盘中价格波动增大；不利于公众投资者的保护；加速市场下滑和增加波动性；使得二级市场和三级市场的估价混乱；减少流动性。加上公众投资者也反对取消提价规则，美国证监会在 1980 年撤回了最初建议。

1991 年，美国国会政府运作委员会发布一项卖空报告。报告认为，由于卖空交易对证券市场的影响没有被广泛理解，人们已经对卖空提价规则的有效性提出了质疑。为此，国会提出几点建议：一是卖空对于完善股票市场的功能有建设性作用；二是提价规则作为价格稳定的因素应该被保留；三是卖空的监管应该扩大到纳斯达克市场；四是对卖空的抱怨主要是基于对卖空的不理解；五是经纪商应在网上披露每个交易日的卖空活动和每周的卖空盈利信息；六是国会鼓励大额个人卖空头寸履行报告义务。这样，美国国会就在肯定卖空交易和提价规则的基础上，提出卖空交易的信息披露要求。

进入21世纪以来，美国证监会开始考虑放宽对卖空交易价格的限制，重点放在是否保留提价规则上。2004年7月，美国证监会发布命令，决定实行一个暂时实验计划。该计划暂停10a-1条款规定的提价规则，暂停交易所或全国证券商协会针对卖空的价格测试，以便评估这些测试是否适应当前的市场情况和卖空监管的目标。2005年5月2日~2007年7月3日，美国证监会对罗素3000指数（Russell 3000）进行暂停"提价规则"的测试，选择该指数中1/3具有较高流动性的股票作为试验标的。同时，美国证监会还就取消该规则公开征求公众意见。在测试期间，美国证监会收到了大量的市场反馈以及四份独立研究报告。美国证监会还就条款10a-1的效果进行了实证研究。美国证监会在声明中强调，这些研究结果显示，条款10a-1的提价规则并没有对股票下跌幅度和速度产生实质性影响。于是，美国证监会在2007年7月3日宣布取消10a-1条款。

2010年2月24日，美国证监会批准了一个新卖空限制规定，当单只股票在单个交易日内下跌10%或更多时，卖空价必须要高于该证券当时的全国最优买方报价。该限制适用于股价回落当日剩余交易时间和随后一个交易日。美国证监会主席夏皮罗当日表示："卖空机制对于股票市场起着建设性的作用，比如能给市场增加流动性以及提高定价效率。但是，我们也有担心，一旦单只股票承受了过大的下跌压力，再加上无节制的卖空行为，可能给市场稳定带来冲击，挫伤投资者信心。"这就是说，迫于金融危机的压力，美国证监会又部分恢复了提价规则，使提价规则更有针对性。

三、从不禁止裸卖空到限制裸卖空

卖空（Short Selling）是指投资者出售自己并不拥有的证券的行为。根据投资者在卖出证券前是否已签订借券协议，卖空可进一步细分为有交收保障的卖空（Covered Short Selling）和裸卖空（Naked Short Selling）。裸卖空不要求在卖出证券时已签订借券协议。对于裸卖空，美国一直没有单独的限制规则，只是在禁止卖空的时候，裸卖空与有交收保障的卖空一同被禁止。

2004 年 7 月 28 日，美国证监会颁布《证券卖空条例》，旨在为美国卖空监管提供新的监管框架。据分析，《证券卖空条例》的立法目的在于：一是建立统一的证券定位和交付要求，以解决如"裸卖空"带来的市场冲击；二是为卖空制定统一的标识要求；三是增强卖空监管的灵活性，即在需要控制卖空时，提供必要的控制措施，当不需要控制的时候，可暂时停止这些限制。

《证券卖空条例》的主要内容包括：

1. 价格测试。《证券卖空条例》201 规则规定了以最优成交价作为测试价格，使卖空交易实行了统一的价格测试，包括纳斯达克市场在内的全国市场卖空交易价格必须建立在最优报价之上。

2. 限制裸卖空。裸卖空不受融券信用的约束，虚增证券供求，有可能导致大量的交割失败。为此，《证券卖空条例》对投资者或者经纪商的裸卖空行为作出限制。其中，203 规则对经纪人或交易商的行为进行约束，规定一个经纪人或交易商必须具有下列条件，才能接受客户的卖空指令，或者以自身账户下达卖空指令：（1）已经借入证券或者已经达成借入证券的协议；（2）有充分的证据表明客户在交割时可以借到证券；（3）有书面文件保证满足前述第一项条件。200 规则则对投资者拥有证券的情形进行了列举：（1）此人或其代理人已经获得了该证券的权利；（2）此人已购买或者签订了无条件的对买卖双方都有约束力的合同，尽管证券还未交付；（3）此人拥有可转换和交换的证券，或者已提出转换或交换证券的请求；（4）此人已获得购买期权的权利并已经行使了该权利；（5）此人有权利购买或获得认购权证，并已经行使了该权利或认购权证；（6）此人购买了一个证券期货合同，且已收到该头寸会被按时结算，以及按时收到相关证券的通知。

3. 临界证券（或译“门槛证券”）的卖空。按照 203 规则的规定，临界证券是指符合下列条件之一的证券：（1）连续5个结算日在登记结算机构不能交割的证券达到10 000股或以上的证券；（2）交割失败的证券占到发行人总股本的0.5%；（3）自律组织如证券交易所名单上的证券。203规则还规定，如果登记结算机构的参与人对临界证券的卖空交割失败超过13天，参与结算的代理机构必须购买同种类和数量的证券完成交割，并对未成功交割的临界证券进行强制平仓，且不能再从事临界证券的卖空，除非已经购入同种类和数量的证券。

4. 例外条款。为了发挥卖空的有效功能及实践需要，203规则规定了几种例外情形：一是"祖父"条款，一只证券在成为临界证券之前，卖空交割的期限可以不受《证券卖空条例》13天期限的限制；二是期权做市商豁免条款，这主要是为适应做市商真正做市活动的避险需要所进行的卖空。

2008年全球金融危机期间，美国证监会对《证券卖空条例》进行了修改，通过了204T规则，废除了期权做市商例外情形。204T规则规定，任何注册清算机构的参与者，不论是做多还是卖空，必须在不超过正常结算日的下一交易日开盘之初，通过买入和借入相同种类或数量的证券完成未交割的头寸。如果参与者未能按照以上规定及时交割头寸，就不能接受他人的卖空指令，或者用自己的账户进行卖空，直至用相同数量和种类的证券完成交割。可以看出，204T规则重在打击利用裸卖空进行市场操作的情形。

四、美国卖空监管制度演变的启示

综上所述，在美国，与卖空交易一同发展的是卖空监管。它是美国监管当局从特定的证券市场环境出发，探索在证券市场稳健发展的基础上，基于既发展又限制卖空交易的一种监管制度安排。认真总结美国市场卖空交易监管的经验教训，对于转融通机制建立后我国融资融券业务的平稳发展，具有重要借鉴意义。

（一）卖空需要监管

自1963年以来，美国证监会坚持认为，在一个向前发展的市场，应该允许无限制的卖空交易。与此同时，美国证监会又对卖空心存疑虑。可见，在美国证监会眼中，卖空犹如一把双刃剑：一方面，卖空作为一种证券市场的基础交易制度，对证券市场发展起到了积极作用，可以为市场提供流动性、增加价格弹性、提供有效的价格发现机制；另一方面，如果制度设计存在缺陷，卖空又可能被滥用，成为操纵股价下跌的工具，导致市场失序，引起投资者的恐慌。正因为如此，美国自有卖空行为以来，就始终存在着对卖空的监管，出台各种法律，制定各种规则，有时甚至直接禁止卖空。美国卖空监管法律制度的发展演变，充分说明了对卖空进行监管的必要性和紧迫性。

（二）提价规则是美国卖空制度难以割舍的重要组成部分

提价规则是美国证监会成立后致力于推动和实施的一项规则，到 2007 年美国证监会根据市场变化，下决心取消该规则，历时 70 年。2010 年 2 月，在金融危机的大背景下，美国证监会最终又以变通方式部分恢复了提价规则。总体上判断，该规则有利于从制度上防止卖空者在不受价格限制前提下砸盘的可能性，有利于消除投资者对卖空交易的恐惧，从而保证卖空交易制度的平稳实施。这也是美国证监会最终部分恢复该制度的重要原因。这一点尤其值得新兴市场实施融资融券制度时充分借鉴。

（三）限制裸卖空是美国基于长期卖空监管实践总结出的重要措施

投资者信心是金融市场稳定的重要保障。裸卖空的存在，使卖空者可以利用标的证券股价突然下跌进行不受约束的卖空，从而导致投资者恐慌，进而削弱市场流动性，增加市场波动性。基于这种判断，美国证监会在 2004 年通过《证券卖空条例》，对裸卖空的种种情形加以限制，并在全球金融危机中对该条例进行了修改，明确 204T 规则，废除了期权做市商的例外情形，以打击利用裸卖空进行市场操作的情形。总体上评估，限制裸卖空既有利于防止清算交收失败，也有利于维护卖空交易的稳定运行和证券市场的平稳发展。

（四）强化信息披露是增强卖空交易透明度的有力保障

早在1963年，美国证监会在对证券市场的特别研究报告中就提到，要强化卖空交易的数据收集工作。1991年美国国会在一份报告中也强调，经纪商应该在网上披露每个交易日的卖空活动和每周的卖空盈利信息，并鼓励大额个人卖空头寸履行报告义务。2008年9月18日，美国证监会颁布了临时规则10a－3T，要求大型机构投资经理在规则规定期间从事卖空交易的，必须以SH表格形式向证监会报告。SH表格的报送时间从机构投资经理在执行卖空交易后的第二周起，每周的最后一个交易日提交。SH表格的报送内容包括卖空交易的时间、投资机构代码、证券发行人的名称和代码、卖空交易开始的日期、交易当天卖空证券的总体数量、当天结束时的卖空头寸等。SH表格报送的内容不向社会公开，但在美国证监会收到SH表格电子版两周后，可在美国证监会数据库中心的网站进行查询。

（五）卖空与揭黑相结合是融资融券发展的一个重要特征

个股卖空的最佳时机莫过于某只标的证券出现问题甚至丑闻，这一点从美国德克斯事件中可以充分反映出来。德克斯诉美国证监会最终胜诉，标志着美国卖空交易机制得以最终确立。2008年全球金融危机中，我们可以清楚地看到卖空者与揭黑者的有机结合，雷曼兄弟公司就遇到了强劲的卖空者和揭黑者，他们告诉投资者雷曼兄弟公司故意隐瞒次债损失，从而成为雷曼公司股价暴跌的重要因素，直接诱发了雷曼公司融资难和信用危机。在我国，融资融券试点才刚刚起步，从发展的眼光看，卖空与揭黑结合是一个通过市场力量强化监管的必然过程，有利于证券市场的长远发展。对此，监管机构有必要给予足够的重视。

境外转融通和融资融券担保物使用情况与经验借鉴*

根据《转融通业务监督管理试行办法》，证券金融公司经证券公司同意可以使用证券公司交存的保证金，也即转融通担保物的使用不存在法律障碍。尽管业务起步阶段转融通担保物无论数量还是证券品种都比较有限，但我国证券金融公司尝试使用转融通担保物具有长远意义：一是解决“有”和“无”的问题，通过证券金融公司使用转融通担保物的业务实践，填补资本市场长期以来担保物特别是证券担保物再利用的空白；二是为未来进一步拓宽转融通业务资金和证券来源摸索和积累经验；三是为未来证券公司转担保，即证券公司将客户融资融券担保物提交证券金融公司作为转融通担

* 作者：拓小燕、石乔、秦子甲、王鑫、蒋焰、李辉。本文写于2012年6月，曾刊于《融资融券研究》第3期。

保物摸索和积累经验；四是推动修改完善和出台相关立法、司法解释，为立法司法活动提供鲜活的创新实践和真实案例支持。为此，证券金融公司成立专门小组对东亚地区转融通和融资融券担保物使用情况进行了梳理，旨在借鉴境外市场经验，研究提出适合我国资本市场实际情况的担保物使用和风控思路，拓展转融通业务发展空间。

一、东亚地区转融通和融资融券担保物的使用与限制

（一）日本转融通和融资融券担保物的使用情况

在日本，证券公司为获得证券金融公司的转融通服务，须向证券金融公司提交初始保证金，目前该比例为30% 。依据证券金融公司《借贷交易贷出规则》第 18 条第 2 款的规定，证券金融公司可以使用初始保证金中的证券，主要是作为对外债务的担保物。对于现金部分，目前法规未明确规定是否可以使用。

除初始保证金外，证券公司向证券金融公司转融通，须将客户融资买入的全部证券，或者客户融券卖出所获的全部资金，作为担保物提交给证券金融公司。证券金融公司《借贷交易贷出规则》规定，证券金融公司可将这部分担保证券用于以下方面：一是作为转融券券源，即可将该证券继续融出，留存在账户中的相关证券权益亦由证券金融公司直接行使。二是抵押融资，即可将该证券作为抵

押担保物，从货币市场上筹集资金。对于这部分担保资金，证券金融公司可以作为转融资的资金来源。

在日本融资融券业务中，证券公司向客户收取的担保物也可归为两类：一是由客户提交的初始保证金。根据日本内阁府命令及东京证券交易所信用交易相关规定，初始保证金比例最低不得少于30%，但最低不得少于30万日元。二是客户融资买入所得的证券和融券卖出所得的资金。

客户参与融资融券交易，应当与证券公司签订东京证券交易所发布的《信用交易账户设定承诺书》。该承诺书对客户融资融券交易的担保物用途作出了规定。根据《信用交易账户设定承诺书》第三条规定，在获得客户书面同意的情况下，证券公司可将初始保证金中的证券用于以下方面：（1）作为担保物抵押给第三方；（2）出借给第三方。

《信用交易账户设定承诺书》第四条规定，对担保物中客户融资买入的证券和融券卖出的资金，证券公司可用于以下方面：（1）出借给第三方；（2）作为担保物抵押给第三方；（3）向其他客户融资融券；（4）行使证券所拥有的附属权利。

（二）我国台湾地区转融通和融资融券担保物的使用情况

在我国台湾地区，证券金融公司对证券公司转融通会收取一定保证金，保证金可以证券充抵。证券公司提交的保证金、证券公司客户融资买入的证券和融券卖出的资金，共同作为转融通担保物。其中，担保证券通过台湾证券集中保管股份有限公司统一托管，担保资金则放在证券金融公司为证券公司开设的资金账户中。

根据我国“台湾金融监督管理委员会”发布的《证券金融事业管理规则》，证券金融公司可以使用证券公司提交的转融通担保物。担保证券的使用范围是：（1）用于对证券商转融通的券源；（2）用于融资融券因融券短差及证券借贷因还券短差的券源；（3）用于向证券交易所借贷平台借券的担保。担保资金的使用范围是：（1）向其他证券金融公司转融通的担保；（2）向证券交易所借贷平台借券的担保。

在我国台湾地区，证券金融公司和证券公司均可向客户提供融资融券服务，这就是所谓的融资融券业务的“双轨制”。证券金融公司对客户进行融资融券，应向客户收取保证金，保证金可以证券充抵。客户提交的保证金、其融资买入的证券和融券卖出的价款，共同作为融资融券业务担保物，均存入证券金融公司账户中。根据《台湾证券金融事业管理规则》，证券金融公司可以使用客户提交的融资融券担保物。担保证券的使用范围是：（1）作为融券业务的券源；（2）作为转融通业务的券源；（3）作为向其他证券金融公司转融通的担保；（4）作为证券借贷的出借券源；（5）作为向证券交易所借贷平台借券之担保。担保资金的使用范围是：（1）作为融资业务的资金来源；（2）作为转融通业务的资金来源；（3）作为向其他证券金融公司借券的担保；（4）作为有价证券交割款项融资的资金来源；（5）作为向证券交易所借贷平台借券的担保；（6）用于银行存款；（7）用于购买短期票券。

证券公司对客户融资融券时，向客户收取的保证金、客户融资买入的证券和融券卖出的资金，均需存入证券公司账户中，作为客户对证券公司的融资融券业务担保物。根据我国“台湾金融监督管理委员会”发布的《台湾证券商办理有价证券买卖融资融券管理办法》，证券公司可以使用融资融券客户提交的担保物。证券的使用范围是：（1）用于融券业务的券源；（2）用于转融通业务的担保；（3）用于证券借贷的出借券源；（4）向证券交易所借贷平台借券的担保。资金的使用范围是：（1）用于融资业务的资金来源；（2）用于转融通业务的担保；（3）用于证券业务的借贷款项的资金来源；（4）用于向证券交易所借贷平台借券的担保；（5）银行存款；（6）购买短期票券。

（三）韩国转融通和融资融券担保物的使用情况

韩国证券金融公司向证券公司收取的转融通担保物，为客户向证券公司提交的保证金、转融资买入的证券和转融券卖出的资金。这些担保物以让渡形式移转给韩国证券金融公司，直接进入韩国证券金融公司名下的账户。韩国证券金融公司可将转融通担保物用于以下方面：（1）开展证券借贷；（2）将证券担保物作为转融券业务的主要券源；（3）将资金担保物作为开展转融资业务的主要资金来源。出于风险防范的考虑，韩国证券金融公司对转融通证券担保物的使用比率作出限制，规定转融通证券担保物在50%的范围内可用于转融券券源，其余50%则须保留。

韩国金融服务委员会发布的《金融投资服务和资本市场法》第五十六条规定，韩国金融投资协会负责审定证券公司的标准合同格式。根据该协会发布的《保证金交易协议》第六条第二款和第十一条第一款，证券公司可以使用客户为融资融券业务提交的保证金中的现金和证券。

（四）我国香港地区信用交易中担保物的使用与风险控制

香港联合交易所《证券及期货（权益披露—证券借贷）规则》明确规定，借入人借入证券，必须提供担保物。担保物必须可随时变现，并须为出借人所能接受的资产。担保物可以是现金、证券或其他资产。相关各方一开始时就会相互协定符合资格的担保物，包括基本保证金、维持保证金（补仓保证金）及集中持仓上限，以确保有需要时可出售担保物。

根据证券及期货事务监察委员会《证券及期货（客户证券）规则》，对于证券担保物，在获得客户授权的情况下，证券公司可将证券担保物用于以下方面：存放于获香港证监会认可的财务机构，作为融资担保物；存放于获香港证监会认可的结算所，或存放于另一获发牌或获注册进行证券交易的证券公司，作为解除该方在交收上的义务和清偿在交收上的法律责任的担保物；以证券公司认为适当的方式处理证券担保物。对于现金担保物，出借人会将之再投资，在再投资回报率与协定付给借入人的回扣率之间赚取差价。

香港证券公司通常与客户在协议中约定，证券公司可以在法律允许的情况下任意使用证券担保物。例如，香港的几家主要证券公司均在协议中有授权规定，证券公司可以将客户提供的证券担保物用于融资担保、交收担保或出借等目的。不仅如此，只要证券借贷协议约定，收取担保物的一方可以收取及保留由于使用证券担保物所产生的报酬、收入、回佣或其他利益，而无须向提供担保物的一方负责。

除此之外，证券公司收取证券担保物而向客户提供贷款后，还可以将收到的担保物再质押。出于防范风险的考虑，香港地区对于再质押担保物进行了两方面限制：一是再质押的证券担保物的总市值不得超过证券公司贷出的保证金贷款总额的140%。如超过，则证券公司须在下一个营业日结束前，提取部分再质押的证券担保物，使得按照前一日的收盘价和贷款总额计算的该比例降至140%以下。二是证券公司以客户的证券担保物再质押而形成的债务总额不得超过贷出的保证金贷款总额的120%。如果再质押证券担保物的证券公司向银行借款的余额连续2个星期等于或超过银行授信的80%，则证券公司须于1个营业日内书面报告证监会。

2006 年 4 月 7 日，为保障客户保证金的安全，提升证券借贷市场参与者的信心，香港证监会在总结正达公司担保物事件的基础上，发布了《关于处理源自证券保证金融资的风险的建议措施的咨询总结》，对原有的交易制度作出如下修改，以减少因汇集和转按而给客户带来的风险。这些规则适用于所有向香港证监会注册的证券交易商和期货交易商：一是修订《证券及期货（客户证券）规则》，要求证券交易商对保证金融资设定上文所述的再质押上限；二是修订《证券及期货（成交单据、户口结单及收据）规则》，规定如果证券交易商对客户担保物进行再质押，则应在客户月结单内向客户披露相关再质押信息；三是修订《财政资源规则》，提高上市证券的扣减百分率（等于降低上市证券的折算率），其中上市权证的扣减百分率由原来的 40% 提高至 100% ，无论证券交易商有否再质押客户的担保物，或即使证券交易商根本不进行证券保证金融资业务，证券交易商都必须遵守证监会对权证实施的 100% 新扣减百分率。该项关于权证的修订对所有持牌的法团都适用。

二、东亚地区转融通和融资融券担保物使用中的特点与启示

（一）使用担保物有赖于法则的明确规定

在日本，东京证券交易所和证券金融公司分别发布了《信用交

易账户设定承诺书》和《借贷交易贷出规则》；在我国台湾地区，我国"台湾金融监督管理委员会"发布了《证券金融事业管理规则》《台湾证券商办理有价证券买卖融资融券管理办法》等；在韩国，金融服务委员会发布了《金融投资服务和资本市场法》，金融投资协会发布了《金融投资公司协议管理规则》等；在我国香港地区，香港证监会和香港联合交易所分别发布了《证券及期货（客户证券）规则》《证券及期货（权益借贷）规则》等。各市场监管部门正是通过这些法律、法规或规则，对转融通和融资融券业务担保物的使用作出规定。

（二）担保物成为转融通业务主要券源和资金源

在日本、韩国和我国台湾地区，证券金融公司向证券公司提供转融通服务，首先使用的是证券公司提交的担保物。当担保物和自有证券不够时，证券金融公司才另辟渠道筹集资金和证券。如日本从机构投资者手中议借证券，台湾的证券金融公司从台湾证券交易所标借、议借和标购证券。这种情况，在转融通业务初期尤其明显。后来证券金融公司资金和证券来源日益多样化，如韩国有保证金存款和员工持股计划中的股票，但客户提供的担保物始终是主要的券源和资金源。

（三）每个市场担保物使用各具自己鲜明的特色

在东亚证券市场，信用交易既存在着集中模式，如日本、韩国和我国台湾地区，又存在着分散模式，如我国香港地区。无论采取哪种模式，也不管是转融通还是融资融券业务，担保物管理一方均可使用担保物。当然，在具体的使用范围和使用方式上，每个市场做法不尽相同。如日本将转融通担保物区分为初始保证金和后续交易形成的担保物，二者用途不完全一致。台湾地区则不做区分，无论最初提交的保证金，还是后续交易形成的担保物，使用用途均相同。在香港的融资融券业务中，担保物的使用更为灵活和便捷。以融券为例，证券公司可使用自有证券，还可使用向其他机构借入的证券，以及证券公司所托管的客户的证券资产。

（四）担保现金的使用更为灵活广泛

从现有资料看，担保证券的使用大多局限于作为融资融券、转融通和证券借贷业务券源的范围内。与之相反，使用担保现金有较大的操作空间，使用方式更多、更灵活。除作为融资融券、转融通的资金来源外，还可用于再投资。尤其突出的是，为使用担保现金支付的对价可以低于无风险利率。

（五）风险控制措施与总量限制措施如影随形

使用担保物在提高担保物和市场效率的同时，又会伴随一定的风险。香港正达公司转揭破产事件就是一个较为典型的案例。为此，担保物的使用通常都配套一定的限制条件。如韩国规定转融通证券担保物中，只有50%可用作转融券券源。我国香港地区对担保物的再质押作出比例上的限制：一是证券公司再质押的证券担保物的总市值不能超过证券公司贷出的信用贷款总额的140%；二是证券公司以客户的证券担保物再质押而形成的债务总额不应超过贷出的信用贷款总额的120%。

（六）转担保是集中模式的通行做法

在集中模式下，日本、韩国和我国台湾地区均鼓励证券公司将收取的担保物向证券金融公司进行转担保。此种做法具有三个优点：一是证券公司免于另行寻找担保物，减少交易成本；二是能够提高担保物中标的证券的使用效率，扩大交易规模；三是能够增加证券金融公司券源，拓展业务范围。利用转担保方式充分发挥担保物的作用，是集中模式的独特优势。应当借鉴此种做法，逐步放开对于证券公司向证券金融公司转担保的限制，充分发挥担保物的使用效率。

三、我国转融通业务中担保物使用的初步意见

（一）证券金融公司使用转融通担保物在法律和政策上可行

受制于传统物权法理论的影响，长期以来我国资本市场的担保

物特别是证券担保物，无论担保权人还是担保物原所有人，均不得使用、不得转让，致使证券担保物大量沉淀，不仅担保物本身的使用效率低下，市场创新也受到严重束缚。融资融券业务制度设计中大胆创新，采用信托让与担保的方式突破了担保物不得转让的局限，既满足了投资者交易担保物的现实需求，又实现了证券公司控制融资融券业务风险的基本需要。转融通业务规则设计中，秉承融资融券业务中信托让与担保的设计理念，为转融通担保物的使用预留了较为充裕的规章和政策空间。

中国证监会发布的《转融通业务监督管理试行办法》第二十一条和第二十二条规定，“转融通担保证券账户内的证券和转融通担保资金账户内的资金，均为担保证券金融公司因向证券公司转融通所生债权的信托财产”，“经证券公司书面同意，证券金融公司可以有偿使用证券公司交存的保证金。证券金融公司使用保证金的用途、期限、对价等具体事项，由双方通过转融通业务合同约定”。据此，证券金融公司使用转融通担保物的关键在于证券公司的书面同意，并且通过合同约定的方式具体实现。转融通业务合同中除明确管理办法要求的事项外，还应包括转融通担保物的使用上限、使用顺序、担保物的偿还以及使用情况的信息披露等。

需要注意的是，证券金融公司作为担保物信托财产的受托人，有偿使用转融通担保物可能存在一定的利益冲突。为有效应对潜在风险，证券金融公司一方面应遵守《信托法》第二十五条、第二十六条、第二十七条、第二十八条等法律的规定，以公允价格向信托财产支付有偿使用的费用。同时，证券金融公司内部应建立相应的隔离机制，着力避免利益冲突，履行诚实、信用、谨慎、有效管理的受托义务。

（二）证券金融公司使用转融通担保物的用途

转融通担保物的使用遵循以下原则：先简单、后复杂，先资金、后证券，先违约、后融出。试点期间，证券金融公司主要在如下两种情形使用转融通资金和证券担保物：

一是发生证券公司对证券金融公司违约，导致证券金融公司对出借人违约的情形，证券金融公司使用其他证券公司提交的转融通担保物用于完成交收，以了结证券金融公司与出借人之间的债权债务关系。

二是证券金融公司使用证券公司提交的转融通担保物，作为资金和证券来源，以增强担保物资产的流动性，拓展转融通资券来源，提高市场效率。

（三）证券金融公司使用转融通担保物的基本做法

按照转融通担保物的上述用途，在实务操作中证券金融公司需要明确使用转融通担保物的具体操作事项，并配套相应的风险控制措施。本文仅就相关主要事项的基本做法进行探讨，提出初步建议。

一是有偿使用的费率确定。证券金融公司有偿使用证券担保物的费率，可确定为证券金融公司公布的证券借入费率最高档。这样安排旨在保证证券金融公司有偿使用担保物所支付的对价相对公允。资金担保物的费率，可考虑按照转融资融出费率扣减一定比例利差确定。

二是转融通担保物的使用上限。为防范违约风险，转融通业务试点期间，证券金融公司所使用的单一证券公司提交的担保证券市值，不超过该公司提交的此种担保证券总市值的50%。待取得经验后，可以考虑进一步放宽，但最高比例不高于80%。担保资金的使用比例可适当提高。

三是转融通担保物的使用顺序。确定转融通担保物使用顺序，需要考虑的因素包括担保物的数量、担保债务的期限和证券公司的信用级别等。通过对这些因素分配不同权重并设计筛选规则，即可最终确定使用顺序和方式。

此外，目前的转融通业务规则允许证券公司对已提交的转融通担保物进行交易、替换等操作。为避免证券公司和证券金融公司同时使用担保物时可能产生的冲突，转融通业务合同中应当明确，证券公司同意证券金融公司将其转融通担保物再融出的，证券金融公司将转融通担保物再融出的指令优先于证券公司交易、替换担保物等操作指令，即证券金融公司可以优先使用转融通担保物。

四是使用转融通担保物后的偿还。转融通担保物用于再融出情形的，其偿还在转融通融出到期后按照证券金融公司归还出借人证券的一般程序处理。转融通担保物用于证券公司违约情形的，证券金融公司首先向违约证券公司追索，然后向非违约证券公司偿还；追索时间较长的，证券金融公司可先行向非违约证券公司偿还，并继续向违约方追索。

五是担保物再融出后的收益分配。转融通担保物再融出后获得的息费收入，首先用于支付有偿使用证券公司担保物的对价，剩余部分归证券金融公司所有。

六是担保物使用情况的披露。证券金融公司在每月末向相关证券公司披露使用该证券公司提交的担保物的情况，包括各种使用方式、各使用方式下担保物的剩余期限和余额等。

七是业务隔离机制的建立。一方面，证券金融公司应将转融通担保物信托财产与证券金融公司自有财产进行隔离，对二者分别建账，账簿应由不同的业务人员管理。同时，证券金融公司应将担保物受托管理业务和担保物有偿使用业务进行隔离，对转融通担保物支付对价的清算交收、担保物选择顺序和使用上限的确定、使用担保物对价的结算和偿付方式以及使用担保物信息的披露等由结算管理部门负责；对担保物的具体融出使用及融出费率的确定由交易管理部门负责。上述两个部门应进行业务、人员和决策机制上的隔离，分别独立决策，决策过程强制留痕。

八是探索建立风险转移机制。证券金融公司还可逐步探索商业保险等风险转移机制，增强公司抵御系统性风险的能力，降低公司在转融通担保物使用以及业务开展过程中可能产生的风险。

九是完善内部合规管理。证券金融公司应完善合规检查和内部审计机制，对上述风险控制措施的制度化、流程化及其执行情况进行检查和监督。

（四）证券公司转担保问题

证券公司转担保，即证券公司将其客户提交的融资融券担保物提交给证券金融公司作为转融通债务的担保。根据《证券公司监督管理条例》第五十三条及《证券公司融资融券业务管理办法》第二十七条的规定，客户向证券公司提交的融资融券担保物是信托财产；证券公司和客户依法另有约定时，证券公司可以依照与客户的约定处分担保物。该规定为证券公司通过《融资融券业务合同》与客户约定的方式进行转担保预留了一定的法规空间。

在美上市中资概念股做空风潮的分析与启示*

2010 年下半年以来，以嘉汉林业为代表的一批在美国上市的中资概念股，不同程度地遭到浑水公司（Muddy Waters）、香橼公司（Citron）等第三方机构的质疑与做空，形成了中资概念股的做空风潮。这期间，约 60 家中资概念上市公司受到质疑或做空，中资概念股股价整体出现下跌，不少公司被停牌，或被摘牌转入粉单市场。此次做空风潮并非孤立的事件，有其复杂的背景因素。为综合评估这次大规模做空与揭黑相结合的典型事件，我们对此次做空风潮的做空对象、阶段、手法、原因等进行了跟踪研究，以期全面认识做空风潮产生发展的过程及原因，总结经验教训，为我国资本市场健康合理的做空行为培育良好的市场和监管环境，防止恶意做空

---

* 作者：李广川、刘立立。本文是中国证券金融公司与兴业证券公司的联合课题研究，写于 2012 年 7 月，曾刊于《融资融券研究》第 4 期。

行为对市场造成重大负面影响。

一、反向收购上市的中资概念股成为做空的主要对象

境内注册的中国公司以及在境外注册但以境内资产或营收为其主体的中资公司，可以通过多种方式在美国实现直接或间接上市，这些上市公司的股票被称为中资概念股。中资概念企业赴美上市主要有四种方式：反向收购（RTO）、首次公开募股（IPO）、自主发行（DPO）和美国存托凭证（ADR）。其中，反向收购是中资概念企业登陆美国证券市场的主要渠道。

所谓反向收购，是指非上市公司股东通过收购一家壳公司（上市公司）的股份控制该公司，再由该公司反向收购非上市公司的资产和业务，使之成为上市公司的子公司，原非上市公司的股东一般可以获得大部分上市公司的控股权，从而达到间接上市的目的。反向收购上市可以避开美国上市的限制以及申请、注册、招股、上市等复杂的手续，具有程序简单、成本较低、方便快捷的特点。反向收购上市方式在一定程度上给部分境内企业造假上市提供了机会，也为第三方机构做空埋下了伏笔。

据统计，2000～2011 年，所有反向收购上市并成功转板的中资概念企业共有 117 家，其中 59 家企业遭受过质疑，31 家被摘牌，8 家私有化，20 家留在主板，遭质疑后的中资概念上市公司退市率达

66.1%。由此可见，以反向收购方式上市的中资概念公司问题较多，事实上也成为第三方研究机构的主要做空目标。

二、中资概念股做空潮演变的三个阶段

中资概念股做空潮经历了零星试探、集中爆发、逐步退潮三个阶段。

（一）零星试探阶段（2010年6月~2011年2月）

从2010年6月开始，以浑水和香橼为代表的做空机构以财务问题为突破口，开始对部分中资概念股进行试探性攻击。据不完全统计，这段时期遭到做空攻击的中资概念股有15只左右，约占全部做空事件数量的25%，主要由做空机构浑水和香橼完成。

该阶段的做空事件主要有三个特征：

一是做空的中资上市企业普遍存在造假问题。做空机构对企业的造假行为能够掌握比较确凿的证据，因此做空成功率较高。如绿诺科技存在虚增销售收入1.8亿美元，伪造至少5家客户的虚假合同等问题，被浑水做空；双金生物存在利息收入的银行证明造假等问题，被香橼做空。

二是做空事件的市场影响初步显现。尽管这一阶段做空中资概念股事件零星发生，比较分散，但已经开始引起监管部门的警觉。

如绿诺科技被做空退市后承认造假，美国证监会便有针对性地采取了整顿反向收购借壳上市公司的行动。

三是被做空上市公司应对不力。遭到做空的上市公司普遍反应迟缓，或根本无力采取应对措施，如绿诺科技和双金生物等公司均以股价暴跌和退市收场。除自身确实存在一定程度造假外，不熟悉美国以信息披露为原则的监管模式，缺少应对类似事件的应急管理经验，也是导致这种局面的重要原因之一。

（二）集中爆发阶段（2011 年 3 月～2011 年 11 月）

2011 年 3 月后，中资概念股受做空的市场影响开始发酵，阿尔弗雷德利透（Alfred Little）、格劳科斯（Glaucus）等更多机构加入做空大军，做空中资概念股的频率和数量都迅速增加。据不完全统计，约 35 家中资概念股在此阶段被不同程度地质疑和做空，占全部做空事件数量的 60% 左右。

该阶段做空事件主要包括五个特征：

一是做空事件呈规模化和集中化。与前一阶段相比，一方面，做空对象的市值规模明显变大，如被浑水公司做空的嘉汉林业市值最高时达到 60 亿美元，被香橼做空的东南融通市值也超过 10 亿美元。另一方面，做空事件明显增多。据不完全统计，2011 年 3～5 月短短 3 个多月里，就有艾瑞泰克、盛大科技、盛世巨龙等 18 家中资上市公司因财务造假遭到做空机构做空。

二是做空事件引发对中资概念股的全面质疑和抛售。市场开始谈“中”色变，美国盈透证券于2011年6月禁止客户融资买入132家中资上市公司股票。据不完全统计，3月下旬~6月下旬，美国道·琼斯指数和纳斯达克综合指数涨幅均在4%以上，而在约250家中资概念股中，超过180家公司股价下跌，其中约100家跌幅超过30%。

三是做空对象扩展至首次公开募股企业。之前遭到做空的中资企业多为反向收购上市的企业，在中资概念股全面受到质疑的情况下，以东南融通和嘉汉林业为代表的首次公开募股上市企业也被猎杀。据统计，受做空潮株连，2011年6月至少有13家首次公开募股上市的中资公司股价跌破发行价。

四是做空事件开始向中国香港和内地蔓延。2011年6月，在香港上市的绿森集团、雨润食品等股票，均因浑水的质疑而引发股价大幅波动。7月，美国评级机构穆迪公司宣布，61家非金融中资概念股票可能存在投资风险，其中近七成公司在香港上市，H股当日大跌3.72%。随后，惠誉公司宣布在对35家中资上市公司评级时，上市公司如“使用中国会计准则”或“在上海证券交易所挂牌交易”，均作为减分指标使用，中资上市公司股价又一次全线下跌。

五是中资企业纷纷暂缓北美上市步伐。受北美做空事件影响，2011年7月21日，迅雷第四次也是最后一次推迟在美上市计划，并于10月向美国证监会递交了撤销上市计划的申请。同时，盛大文学也在7月21日推迟了上市路演计划，土豆网、58同城、赶集网等企业也暂缓北美上市计划。

（三）逐步退潮阶段（2011年11月至今）

2011年11月以后，中资概念股做空潮的阴霾渐渐散去。一方面，众多中资概念股股价大跌，从2011年5月底至10月底，跟踪82家中资概念股的彭博中国反向并购指数大跌31%，退市的中资上市公司达数十家，做空目标的锁定越来越难。另一方面，美股自2011年10月开始持续上涨，道·琼斯指数涨幅超过15%，做空的市场氛围日渐消失。尽管如此，仍有10家左右的中资上市公司在此阶段遭到做空，约占全部做空事件数量的15%左右。

该阶段做空事件主要包括四个特征：

一是在美上市中资公司大量私有化或面临退市威胁。一方面，中资公司股价受做空事件影响出现下跌，交易量持续低迷。据统计，仅2012年1~2月，就有盛大网络、经纬国际等至少8家公司通过私有化计划。另一方面，包括晶澳太阳能、韩华新能源等在内的43家中资概念股股价跌破1美元。根据美国股市的要求，公司股价长期处于1美元之下、无法满足信息披露、财务遭质疑等现象的企业将被迫退市。

二是做空对象纷纷展开有力回击。由于“问题股”前期大多已被做空，做空机构此阶段关注的多为一些“绩优股”。面对做空，被做空公司大多采取了有力回击，市场上逐渐出现质疑做空机构“炒作”的声音。如香橼 2011 年 11 月初质疑奇虎 360 夸大公司业务，致其股价当日下跌 11.23%，但奇虎 360 快速反击，股价恢复至原有水平。又如浑水质疑分众传媒夸大其液晶广告屏数量和高溢价收购等问题，致其股价当日暴跌 40%，分众传媒积极迅速回应，股价重新上涨超过 50%。

三是做空机构逐渐失去市场信誉。在做空对象变少、回击力度加大的前提下，做空行为往往以失利告终，引发市场对其专业性的质疑。如浑水做空分众传媒和展讯通信均告失败后，加拿大皇家银行和美国邓迪证券均暂停运用浑水报告进行投资决策。又如香橼做空恒大失败后，高盛质疑香橼缺乏会计准则和地产行业运作的专业知识，香橼也被迫承认自己并不具有信息优势。

四是做空“战场”转向香港。2012 年初，浑水和香橼纷纷表示，考虑买入北美上市的部分中资概念股，这意味着北美市场做空潮暂告一段落。做空机构开始转向做空在香港上市的中资概念股。2012 年 3 月，旭光高新材料和首钢资源遭到浑水做空，造成股价波动。4 月上旬，至少 20 家公司宣布推迟提交业绩报告，80% 的中资公司股价在近 40 天内出现下跌。6 月下旬，香橼发布报告称恒大地产已资不抵债，并用欺诈手法掩饰资金面的紧张，恒大股价当日应声下跌 11.36%。据马盖提（Markit）公司统计，在近 1 年的时间里，在港上市中资股的卖空份额占股票总流通份额的比重平均从

1.3% 上升至 1.6% ，而在美上市中资股则从 2.8% 降至 1.8% 。

做空风潮接近尾声的重要标志，是不少中资企业重启北美首次公开募股计划。截至 2012 年 6 月已有至少 20 家中国企业正排队等待海外上市，如神州租车、易传媒、唯品会、盛大文学、拉手网、窝窝团等，相继重启或启动赴美首次公开募股计划。

三、做空机构的特点及其做空流程分析

参与做空潮的主要做空机构包括：浑水公司、香橼公司、集奥投资公司（GEO）、奥利全球（OLP Global）、阿尔弗雷德利透和格劳科斯等。除集奥投资公司投资公司是投资机构外，其余大多是独立的研究机构。这些做空机构的共同特点主要包括：一是运作较为机密。公众很难获取这些机构的运营信息，如注册地、注册资本、工作人员等，部分机构甚至连负责人都无法知晓，如阿尔弗雷德利透公司等。二是熟悉中国企业的运作方式。部分机构的负责人有在中国工作的经验，拥有或能组织国内的雇佣人员（“眼线”），通过实地调研的方式调查做空对象。三是与对冲基金有千丝万缕的联系。通过各种媒体的采访和调查资料来看，这些机构在公布做空报告前，往往会提前将研究报告发送给部分对冲基金。

从这些特点来看，浑水等机构在做空事件中并非单独作战，而是与媒体、代理调查机构、对冲基金等其他机构相配合，无形中构

建了一条做空中资概念股的产业链。这些机构做空中资概念股的流程基本可以分为四步（见图2－1）：

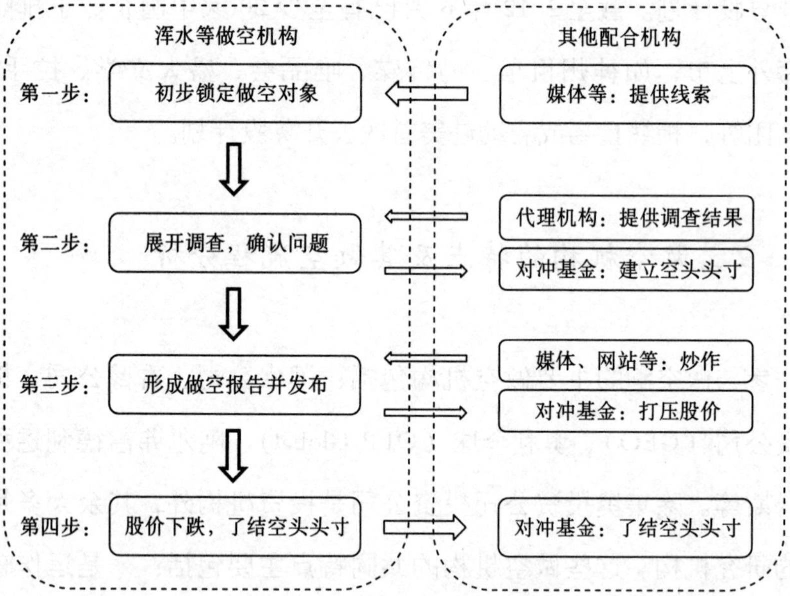

图2－1 做空机构做空流程图

第一步，初步锁定做空目标。做空机构一般通过媒体、调研机构等提供的线索，结合市场公开资料，寻找上市公司经营情况中的异常状况，如频繁更换审计机构、不分红、融资频繁等，从而初步锁定目标。例如，2010年8月，《巴伦周刊》刊登了一篇质疑在美借壳上市中资公司的文章，里面提到绿诺科技连续更换了三个审计师和四个首席财务师。浑水根据这一线索最终发现了绿诺科技的财务造假问题。

第二步，对做空目标展开调查，建立空头头寸。做空机构直接或通过代理调查机构对做空目标进行调查，主要通过深入研究财务报表等公开资料、比对中美两地报表信息、从信用管理公司等机构购买信用资料、企业实地调研等手段，确认企业商业模式、业务运营情况、财务状况等方面存在的问题。例如，浑水专门组织了十人专业团队对嘉汉林业展开实地调研，并聘请了四家律师事务所为顾问。

同时，做空机构在确认企业问题后，往往直接或通过有关联的对冲基金预先建立空头头寸。手段主要有三种：一是通过证券借贷市场借入目标企业股份并卖出，待股价下跌时买入股份归还后获利；二是买入目标企业的看跌期权，待股价下跌、期权价格上涨时卖出期权获利；三是卖空目标企业的股票期货，待股价下跌时了结期货头寸获利。

第三步，形成做空报告并发布，造势打压股价。做空机构会根据调查的结果撰写详细的研究报告，全面披露和渲染企业的负面信息，并给出极低的目标股价。例如，浑水针对绿诺科技发布了长达30页的研究报告，提出六大质疑，将其评级为“强力卖出”，目标价2.45美元。这个价格只相当于绿诺科技当日股价的1/6。

这些报告通常会发布在做空机构的官方网站（如浑水）或博客（如阿尔弗雷德利透）上，然后通过部分网站、媒体进行炒作造势，吸引更多媒体跟踪报道、扩大影响。已建立空头头寸的对冲基金辅助打压股价，吸引那些受到做空报告影响的投资者跟进抛售，形成连锁反应。

第四步，股价下跌，了结空头头寸获利。做空机构和有关对冲基金在目标企业股价下跌后，了结空头头寸，获取巨额利润。以香橼通过买入看跌期权做空泰富电气为例，2011 年 6 月 18 日泰富电气的看跌期权价格为 0.05 美元，19 日香橼发布第四份做空泰富电气的报告，使其股价从 14.3 美元暴跌至收盘时的 7 美元，其看跌期权价格飙升至 3.5 美元，因此香橼仅在看跌期权上就获得了至少 70 倍的利润。

与之相对的是，被做空企业的股票持有者损失惨重。中小投资者在股价的大幅下跌中亏损严重自不必说，即使是在 2008 年金融危机中大出风头的美国对冲基金巨头鲍尔森，在嘉汉林业被做空后也黯然退出投资，损失超过 5 亿美元。正因如此，浑水等机构的做空行为尽管不违反美国法律，但仍为大多数投资者所不齿，以致经常收到匿名的威胁邮件和死亡电话。

四、中资概念股遭遇做空潮的原因剖析

此次做空潮事件受到国内媒体的广泛关注和报道，对于做空潮发生的原因众说纷纭，有人认为是中资企业财务造假，有人认为是美国借故打压中国，即所谓“阴谋论”。我们认为，此次做空潮事件是各种复杂因素综合作用的结果。

第一，中资概念企业大量在美国上市是发生做空潮的重要背景因素。自华晨汽车 1992 年首次登陆美国股市以来，伴随逐步升温的“中国概念热”，中资企业赴美上市高潮不断。2000 年以新浪为代表的互联网企业掀起第一轮上市高潮，2004 年在美首次公开募股企业达到 11 家，2007 年达到 30 家，2010 年达到创历史新高的 42 家。截至 2010 年底，包括反向收购在美国上市的中资概念股超过 400 家。在风光上市的背后，是日渐褪色的概念光环和不断暴露的违规问题。2010 年美国市场发生的证券讼诉官司共 162 起，涉及中资公司的占 5.5%，2011 年达到 18%。可以说，大规模集中式的赴美上市和上市公司的潜在隐患，为做空潮事件埋下了伏笔。“将欲取之，必先予之”，成为做空潮事件的极佳注脚。

第二，美国经济低迷和股市动荡放大了做空交易的范围和强度。做空交易是美国证券市场司空见惯的行为，中资概念股做空潮是做空交易范围和强度增大的结果。次贷危机爆发以来，美国经济一直处于低迷状态，2010 年 6 月初，道·琼斯指数再次跌破 10 000 点，对冲基金等机构投资者更加青睐做空而非做多交易。中资概念股做空潮发生之前，做空机构在选择做空对象上并无特别偏好，比如香橼此前一直在美国市场从事做空活动，2006 年～2009 年 9 月做空 18 家美国上市公司，其中 12 家市值缩水近半，3 家停牌。随着中资概念股光环的褪去和财务问题的不断爆出，对中资概念股的质疑事件持续发酵，做空机构才逐步将做空矛头集中到中资概念股身上。

第三，关于中国经济的负面报道挤压了中资概念股的增长泡沫。次贷危机过后，“中国概念”在美国投行、私募基金、审计机构等的包装下席卷华尔街，高速增长的中国经济成为美国资本市场的强心剂。2009 年，中资概念股几乎全线上涨，平均收益 130% 左右，其中有 5 家公司的股价累计涨幅超过 1 000% 。在全球经济增长放慢的情况下，关于中国房地产风险、地方债务平台等经济负面因素的报道逐渐增加，市场对中资概念股也从追捧转为担忧，市盈率居高不下的中资概念股从而吸引了大批做空机构的目光。

第四，财务造假诱发了做空风潮并形成连锁反应。部分中资概念企业的财务造假手段花样迭出，主要包括：（1）通过虚增存款、固定资产项造假等手段进行资产造假，如中国生物虚增店铺数量等。（2）通过虚增销售收入、虚增盈利能力等手段进行经营业绩造假，如绿诺科技虚增 1.8 亿美元销售收入等。（3）进行利润造假，如东南融通利用人力成本外包的方式，使毛利率超出竞争对手至少 20 个百分点等。账务造假丑闻，引发了北美投资者对中资概念公司财务问题的担忧，突出表现为部分证券公司开始禁止客户融资买进部分中资公司股票，其中包括新浪、当当网、搜狐等知名企业，更多做空机构开始关注中资概念公司，展开集中做空行动，从而引发连锁反应，使大部分中资概念股遭到做空并暴跌。

五、美国卖空监管对中资概念股做空潮的影响

美国《证券交易法》第9条（a）款（4）项规定，禁止在证券交易中以诱导他人买卖为目的做出虚假或误导性陈述。尽管做空机构的做空行为并不违反美国证监会的法律法规，但一旦这些机构发布的报告被证实包含虚假信息，就涉嫌利用虚假信息操纵市场，将会受到美国法律制裁。

对于与做空机构联合行动的对冲基金而言，如果明知报告内容虚假，却仍然配合做空的话，那么其行为违反了美国《商品交易法》6c-1，即漠视相关信息属于虚假、误导性、不准确的报告，仍然进行卖空行为，实质性地影响股价，涉嫌非法操纵市场。

上述两条规定，起到了减少恶意卖空行为、维护卖空市场秩序的作用。自2007年以来，为应对金融危机的冲击，美国通过卖空价格限制、限制裸卖空、加强卖空信息披露等手段，强化了对卖空行为的监管。此次中资概念股做空潮，在一定程度上体现了这些改革措施的成效，同时也暴露出改革的不足。

第一，卖空提价规则减缓了股价下跌的步伐。2010年2月，美国证监会推出卖空限制条款201，规定当单只股票在单个交易日内下跌10%或更多时，卖空价必须高于当时全国最优买方报价时才允许卖空。该规定一定程度上防止了卖空可能带来的股价暴跌。例如，

2011年5月5日，人人网上市次日跌幅达到15%，触发了上述卖空提价规则，做空行为得到有效缓解，收盘时人人网股价仅下跌7%。

第二，禁止裸卖空减少被做空股票的价格波动性。2009年7月29日，美国证监会通过204T规则，永久性禁止裸卖空。美国证监会强调，证券未交付有可能削弱投资信心，导致恐慌性抛售，对发行人产生无根据的名誉上的损害。卖空者可能利用有关发行人稳定性等谣言操纵股价，并通过裸卖空增加收益。因此，这一规定有利于市场的稳定，减少了被做空股票的价格波动性。

第三，卖空信息披露不足可能加剧了做空行为的影响。目前，美国证监会联合自律组织每日公布全市场卖空交易总量，延迟一个月披露各上市公司股票的卖空交易信息，每月两次披露交收失败信息。这些信息披露措施，无法及时反映个别股票的卖空头寸，投资者大多时候只能通过价格走势来判断卖空规模。在中资概念股股价迅速下跌的过程中，投资者可能高估了做空的力度，进而跟进抛售引发连锁反应。

六、中资概念股做空潮事件的启示

中资概念股做空潮，从本质上讲是美国资本市场上一次比较典型的卖空与揭黑相结合的事件，属于成熟市场以市场化手段强化上市公司监管的惯常做法。在我国，融资融券业务从试点转入常规，标的证券进一步扩大，转融通业务即将推出，这种以卖空与揭黑相结合的市场化手段，很可能会以某种方式出现在我国证券市场上。通过认真总结此次做空潮的经验教训，防止恶意做空行为对市场造成重大负面影响，并为健康合理的做空行为培育良好的市场和监管环境，就显得尤其必要。

第一，市场各方各司其职使卖空与揭黑得以有效运转。做空者揭黑并做空，投资者抛售造假者股票，被做空公司积极回应、以法律手段起诉对方，美国证监会对操纵市场保持高压态势、强化信息披露和反向收购上市公司的监管，美国法院积极受理做空双方的诉讼等等。市场各方相互制衡，可以最大限度地防止恶意做空等极端行为的发生。正因如此，这次中资概念股做空风潮，并没有对美国股市整体走势造成重大冲击，道·琼斯指数 2011 年 9 月以来持续上涨近 14% 。

由于美国资本市场的交易机制与法律环境相对成熟，法院承担了美国证监会的部分职责，市场主体的违规成本较高；证券监管部门在做空潮事件中，除完善规则和加强调查外，并未过多介入做空双方的纠纷中。而在我国，市场发展还不成熟，证券交易类案件还离不开证券监管部门的介入与监管。这就要求我国证券监管部门要承担更多的监管职责，有必要从完善做空机制、强化做空信息披露、加大恶意做空的监管和处罚力度等多方面，来维持做空机制的良性运转。

第二，保护合理做空行为的存在和成长。此次做空潮事件，挤压了中资概念股前期大幅上涨的泡沫，也披露了众多的财务造假事件。尽管有不少做空对象被“误伤”，但只要上市公司及时做出有力回应，其股价基本都恢复甚至超过了原有水平。可见，合理的做空行为客观上使上市公司的信息披露更加充分、透明，市场定价更为合理，投资者利益得到了更为有效的保护。事实上，虽然美国的卖空监管措施经历了复杂的演变，监管程度也时紧时松，但“保护合理的做空行为”却始终未变。在不成熟的新兴市场上，信息不透明和股价波动大的问题更为严重，允许做空机构及合理做空行为存在，有助于促进上市公司分类监管体制的完善，推动证券市场健康发展。

第三，加强对第三方研究或调查机构的监管，严惩利用虚假信息进行恶意做空的行为。美国证监会对投资顾问业的准入具有严格的监管，向投资者提供投资建议的顾问机构必须在证监会或州政府的证券监管机构注册。像浑水这样的机构，打着第三方研究机构的旗号，并未履行注册手续，在研究报告中声称只提供研究结论，不对投资者的投资决策负责，事实上是游离于证监会监管之外的。但在其依据“捕风捉影”的消息发表报告、注册地选择香港以及与对冲基金联合做空的问题披露以后，市场对其操纵市场、规避监管和利益冲突的质疑不绝于耳，嘉汉林业等多家上市公司纷纷起诉，市场上甚至出现了其遭到证监会调查的传闻。可见，对于像浑水这样的第三方研究机构，美国的卖空监管也是有漏洞的。

我国推出转融通业务以后，融券行为的广度和深度都将大大增加。前几年，我国出现了浦少平、刘姝威、夏草等著名上市公司揭黑者；近两年又出现了央视“3·15”晚会式的“揭黑”方式。双汇事件发生时，就有一位投资者融券卖空5.5万股双汇股票。一旦这些揭黑方式与融券卖空相结合，浑水式的做空手法就会事实上成形。因此，有必要加强和完善目前对证券公司、投资咨询机构发表研究报告的监管措施，密切注意监管视野以外的揭黑行为是否与做空相结合，强化对这些外部机构独立研究和调查行为的监管，防止其利用虚假信息做空或操纵市场，并加大违规的惩处力度。同时，鼓励遭恶意做空的上市公司向做空机构提起诉讼和赔偿，进而维护被恶意做空企业的合法权益。

第四，强化上市公司基本面和做空行为的信息披露。从此次做空潮事件可以看出，做空的负面影响主要在于，一方面造成股价暴跌，投资者利益受损；另一方面做空机构行事神秘且获得巨额利益，受到其他投资者的质疑。同时，美国对股票卖空信息的掌握和披露均存在不足，难以对大规模做空行为进行预防和快速反应，客观上放大了做空的负面影响。因此，既要强化对上市公司信息披露的监管，使股价趋于合理，又要有针对性地加强对卖空信息的集中统计监测和对外披露，使做空行为及时暴露于阳光下，这样才能最大程度地减弱做空行为可能造成的负面影响。

韩国员工持股计划开展情况研究*

韩国员工持股计划自19世纪60年代产生以来，迄今已有40多年的发展历史，在立法规范、税收优惠、融资贷款等方面逐步形成了自身的发展特色，已成为韩国资本市场的一项重要基础性制度，在激发员工积极性、改善公司治理和增强证券市场流动性等方面发挥了积极的作用。韩国证券金融公司在韩国员工持股计划的管理运作、股份托管、专项服务等方面发挥了关键的作用，为我国探索开展员工持股计划资产管理业务提供了宝贵的经验借鉴。

---

* 作者：王鑫、李广川。本文写于2013年4月，曾刊于《融资融券研究》第6期。

一、韩国员工持股计划的发展沿革与特点

（一）第一阶段：初创期（1968~1986年）

1968年，为促进韩国资本市场的发展，韩国政府颁布《资本市场促进法》，对员工持股计划问题进行了规定，要求上市公司必须给予员工10%的股票购买权。此后，为了缓解社会资本过度集中于少数人的情况，同时促进家族企业上市，韩国政府于1972年和1974年两次修订《资本市场促进法》中有关员工持股计划的条款，明确非上市公司也须为员工提供10%的新股购买权；员工持有公司股份的期限不得少于1年；外部金融机构可为员工持股计划提供融资贷款；员工用工资收入购买公司股份时，政府减免5%的个人所得税。

在法律扶持和税收减免政策的激励下，韩国员工持股计划迅速发展。到1986年，设立员工持股协会的公司从8家发展到626家；设立员工持股协会的上市公司比例从6.25%增加到98.9%；外部金融机构提供的融资贷款占员工持股计划资金来源的比例超过10%。

（二）第二阶段：发展期（1987~1995年）

为鼓励私营企业发展，激励员工长期持有公司股份，韩国政府又于1987年和1988年两次修订《资本市场促进法》中有关员工持

股计划的条款，将员工可购买的股权比例从 10% 增加到 20% ；员工持有公司股份的期限延长至 7 年；除外部金融机构外，允许员工持股比例 20% 以上的公司为员工提供内部低息融资贷款；员工运用工资收入购买股份的减免所得税比例从 5% 提高至 15% 。

各项条件的放宽使韩国员工持股计划进入快速发展时期。到 1995 年，设立员工持股协会的公司数量增至 960 家；设立员工持股协会的上市公司比例增至 99.7% ；参与上市公司员工持股计划的员工比例从 1986 年的 53.5% 提高到 77.1% ；员工持股计划股份的市值占上市公司总市值的比例从不足 1% 提高到 2.4% ；公司内部融资贷款占员工持股计划资金来源的比例超过 40% ，外部金融机构融资贷款比例降到 10% 以下。

（三）第三阶段：停滞期（1996 ~ 2000 年）

1996 年，韩国股市大跌 75% ，员工持有公司股份的意愿下降，纷纷要求变卖所持公司股份，退出员工持股计划。1997 年 4 月，受金融危机及韩国股市下跌影响，韩国废除《资本市场促进法》，有关员工持股计划的条款被划入韩国《证券交易法》。韩国公司经营状况下滑，现金流短缺，员工持股计划对外部金融机构贷款的需求出现回升。1999 年，韩国工会认为员工持股计划中的 7 年持股期侵犯了员工支配私人财产的权利。为此，韩国修订了《证券交易法》中的相关条款，将员工持有公司股份的期限缩短为 1 年。

股市震荡和立法调整使韩国员工持股计划的发展进入停滞期。在此期间，设立员工持股协会的公司数量维持在1 000家左右；参与上市公司员工持股计划的员工比例维持在上一阶段的77%左右；员工持股计划股份的市值占上市公司总市值的比例下降到1999年的1.8%，2000年进一步降至0.5%；公司内部融资贷款占员工持股计划资金来源的比例出现萎缩，外部金融机构融资贷款占比重新升至14%。

（四）第四阶段：稳定期（2001年至今）

2001年7月，韩国颁布《劳工福利基本法》，将《证券交易法》中有关员工持股计划的条款划入其中，同时重新规范了员工通过融资贷款购买公司股份的行为。一是允许员工有条件地将其购买的公司股份作为担保品，向金融机构融资贷款继续购买公司股份，或满足住房、医疗和教育等的资金需求。二是融资贷款总额不得超过年工资收入，贷款期限不得超过7年，年偿还额不得少于贷款总额的10%。三是员工通过公司内部融资贷款购买的股份持有期限延长至5年，通过外部融资贷款购买的股份持有期限延长至4～8年。此后，韩国陆续颁布《特别税收法》和《公司税实施条例》，进一步加大公司和员工参与员工持股计划的税收优惠力度，规定员工用于购买员工持股计划股份的工资收入部分（不超过400万韩元）免除个人所得税；员工持股计划股份的分红（不超过5 000万韩元）免除个人所得税；参与员工持股计划的员工退休后的收入免除15%的个人所得税；公司为员工持股计划捐赠的资金或股票可以作为费用在税前扣除；公司运营员工持股协会的费用可以在税前扣除等。

在上述立法调整和税收政策的刺激下，韩国员工持股计划得以缓慢恢复，进入稳定发展期。到2012年12月，设立员工持股协会的韩国公司增加到2 987家，较前一阶段增长2倍；员工持股计划购买的股份达到4.57亿股，市值5.66万亿韩元，占开展员工持股计划的上市公司总市值的1.3%；融资贷款占员工持股计划资金来源的3%左右，其中公司内部融资贷款占2%，外部金融机构融资贷款占1%。

从韩国员工持股计划的发展沿革看，有四个较为明显的特点：

一是立法扶植。韩国政府自始至终将员工持股计划纳入重要的法律，作为资本市场发展的基础性制度和重要环节加以扶持。早期的《资本市场促进法》对员工持股比例、持股期限、资金来源、税收政策等问题进行了规定，扶持员工持股计划发展的倾向性比较明显，促进了韩国家族企业上市，为资本市场注入了流动性，韩国综指1980年到1995年翻了10倍。经过《证券交易法》的短暂过渡后，员工持股计划最终被纳入《劳工福利基本法》，规范了员工通过融资贷款购买公司股份的行为，加上各项税收优惠政策的不断出台，员工持股计划股份快速增长，已成为韩国股票市场重要的投资力量，同时上市公司劳资关系和公司治理结构也得到改善和加强。

二是税收优惠。从韩国员工持股计划各个发展阶段来看，税收优惠政策逐步加大，成为员工持股计划发展必不可少的推动力量：1974 年之前，由于税收优惠力度不够，韩国公司和员工参与持股计划的积极性不高；1974 年和 1987 年两次出台减免员工持股计划个人所得税的政策，减免力度逐步加大，有效增强了公司和员工参与持股计划的意愿；2001 年之后，政府出台专项税收政策，继续加大减免员工持股计划个人所得税力度，同时允许公司税前抵扣一部分费用。员工持股计划的避税作用被广大韩国企业和员工普遍认可，员工工资收入在持股计划资金中的比例持续上升，员工持股计划呈现出蓬勃发展的生机。

三是股份锁定。韩国从一开始就要求员工持股计划股份需持有一定期限后才能卖出，从最初的 1 年发展到 7 年，再回到 1 年，最后又根据购买股份资金来源的不同设置不同的持有期限。要求持股达到一定期限，有助于减少员工因股市上涨获利变现的冲动，保障员工利益较少受证券市场波动的影响，真正建立起员工与公司收益共享、风险共担的机制；有利于减缓因员工集中出售股票造成对证券市场的冲击，避免上市公司股权结构和治理机制的反复变化。实践表明，这一制度确实促进了韩国员工持股计划规模的稳步增长，保障了计划的平稳运行。

四是融资支持。在发展员工持股计划过程中，韩国政府始终允许公司或员工通过融资贷款购买公司股份，并逐步拓展融资贷款的范围和方式，先是允许员工从外部金融机构贷款，后又允许从公司内部贷款，最后允许员工将已购买的公司股份进行抵押贷款。与此同时，韩国政府也逐渐意识到，尽管融资贷款有助于缓解员工持股计划资金的短缺，提高员工参与持股计划的积极性，但如果规模过大、期限过长，当上市公司经营状况不善或股价大幅下跌时，会加大公司和员工违约的风险。因此，韩国政府通过《劳工福利基本法》，对员工持股计划融资贷款的贷款总额、期限、还款额、贷款购买股份持有期限等进行了规范，使融资贷款规模变得较为适度，目前占员工持股计划资金来源的3%左右，处于风险可控的范围内。

二、韩国证券金融公司在员工持股计划中的角色

20世纪70年代以来，韩国证券金融公司始终是韩国员工持股计划的主要推动力量和核心角色，目前已成为韩国员工持股计划的独家资产管理方、托管方和监管方，既能向员工持股计划提供专业化、规范化的托管、融资贷款和咨询服务，也能向韩国证券监管部门及时、准确地反映员工持股计划相关情况，为促进韩国员工持股计划的健康发展发挥了关键作用。韩国证券金融公司在韩国员工持股计划中的角色主要体现在以下几方面：

（一）承担员工持股计划的托管职责

1974年，韩国在《资本市场促进法》中明确，员工持股计划股

份须集中托管于韩国证券金融公司。1977 年，韩国金融机构布局作出调整，原来负责员工持股计划管理职能的韩国投资公司被解散，员工持股计划管理职能划入韩国证券金融公司。1987 年之后，韩国政府还通过税收政策引导公司将员工持股计划资金存管和股份托管于韩国证券金融公司，如：员工持股计划资金存管于韩国证券金融公司的，不收取资金利息所得税；员工持股计划股份托管于韩国证券金融公司超过 2 年的，免除 93.5% 的红利所得税等。因此，韩国证券金融公司逐步承担起员工持股计划的管理和托管职责，包括为员工持股计划开立资金账户和证券账户，根据员工持股计划的买卖指令，维护员工持股计划的明细账目，存管员工持股计划资金，托管员工持股计划股份，处理托管股份权益事项等。

（二）为员工持股计划提供融资贷款

1987 年之前，韩国证券金融公司等金融机构为员工持股计划提供低息贷款，有效缓解了员工持股计划参与主体（员工持股协会）融资难的问题，这种贷款占当时员工持股计划资金来源的 10% 以上。1987 年，韩国允许员工持股计划从公司内部获得低息贷款，这种资金成本更低的贷款逐渐取代了外部金融机构贷款。但 1997 年金融危机前后，韩国公司负债猛增，无力提供内部贷款，韩国证券金融公司融资贷款占比重新升至 14% 。目前，受外部融资贷款限制增多、工资收入购买股份税收优惠较大等因素影响，韩国证券金融公司融资贷款占比仅为1%左右。韩国证券金融公司为员工持股计划提供融资贷款，主要有三种方式：一是员工持股计划启动初期直接为员工持股协会或员工提供信用贷款，用以购买公司股份，并由员工所在公司提供担保；二是接受员工持股协会或员工所持有的公司股份作为担保品，向其提供贷款继续购买公司股份，或满足员工的住房、医疗、教育等方面的资金需求；三是向参与员工持股计划的公司提供融资贷款，用以回购退休或离职员工持有的股份。

（三）为员工持股计划提供专业化服务

2005 年 5 月，韩国证券金融公司成立“员工持股计划服务中心”，旨在依托韩国证券金融公司在员工持股计划上的专业与核心地位，拓展员工持股计划的服务空间，加强员工持股计划的研究、推广和监督，确保员工持股计划高效稳定运行。韩国证券金融公司为员工持股计划提供的专业化服务包括：协助公司建立员工持股协会；为员工持股协会提供员工持股计划培训；为员工持股计划提供技术和运行服务支持；担任员工持股协会的股票买卖、法律和税收顾问等。

此外，韩国证券金融公司正积极研究将员工持股计划托管股份用于转融通或证券出借业务的实施方案，以盘活员工持股计划中闲置的股份，在为托管股份的员工带来额外利息收入的同时，缓解员工的变现冲动，保障员工持股计划平稳运行，提升托管股份的市场流动性。

三、韩国公司办理员工持股计划的一般步骤

（一）成立员工持股协会

在韩国，欲开展员工持股计划的公司须先成立员工持股协会，员工作为会员加入协会，全权委托协会完成公司股份的买卖和托管事项。员工持股协会可在韩国证券金融公司的协助下建立，具体负责员工持股计划的实施方案设计、资金筹集、股份买卖决策、持股计划日常运行管理、委托韩国证券金融公司存管资金和托管股份等。

（二）实施方案设计

员工持股协会成立后，通过市场调查、管理层调查和财务预测等手段，综合考虑员工工资水平、公司未来现金流和利润等情况，设计员工持股计划的实施方案，包括员工参与范围、员工持股比例、员工工资占持股计划资金来源的比例、融资贷款与还款方案、股份买卖决策机制、公司回购股份机制等。韩国证券金融公司可为实施方案的设计提供专业化的指导服务。

（三）开立员工持股计划账户

员工持股计划实施方案确定后，员工持股协会向韩国证券金融

公司申请开立员工持股计划资金账户和证券账户。资金账户只需开立一个，用来存放员工持股协会筹集的资金；证券账户需开立两个，即员工持股协会成员账户（简称“成员账户”）和员工持股协会账户（简称“协会账户”）。通过员工工资和公司捐赠资金购买的股份，放在成员账户；通过融资贷款购买的股份，放在协会账户。融资贷款偿还完毕后，协会账户名下的股份在规定期限内划入成员账户名下。

（四）购买和卖出股份

员工持股协会与韩国证券金融公司签署合约，约定一定时期内的股份买卖规模、贷款还款额度和资金使用事项等，持股计划资金只能用于购买公司股份，或偿还贷款本金和利息。买卖股份时，员工持股协会作出决策并下达买卖指令，证券金融公司通过股票经纪执行此指令。韩国证券金融公司可为员工持股协会买卖股份的时机提供建议。

（五）股份托管于韩国证券金融公司

员工持股协会和员工购买的股份须托管于韩国证券金融公司，通过员工工资收入购买的股份托管期不得少于 1 年；通过融资贷款购买的股份托管期不得少于 4 年。韩国证券金融公司执行托管股份的权益划转，保证现金红利优先用于偿还贷款。员工持股计划剩余或卖出股份获得的资金也可存管于韩国证券金融公司。

四、我国开展和管理员工持股计划的初步设想

韩国的经验表明，证券金融公司可以在员工持股计划资产管理方面发挥积极的作用，证券金融公司开展员工持股计划资产管理业务具有可行性：

一是具有开展员工持股计划资产管理业务的法律基础。中国证监会发布的《关于上市公司实施员工持股计划试点的指导意见》已明确，除信托公司、保险资产管理公司、证券公司、基金管理公司外，“其他符合条件的资产管理机构”也可开展员工持股计划资产管理业务，同时资产管理机构“不得与员工持股计划持有人存在利益冲突”。《转融通业务监督管理试行办法》规定，证券金融公司除为市场提供转融通服务外，还可行使“证监会确定的其他职责”。因此，证券金融公司开展员工持股计划资产管理业务没有法律障碍。同时，与其他资产管理机构相比，证券金融公司没有主动性投资业务，开展员工持股计划资产管理业务不会与员工持股计划持有人出现利益冲突。

二是具备提供资产管理业务的专业能力和相关经验。证券金融公司在开展转融通业务过程中，与证券交易所、证券登记结算公司密切配合，积累了技术系统协同运作和共同开展业务的经验与基础；

通过管理转融通保证金，在资金与证券管理的制度建设、执行证券买卖与划转指令、股份权益处理、专业人才储备等方面也积累了一定经验。因此，证券金融公司具备开展员工持股计划资产管理业务所需的系统建设与运维、股份托管、权益处理等方面的专业能力，也具有较为成熟的资金与证券管理经验可供借鉴。在此基础上，证券金融公司依托丰富的统计监测与监控经验，能够较为准确客观地对员工持股计划进行跟踪分析，及时向监管部门报告计划开展动态，并落实相关监管政策；作为员工持股计划股份的名义持有人，可受托行使股东权利，参与并改善上市公司治理结构，提升中小股东地位等。

三是有韩国证券金融公司的成功经验作为借鉴。韩国的经验将为我国实施员工持股计划资产管理业务提供很好的借鉴，首先可以考虑为员工持股计划提供适度的融资贷款服务，缓解员工因参与持股计划导致可支配收入减少的压力；其次可以探索员工持股计划股份用于转融券业务，增加闲置股票的利用率，达到员工持股股份保值增值的目的。

韩国客户交易结算资金集中存管制度的启示与借鉴*

防止证券公司挪用客户交易结算资金，提高资金存管效率和效益，探索建立适合证券市场实际情况的交易结算资金存管制度，一直是全球证券监管当局面临的重大问题。在这一探索过程中，存在着美国与日本的证券公司存管模式、韩国证券金融公司集中存管模式、中国香港地区证券公司与银行混合存管模式、欧洲与中国台湾地区银行存管模式。其中，韩国证券金融公司集中存管客户交易结算资金独具特色，既将客户交易结算资金与关联证券公司的资产负债剥离，又为韩国监管机构提供一个集中监管客户交易结算资金的平台。在韩国实施集中存管制度的15年里，没有发生客户交易结

* 作者：王鑫、吴计生、张迪、汪涵。本文写于2013年12月，曾刊于《融资融券研究》第11期。

算资金被挪用的情况，有效地提高了客户结算保证金存管制度的效率和效益。中国和韩国同为新兴市场国家，借鉴韩国模式的成功经验、发挥证券金融公司在存管客户交易结算资金中的作用，对于我国有着重要意义。为此，我们对韩国客户交易结算资金存管制度的发展变化、韩国证券金融公司在其中的作用进行了考察与研究。

一、韩国证券金融公司集中存管客户交易结算资金的做法

1978 年 4 月前，韩国客户可以在证券公司处开立现金账户，客户将现金账户的交易结算资金委托证券公司代为存管。为防止证券公司违规挪用客户资金，有效保障客户资金安全，韩国政府分别于 1978 年和 1999 年两次完善韩国交易结算资金存管制度。

1978 年 4 月，韩国开始实施客户交易结算资金集中存管制度，要求证券公司将客户交易结算资金存管于韩国证券金融公司或商业银行。考虑到客户交易结算资金中有很大一部分用于客户日常交易流转，全额存管于存管机构会给证券公司的正常资金交收带来不便，因此韩国金融监督委员会要求，证券公司应将固定比例的客户交易结算资金存管于存管机构。

由于当时韩国证券金融公司可为证券公司提供无担保贷款，且存管资金的收益状况优于商业银行，因此九成以上的证券公司选择

将客户交易结算资金存管于韩国证券金融公司。1979 年 5 月韩国金融监督委员会修订监管法规，决定由韩国证券金融公司统一存管客户交易结算资金，并仿照中央银行 - 商业银行的存款准备金制度，在证券市场建立了证券金融公司 - 证券公司的存管准备金制度，强制要求证券公司将一定比例的客户交易结算资金以存管准备金的形式存放于韩国证券金融公司。韩国证券金融公司可以根据市场行情调整存管准备金比率，在证券市场繁荣、客户交易结算资金规模增大时，上调存管准备金比率；反之，下调该比率。1983 年 9 月 ~ 1998 年 4 月，韩国存管准备金率长期在 10% ~30% 之间浮动。

1997 年 7 月，受东南亚金融危机影响，韩国证券公司的资产负债比持续恶化，高丽证券和东西证券相继倒闭，其未存管于韩国证券金融公司的客户交易结算资金无法全额追回。为支付倒闭的两家证券公司挪用的客户资金，韩国设立“证券投资者保护基金”，由韩国证券金融公司管理并兑现客户存款资金等相关权益①。1998 年 5 月 ~1999 年 5 月，韩国开始实行差别存管准备金率制度，韩国金融监督委员会要求各证券公司的存管准备金率根据各证券公司的净资本比率确定，但各证券公司的存管准备金率均不得低于 30% 。

---

① 1998 年 4 月，韩国建立了统一银行、证券、保险、储蓄银行等金融业的存款保险制度，证券投资者保护基金与存款保险基金合并，韩国证券金融公司不再管理证券投资者保护基金。1999 年以后，韩国实行客户交易结算资金的专用存管制度，并另设存款保险基金为每个账户提供 5 000 万韩元的存款保险。其中，存款保险费约为每个账户存款平均余额的 0.2% 。

1999 年 4 月，韩国金融监督委员会开始实施客户交易结算资金专户集中存管制度，恢复固定存管准备金率，并将该比率调至 50%。同年 7 月 6 日调整为 75%，7 月 21 日调整为 100%。1999 年 7 月，韩国修订《证券交易法》，其中第 44 条规定证券公司、期货公司以及资产管理公司必须将客户交易结算资金①全额以存款或信托形式②存管于韩国证券金融公司。任何人都不得对客户交易结算资金进行转让、提供担保和抵押等；当证券公司发生破产等情况时，专用存管的客户交易结算资金优先支付给客户；韩国证券金融公司运用客户交易结算资金时，应考虑资产运用的安全性和流动性，并严格与证券公司的自有资产区分管理。《证券交易法》还规定：客户交易结算资金的具体计算标准、存放时期等均由韩国金融监督委员会制定；证券公司申请从韩国证券金融公司提取交易结算资金，应获得韩国金融监督委员会的批准。这些制度安排保证了韩国客户资金不易被证券公司提取和挪用。

2001 年 4 月，为进一步保证客户资金的安全，韩国《证券业监

① 1999 年，韩国颁布的《〈证券交易法〉实施令》第 35 条对专用存管资金的范围有所规定，除客户寄存在证券公司的用于有价证券交易等投资业务的资金外，还包括：代扣预提税存款、回购交易资金、新股认购的交易结算资金，以及在证券金融公司保管的流通股担保资金（又称流通股融券保证金）。

② 韩国证券金融公司可从事信托业务，可为证券公司开立专用信托存管账户来存管其客户交易结算资金。开立信托账户的目的，是将客户交易结算资金与证券金融公司自身资产负债进一步分离，保障客户资金不受韩国证券金融公司破产的影响。需要指出的是，信托账户的净值根据信托投资收益情况确定，而存款账户的利息是固定的。证券公司实际操作中，可根据客户对安全性和收益率的要求选择以何种形式存管于韩国证券金融公司。

督办法》明确规定，财务状况不良（净资产比率低于12%）的证券公司除了要将客户交易结算资金强制存放于韩国证券金融公司外，还应将在交易所以保证金形式存放的资金以及存放在指定外汇存款银行的所有本币形式的客户保证金，均存管于韩国证券金融公司。

2009年2月，韩国颁布《资本市场整合法》，进一步扩大了强制存管客户交易结算资金的主体范围，要求投资公司将客户交易结算资金强制存管或信托于韩国证券金融公司。同时，要求银行、保险等没有专用存管义务的机构，可将其客户交易结算资金以存款或信托的形式存管于韩国证券金融公司。截至2013年3月，韩国证券金融公司共存管各类机构的客户交易结算资金25.4万亿韩元，约是韩国主板日均交易额的4倍，占韩国主板总市值的1.8%。其中，20万亿韩元以信托形式存管于韩国证券金融公司，占总存管资金的78.74%。根据韩国金融监督委员会提供的信息，自韩国对客户交易结算资金实施全额专用存管制度以来，尚未发生客户交易结算资金无法支付的情况，也未发生由存款保险公司支付保险金的事例。

从韩国交易结算资金存管制度的发展沿革可以看出，韩国通过逐步提高存管准备金率、完全隔离客户存管资金与证券公司自有存款、审慎考虑资产运用的安全性和流动性，建立健全了韩国证券金融公司集中存管客户交易结算资金的制度体系，实现了客户资金和关联证券公司的资金负债剥离，防止了关联证券公司提取客户交易结算资金的现象发生。在韩国大宇集团危机、信用卡危机等对韩国金融市场有较大冲击的事件中，以韩国证券金融公司为主体的集中存管制度也切实维护了投资者利益不受影响。除此之外，这一制度还在以下三方面发挥了重要作用：

一是保证交易结算资金沉淀并服务于证券市场。目前，韩国证券公司客户交易结算资金存管体制由监管机构、存管机构和证券公司三部分组成。韩国证券金融公司作为第三方存管机构，能够直接管理和运营客户交易结算资金。韩国《证券交易法》规定，韩国证券金融公司在审慎考虑安全性和流动性的前提下，可以使用客户交易结算资金，如买入国债、地方政府债券；向证券公司提供证券担保贷款；向金融监督委员会指定的机构发放国债担保贷款等。截至 2012 年 3 月，韩国证券金融公司向证券公司提供证券担保贷款 1.23 万亿韩元，成为韩国证券公司重要的融资渠道。韩国证券金融公司的集中存管模式不仅让客户交易结算资金安全地运用于证券市场，还通过管理交易结算资金的用途和用量等，增强了韩国证券市场的活跃度和稳定性，发挥了其促进资本市场稳定、为资本市场提供流动性的职责。

二是保证客户获得交易结算资金的收益权。目前，韩国证券金融公司对以信托形式存管的客户交易结算资金，只收取年化 0.0527% 的信托管理费用①，并向韩国存管保险公司缴纳 0.2% 的保险费，其

① 韩国证券金融公司对以存款形式存管的客户交易结算资金，在缴纳保险费用后，只收取投资收益高于韩国央行基准存款利率的那部分利润（管理费用 = 运营利润 - 存款基准利率 - 保险费用）。

他所有资金收益定期划付给证券公司，证券公司再根据与客户的约定将相应比例的收益划付给客户。这种将资金收益权让渡给证券公司和客户的做法，不仅降低了韩国证券金融公司过度使用证券公司交易结算资金的意愿，进一步保障了客户交易结算资金的安全，而且使客户从该制度安排中获得最大化的收益，提高了客户交易结算资金的使用效率和效益。

三是为监管部门提供全方面的监管服务支持。韩国证券金融公司掌握全市场客户交易结算资金的规模、结构和流水明细数据，能够通过汇总统计、分析研究和动态监测等手段，向韩国金融监督委员会反映韩国客户交易结算资金的最新情况；韩国证券金融公司通过建立业务资产隔离、逐日盯市和风险监测监控机制，落实监管部门的风控要求；韩国金融监督委员会监督韩国证券金融公司的客户交易结算资金运用范围，保证全市场交易结算资金的流向安全。

二、我国客户交易结算资金存管业务的探讨

韩国客户交易结算资金存管制度经历了一个逐步集中的过程，最终发展为目前由韩国证券金融公司统一集中存管的格局。韩国证券金融公司受韩国金融监督委员会的监督管理，经营资金和证券融通业务，为市场提供流动性，同时又集中存管全市场客户交易结算资金，形成蓄水池。这样的职能安排和职责定位使得韩国证券金融

公司真正发挥了稳定市场、活跃交易的作用，在一定程度上成为监管部门调控市场、防范系统性风险的重要抓手。

进一步考察境外其他市场发现，客户交易结算资金存管制度与证券公司融资具有一定的关系。一般来说，客户交易结算资金存放在什么机构，那么该机构就为证券公司提供主要的融资来源。如实行全能银行制的欧洲国家，客户交易结算资金存放在银行，银行同时又是证券公司，客户交易结算资金构成其资金的主要来源；分业经营的美国和日本，证券公司不吸收存款，其资金来源有相当一部分来自于存管的客户交易结算资金；成立专业存管机构的韩国，客户交易结算资金全额存管于证券金融公司，证券金融公司为证券公司提供资金支持。

我国以商业银行为主导的三方存管制度是特殊历史条件下的无奈之举。目前，市场生态环境发生了根本性变化，全行业都在呼吁推进三方存管制度改革。但如何做好顶层设计，避免重蹈覆辙，需要从资本市场的全局来考虑。我们认为，此次制度改革有必要综合考虑以下客观情况：

一是在目前第三方存管模式下，客户交易结算资金以存款形式沉淀在商业银行，客户仅能获得活期存款利率，无论是证券公司还是整个证券行业，都无法从沉淀的客户交易结算资金获益，监管部门也无法盘活存量资金，为证券市场提供必要的流动性支持。

二是证券行业发展现状下，证券公司是否可以独立承担客户交易结算资金存管业务职责，不仅需要站在存管制度演变的历史角度上进行审视，还需要站在证券行业稳健发展全局高度进行考量，为此需审慎论证、统筹考虑。

三是我国银证分业经营，证券市场不够成熟，证券公司规模普遍偏小且信用程度不高，获得的融资渠道有限。在此背景下我国采取了对证券公司集中授信的模式，由证券金融公司向证券公司提供转融通服务，解决证券公司融资融券业务中的资金和证券来源问题。目前证券金融公司虽已充分利用自有资本金、发行次级债券和短期融资券等方式筹集基金，但仍无法满足市场对转融资的需求。这主要在于证券金融公司自身可持续的资金来源尚未能从机制上得到根本解决，对证券市场提供服务的能力受到制约。作为连接货币市场与资本市场的桥梁与纽带，证券金融公司更加制度化的资金来源需要再进一步凝聚共识中加以拓展。

三、我国开展客户交易结算资金存管业务的可行路径

在此背景下，借鉴韩国市场的成功经验，参考境外成熟市场的资金融通机理，有必要探讨在我国开展客户交易结算资金存管业务的可行路径。经初步研究论证，该项业务的实施要点如下：

一是制定客户交易结算资金存管业务规则和实施方案。借鉴韩国证券金融公司的制度安排，结合我国证券市场的实际情况，在广泛听取市场各方意见的基础上，参考商业银行存管模式，兼顾投资

者保护基金监测需要，制定客户交易结算资金业务规则和实施方案，明确资金存管业务各方的职能分工。同时起草客户资金存管协议，约定证券金融公司、证券公司、客户之间的权利、义务，待时机成熟时将业务规则和实施方案征求意见并上报监管部门。

二是建立客户交易结算资金存管账户体系。证券金融公司在商业银行开立客户交易结算资金专用账户，为证券公司开立证券公司资金台账，对客户存管资金实行专户管理。证券公司客户通过将银行结算账户与客户交易结算资金专用账户进行绑定，建立签约关系，从而实现客户资金台账、证券公司资金台账、客户交易结算资金专用账户之间的转账关系。

三是申请接入央行大额实时支付系统。证券金融公司向央行申请接入央行大额实时支付系统，打造具有多种功能的超级账户。一方面，顺应证券公司客户网络化开户的趋势，支持证券公司由传统营业部向轻型营业部转型的发展需要；另一方面，赋予客户资金台账集证券交易、集合理财、消费支付等一体化支付平台功能，实现客户资金台账的功能多样化。

四是提高客户交易结算资金的收益，减轻证券公司存管成本。证券金融公司不以营利为目的，对于证券公司客户交存的资金不再收取任何的存管费；同时，依托证券金融公司作为客户交易结算资金集中存管主体，以相对单个证券公司更为强大的市场主体地位，与银行进行谈判，提高客户资金的收益，并将全部收益返还给证券公司，收益由证券公司与客户进行分配。

五是拓宽客户交易结算资金的使用渠道，盘活存量资金。在确保客户资金安全性、流动性的前提下，按照监管部门事先规定的比例和原则，证券金融公司将沉淀的资金用于支持证券公司融资融券业务，以及约定购回、股票质押等其他资本中介创新业务，将沉淀的资金反哺证券市场。在应对证券市场突发的系统性风险时，根据监管机构的需要，将客户资金用于支持市场流动性及化解证券市场区域性或系统性风险。

六是建立规范有效的客户交易结算资金监管体系。证券金融公司通过对客户信息、转账路径、资金划转用途等多方位的交易前端控制，对存管资金划转进行严格审核，建立日终清算对账机制，对存管资金变动、余额进行核对，防范证券公司挪用。建立业务隔离机制，将客户存管资金与证券金融公司其他主营业务相隔离，确保客户存管资金业务的独立运作。严格按照监管要求，对客户存管资金实施监测管理，在客户资金存管监督过程中发现问题的，及时向监管机构报告。

七是建立稳健的客户交易结算资金存管系统和通讯系统。证券金融公司建立安全、可靠、处理性能高的资金存管系统和相应的通讯系统，实时处理客户的转账交易、对外支付请求，支持与商业银行、证券公司、中央支付系统日终清算文件、对账文件的交互，并定期向投资者保护基金上报客户存管资金明细数据。

中国香港证券卖空监管规则与内地融券制度比较*

我国香港地区证券卖空业务比较发达，监管制度也较为严格。2012年5月28日至6月1日，香港市场的日均证券卖空交易成交额为63亿元，占香港市场总成交额的11.5%。本文对香港地区的卖空监管规则进行了梳理，并对内地融券相关制度进行了对照说明。

一、关于提价规则

香港联合交易所《卖空规例》第15条规定，卖空指定证券的价格不得低于当时最优卖盘价。如该指定证券属于经证监会批准而无需遵守此规例的“做市证券”（Market Making Security），则该规例

* 作者：石乔。本文写于2012年6月。

不适用。

内地对提价规则有严格要求，且未作例外规定。《深圳证券交易所融资融券交易实施细则》（简称《深交所细则》）和《上海证券交易所融资融券交易实施细则》（简称《上交所细则》）均规定，融券卖出的申报价格不得低于该证券的最近成交价；当天还没有产生成交的，其申报价格不得低于前收盘价。

二、关于裸卖空禁令

香港《证券与期货条例》第 170 条、第 171 条和《卖空规例》第 1 条均规定，禁止缺乏交收担保的裸卖空交易。在自营或经纪业务中卖空时，卖空主体必须具有一项可执行且无条件的权利，能够保证将证券交付买受人。确认该项权利时，即使证券上附有抵押或质押权，也不影响该项权利的认定。交易所参与者在自营业务中交易零星股份时不受该项限制。代理进行卖空交易时，代理人必须从当事人处收到材料，以证明卖空主体有权将证券交付买受人。

内地严格杜绝裸卖空。《证券公司融资融券业务管理办法》（简称《管理办法》）第十七条规定，证券公司向客户融资，只能使用融资专用资金账户内的资金；向客户融券，只能使用融券专用证券账户内的证券。第三十六条规定，证券交易所应当按照业务规则，采取措施，对融资融券交易的指令进行前端检查，对买卖证券的种类、融券卖出的价格等违反规定的交易指令，予以拒绝。实务操作中，证券交易所对融资融券交易进行前端检查，可确保证券公司融资专户和融券专户有足额资金或证券时才能融给客户，彻底杜绝裸卖空。

三、关于卖空情况报告与披露

香港《证券及期货（淡仓申报）规则》第3条规定，任何人的卖空仓位净值达到3 000万港元或所卖空股票总市值的0.02%时，必须报告证监会。

该规则第4条规定了报告卖空的时间、计算方式、报告信息和报告方式。通常情况下，一周内最后一个交易日结束时持仓达到规定门槛的交易者，必须在2个营业日内向证监会报告；特殊情况下，每日营业结束时持仓达到规定门槛的交易者，必须在1个营业日内向证监会报告。对于不同集合投资计划中的空头仓位和多头仓位，应当分别处理，不得合并计算。报告信息包括持仓人详细情况、卖空仓位净值及股数、股票名称和代码，通过网络以电子形式提交证监会。

该规则第6条规定了证监会收到报告后的处理方式。证监会应当尽快披露其认为适当的内容，最早于报告日5日后进行披露；如果规定了每日报告要求，则最多每周披露一次。证监会披露时，应当尽量使人无法确定报告者的身份和持仓情况。

内地对报告和披露融资融券和转融通信息作了具体规定。关于融资融券，《管理办法》第四十一条规定，证券公司应当按照证券交易所的规定，在每日收市后向交易所报告当日客户融资融券交易的有关信息。《深交所细则》和《上交所细则》也作出相应规定，每个交易日开市前公布的信息有：前一交易日单只标的证券融资融券交易信息和市场融资融券交易总量信息，包括融资买入额、融资余额、融券卖出量、融券余量等。关于转融通，《转融通业务监督管理试行办法》第四十六条规定，证券金融公司应当自每月结束之日起7个工作日内，向证监会报送转融通情况的月度报告。第三十八条规定，证券金融公司应当每个交易日公布以下转融通信息：转融资余额、转融券余额、转融通成交数据和转融通费率。

四、关于证券咨询和发布研究报告的监管

香港《证券与期货条例》附表5和第116条、第120条规定，香港地区的法律实体及其从业代表必须获得牌照后，才能从事证券咨询业务或发布研究报告。法律实体的规定条件包括：一是申请人为合法登记的法律实体；二是申请人拥有根据《证券与期货条例》第126条向证监会申请批准与业务活动相关的高管负责人；三是申请人拥有根据第130条第1款向证监会申请批准由申请人用于存放

《证券与期货条例》规定的记录和文件的场所；四是申请人向证监会交存保证金，并购买证监会规定的保险。关于从业代表的规定条件包括：一是缴纳费用；二是向证监会备案联系方式。

根据《证券与期货条例》第114条的规定，未获发牌者不得从事受规管活动，否则构成犯罪。根据公诉程序定罪，可处罚款500万港元及监禁7年；根据简易程序定罪，可处罚款50万港元及监禁2年。

内地也对咨询和发布报告的活动作出规定。《证券法》第一百二十五条规定，经国务院证券监督管理机构批准，证券公司可以经营证券投资咨询业务。《证券投资顾问业务暂行规定》第七条规定，向客户提供证券投资顾问服务的人员，应当具有证券投资咨询执业资格，并在中国证券业协会注册登记为证券投资顾问。证券投资顾问不得同时注册为证券分析师。《发布证券研究报告暂行规定》第五条规定，在发布的证券研究报告上署名的人员，应当具有证券投资咨询执业资格，并在中国证券业协会注册登记为证券分析师。证券分析师不得同时注册为证券投资顾问。

五、关于不当行为禁令

一是禁止披露虚假或具有误导性的信息。根据香港《证券与期货条例》第277条的规定，任何人不得为诱使进行卖空交易而披露虚假或具有误导性的信息。内地《证券法》第七十八条规定，禁止证券交易所、证券公司、证券登记结算机构、证券服务机构及其从业人员，证券业协会、证券监督管理机构及其工作人员，在证券交易活动中作出虚假陈述或者信息误导。

二是禁止操纵证券市场。根据香港《证券与期货条例》第278条的规定，任何人不得以开展多项交易的方式操纵证券价格，意图诱导他人的交易决策。内地《证券法》第七十七条规定，任何人不得以合谋交易、在自己实际控制的账户间交易等方式操纵证券市场。《管理办法》第十八条规定，客户在融券期间卖出其持有的、与所融入证券相同的证券的，应当符合证券交易所的规定，不得以违反规定卖出该证券的方式操纵市场。

三是禁止在证券交易中使用欺诈或欺骗手段。根据香港《证券与期货条例》第300条的规定，任何人不得在证券卖空交易中使用欺诈或欺骗手段。该规定未指明欺诈手段的形式。内地《证券法》第七十九条规定，禁止证券公司及其从业人员从事下列损害客户利益的欺诈行为：违背客户的委托为其买卖证券、不在规定时间内向客户提供交易的书面确认文件、未经客户委托而擅自为客户买卖证券、假借客户名义买卖证券等。

四是禁止向客户作出关于具有期货合约性质的交易的虚假陈述。根据香港《证券与期货条例》第302条的规定，任何人不得在没有为客户执行具有期货合约性质的交易时向客户谎称已经执行此类交易。内地《证券法》第七十八条的规定已经涵盖该部分内容。

六、关于散户投资者保护

为避免散户投资者被诱使订立超出自身风险承受能力的卖空协议，根据香港《证券与期货条例》第174条，证券公司在未获邀约而联系他人时，如果对方并非律师、注册会计师、获牌照者、已登记机构、贷款人、专业投资人或证券公司的现有客户，则不得与对方订立卖空协议，也不得作出诱使对方订立卖空协议的尝试。

内地《管理办法》中也有客户适当性管理的规定。根据该办法第十一条，证券公司不得向证券投资经验不足、缺乏风险承担能力或者有重大违约记录的客户等办理融资融券业务。

七、关于标的证券范围

香港《卖空规例》第2条规定，只能卖空香港联合交易所规定的指定证券。

《卖空规例》第18条规定，交易所可确定指数成分股、股票期权相关股票、股票期货合约、交易所买卖基金、做市证券等为指定证券。除以上证券外，还可以将符合以下条件的股票选为指定证券：一是连续交易日达六十个，且公众持股市值始终不低于十亿港元；

二是最近十二个月之总成交量对市值的百分比不少于 40%；三是在交易所上市少于六十个交易日的，公众持股量的市值在交易所上市当日开始的二十个连续交易日不少于一百亿港元，并且在该段时间内的总成交量不低于二亿港元。

内地《管理办法》第十七条也明确规定，客户融资买入、融券卖出的证券，不得超出证券交易所规定的范围。《深交所细则》和《上交所细则》对标的证券范围和条件也作了明确规定。

八、关于卖空指令标识

香港《证券与期货条例》第 172 条和《卖空规例》第 5 条均规定，卖空指令必须明确标识。即：交易所参与者指示他人将指令输入系统的，必须告知该指令属于卖空指令；交易所参与者自行将指令输入系统的，必须填写能够说明该指令为卖空指令的事项，卖空指令的性质在系统中明确显示。违反该规定属于犯罪，可处第 5 级罚款及 1 年监禁。

内地融资融券交易操作中均要求对指令明确标注融资融券标识。

九、关于临时禁令

根据香港《卖空规例》第 14 条，香港联合交易所行政总裁可限制或禁止某交易所参与者卖空指定证券，但事先须获董事会主席口头或书面准许。

内地《管理办法》第三十六条规定，单一证券的市场融资买入量或者融券卖出量占其市场流通量的比例达到规定的最高限额的，证券交易所可以暂停接受该种证券的融资买入指令或者融券卖出指令；第三十七条规定，融资融券交易活动出现异常，已经或者可能危及市场稳定，有必要暂停交易的，证券交易所应当按照业务规则的规定，暂停全部或者部分证券的融资融券交易并公告。

卖空禁令能否阻止股市下跌*

2008年，美国监管机构禁止卖空金融股，担心在金融危机期间，卖空交易会推动股票价格急剧下跌。然而，当我们重新审视该限制所产生的效果时，会质疑“卖空加剧市场下行”的观点。事实上，2008年的卖空禁令没有减缓金融股票价格的下降，在卖空禁令生效的两周里价格显著下跌，而禁令一被取消股价就变得稳定。同时，禁令降低了市场流动性，增加了交易成本。伯默尔等估计股票市场成本超过6亿美元①，而据我们估计，在2008年9月18日至10月8日之间，禁令使美国股票期权市场的总交易成本增加了5亿

---

* 本文为纽约联储公布的研究报告，写于2011年9月，原文名：《Is Banning Short Selling the Solution?》；作者：罗伯特·巴特里奥、哈米德·默兰、保罗·舒尔茨；译者：马莉媛。

① Boehmer, Ekkehart, Charles M. Jones, and Xiaoyan Zhang, 2009, “Shackling Short Sellers: The 2008 Shorting Ban”, Cornell University, Johnson School Research Paper Series.

美元，两者加在一起，总交易成本增加超过10亿美元。

2011年8月，标准普尔宣布将降低美国长期主权信用评级。当时，美国并没有实施全面的卖空禁令。尽管在宣布降级后的第一个交易日，也就是8月8日标准普尔500指数下跌了6.66%，但我们的研究结果表明卖空并不是导致市场下跌的原因。

一、什么是卖空

卖空是指投资者卖出借入的股票，期望在将来以更低的价格买入平仓。由于呈现出获利机会，卖空成为一种常见做法。代瑟等指出，2005年纽约证券交易所的卖空交易占总成交量的24%，在纳斯达克市场占31%。①

卖空交易的操作者，多数是做市商、高频交易商或以做空对冲其期权头寸的期权做市商。做市商和高频交易商一般不会长期维持空头持仓，他们通常在几分钟甚至几秒钟内迅速平仓。

值得关注的是这样一些投资者，他们认为股价被高估，卖空后在较长时间内持有空仓，在股价下跌后再买入平仓，由此获利。这些投资者往往向采用被动投资策略的机构借入股票。为了换取股票，

---

① Diether, Karl B., Kuan - Hui Lee, and Ingrid M. Werner, 2009, "Short - Sale Strategies and Return Predictability", *Review of Financial Studies*, 22, No. 2 (February): 575 - 607.

借入人要向出借人提供担保物，通常是现金。在美国，标准的担保物价值是股票价值的 102% 。

股票的出借人要向借入人支付现金担保物的利息，利率由双方商定，被称为回扣率。对于容易借入的股票，回扣率一般比联邦基金利率低 8 ~25 个基点，大额借贷通常会有更大比例的回扣。当有大量做空股票的需求或者只有少量股票可供出借时，股票会很难借到。在这种情况下，回扣率会大大低于联邦基金利率。极端情况下，回扣率甚至会变成负数，即提供现金担保物的人不但收不到利息，反而要支付利息。

二、卖空交易和市场下跌

从长期来看，股票价值如果被高估会产生问题。市场最终会纠正错误定价，但是在此期间，资源会流入被高估的股票或行业。股票是流动性较强的金融工具，但是如果对定价错误的公司或行业进行投资，就可能不具有这样的流动性。即使在股价纠正很久以后，这些投资仍然会导致实体经济失衡。

例如，我们可以研究在网络泡沫结束时股价暴跌的新技术公司。对于现在看来当时是被高估的技术股股价，市场只用了很短的时间来纠正，但对于与这些公司相关的员工、客户、供应商和出借人来说，他们要花更长的时间来反应、复原和继续生产。

同样地，被人为低估的股票会向投资者发出歪曲的信号。资本会从被低估的公司或行业流向其他公司或行业。因此，监管机构和经济学家普遍认为，在股票被高估时，卖空交易压低股价是有益的；在股价低于内在价值时，卖空交易助推股价下跌则是有害的。

卖空者表示，通过识别被高估的股票和纠正错误定价，他们为投资者提供的服务卓有价值。基尼克斯公司（Kynikos Associates）是一家专门从事卖空交易的私人投资管理公司。2002 年，其创始人詹姆斯·查诺斯（James Chanos）在向美国众议院的能源和贸易委员会提供证词时表示，他的公司会寻找那些看上去盈利被极为夸大的公司、业务方案有缺陷的公司，以及公然欺诈的公司①。查诺斯作证说，在安然公司崩溃前的几个月，他开始卖空该公司的股票，因为该公司存在可疑的销售盈利核算、模糊的关联方交易披露，以及明显低于公司资本成本的投资收益。

尽管有人担心卖空会人为地使价格低于基本价值，但实际上投资者以这种方式赚钱并不容易。卖空交易会打压股价，但只有在低价买回股票平仓后才能盈利。如果买入和卖出影响相同，即卖出股票压低股价的幅度与购买相同数量的股票拉抬股价的幅度基本一样，那么当卖空者买回股票时，价格将会回升至原来的水平。在这种情况下，卖空者无法通过这种策略盈利，相反会因交易成本遭受损失。

---

① 查诺斯在美国众议院能源和贸易委员会前的证词——《有关安然公司的发展（2002. 2. 6）》，网址：http：//www. actwin. com/kalostrader/EnronTestimony. htm。

有一种方法使卖空者能够做空未被高估的股票而实现盈利。他可以通过某种方法愚弄部分投资者，使他们卖出股票，他同时买入股票，价格低于他此前卖空的价格，由此套利[①]。但这是一个冒险的计划，而且可能无利可图。如果卖空者成功地将股价拉到股票实际价值以下，而其他投资者被他的把戏迷惑纷纷跟进，在他购回股票平仓前购买被低估的股票，卖空者会由于这些投资者哄抬股价而遭受巨大损失。

如果卖空者散布某家公司的谣言或者试图操纵其股价，他们就是在进行违法行为，目标公司也可能作出反击。拉蒙特研究了 327 宗卖空者与目标公司之间的纠纷[②]。他发现，目标公司的股票收益率在次年平均落后于市场的幅度高达 24.7%。一种解释是公司股票此前被高估，而卖空者成功地捕捉到定价错误。另一种解释，也是被做空公司的管理者更愿意接受的解释，是公司回击后，卖空者继续打压股价，使之更低于实际价值。然而，拉蒙特认为这种解释不能令人信服，因为“后来发现许多样本公司确实存在欺诈”。

另外，有 66 个样本公司曾要求调查卖空者的活动。拉蒙特指出，如果美国证券交易委员会发现这些卖空者散布谣言、操纵股价或者进行其他触犯法律的行为，他们的违法行为会被揭露，股价也

---

① 注意，如果当时不存在套利条件，此策略不会起作用。

② Lamont, Owen A., 2004, “Go Down Fighting: Short Sellers vs. Firms”, NBER Working Paper, No. 10659.

会回升。而事实上，要求调查的公司次年收益只有惨淡的 -27.7%。

还有一种方法可以使卖空者通过卖空正确定价的股票获利，那就是通过压低股价而损害被做空公司的业务，削弱投资者对被做空公司的信心。这似乎是 2008 年推出卖空禁令时美国证券交易委员会的担忧①。如果金融公司的股价较低，健全性受到质疑，他们的交易对手方会要求他们提供更多的或者更高质量的担保物，甚至可能避免与他们开展业务，或停止向他们借出证券。当然，如果股价较低是因为公司本身存在问题，那么这是有效率的结果，因为限制了系统性风险；但如果股价是因为卖空而被压低，结果将是不利的。

尽管如此，用这种方式损害一家金融公司可能还是需要一些时间。价格需要被人为地长时间控制在低水平。另外，被做空公司会努力说服投资者相信公司资产安全。如果其他明智的投资者相信这家公司的资产是坚实的，他们会与卖空者反向交易，增大做空的风险②。

① 2008 年 9 月 19 日，美国证券交易委员会发布新闻稿，称“似乎最近未受约束的卖空使估价不实的金融机构证券价格突然下跌。金融机构特别容易受到信心缺失和恐慌性抛售的影响，因为它们要依赖于交易对手方对他们核心业务运营情况的信心。”新闻稿链接：http://www.sec.gov/news/press/2008/2008 - 211.htm。

② 在谷歌学术栏目搜索“short sales market manipulation”，几乎没有学术文章证明操纵性卖空和股价大跌之间真正存在关系。梅西等得出结论：“在今天高度发达的市场上，‘空头袭击’不太可能会严重扰乱市场运作。”Macey, Jonathan, Mark Mitchell, and Jeffry Netter, 1989, “Restrictions on Short Sales: An Analysis of the Uptick Rule and Its Role in View of the October 1987 Stock Market Crash”, *Cornell Law Review*, 74: 799 - 835.

三、卖空禁令是否能有效阻止市场下跌

重要的是，不仅要考虑正常市场条件下卖空的后果，还要考虑在市场存在下行压力期间卖空的影响。近年来，一些国家的监管行为给了研究者新的机会，能够检验卖空禁令的效果究竟如何：是无效还是能够阻止市场下行？

2008 年秋天，全球的金融股股价急剧下跌。美国和其他一些国家推行金融股卖空禁令以应对。贝伯等研究了 2008 年 1 月到 2009 年 6 月 30 个国家的卖空禁令的效果，可能是对这些禁令最全面的分析①。贝伯等重点关注并未将卖空禁令适用于所有股票的国家，比较了被禁令股票和未被禁令股票的累计超额收益的中位数。他们计算单只股票的收益和相应的用等权重方式编制的国家指数之间的差异，得出超额收益。然后，他们累计卖空禁令出台后的每日超额收益，分别得出美国和世界其他地区的计算结果。

最后，贝伯等发现，相对于市场而言，美国金融股在卖空禁令期间得到了正的异常收益，这一结果与禁令能够避免股价下跌的说法一致。不过他们指出，产生这种效果的原因，可能是立法工作在此期间为美国金融机构提供了支持，如不良资产救助计划（TARP）。

---

① Beber, Alessandro, and Marco Pagano. Forthcoming, "Short - Selling Bans around the World: Evidence from the 2007 - 09 Crisis", *Journal of Finance*.

与该断言一致，他们发现在那些禁止卖空但无此类立法工作的国家中，由被禁股票得到的超额收益与未被禁股票的超额收益接近。作者的结论是，在2008年和2009年，卖空禁令的实施“对股价的影响恰为中性”。

2008年，美国有995只金融股被禁止卖空，为了进一步研究卖空禁令的影响，我们考察了这些股票的累计每日收益。每日的持有期收益取自美国的证券价格研究中心，累计收益由股票等权重加权得到。因为几乎所有的金融股都被禁止卖空了，很难找到适当的基准评估它们的收益。在没有更好选择的情况下，我们用未被禁止卖空的美国非金融类股票建立等权重资产组合，计算累计每日收益。

在9月19日禁令发布的前几日，金融股股价承受下行压力（见图2-2）。9月15日，也就是雷曼兄弟公司申请破产保护的当天，金融股出现较大的负收益。禁令发布的前后两个交易日，也就是9月18日和9月22日，出现了较大的正收益。然而贝伯等提出，在此期间发生的其他事件可能才是提振收益的原因。例如，9月20日，美国财政部向国会提交立法草案，要求获得购买不良资产的权限①。

① 美国财政部“救助计划的建议草案文本”，链接：http：//www. nytimes. com/2008/09/21/business/21draftcnd. html? _ r = 1&ref = business&oref = slogin。

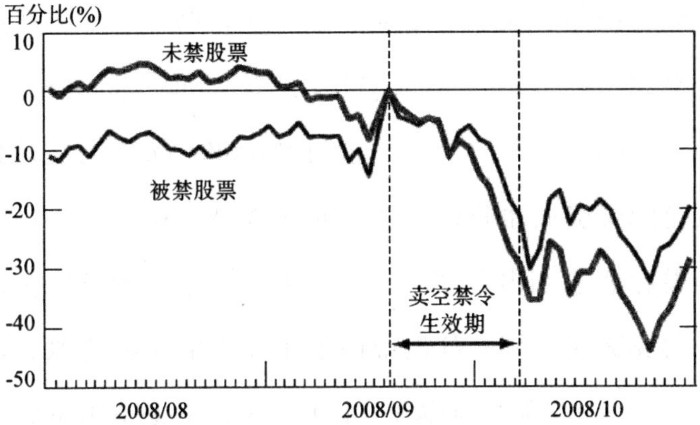

图 2-2 2008.08～2008.10 美国股票等权重累计收益

资料来源：每日收益数据来自美国的证券价格研究中心（CRSP）。

注：累计收益由所有股票等权重加权得到，2008 年 9 月 14 日的值正态化为 0。

此外，尽管金融类股票在卖空禁令开始阶段出现了较大的正收益，但是在禁令有效期的 14 天里价格下跌了 12% 以上。解禁后，金融股的价格很快稳定下来。这一结果符合贝伯和帕加诺的发现，即在 2008 和 2009 年间，禁令仍然有效的国家里市场持续剧烈下跌。

四、来自美国债券评级降级的证据

在标准普尔公司宣布将美国国债的评级从 AAA 降到 AA+后，美国股价发生了 2008 年以来最大一次下挫。2011 年 8 月 5 日周五，标准普尔在股市收盘后公布评级结果。8 月 8 日周一，美国股市大幅下跌，标准普尔 500 指数下挫 6.66%。在该案例中，不存在全面卖空禁令，只有选择性的卖空交易限制条件。那么此次下跌能否归因于卖空交易呢？

最可能影响价格的卖空是押注股价长期下跌的卖空，而不是为了做市进行的卖空。为统计这些较长期卖空，我们将持仓超过两周的被卖空股份加总，称之为卖空份额。在债券评级降级时，为衡量卖空交易对股价的影响，我们遵循了相关实证文献的做法，将7月29日至8月15日的卖空份额变化进行正态化计量，并对该期间的美国股票收益进行回归。

我们发现，2011年7月29日~8月15日，确实大多数股票的卖空份额增长，超过3/4的股票收益为负。但是，不同股票的卖空份额变化率有很大差异。超过1/4的公司实际报告卖空份额是下降的。对于这些公司，这段时间卖空者是股票的净买方。

我们分析了股票收益关于卖空份额变化率的普通最小二乘回归结果。如果卖空者是价格下降的原因，我们应该期望看到的是卖空份额增幅更大的股票收益更低，但事实与此相反。在此期间，卖空份额增长幅度更大的股票有更高的收益。数据显示，卖空和股票收益之间的相关性较低。卖空份额变化不能解释在债券评级下调时间附近出现的股价下跌。事实上，卖空变化很大的股票，收益有轻微的上升。我们之前预期，假定卖空推动股价下跌，收益应该下降，现在结果恰恰相反。

2010年2月，美国证券交易委员会通过卖空断路器限制方案。

卖空一只价格下跌超过10%的股票时，卖空价必须高于全国最优买入价。此限制适用于断路器被触发当日和第二日。要考察债券评级下降后卖空对收益的影响，还有一种方法，就是将受卖空限制的股票的收益与不受卖空断路器限制的股票的收益进行对比。8月5日周五，也就是评级降级宣布前，有的股票触发卖空限制条件，因而在8月8日受断路器限制。我们对这些股票建立了一个虚拟变量。然后，我们对8月8日每只股票的收益关于卖空限制虚拟变量做回归。在第二组回归中，我们用8月8日交易量除以9月交易量，作为第二解释变量。

两组回归结果均表明，受卖空限制的股票的实际表现差于未受限股票的表现。原先的猜想是8月8日美国股价急剧下跌与卖空有关，现在，实证分析的结果不支持这种猜想。

五、卖空禁令的成本

股票市场提供了卖空禁令成本的有力证据。伯默尔等通过多元统计分析发现，2008年，美国的卖空禁令使被禁股票的相对有效价差平均增加32个基点①。在2008年9月18日~10月8日，对于被

① Boehmer, Ekkehart, Charles M. Jones, and Xiaoyan Zhang, 2009, "Shackling Short Sellers: the 2008 Shorting Ban", Cornell University, Johnson School Research Paper Series.

禁的404只金融股，价差的增长表明流动性成本增加了6亿美元[①]以上。

上述成本的估计还不包括这样一部分成本，就是流动性成本虚增导致互利交易减少，从而产生的成本。贝伯等分析了17个国家2008年禁令对股票交易成本的影响，结果表明，国外股票市场的投资者同样因为卖空禁令而遭受经济损失。

但是，与禁令有关的流动性成本和机会成本并不局限于股票市场。例如，在美国，禁令开始于“三重魔力”星期五，也就是股指期货、股指期权和股票期权合约同时到期日。美国衍生品市场的做市商起初豁免于卖空禁令，但其豁免被定于9月19日周五晚上11时59分到期。做市商推测，他们在周五收市后将不能卖空股票以对冲风险。因此，他们不愿意开仓，并几乎导致期权市场关停。到9月19日中午，一些期权做市商扬言，如果不延长豁免期限，他们将完全停止交易。

美国证券交易委员会回应了他们的投诉。在9月22日周一开盘之前，委员会对衍生品市场做市商延长了卖空豁免期限。但是，巴特里奥等指出，委员会用了好几个交易日才放松或澄清被许多市场

① 这个数据是从伯默尔等表2和表4的A组统计结果估计得出。计算方法如下：单只受限股的平均成交额为6 674.9万美元，将此数乘以404（被禁金融股数量），乘以16个基点（1/2×增加的相对有效价差），再乘以14（禁令生效的天数）。

参与者认为过于严格的卖空禁令内容①。

期权市场对这一监管措施有何反应？巴特里奥等的多元统计分析发现，10 月到期的被禁股票认沽和认购期权的价差，比未限制卖空的股票期权对照组价差高出 0.96 美元。他们还发现，被禁股票的期权价差在卖空禁令的剩余期间内始终被提高 10% 。借鉴巴特里奥等的发现，在卖空禁令期间，我们能够估计期权市场中具有流动性需求的投资者每日交易成本增加的金额（见图 2 -3）②。

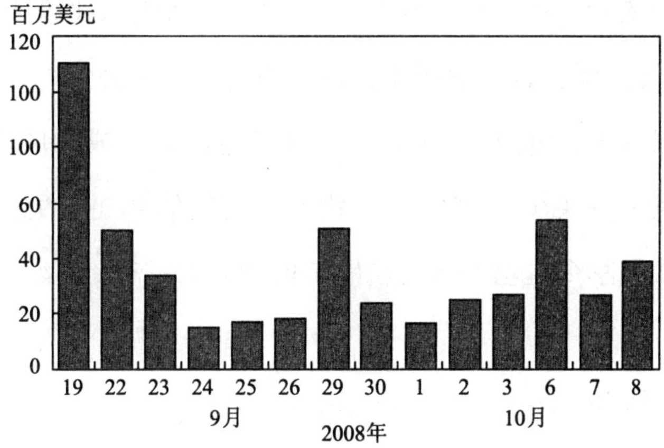

图 2 -3　2008. 09. 19 ~ 2008. 10. 08 投资者交易被禁止卖空的股票期权增加的交易成本

资料来源：巴特里奥等；由作者计算得出。

① Battalio, Robert, and Paul Schultz, 2011, "Regulatory Uncertainty and Market Liquidity: The 2008 Short Sale Ban's Impact on Equity Option Markets", *Journal of Finance*, 66, No. 6: 2013 -53.

② 巴特里奥等的回归结果列在文章后的"补充阅读"里，文章链接 http: //www. afajof. org/journal/abstract. asp? ref = 0022 - 1082&vid = 66&iid = 6&aid = 6&s = -9999。交易成本每日增加值 = 被禁期权每日交易量 × 作者估计的每日边际价差 × 1/2。

9 月 19 日，期权做市商不确定他们是否能在禁令剩余期间内通过卖空对冲头寸。因此，有流动性需求的投资者在这个周五支付超过 1.1 亿美元的虚增流动性成本（见图 2 -3 第 1 根柱条所示），就并不奇怪了。图中其他柱条表明，期权做市商获得卖空禁令的豁免后，虚增成本并未立即消失。巴特里奥等将这些成本归咎于在此期间的监管不确定性。估计在禁令期的 14 日内，共产生超过 5.05 亿美元的虚增流动性成本。

美国股票和期权市场卖空禁令导致的虚增流动性总成本估计超过 10 亿美元。而且，如前所述，这一估计忽略了因价差异常而减少的交易造成的利润损失，也忽略了对其他市场造成的成本。例如，可转债套利者购买超过 75% 的一级发行可转债[①]，并通过卖空股票做对冲。卖空禁令推出后，可转债市场就干涸了[②]。

六、结论

2008 年 9 月，在市场强烈受压时期，美国和其他一些国家禁止了金融股的卖空交易。监管机构实施禁令，是担心卖空会人为推低

① Choi, Darwin, Mila Getmansky, Brian Henderson, and Heather Tookes, 2010, "Convertible Bond Arbitrageurs as Suppliers of Capital", *Review of Financial Studies*, 23, No. 6: 2492 -522.

② Barr, Alistair, 2008, "Short - Sale Ban Disrupts Trades for Hedge Funds", *Wall Street Journal*, *Market Watch*.

股票价格。但是，还应该更深入地了解禁令稳定股市价格的效果。考虑到欧洲再度掀起禁令浪潮，包括 7 月西班牙和意大利推出限制令，重新审视这个问题就显得尤为重要。

最近关于 2008 年禁令的研究，使我们能够评估卖空限制的成本和益处。绝大多数证据表明，禁令并没有减缓金融股价格下跌。并且禁令产生了副作用：股票和期权市场的交易成本增加，并且股票和期权的价格脱节。

2011 年 8 月，当标准普尔公司宣布美国债券评级降级时，并不存在全面禁止卖空交易的禁令。通过观察宣布降级后美国股价的大跌，我们发现，没有证据显示股价下跌是卖空交易所致。事实上，2011 年 8 月上半月，卖空份额大增的股票收益变得更高了，而不是更低了。此外，因为触发断路器限制而导致降级公布日不能卖空的股票，实际收益低于可卖空股票的收益。

综上，我们的研究质疑了在市场下行时期禁止卖空可以限制股价下跌的观点。如果说禁令有效果，那就是似乎有不良影响，会提高交易成本，降低市场流动性，妨碍卖空者清除市场欺诈和利润操纵行为。因此，虽然卖空者可能经常唱衰公司前景，但并不是他们推动了市场价格下跌。

补充阅读：

计量经济学角度的实证分析

将持仓超过两周的被卖空股份加总，称之为卖空份额。然后，将7月29日~8月15日的卖空份额变化进行正态化计量，并对该期间的美国股票收益进行回归[①]。计算卖空份额变化，是用8月15日的卖空份额减去7月29日的卖空份额，除以这两日间的平均卖空份额。我们除以平均卖空份额是为了使卖空份额变化正态化，将这一变化限制在-2~2的范围。我们要做回归的股票，必须在8月15日和7月29日这两天至少有一天卖空份额为正。

下表提供了在2011年7月29日~8月15日期间空头头寸和收益变化的分布概况简要统计。在这段时间，确实大多数股票的卖空份额增长，超过3/4的股票收益为负。

卖空头寸变化率和收益的分布情况

	10%	25%	中位数	75%	90%	平均值
正态化的卖空份额变化率	-0.1714	-0.0438	0.0493	0.1550	0.3063	0.0605
美国股票的收益	-0.2023	-0.1440	-0.0870	-0.0377	0.0029	-0.0939

资料来源：卖空份额数据来自纽约证券交易所（NYSE）；美国股票收益数据来自美国的证券价格研究中心（CRSP）。

注：卖空份额数据包含2011年7月29日~8月15日期间所有在纽约证券交易所和美国证券交易所上市的股票。卖空份额变化率的计算公式：

$$卖空份额变化率=\frac{8月15日卖空份额-7月29日卖空份额}{这两日间卖空份额的均值}$$

① 用卖空份额代表卖空交易需求，阿斯奎斯等发现，按照等权重方式计算，受卖空限制的股票在1988~2002年间平均每月落后市场2.15%。Asquith, Paul, Parag A. Pathak, and Jay R. Ritter, 2005, "Short Interest, Institutional Ownership, and Stock Returns", *Journal of Financial Economics*, 78, No. 2: 243-76.

但是不同股票的卖空份额变化率有很大差异。超过1/4的公司实际报告卖空份额是下降的。对于这些公司，这段时间卖空者是股票的净买方。

下表表示股票收益关于卖空份额变化率的普通最小二乘回归结果。如果卖空者是价格下降的原因，我们应该期望看到的是卖空份额增幅更大的股票收益更低，但事实与此相反。在此期间，卖空份额增长幅度更大的股票有更高的收益。

股票收益关于卖空份额变化率的普通最小二乘回归结果

	截距项	t-统计量	卖空份额变化率	t-统计量	调整后的 R^2	股票数量（只）
所有股票	-0.0957	-43.03	0.0298	3.72	0.0069	1 843
股价≥5美元的股票	-0.0927	-41.77	0.0277	3.43	0.0066	1 611
卖空≥100万股的股票	-0.1027	-40.30	0.0624	4.79	0.0166	1 306

资料来源：美国股票收益的数据来自美国的证券价格研究中心。

注：美国股票的收益是从2011年7月29日累计至8月15日。

$$\text{卖空份额变化率}=\frac{\text{8月15日的卖空份额}-\text{7月29日的卖空份额}}{\text{这两日间卖空份额的均值}}$$

如表所示，卖空和股票收益之间的相关性较低。上表中第一行表示全部样本股1 843只股票的回归结果。截距项-0.0957和卖空份额变化的系数0.0298均显著，它们的t-统计量分别为-43.03和3.72。调整后的 R^2 被用于衡量卖空对收益下降的解释程度，仅有0.0069。当我们只估计1 611只股价在5美元以上的股票时，看第二行，我们对于卖空份额变化仍然得到一个正的系数0.0277，并且该系数的t-统计量为

3.43，统计显著[①]。关于第2行数据的调整后 R^2 也只有0.0066。有一些股票，卖空数量少，但卖空百分比变动大，为确保结果不受这些股票的影响，我们对1 306只在那两天至少被卖空100万股的股票重新做回归。如第3行显示，调整后的 R^2 仍然仅有0.0166。卖空份额变化不能解释在债券评级下调的时间附近出现的股价下跌。事实上，卖空变化很大的股票，收益有轻微的上升，与我们预期的假定卖空推动股价下跌而会产生的结果恰恰相反。

2010年2月，美国证券交易委员会通过卖空断路器限制方案。卖空一只价格下跌超过10%的股票时，卖空价必须高于全国最优买入价。此限制适用于断路器被触发当日和第二日。要考察债券评级下降后卖空对收益的影响，还有一种方法，就是将受卖空限制的股票的收益与不受卖空断路器限制的股票的收益进行对比。在8月5日周五，也就是评级降级宣布前，有的股票触发卖空限制条件，因而在8月8日受断路器限制。我们对这些股票建立了一个虚拟变量。然后，我们对8月8日每只股票的收益关于卖空限制虚拟变量做回归。在第二组回归中，我们用8月8日交易量除以9月交易量，作为第二解释变量。

第一组回归的结果见下表第1行。受卖空限制的股票在8月8日交易开始的实际表现差于未受限股票的表现；虚拟变量的系数为-0.0216，

---

① 卖空禁令通常只禁止裸卖空或者现货市场卖空。有经验的市场参与者往往通过卖出价内认购期权和买入价内认沽期权建立合成卖空头寸。这可能是现货市场中卖空份额水平和股票收益的相关性低的原因。

t－统计量为－5.12。我们在做第二组回归时对交易量进行控制，得到了类似的结果，如第2行所示。同样地，受卖空限制的股票表现落后于未受限股票；系数为－0.0217，t－统计量为－5.14。原先的猜想是8月8日美国股价急剧下跌与卖空有关，现在，从卖空份额的结果来看，基本相关性不支持这种猜想。

股票收益关于卖空受限股票的普通最小二乘回归结果

截距项	t－统计量	卖空受限的股票	t－统计量	正态化的交易量	t－统计量	调整后的 R^2	股票数量
－0.0836	－68.97	－0.0216	－5.12	—	—	0.0131	1 905
－0.0844	－49.41	－0.0217	－5.14	0.0044	0.07	0.0128	1 611

资料来源：美国股票收益数据来自美国的证券价格研究中心。

注：美国股票收益是从2011年7月29日累计至8月15日。表中第二行的回归结果对交易量做了控制。我们累加9月的每日交易量得到9月的交易量；8月8日每只股票的交易量是由美国的证券价格研究中心发布的。

Chapter three | 第三章

全球证券借贷市场最新趋势下我国证券借贷市场建设

关于建立我国集中统一证券借贷交易系统的思考*

转融券业务平稳启动和运行一年多来，在完善融券机制、加强个股做空功能等方面发挥了积极作用，但在体制机制上也反映出一些问题，值得研究和总结，需要直面市场需求，借鉴境外证券借贷发展趋势，适时构建我国集中统一证券借贷交易系统。

一、转融券业务实践反映出一些体制机制问题

融资融券业务启动以来，截至 2014 年 8 月 14 日，融资融券累计交易金额已突破 14 万亿元，其中融券交易金额约占 12%；融资融券余额超过 4 800 亿元，其中融券余额所占比重不足 1%。与之相

* 作者：聂庆平、庄穆、隆武华、李广川。本文写于 2014 年 10 月。

应，转融券业务启动至今，余额只有3.2亿元，不到转融资余额的1%。交易比较清淡，目前月均交易笔数不到90笔，月均交易金额不到4亿元，不足融券业务月均交易金额的1/10；月均交易股票33只，不足标的证券总数的1/20。

融券和转融券业务规模较小、交易比较清淡的原因是多方面的。标的证券范围仍然较小，可融券源不足，融券费率较高等因素，都有一定的影响。但总体上看，转融券业务体制机制仍然存在一些问题。在现有模式下，中国证券金融公司作为证券借贷交易的中央对手方开展证券转融通的融入和融出，分别在沪、深证券交易所和中国证券金融公司的业务平台办理。从试点情况看，初步建立了资本市场证券融通机制，在完善融券交易机制、加强个股做空功能等方面，均发挥了一定的作用，值得肯定。但试点实践也反映出一些问题和矛盾：一是跨平台的模式串联了六个技术系统，业务链条太长，系统耦合度高，单一系统故障影响整体业务运行，应急时间较紧，安全隐患比较大；二是转融通担保比例只有20%～25%，中国证券金融公司需要承担借入人违约时的替代偿还责任，风险敞口过大，头寸管理与信用风险均有可能放大；三是市场化程度不够，借贷双方不能在同一交易平台申报，不能竞价，不能实时撮合成交，只能接受固定的期限和费率，借券成本比较高。

二、市场呼吁进一步改革完善现有转融券业务模式

当前，证券公司普遍对转融通业务期望较高，希望这项业务能够更加简洁化，更加市场化；保险公司和社保基金等希望各类参与主体都能平等参与；证券出借人则期望借贷价格与方式能够更为灵活。具体意见可以概括为以下几方面：

一是证券的出借和借入可以统一到一个平台上实现，让借贷双方直接见面，中国证券金融公司不用再作为交易的中央对手方，而是作为市场组织者。

二是统一平台后，借贷方式可以更加市场化，借贷双方可以在一个平台上实现自由协商或竞价，可以展期和提前索还，从而逐步提高证券出借收益，降低证券借入成本等。

三是证券出借的担保水平可以高一些，确保出借证券足够安全，同时由中国证券金融公司承担担保品第三方管理职责，既方便出借人和借入人，又可通过管理提高担保品的收益。

四是尽快推动专业机构投资者参与证券借贷业务。目前我国公募基金、信托、保险、合格境外机构投资者等专业机构投资者发展迅速，持股市值已占到A股总市值的15%，它们在风险管理、统计套利、对冲期货期权风险、证券出借等方面有着现实的、迫切的证券借贷需求。

三、境外证券借贷提供了可资借鉴的经验

一是境外市场普遍发展集中统一的证券借贷交易系统。当前欧美市场集中化的电子借贷平台市场份额超过三成，日本、韩国和我国台湾地区等东亚证券借贷市场，从一开始就设立了集中统一的证券借贷平台。

二是境外证券借贷模式更为市场化。证券借贷业务主要遵循意思自治原则，双方一般可以自由协商借贷细节，在品种、期限、费率、提前索还等方面有较大的灵活度。

三是境外普遍实行第三方担保品管理制度。目前全球 3.7 万亿美元的担保品总额中，保守估计有 20% 通过第三方管理。实践证明，这一做法顺应了市场和监管要求，降低了担保品管理成本、整合了担保品资源、优化了担保品资产配置，是未来担保品管理发展的主要方向。

四是境外专业机构是证券借贷市场主要的参与力量，共同基金、养老基金、保险公司等提供的证券占可借证券总量的 70%，对冲基金、做市商和证券交易商等主要证券借入人占比则超过 90%。

四、建设集中统一证券借贷交易系统是拓展我国资本市场深度的重大改革

目前，全球证券借贷余额接近 3 万亿美元，有着广泛的市场参与者，是全球资本市场重要的组成部分。从这种意义上说，证券借贷确实是一个与证券交易相平行的相对独立的市场。我国融资融券业务经过 4 年发展，目前参与的证券公司有 89 家，客户 200 万户，融资融券余额 6 600 亿元，融资买入和融券卖出占普通交易的 13%。估计 2014 年融资融券余额有可能突破 8 000 亿元，未来还有较大的发展空间，特别是融券业务。建设和发展好证券借贷市场，就成为当前拓展我国资本市场深度，推进多层次资本市场改革的重大步骤。

为此，可以考虑从我国证券交易、证券结算、证券融通功能相对独立、互为补充的实际出发，借鉴境外经验，由中国证券金融公司搭建集中统一的证券借贷交易系统，由借贷中央对手方转变为借贷市场组织者，制定证券借贷业务规则，提供独立的第三方担保品管理服务，建立证券借贷统计监测与监控机制，逐步形成一个与证券交易、证券结算平行和协调发展的，业务空间不断延伸的证券借贷市场和自律监管体系。

一是实现业务组织的集中统一。证券借贷业务集中在中国证券金融公司的证券借贷交易系统开展。系统能够向市场集中提供证券

借贷信息发布、撮合匹配、债务清算、证券交付与返还、权益处理等服务。

二是实现业务运作的充分市场化。凡是符合条件的投资者，都可以直接通过系统出借和借入证券。借贷方式从定价方式扩展至议价、竞价方式，能够实时匹配成交。证券借贷双方可以灵活自主确定借贷品种、期限和费率，可以提前索还。

三是有效降低证券借贷风险敞口。除借贷双方协商一致外（议价交易），对于定价、竞价交易方式，担保方式实现足额担保。借入人不能按期履约的，中国证券金融公司可以承担替代偿还责任，偿还后取得担保品处置权和追索权。

四是提高担保品管理效率和水平。借鉴境外经验，实现证券借贷担保品的第三方独立管理，有效满足借贷双方在担保品配置、盯市、追缴、权益调整等方面的需求。逐步使用担保品进行再投资或出借，实现担保品的保值增值。

五是有效防范证券借贷业务风险。通过建立统计监测监控指标体系，反映、评估、防范和处置证券借贷交易风险。通过借入人准入资信管理，专人保证金逐日盯市、限制单一借入人借贷规模等制度，防范信用违约和市场波动风险。

推进这项工作，要求在技术平台和法律条规等方面做一些基础性工作。一是要求证券金融机构充分借鉴境内外证券借贷平台建设与运行的有益经验，建设和运行好证券借贷交易系统，在市场化、效率化等方面通盘考虑与筹划，使证券出借人和借入人得到方便、快捷的服务。二是要求证券金融机构进行角色调整，不再作为借贷中央对手方，而是成为证券借贷市场组织者，履行一定的自律监管职责，有效防控风险。三是要求在相关规则规范证券借贷行为，明确参与人条件、权利和义务，规定市场化交易方式，规范第三方担保品管理事项等。

欧美证券借贷市场发展特征、交易流程与启示*

证券借贷诞生于19世纪的英美，最初主要用于防止证券交割失败。20世纪70年代后，证券产品种类日益丰富，交易策略日趋复杂，证券借贷作为套利、做空以及对冲衍生品风险的重要工具，得到迅速发展。90年代以来，大型托管银行开始发展离岸证券借贷业务，国际证券借贷市场快速成长，成为现代金融市场的基础性机制。2008年金融危机后，欧美证券借贷市场出现了新趋势：监管机构更加重视证券借贷的信息披露与风险控制；电子化证券借贷平台的市场份额迅猛增长；第三方担保品的集中管理模式得到广泛运用；大宗经纪交易商承担起转移证券借贷风险和匹配借券期限的功能。系统研究总结欧美证券借贷市场的变化情况，了解证券借贷市场的主要参与机构、交易基本环节和电子平台的最新发展，有着重要借鉴意义。

---

* 作者：傅晓航、王鑫。本文写于2012年5月，曾刊于《融资融券研究》第7期。

一、欧美证券借贷市场的发展情况

证券借贷最初是作为托管服务的一项内容，用以降低证券交收的失败率。20 世纪 70 年代以前，证券借贷作为后台业务，处于资本市场活动的外围。80 年代后，随着期权定价模型的广泛应用，场外市场衍生品交易大幅增长，以卖空和套利为目的的策略性交易需求增大，证券借贷活动频繁，证券借贷业务逐渐从后台操作活动演变为前台投资业务。90 年代开始，证券借贷业务开始从成熟市场向新兴市场拓展，部分全球性托管银行、证券交易商开始发展离岸证券借贷市场，推动了证券借贷市场的全球化发展。根据金融信息服务商马盖提（Markit）公布的数据，截至 2007 年底，全球范围内的证券借贷余额已达到约 3. 52 万亿美元，其中债券借贷余额为 2. 08 万亿美元，股票借贷余额为 1. 44 万亿美元（包括交易型开放式指数基金）。

始于 2007 年的金融危机对证券借贷活动产生了一定的负面冲击。金融危机中，证券借贷所遭受的风险主要与现金担保品的再投资有关，部分金融机构使用证券借贷所收取的现金担保品，投资于次级抵押贷款等资产，造成巨额亏损。金融危机后，证券借贷业务规模出现明显萎缩。截至 2012 年 10 月，全球范围内证券借贷的规模约为 1. 69 万亿美元，大约只有金融危机前的一半。造成这种现象的原因是多方面的，有两点值得关注：一是对冲基金等机构投资者降低了杠杆水平并调整投资策略。英国金融服务管理局统计显示，英国境内对冲基金从大宗经纪交易商借入证券的杠杆比例已降至1.3倍，低于2007年最高时期的1.92倍；对冲基金更多地选择期权或期货等杠杆型产品实现卖空和对冲，对证券借贷的需求相应降低。二是证券持有者对于出借证券的态度日趋谨慎。证券持有者开始意识到，出借证券活动中存在借券方违约风险、现金担保品再投资风险和非现金担保品的流动性风险等，纷纷要求证券出借方对证券借贷中的交易达成、担保品管理、运营操作等各环节进行更全面的尽职调查。

与此同时，在应对金融危机的过程中，欧美金融监管当局认识到卖空监管和信息披露的极端重要性，强化了对卖空监管的立法；证券借贷参与各方在实践中优化了证券借贷模式，证券借贷市场电子化和集中化发展趋势变得更加明显。

第一，监管机构对证券借贷实施更加严格的监管措施。2009年6月，国际证监会组织发布《股票卖空监管规则》，强调对证券借贷中交易结算的管理，并要求加强对卖空行为的信息披露。虽然各国对证券借贷的监管仍处在探索中，但强化证券借贷监管是一个普遍趋势。对证券出借比例，2012年，欧洲证券市场管理局（ESMA）发布指导，针对交易型开放式指数基金和欧盟可转让证券集合投资计划的投资经理出借其所管理的证券的行为进行规范。在该指导发布之前，投资经理可获得的一定比例的证券出借收益。投资经理为了获得更多的出借收益，尽可能多地出借证券，忽略了证券出借的风险管理。指导发布后，要求投资经理将出借证券所获得的收益扣除运营成本后全部返还给投资者，降低了投资经理过度出借证券的意愿。2013 年 1 月，美国纽约州保险部门向其成员发布指导，建议其成员将出借资产的比例控制在总资产规模的 5% 以内。

第二，电子化证券借贷平台的市场份额迅猛增长。证券借贷业务自动化程度日益提高，与普通证券交易的电子化、程序化的趋势相一致。集中式的电子证券借贷平台不仅降低了证券借贷参与者的信息搜寻成本，便于借贷双方迅速达成并执行交易，也提高了借贷交易的透明度，有利于监管机构获取全面的证券借贷信息，为实施监管政策或措施提供支持。根据国际金融市场研究机构赛迅咨询公司（Celent）的统计，2006 年应用电子平台进行交易的证券借贷业务市场份额已达到 10%，到 2009 年这一比例增长到 20%。初步估计，2012 年电子借贷平台的市场份额已达三成。

第三，第三方担保品的集中管理模式得到广泛运用。金融危机后，新监管规则要求加强对场外交易中担保品管理的信息披露，由第三方担保品管理机构（Tri－party Collateral Agent）集中管理担保品被广泛采纳。欧洲和美国主要的第三方担保品管理机构主要包括纽约梅隆银行、摩根大通、明讯银行和欧洲清算银行。他们运用成熟的技术系统，实现了担保品管理的标准化和自动化，并降低了借贷双方的对手方风险和操作风险。更重要的是，第三方机构可集中管理和分配不同证券交易所和不同证券市场的担保品，在保证担保品安全并不占用更多资源的前提下，方便了出借方和借券方，实现了交易机会的最大化。

第四，大宗经纪交易商承担了转移证券借贷风险和匹配借券期限的功能。对冲基金都是证券借贷市场的主要借券方，但其追求绝对收益、投资于高风险产品、资本运作经常处于高杠杆高负债的状况，使保险公司、养老基金等证券出借方不愿以它为交易对手方。同时，借券方希望能够固定借券期限以按计划实施卖空策略，但证券出借方为了降低证券市值下跌的风险，通常要求能随时召回出借证券。金融危机后，大宗经纪交易商大量涌现，充当借贷双方的交易对手方，满足借贷双方的需求。一方面，大宗经纪交易商从保险公司、养老基金等机构借入证券，为对冲基金提供证券头寸融资、证券借贷、账户管理、清算交收和风险管理等服务，承担转移证券借贷中信用风险的功能；另一方面，他们利用自身可调度证券规模较大的优势，向出借方以开放期限借入证券，向借券方以固定期限出借证券，自动匹配证券出借方和借券方的借贷期限。

二、欧美证券借贷市场的主要参与机构

欧美证券借贷的参与机构包括出借方、借券方、中介机构和提

供清算交收服务的相关机构。

（一）出借方

证券出借方主要是长期持有证券的养老基金、保险基金、共同基金和证券交易商等机构投资者。影响出借方出借意愿的主要因素有两方面：一是抵消证券托管和管理费用；二是寻求更高的组合收益。出借方根据其持有证券的品种、数量、投资策略，进行出借决策。另外，不同出借方对于交易对手方的信用审核、担保品范围要求等各不相同。

（二）借券方

借券方一般为证券交易商、对冲基金和投资管理公司等，证券借贷主要是为了满足以下几方面的目的：

1. 满足证券交割需求。在欧美证券借贷发展史上，确保证券成功交付是形成证券借贷市场的最大动力。证券借贷可避免证券交割失败、提高结算效率。为此，许多证券存管机构与客户签订协议，约定客户存管的证券可用于证券出借。当因证券交割产生借券需求时，系统能自动检索到符合条件的出借方，并按一定比例将证券出借给借券方。

2. 建立空头头寸。很大一部分市场投资者会利用证券借贷进行卖空交易。他们先行借入价格高估的证券，再通过证券交易所卖出，在价格下跌后再买入相同份额的证券，归还并赚取买卖差价。

3. 满足套利交易需要。投资者的套利组合，通常在做多一种或一篮子证券的同时，做空相关证券。例如可转债套利交易、配对交易和指数套利交易等。为了满足套利交易中做空的需要，投资者会借入相关证券。

4. 满足做市需要。在欧美这些成熟的证券市场，做市商向客户提供双向报价，在自有证券不足时，做市商需要借入证券以满足客户的买入需求。对于股本较少、流动性较差的股票，某些做市商为确保能够及时借到证券，会与证券出借方签署排他性借券协议，即出借方的证券账户中若有借券方希望借入的证券，应优先出借给该借券方。

5. 赚取利息收入。借贷交易双方，借券方持有现金，希望投资赚取稳定收益；出借方持有证券库存，但需要资金。持有证券方将证券出借给现金持有者，进行融资，并支付融资利息。此类证券借贷实质上是一种融资活动，表现为回购交易的形式。

6. 实现税收套利。在对于特定投资者有相关税收抵免政策的国家，例如意大利、德国、法国，投资者能够利用证券借贷实现税收套利。如果证券持有者需要对股息纳税，那么可以将证券出借给无需对股息纳税的借券方，实现避税的目的。在欧洲，有较大比例的股票借贷交易是出于税收套利的目的。在上市公司派发红利的高峰期，股票借贷交易带来的日均收入大约是其他时间的 5 ~6 倍左右。

7. 红利再投资套利。在证券发行人提供给股东现金分红或低价配股的选择权时，指数基金等证券持有者仅能选择现金分红，而无法选择低价配股权。在这种情况下，证券持有者可将证券出借给那些能够进行低价配股的借券方，获取相应的收益。

（三）中介机构

在证券借贷市场中，出借方、借券方一般通过中介机构达成借贷交易。中介机构主要提供交易撮合、交易对手方信用评估、交易后续事项处理、担保品管理等服务。根据所提供的服务类型，中介机构可分为代理中介机构、一级中介机构和第三方担保品管理机构三类。

1. 代理中介机构（Agent Intermediaries）。代理中介机构提供代理出借服务，但自身并不持有证券库存，出借方和代理中介机构分享出借证券的收益。代理中介机构，将多个出借方所持有的证券集中形成较大的证券池，带来规模经济效应，显著降低了运营成本。欧美代理中介机构主要包括托管银行、资产管理机构和第三方代理出借机构。前两者将证券借贷作为向客户提供的多项服务之一，第三方代理出借机构则专业从事证券出借服务。

（1）托管银行。许多托管银行已将证券借贷作为托管服务的一项核心内容，代理证券持有者审核借券方信用，与借券方就证券品种、费率、担保品范围及担保比例等借贷条款进行谈判，并提供担保品管理的服务。托管银行开展证券借贷业务具有很多优势，他们拥有丰富的客户资源、全球的市场经验、强大的技术系统、高效的担保品管理能力，并为客户提供违约保险等服务。

（2）资产管理机构。证券借贷业务已演变为前台业务。除可为出借方带来出借收益外，对现金担保品的再投资也可带来额外的收益，因此可将其视为一种资产管理业务。实践中，欧洲的多数资产管理机构都为出借方提供证券出借的代理服务。

（3）第三方证券借贷专业代理机构。随着证券借贷业务的竞争日益加剧，出现了专门从事证券借贷业务的第三方代理中介。第三方代理中介一般为大宗经纪交易商或跨国银行的一个部门，也可以是独立的机构。其所提供的服务比托管银行更为灵活，可为有特殊券种或特殊证券组合需求的客户提供私人定制服务。

2. 一级中介机构（Principal Intermediaries）。一级中介机构向出借方借入证券后，再出借给借券方。与代理中介机构不同，一级中介机构自身持有证券库存。

一级中介机构包括证券交易商（Broker - dealer）和大宗经纪交易商（Prime Brokers）。证券交易商作为证券和资金供需双方的中介，赚取息差收入。大宗经纪交易商则为对冲基金和其他另类投资机构提供证券头寸融资、证券借贷、基金账户管理、清算交收、风险管理等一系列服务。

一级中介机构在证券借贷业务中主要有两项功能：

一是转移和承担信用风险。证券出借方以保险公司、养老基金等专业机构投资者为主，而对冲基金是证券借贷市场的主要借券方。前者通常不会选择信用风险较高的后者为交易对手方。这时一级中介机构作为信用中介，先向保险公司、养老基金借入证券，再将证券出借给对冲基金，承担信用转换的功能。出借方或借券方仅需面对中介机构一个交易对手方。

二是承担期限转换的功能。证券出借方在出借证券时，希望可以随时召回出借的证券，以便在有利时机卖出证券；借券方则希望能够明确借券期限，以便确定地使用借入证券，按计划进行卖空策略。一级中介机构承担解决这种期限不匹配矛盾的任务。他们从出借方以开放式的期限借入证券，又以固定期限的方式出借给借券方。其中，一级中介机构需承担一定程度的期限错配风险，即在借券方偿还证券以前，出借方有可能提前召回证券。在这种情况下，一级中介机构需要使用自营证券或向外部借入证券以保证及时归还。

3. 第三方担保品管理机构。出借方和借券方出于优化担保品使用的目的，往往将担保品管理外包给第三方担保品管理机构。这些机构在市场、法律和操作实践等方面更专业。与第三方证券借贷专业代理机构不同，第三方担保品管理机构并不介入到出借方和借券方正常的借贷交易协商中。借贷双方在协商达成借贷交易之后，将后续的清算、担保品估值、公司行为处理、追加担保、担保品替换以及整个借贷周期的担保品报告等事项，移交给第三方担保品管理机构处理。此类业务模式下，借贷双方需同时与第三方担保品管理机构签署服务协议，约定担保品范围、担保比例要求等事项。

（四）清算交收服务提供机构

过去，证券借贷的清算交收大多通过出借方的托管银行进行。出借方与托管银行事先协议确定清算交收的时间。在大部分托管银行的清算交收系统中，证券借贷以“纯券过户”的方式交付，办理证券交割过户时不需要提交担保品。这导致担保品的提交与证券借贷的结算交付相对分离，即担保品的提交可能是在另外一个市场或时区，通过另外一个清算交收系统进行，有可能出现出借证券已划付而担保品未收到的风险。

现在，证券借贷主要通过中央对手方清算机构进行，并采用净额结算的方式。在中央对手方的清算方式下，参与人无需对每个交易对手方逐一进行信用风险检验，降低了交易对手方风险，也降低了市场整体的系统风险。例如，美国清算公司（OCC）既为结算会员提供场外市场证券借贷的清算服务，也为通过美国自动报价系统平台（AQS）进行的证券借贷交易提供清算服务；在清算完成之后，再通过美国存托公司（DTCC）进行资券交付。在欧洲，两大主要中央存管和证券交收机构欧洲清算集团和明讯银行，以内部转账的方式，为客户在多国市场进行的证券借贷交易提供单一清算和托管渠道。此外，欧洲其他的中央对手方清算服务提供商，包括瑞士清算所（Six－x Clear）、伦敦清算所（LCH Cleared）等，通过机构之间的合作为跨境证券清算建立了单一通道。

三、欧美证券借贷交易的基本环节

（一）证券借贷的商议和确认

传统意义的证券借贷业务非常依赖借贷双方的业务关系，大部分需要通过电话、传真、谈判等人工方式沟通协商。一般证券借贷交易由借券方发起。

协商达成口头协议后，双方通过纸质或电子文件的形式，对借贷交易的具体条款进行确认，主要内容包括：合约的起始和交收日期、借贷证券的品种和数量、借贷费率、担保品范围以及担保比例要求、出借方和借券方的身份、银行账户和证券结算账户等信息。借贷期内如果有重大变化（如更换担保品或重新协定费率），须由双方共同协商确定。

这种基于过去业务关系开展的人工协议借贷方式，搜寻成本高，市场效率低。近年来，随着信息技术的不断进步，自动化的电子证券借贷平台作为一种有效的技术辅助手段迅速发展并壮大起来。通过电子平台进行的证券借贷交易，常见的模式为：借贷双方将可供出借的证券信息和借入证券的需求发布到证券借贷电子平台上，参与者可在线选择交易对手方，并通过电子平台的即时通讯工具、电子邮件或电话进行沟通，对费率以及其他细节进行商议。达成协议后，在平台上执行交易。除上述方式外，电子借贷平台一般还提供连续竞价、招标、算法交易等多种方式。

电子借贷平台的蓬勃发展与普通证券交易的电子化、自动化趋势相一致。电子借贷平台不仅汇集了市场各方的供需信息，提高了证券借贷的运行效率，也便于进行跨境的证券借贷业务。此外，电子借贷平台与借贷交易者的交易系统相连接，交易员使用同一前端界面即可进行操作。这种方式有助于交易员从投资组合的整体层面出发进行借贷决策。

（二）借贷标的

证券借贷的标的主要包括股票、债券、交易型开放式指数基金等。根据证券借贷的供需情况借贷标的可分为两类：一类是流动性好、供给充足的证券，称为一般担保证券（GC）；另外一类是借入需求较大、券源供给较少的热门券种或证券组合，称为特殊证券（Specials）。欧美市场中，特殊证券的出借费率可高达到惊人的6 000个基点。

此外，证券借贷标的既可以是单只证券，也可以是证券组合，托管银行通常将一般担保证券与特殊证券捆绑成证券组合一同出借，以提高证券池的整体出借收益和证券出借率。

（三）借贷期限

证券借贷的期限一般分为固定式和开放式两类。其中，开放式期限可以因为出借方的提前召回或借券方的提前归还而终止借贷。对于股票借贷而言，开放式期限比较常见。由于股票出借方以共同基金、养老基金等机构投资者为主，投资经理大多希望能够保持可随时召回所出借股票的权力，以便在市场行情变化时能及时卖出股票，避免损失。

（四）借贷定价

证券借贷业务中，借券方根据所借证券市值，按协议约定的费率向出借方付费。如果借券方以现金作为担保品，那么出借方往往会将现金担保品进行再投资，所获收益扣除需返还给借券方的返佣后，其余部分为出借方出借收益的重要来源。对于通过代理中介机构进行的证券借贷，出借方与代理中介机构分享出借收益，不同代理中介机构的分割比例差异较大，主要由代理中介机构之间的竞争激烈程度决定。

在证券需求驱动的市场中，证券借贷的定价主要取决于标的证券的供需状况，费率可能在 100 ~6 000 个基点之间。在以融资需求驱动的市场中，定价一般参照政府证券回购所确定的基准收益率曲线，受当地货币市场情况影响较大。此外，借券方的信用状况、出借方的税负状况等因素都可能影响证券借贷的费率。

（五）证券预留计划

在实践中，借券方会为未来可能借入的证券，要求出借方提前预留相关证券。通常，出借方会将借券方所预约的证券保留至下一交易日，下一交易日开市前，借券方会与出借方沟通，确认当天是否仍然预留该证券。

出借方对证券预留的收费方式一般有两种：一是出借方对证券预留不收取额外的费用，如有其他借券方想要借入所预留的证券时，出借方会给提出预留的借券方一定时间内有效的优先选择权，如果借券方选择不借券，那么出借方会将相关证券出借给其他借券方；二是出借方对证券预留收取一定费用，预留期间，不会将相关证券出借给其他借券方。

（六）担保品

借券方提交的担保品分为现金担保品和非现金担保品。欧美市场中，担保品价值一般为标的证券市值的 102% ~110% 。整个借贷期间，借券方有义务维持担保品价值在一定水平以上。当市场发生变化时，实际担保比例低于协议约定的担保比例要求后，借券方需及时补足担保品，使维持担保比例符合担保比例要求；当担保品市值远高于协议约定的水平后，出借方允许借券方提取超额部分的担保品，但提取担保品后维持担保比例需符合担保比例要求。为此，借贷双方或第三方担保品管理机构必须对担保证券和借贷证券进行逐日盯市。

1. 现金担保品。在美国，现金担保品占证券借贷所收取担保品的比例超过 80% 。其中，现金以美元为主，欧元、英镑等货币所占的比重也不低。一般来讲，提交现金担保品和出借证券的行为同时发生。出借方通过将所收取的现金投资于混合基金或其他货币市场工具，获得相应的投资收益。出借方需要按一定的返佣利率向借券方支付现金担保品的利息，返佣利率既可是浮动利率的形式，也可是固定利率的形式。通常，返佣利率会挂钩于某个基准利率［如美国联邦基金利率（FFR）或伦敦银行间拆出利率（LIBOR）］，在基准利率基础上，上浮或下浮一定基点。对于借贷标的为一般担保证券的情况，返佣利率通常与基准利率水平一致；对于借贷标的为特殊证券的情况，返佣利率通常为负，即出借方不仅保留现金担保品的投资收益，还赚取额外的利息，借券方要为特殊证券支付相对高的费用。

2. 非现金担保品。在美国，非现金担保品以政府债券为主；在欧洲，部分出借方也接受国际债券或股票作为担保品。对于非现金担保品，出借方或代理中介机构通常要求借券方提前提交担保品，以确保对证券借贷的全额担保。出借方通常通过在托管银行开立双边账户或第三方协议进行非现金担保品的管理。前种方式运营效率偏低；后一种为多数市场参与者所选择的方式，通常是由借券方负责支付第三方协议担保管理的费用，并准备需要的相关法律文件。代理中介机构往往会根据清算和托管安排、提交担保品的类型等，决定所选择的第三方担保品管理机构。目前欧美主要的第三方担保品管理机构有四家，为纽约梅隆银行、摩根大通银行、明讯银行和欧洲清算集团。

（七）清算交收

在初始出借和证券归还时，证券借贷交易需要进行两次清算交收过程。初始出借的结算周期往往比同一市场普通证券交易的结算周期要短，这确保证券借贷能够被用来防止证券交付失败以及支持卖空交易。证券归还的结算周期一般与同一市场中普通交易的周期相同。当出借方召回证券时，借券方有可能已将其卖掉而造成归还失败。

1. 初始清算交付。借贷交易的清算完成后，可以计算出结算日需要实际交付的证券和资金。根据担保品类型的不同，证券借贷主要有以下三种结算方式：第一种为券款对付，现金担保品和借贷证券同时交付；第二种为券券对付，担保证券和借贷证券同时交付；第三种为无付款交货，事先提交担保品，借贷证券的交付随后进行。

2. 归还清算交付。除了无付款交货结算方式以外，其余两种方式与上述初始清算交付的流程相同。对于无付款交货结算方式，由借券方归还借贷证券以后，出借方将担保品返还给借券方。完成归还清算交付以后，证券借贷交易正式完结。

四、主要电子证券借贷平台

欧美成熟市场中，证券借贷已高度自动化，电子证券借贷平台所占据的市场份额日益提升，成为证券借贷市场的发展趋势。除市场参与者对提升业务效率的需求外，还有诸多因素驱动了电子证券借贷平台的发展：一是市场参与者越来越多地使用相同的电子交易标准（FIX 协议）[①]；二是信息技术的进步促进了电子借贷平台的功能完善和丰富；三是成熟市场中，有许多交易者采用直接连通系统[②]的交易方式，因此更倾向于选择电子借贷平台。

欧美市场中，第三方电子证券借贷运营平台主要包括：艾奎兰证券借贷平台（EquiLend）、美国自动报价证券借贷系统（AQS）、凤凰证券借贷平台（SecFinex）、网络证券借贷平台（eSecLending）和英国电子证券借贷平台（i－Sec）等。其中，凤凰证券借贷平台于 2011 年被其股东纽约泛欧证券交易所关闭，其余平台仍在运行中。此外，多家中央证券存管机构也大力发展电子证券借贷平台，

---

① FIX 协议指国际证券电子化交易标准，在国外交易所、机构投资者和投资银行群体中得到广泛的应用。

② 直接连通系统（Direct Market Access），指通过电子交易系统，投资者能够直接与交易所订单簿连接，下达交易指令。

包括美国清算公司、美国存托公司、欧洲清算银行、明讯银行等。与上述第三方电子借贷平台不同，证券存管机构建立的证券借贷平台主要为了防备证券交收失败。

下文以艾奎兰证券借贷平台、自动报价证券借贷系统为实例，对电子证券借贷平台的运营机制进行说明。

（一）艾奎兰证券借贷平台

艾奎兰证券借贷平台成立于2001年，自2002年开始上线运行，由巴克莱银行、瑞信集团、高盛集团、摩根大通银行等全球性金融机构在美国设立，在英国和中国香港分别设立分支机构和办事处，为其客户提供更为便利的证券借贷服务。目前，该平台上每日进行的证券借贷交易大概有28 000笔左右，日均交易额约为213亿美元。

艾奎兰证券借贷平台提供一个全球化的、开放式的系统，可通过不同协议标准进行交易。证券出借方和借券方可以通过平台与对方达成交易，无需点对点的联系，交易后各项服务处理也可实现自动化。艾奎兰证券借贷平台包括七个模块：自动匹配交易模块（Auto Borrow）、在线自动匹配交易模块（Auto Borrow Express）、最优化多方匹配交易模块（Trade Optimization）、实时信息交互模块（Availability）、证券组合交易模块（Trade T2O/T2O Basket）、竞价交易模块（Auction Port）。各个模块的功能如下：

1. 自动匹配交易模块和在线自动匹配交易模块。通过这两个模块进行证券借贷交易，借贷双方无需面对面协商，即可对借贷交易的细节，包括费率、币种、结算指令等进行协商。借券方可通过平台提交申报，出借方对借入申报进行回应，全部、部分满足或者拒绝借入的申报。借券方可以选择将借入申报发送给其所指定的一个或多个出借方，也可以指定账户进行交易。平台通过活动监视器或电子邮件的方式提醒交易员最新的申报信息。两者的区别在于：自动匹配交易模块平台适用于已实现登记和记录系统自动化的公司，匹配成交后，交易确认信息自动发送给借贷双方的登记和记录自动化系统；在线自动匹配交易模块是基于浏览器的平台，便于交易量较低的使用者进行借贷交易，匹配成交后，交易确认信息可以微软电子表格文件（xls）形式下载，也可以通过文件传输协议（ftp）形式交互。

2. 最优化多方匹配交易模块。该模块通过一个最佳匹配算法，对多个参与方的一揽子可供出借股票信息、借入股票需求进行匹配成交，以最大化成交额为目标。其中，股票换股票（Equity for Equity）算法以最大化所有借贷参与者之间的股票借贷交易额为目标，算法中交易员可以对每个其他交易对手方设置一个信用额度上限，保证所有交易对手方的借贷总额控制在信用风险可控的范围内；股票换资金（Equity for Cash）的算法则保证有资金出借需求的客户也能参与进来，资金提供方提供可供出借的资金情况、返佣利率等信息，与其他证券出借方的证券库存、费率要求匹配，匹配成功后完成借贷交易。该模块的最大特点在于交易并非基于双边协议，而是与共同的对手方达成交易，即借贷双方可一对多或多对多进行交易。需要指出的是，该算法并非实时交易，每日会进行数次匹配成交，每次匹配过程大约持续几分钟。交易员设置交易对手方的信用额度上限，并检查成交结果。

3. 实时信息交互模块。该模块供出借方和借券方对证券供需信息进行实时交互。对于出借方而言，可以选择将可供出借的证券信息向指定的交易对手方或整个平台的客户进行发布。出借方通过文件传输协议或微软电子表格文件形式将可供出借证券信息上传至平台。对于借券方而言，能够根据需要借入的证券品种，在全市场或者选定的交易对手方范围内，对所需证券进行搜寻。借券方可以通过发送至其自营交易系统的信息或者浏览器来浏览可供出借的证券信息。借券方往往根据接收到的可供出借信息和自己的实际借入需求，来确定在自动匹配交易平台上借入申报的种类和数量。

4. 证券组合交易模块。该模块是进行证券组合借贷的前端交易系统。证券组合交易主系统（T2O）中，交易员使用一个单独的窗口来浏览可出借证券库存或借入申报，并进行一对一的信息沟通，证券申报可被申报方修改或暂停、可被其他交易员接受或拒绝。在借贷发生的同时，相应信息被记入公司的登记和记录系统。证券组合交易子系统（T2O Basket）是一个基于浏览器的交易系统，主要用于证券组合的借贷交易。交易员可通过浏览器上传证券组合的出借或借入申报，申报信息包括限价或市价、保证金要求和返佣利率等。其他交易员可以针对这个证券组合或其中的部分证券，对数量、费率、币种和日期等进行协商。一旦双方协议达成，交易得到确认，便会进行相应的资券划付，并更新登记和记录系统中的信息。

5. 竞价交易模块。该模块提供证券组合借贷的竞价拍卖服务。出借方可以在平台上公布证券组合信息，邀请其选定的借券方参与竞价。受邀的借券方不局限于艾奎兰证券借贷平台的客户。出借方也可定制证券出借竞价拍卖的具体条款，包括竞价拍卖的起始时间、是否对于证券组合按照市场或地区划分来分别拍卖、设定担保品要求、限定所允许的付款类型等。竞价拍卖包括两种方式：开放式中竞买人可以看到其他竞买人的报价；封闭式中竞买人无法看到其他竞买人的报价。在竞价拍卖期间，竞买人可以修改、撤回申报。在竞价拍卖结束后，由出借方根据竞买情况，宣布最终中标结果。

（二）美国自动报价证券借贷系统

美国自动报价证券借贷系统，是全球最大的中央对手方证券借贷平台之一。在美国自动报价证券借贷系统上进行借贷的证券包括股票、交易型开放式指数基金、美国存托凭证产品等，品种超过5 000多只，在该系统上进行交易的时间为美国东部时间上午6：45到下午2：45，但大部分交易集中于上午9：00到11：00之间发生。

美国自动报价证券借贷系统上的交易包括两种交易方式：一种

是连续竞价交易方式，市场需求决定最终的交易价格。出借方和借券方匿名参加交易，提交限价申报或市价申报指令，可以进行批量借贷申报、证券归还和提前召回。另一种是议价交易方式，由双边或者“一对多”协商进行，既可以选择匿名方式，也可以向交易对手方公开自己的信息，比较适合固定期限的大宗证券借贷交易。

美国自动报价证券借贷系统将借贷匹配交易、清算和结算等环节一体化自动处理，较好地规避了兑付、结算风险。通过自动报价主系统（AQS）和自动报价子系统（AQS Direct）进行前端交易匹配；之后转向中台自动处理每日事件，包括盯市、估值、公司行为处理、提前召回、证券归还以及重新协商费率等，并每日自动更新所有头寸状态。

美国自动报价证券借贷系统通过美国清算提供的中央对手方清算服务来为借贷交易进行清算。自动报价主系统模块与自动报价子系统模块的区别在于：前者允许美国清算公司的所有普通会员在其平台上交易；后者仅给美国清算公司的清算会员提供服务，旨在为大额交易提供一个单独的平台。完成清算后，自动报价系统将已匹配的交易转发给美国存托公司，通过美国存托公司进行券款对付方式的结算。美国存托公司首先验证借贷双方账户内是否有足额资金、证券，然后进行相应资券的划付，完成之后，将确认信息依次发送给美国清算公司、自动报价系统平台，最后从自动报价证券借贷系统上生成交易执行报告并发送给借贷双方。

五、欧美证券借贷市场对我国证券借贷业务发展的启示

从欧美证券借贷市场的发展来看，推广集中化大型证券借贷平台、整合证券借贷前台和后台系统、集中管理担保品并控制担保品的再投资风险，是参与欧美证券借贷市场的专业人士的共识，也是金融危机后成熟市场自发演化的结果。在我国，转融券业务刚刚起步，如何发挥后发优势，健全证券借贷制度，在有效控制风险的前提下，构建高效、集中的电子化证券借贷平台，值得我们深入思考和研究。

第一，由专业金融机构建立集中的电子化证券借贷平台势在必行。集中的电子化证券借贷平台符合全球证券借贷发展的趋势，具有明显优势：一是可向市场集中提供证券借贷的需求和供给信息，降低市场参与者的信息搜寻成本，提高证券借贷交易的成交概率；二是功能较完备，可同时覆盖前台至后台的一系列业务环节，减少证券借贷业务的交易环节，提高证券借贷业务的运营效率；三是可充当借贷双方的交易对手方，为借贷双方的信用风险提供担保，起到增信作用；四是可向监管机构披露出借证券用于卖空的信息，为实施及时有效的卖空监管政策或措施提供支持。

第二，通过证券借贷平台提供第三方担保品管理服务是发展趋势。在欧美，为证券借贷业务提供第三方担保品管理的机构有两类：

一类是大型电子证券借贷平台的管理者；另一类是专业的第三方担保品管理机构和部分托管银行。这两类机构管理证券借贷的担保品具有明显优势：一是担保品的集中调配可填补证券借贷交易中提前赎回的证券空缺，有利于协调出借方和借券方的证券借贷期限不一致的现象，提高交易匹配效率；二是独立的第三方专业机构对担保品进行实时盯市，有利于监控证券借贷交易完成后的市场风险，为投资者的资产安全提供保障；三是可发挥担保品集中管理的规模效应，提高担保品再运用的效率，降低市场参与者的资本占用。

第三，完备的证券借贷制度体系和风险控制机制是建立证券借贷平台的前提条件。证券借贷业务存在一定程度的风险，如信用风险、流动性风险、市场风险、操作风险、法律风险和托管结算风险等。从境外成熟市场的经验来看，监管方、中介机构和市场参与者经过实践，已构建了一套较为完备的证券借贷风险管理框架，对证券借贷市场的平稳运行和系统风险的防范起到了至关重要的作用。就监管层面而言，监管机构除在市场准入管理、系统风险防范、法律法规建设、会计税收制度和信息披露等方面建立了相应的法规制度外，还会在必要时对借贷交易规模做出限制，不仅可通过调整初始保证金比例来调控证券借贷规模，还可防范市场中恶意操纵行为的蔓延。此外，中介机构与市场参与者若能够有效识别、充分理解证券借贷交易中的风险，建立有效的风险管理机制，便可以消除证券借贷交易中的潜在风险。

第四，对冲基金等机构投资者为证券借贷业务的发展注入活力。20 世纪 90 年代以来，对冲基金等以追求绝对收益为目标的机构投资者迅速崛起，他们通过证券借贷业务借入证券后卖空，实现套利或对冲的目的，促成了证券借贷业务的蓬勃发展。欧美证券借贷市场的繁荣与对冲基金参与有着密切关系，主要表现在三方面：一是对冲基金是证券借贷的主要借券人。对冲基金买入和卖出两类相互关联的证券，通过寻找关联证券价格的差异实现套利，因此证券借贷是对冲基金实施套利策略的前提条件。二是很多证券标的不存在期货或期权品种，相应的卖空需求只能通过证券借贷完成。特别是随着投资策略的日益多样化和复杂化，期货或期权等金融工具已无法满足很多组合卖空的需求。三是对冲基金的基金经理很多是高频交易者，其证券头寸的流转产生了大量的证券借贷需求，并为证券借贷市场注入了大量流动性。因此，在推动我国证券借贷市场发展的同时，应发展壮大我国机构投资者的整体规模，进一步调整和优化机构投资者结构，鼓励和引导以对冲基金为代表的主动性投资机构的发展，为证券借贷市场和资本市场源源不断地注入活力。

日本、韩国和我国台湾地区证券借贷业务的最新发展*

2012年3月，第九届泛亚证券借贷协会年会在中国台湾台北市举行。根据会议材料，2008～2011年，泛亚地区证券借贷余额增长150%，达1 429亿美元。其中，日本、中国香港和澳大利亚位居前三，合计占到75%的市场份额；中国台湾、韩国和新加坡合计占8.4%。本文对存在集中证券借贷模式的日本、韩国和我国台湾的最新情况进行了梳理，主要涉及证券借贷和转融通业务。

一、日本证券借贷市场

2002年之前，日本的证券借贷采取分散模式，机构投资者之间

* 作者：拓小燕、王鑫、蒋焰、李辉。本文写于2012年5月，曾刊于《融资融券研究》第2期。

的证券借贷主要在对冲基金、共同基金、基金托管银行以及证券经纪商之间自行协商完成。截至 2011 年 12 月底，这种协商完成的证券借贷余额总计约 35 425. 7 亿日元。

2002 年，日本三家证券金融公司，即日本证券金融公司、大阪证券金融公司和中部证券金融公司①，先后开设证券借贷业务。其中，日本证券金融公司设立电子股票借贷系统（E Stock Lending），以竞价方式组织证券公司和机构投资者等市场主体进行证券借贷，形成相对集中的证券借贷市场，与上述分散借贷市场并行发展。截至 2011 年 12 月底，日本三家证券金融公司通过各自证券借贷平台提供的一般证券借贷余额合计 807. 77 亿日元。这三家证券金融公司的转融通余额合计 3 527. 36 亿日元，其中转融券余额为 1 477. 32 亿日元，占转融通总额的 41. 9%。

日本三家证券金融公司中，日本证券金融公司的转融通业务量份额占到 90%。2011 财政年度（2011 年 4 月 1 日 ~2012 年 3 月 31 日），日本证券金融公司的总收入为 151. 86 亿日元。其中，转融通业务相关收入 67. 56 亿日元，占 44. 49%；一般证券借贷和贷款业务收入等为 25. 28 亿口元，占比为 16. 65%；包括债券交易在内的其他收入为 59. 01 亿日元，占比为 38. 86%。

自 2008 年 10 月以来，为应对全球金融危机的影响，日本金融

---

① 2012 年 10 月，日本证券金融公司与大阪证券金融公司合并。

监管厅（FSA）颁布了多项限制卖空交易的禁令。禁令主要包括：卖空需满足提价规则；对卖空指令加标识；交易所每日披露卖空信息；禁止裸卖空；披露持有空头头寸超过股票流通股本 0.25% 的投资者信息等。

二、韩国证券借贷市场

在韩国，韩国证券结算公司和韩国证券金融公司分别于 1996 年和 2000 年开始开展证券借贷业务，设立证券借贷平台。证券借贷平台上，报价方式既可采取竞价交易方式，也可采取议价交易方式。截止到 2010 年底，韩国证券结算公司和韩国证券金融公司的证券借贷余额分别为 17.04 万亿韩元和 11.1 万亿韩元，较 2009 年的 13.24 万亿韩元、7.13 万亿韩元分别增长了 28.7% 和 55.7% 。

韩国证券金融公司是韩国唯一的一家证券金融公司。除一般证券借贷业务外，韩国证券金融公司的主营业务转融通业务也快速增长。截止到 2010 年底，转融通余额为 1.97 万亿韩元，较 2009 年的 1.57 万亿增长了 25.5% 。近年来，集中管理客户保证金存款和提供员工持股计划支持服务，逐步成为韩国证券金融公司金融创新的两大特色。一方面，通过管理客户保证金存款，既为转融资业务提供了稳定的资金来源，又便于对客户保证金使用情况进行监控。截止到 2010 年底，韩国证券金融公司接受客户保证金存款余额为 5.2 万亿韩元，占其全部存款余额的 17.2%，位居各项存款之首。另一方面，证券金融公司作为受托人，在对韩国上市公司的员工持股计划进行管理和提供贷款支持的同时，还可以把这些股份作为转融券的重要证券来源。据统计，2010 年，共有 1 001 家上市公司实际参与员工持股计划，涉及股份 3.88 亿股，市值达到 5.4 万亿韩元。此外，韩国证券金融公司还可从事证券回购业务，截止到 2010 年底，韩国证券金融公司证券回购余额达 37.49 万亿韩元，较 2009 年的 13.17 万亿韩元增长了 1.85 倍。

据韩国证券结算公司统计，外国投资者已成为韩国证券借贷市场中的主导力量。2007 年，外资机构的出借证券金额为 657 万亿韩元，占韩国证券出借总金额的 86.4%；外资机构的借入证券金额为 690 万亿韩元，占韩国证券借入总金额的 90.7%。全球金融危机爆发后，韩国政府强化了对外国投资者的管理：一是不允许外国投资者借入证券数量超过“外国投资者持有本地证券数量的限额”；二是要求外国投资者借入证券超过 500 亿韩元时，需要提前向韩国银行报告。

三、中国台湾地区证券借贷市场

台湾地区证券借贷业务分别由证券交易所、证券金融公司和证券公司组织开展。

1996 年，台湾证券交易所设立证券借贷平台，证券金融公司、证券公司和机构投资者均可参与，借券用途仅限于满足投资者违约、瑕疵股票无法交割所产生的借券需求。从 2003 年开始，借券用途范围进一步扩大，借券人可将借入证券直接用于卖空（即借券卖空）。台湾证券交易所证券借贷报价方式包括定价交易、竞价交易和议价交易。定价交易和竞价交易模式中，由台湾证券交易所保管借入方提交的担保品，为借贷双方提供信息共享和担保品管理服务。协议交易模式中，借入方提交的担保品由出借人保管。近些年，台湾证券交易所证券借贷业务中协议交易所占的比重增加较多，从 2006 年占台湾证券交易所证券借贷余额的 24%，增长到 2011 年的 76%。

2006 年台湾证券金融公司和证券公司被允许向其客户开展证券出借业务。台湾证券金融公司和证券公司向客户出借证券均采取一对一协商的做法，类似于台湾证券交易所的协议交易方式。目前，证券金融公司在向证券公司提供转融通、向客户提供融资融券业务的同时，可建立专门的证券借贷平台，向证券公司、机构投资者和自然人投资者直接出借证券。投资者通过证券金融公司和证券公司借入证券后，可用于下列用途：借券卖空、返还借券或证券权益补偿、认购权证或其他性质金融产品的履约、满足基金申购和买回的需求等。

截止到 2012 年 5 月 11 日，台湾地区证券借贷余额为 1 947 亿元新台币，其中台湾证券交易所的借贷余额为 1 708 亿新台币，占

87.6%的市场份额；证券公司的借贷余额为207.3亿新台币，占10.7%，其中最大的两家证券公司——元大证券和凯基证券的借贷余额分别为76.07亿和71.99亿新台币，分别占3.9%和3.7%的市场份额；两家证券金融公司的借贷余额为31.7亿新台币，占总借贷余额的1.6%。

证券金融公司和证券公司既可以融资融券的形式向客户融出证券，也可以证券借贷的形式向投资者出借证券。虽然自然人投资者借助这两种手段均可实现证券卖空的目的，但对证券金融公司和证券公司而言，开展融券和证券借贷这两种业务的证券来源则有严格区分：融券券源不足时，证券公司可向证券金融公司转融券，证券金融公司可向其他证券金融公司转融券或者向台湾证券交易所公开标借；证券借贷券源不足时，证券金融公司或证券公司可直接通过台湾证券交易所借贷平台借入证券。

机构投资者卖空证券，除可向证券金融公司和证券公司融券卖空和借券卖空外，还可向台湾证券交易所借券卖空。由于机构投资者对证券的需求量较大，而证券金融公司和证券公司所能提供的券源数量和品种相比证券交易所均较有限，机构投资者的大部分证券借贷需求转向台湾证券交易所证券借贷平台。

截止到2012年5月11日，台湾市场总卖空量中，以融券方式实现的卖空余额为5.47亿股，占14.2%，以证券借贷方式实现的卖空余额为33.07亿股，占85.8%。以证券借贷方式实现的卖空余额中，27.12 亿股通过台湾证券交易所借贷平台实现，占 82%；5.95 亿股通过证券金融公司和证券公司实现，占 18%。

台湾地区证券金融公司最初设立有 4 家，经 2009 年和 2010 年整合，合并为目前的两家，即元大证券金融公司和环华证券金融公司。其主要业务范围包括：对客户融资融券、对证券公司转融通、证券借贷、现金增资及承销认股融资、对证券承销商承销融资以及对证券交割款项融资等。截止到 2012 年 5 月 11 日，台湾两家证券金融公司在融资融券业务的市场份额从 2010 年的 24% 降至 8.3%，证券借贷业务的市场份额为 1.6%，转融通业务量几乎为零。

国际证券借贷市场发展与影响因素研究*

2013年，全球证券借贷业务规模稳中有升，借贷收益水平有所下降，电子证券借贷平台迅猛发展，行业监管政策日趋收紧，各项改革措施在争议声中逐步推进落实，证券借贷业务发展总体渐进平稳。

一、2013年国际证券借贷市场发展概况

（一）证券借贷余额稳定在1.6万亿美元

21世纪以来，全球证券借贷业务规模迅速增长，到2007年全球金融危机前，全球证券借贷余额已经达到3万亿美元。金融危机后，

* 作者：石乔、张宇桐。本文写于2014年5月，曾刊于《融资融券研究》第15期。

各国监管当局强化了对证券借贷业务的监管，行业普遍增强了风险意识，证券借贷余额急剧下滑，2008 年以来一直稳定在近 2 万亿美元的水平（见图 3 -1）。到 2013 年底，全球证券借贷余额为 1.6 万亿美元，较 2012 年底增长 8.3%。

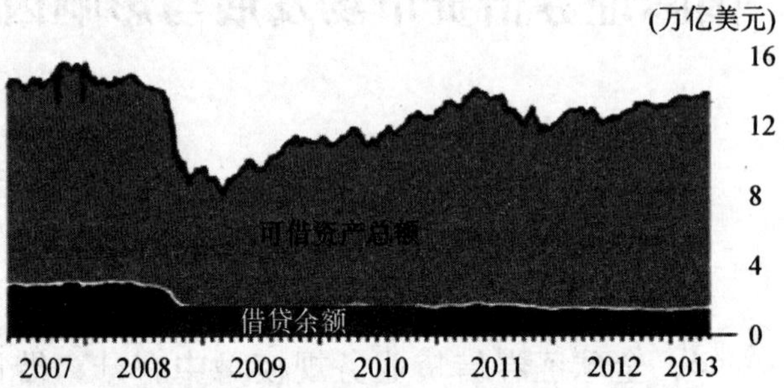

图 3 -1 国际证券借贷余额及可借资产总额（2007 ~ 2013 年）

资料来源：马盖提（Markit）。

（二）可借资产规模在金融危机后有所回升

证券出借人为参与证券借贷所提供的自身持有的证券资产，构成可借资产。可借资产规模的大小，在一定程度上反映了证券出借人参与证券借贷的意愿。数据显示，国际主要市场可借资产规模在 2009 年降至 8 万亿美元的最低水平，金融危机后有所恢复。2013 年底，可借资产总额回升至 12.4 万亿美元，2013 年内季均增长 3.4%。从市场看，北美市场可借资产达 8.45 万亿美元，占可借资产总额的 68%，欧洲市场占 22.5%，其他市场占 9.5%。从品种看，股票资产 8.45 万亿美元，占可借资产总额的 68%，债券占 31%，交易型开放指数基金占 1%。

（三）政府债券的借贷余额居半壁江山

在 1.6 万亿美元全球证券借贷余额中，政府债券借贷余额 0.81 万亿美元，占 51%；股票借贷余额 0.66 万亿美元，占 41%；公司债券借贷余额 0.09 万亿美元，占 5.6%；交易型开放指数基金借贷余额 0.04 万亿美元，占 2.4%。

（四）国际证券借贷市场主要集中欧美五国

北美市场是全球证券借贷的主市场，其证券借贷余额占国际证券借贷余额的 63%；欧洲市场次之，占 30.4%。截至 2013 年底，美国借贷余额为 8 458 亿美元，占国际证券借贷余额的 53%；加拿大借贷余额为 1 605 亿美元，占 10%；英国、德国和法国合计为 3 827亿美元，占 24%。在泛亚地区，日本为 481 亿美元，占 3%；中国香港地区为 218 亿美元，占 1.4%；澳大利亚为 120 亿美元，占 0.8%；中国台湾地区为 73 亿美元，占 0.5%；韩国为 54 亿美元，占 0.3%；新加坡为 38 亿美元，占 0.2%（见图 3－2）。

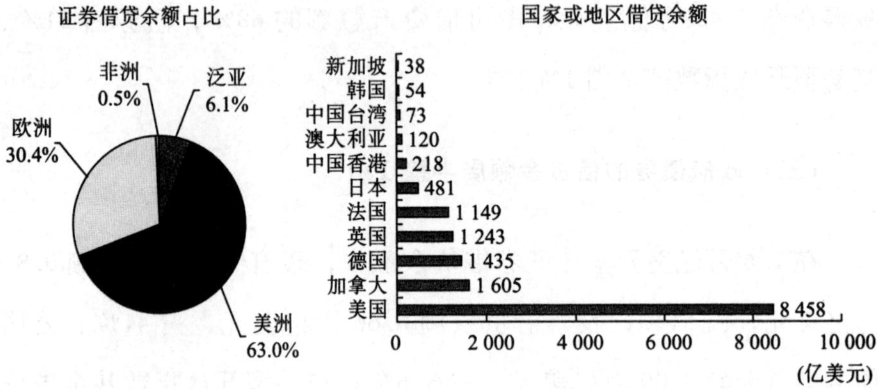

图 3－2　2013 年底证券借贷余额的地区和国别结构

资料来源：马盖提（Markit）。

（五）股票借贷费率与出借收益率有所下滑

2013 年，国际证券借贷费率平均为 2.89‰，较前两年有所下降。其中，股票借贷费率 5.83‰，政府债券借贷费率 0.68‰，公司债券借贷费率 1.61‰。受费率影响，全球主要市场出借股票的无风险收益率均呈下降趋势。其中，美国股票出借收益率从 2012 年第 4 季度的 0.5‰逐季降至 2013 年第 4 季度的 0.34‰，降幅达 32%；同期英国股票出借收益率从 0.23‰降至 0.1‰，降幅达 56.5%。

（六）证券借贷电子交易平台日益流行

21 世纪以来，由于证券借贷业务的飞速发展，以及证券借贷需求的多元化和复杂化，成熟市场依靠电话、传真、谈判等传统人工式的证券借贷交易手段已无法满足实际业务需要。电子借贷平台作为一种新型的证券借贷交易模式，依靠其信息多、效率高、便于集中风险监测等优势迅速发展并壮大起来。根据赛讯咨询公司（Celent）的统计，2006 年电子证券借贷平台的市场份额达到 10%，2009 年为 20%，2013 年已达到三成（见图 3 -3）。全球股票借贷平台及其分支全球债券借贷平台表现尤为突出，股票、债券借贷量不断攀升，仅 2014 年 2 月 6 日一天即完成 28 317 笔交易，创历史新高。

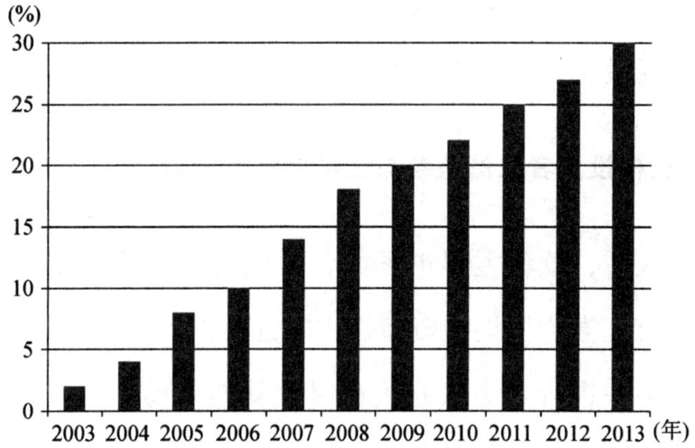

图 3 -3　电子借贷平台的市场份额增长情况（2003 ~ 2013 年）

资料来源：赛讯咨询公司（Celent）。

（七）第三方担保品管理服务的应用明显增加

据统计，1999 年以来，全球担保品的市场流通规模从 2 000 亿美元急速增长到 3.7 万亿美元，短短 14 年里放大近 20 倍。金融危机后，欧美监管层提高了担保品资质要求以及金融机构流动性要求，并要求衍生品交易通过中央对手方清算，市场参与者开始选取第三方担保品管理机构集中管理担保品。目前，包括摩根大通、纽约梅隆、花旗、巴黎证券服务公司、道富银行等在内的国际大型银行，以及包括明讯银行、欧洲清算等在内的中央证券存管机构，都推出了第三方担保品管理服务，并已通过业务实践证明，第三方担保品管理顺应了市场和监管要求，降低了担保品管理成本，整合了担保品资源，优化了担保品资产配置，是未来担保品管理发展的主要方向。保守估计，即使未来全球存量担保品中只有20%通过第三方管理，其市场规模也将突破7 000 亿美元。

（八）机构投资者依然是参与证券借贷的主力

从出借人看，欧美主要市场中，共同基金、养老基金、保险公司等长期持有证券的机构投资者提供的证券占可借证券总量的66%，商业银行、中央银行和类政府机构以及其他市场参与人提供的证券占32%（见图3-4）。作为新兴市场代表的巴西市场出借人结构略有不同，共同基金、养老基金、金融机构和企业占33.9%，外国投资者占31.1%，个人投资者占33.8%，其他市场参与人占1.2%。从借入人看，全球证券借贷的主要市场中，借入人仍主要由对冲基金、做市商、证券交易商等机构投资者构成；而在巴西市场，69.9%的证券由共同基金借入，个人投资者借入的证券仅占1.9%。

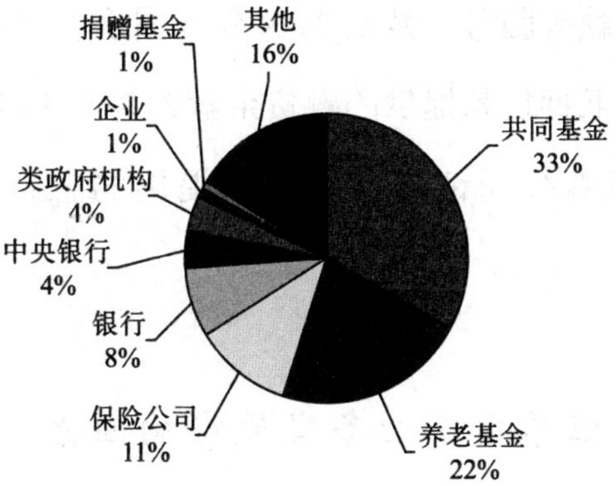

图 3－4　欧美市场证券出借人构成

数据来源：国际证券借贷协会。

（九）日本、韩国证券金融公司开展包括证券借贷在内的多元化经营

除经营转融通业务外，日本、韩国证券金融公司也经营证券借贷业务。据统计，日本证券金融公司 2013 财年的证券借贷收入占其总收入的 11.3%；韩国证券金融公司 2012 财年股票借贷中介服务的平均余额达 26.28 亿美元，债券借贷中介服务的平均余额达 168.9 亿美元，分别同比增长 43.0% 和 26.7%。与此同时，两家证券金融公司还向资本市场提供多种抵押贷款服务，成为资本市场制度化的流动性提供者。比如，日本证券金融公司向证券公司提供证券抵押贷款，并为债券承销商提供贷款服务。韩国证券金融公司向证券公司的证券抵押贷款提供融资，同时提供准承销贷款、一级和二级市

场的债券承销贷款等服务。截至 2014 年 3 月底，日本证券金融公司为证券公司证券抵押贷款提供的融资余额约为 9.44 亿美元，韩国证券金融公司为证券公司证券抵押贷款提供的融资余额近 10.7 亿美元。

二、国际证券借贷业务发展影响因素

（一）监管政策趋严有利行业长期发展

2013 年，《巴塞尔新资本协议Ⅲ》资本规则的落实和沃尔克法则的最终出台，已对代理银行开展证券借贷业务产生一定影响，但监管改革远未完成。《多德 - 弗兰克法案》对交易对手方集中度的限制，金融稳定委员会对中央化清算以及担保品最低扣减率的要求，欧洲证券市场局对可转让证券集合投资计划基金（UCITS Fund）的披露要求及杠杆限制等，都在逐步推进落实。目前只有 40% 的法规业已完成草案，行业层面仍在游说监管层，争取影响法规的最终版本，多项法规预计 2016 年才能最终出台。调查显示，在这些监管法规不断出台的背景下，53% 的金融机构认为高质量担保品的成本将提高 9%，从而短期有可能导致证券借贷活动减少。但从长期看，严格监管有利于提升行业透明度，增强投资者信心，促进业务持续健康发展。行业普遍估计，中央化清算要求将衍生出 5 000 亿美元到 6

万亿美元的担保品需求，摩根大通的内部评估则认为该数值在 2 万亿美元左右。

（二）市场交易活跃刺激证券借贷业务增长

主权财富基金、保险公司、退休基金、中央银行等机构投资者参与程度进一步加深，全球对冲基金多空策略应用更为活跃，第三方担保品管理业务不断发展，新股发行上市、公司并购活跃、股息套利持续等多重利好因素的叠加，将刺激证券借贷需求和供给双双增长。截至 2013 年底，全球证券借贷余额和可借证券库存分别为 1.6 万亿美元和 12.4 万亿美元，较上年底增长 8.3% 和 14.1% 。预计 2014 年全球证券借贷余额将逐步回升至接近 2 万亿美元的水平。

（三）加强对现金担保品再投资的监管成为风险防控重点

出借证券的收益包括出借证券收取的费用和使用收到的现金担保品进行再投资获得的收益。现金担保品再投资在事实上形成影子银行业务，可能造成对手方信用风险和期限错配风险。金融危机后，加拿大、德国、英国和美国的监管机关均加强了对此类活动的管控，规定现金担保品只能投资于期限较短的货币市场工具。如加拿大规定证券借贷和回购交易中收到的现金担保品所投资的证券期限分别不得长于 90 天和 30 天，美国规定现金担保品只能投资于具有较高流动性的投资工具。数据显示，美国的现金担保品再投资项目、货币市场基金和公司持有现金之和在2007年达到2.2万亿美元的峰值，2010年第4季度已降至1.9万亿美元。金融稳定委员会于2013年发布报告《加强影子银行监管——应对证券借贷与回购中的影子银行风险的政策框架》，建议监管部门从投资对象的流动性、盯市管理、集中度限制等方面对现金担保品再投资活动加强监管。预计业内现金担保品再投资活动将进一步收紧。

（四）市场成熟程度明显影响证券借贷成本

2013年，欧美市场的借贷费率随着借入人议价能力的增强而下降，高费率证券数量也在减少。以美国罗素3000指数成分股票为例，费率超过1‰的高费率证券数量占比已降至4%。泛亚市场则相反，高费率证券的数量占比接近25%，出借最多的1 000只股票平均费率为10.7‰，比欧洲的7.6‰高出41%。

（五）季节因素影响股票借贷余额

由于投资者实施股息避税安排，欧洲包括德国在内的部分市场证券借贷余额在第2季度显著高于其他时期，日本在第1季度、第3季度发放股息时证券借贷余额也明显偏高。在第4季度，尤其是圣诞节和新年邻近时，投资者受节日气氛等因素影响，做空意愿有限，而空头合约了结数量增加。据马盖提（Markit）统计，2006～2013

年，每年 12 月标普 500、罗素 2000 股票空头合约的了结数量普遍较大，借贷余额在当月平均下降 7.2% 和 5.2% 。

三、国际证券借贷发展经验对我国的启示

（一）需要大力推动我国机构投资者参与融资融券和转融通业务

私募基金等机构投资者在交易策略、交易纪律和风控水平等方面具有优势，也需要套期保值和对冲投资组合风险，是成熟市场融资融券业务的主要投资者。另外，在欧美主要市场和新兴市场，共同基金、养老基金、保险公司等机构投资者提供的证券分别占可借证券总量的 68% 和 33.9% 。而我国的公募基金、信托机构、保险资产管理机构、证券公司自营以及合格境外投资者等专业机构投资者，目前既不能通过融资融券交易实施可转债套利交易、配对交易、指数套利交易等交易策略，也不能通过出借证券增加收入。这也是目前转融券业务券源不足，融券业务发展缓慢的重要原因之一。因此，有必要借鉴境外经验，在相关法规和办法中明确机构投资者可以从事融资融券和转融通交易，推动实现机构投资者存量资产保值增值，扩大转融券和融券业务的证券来源。

（二）应探索建立适用于我国市场的集中统一的证券借贷平台

欧美证券借贷市场在几十年的发展历程中，经历了从出借人和

借入人双边分散交易到在证券借贷平台多边集中交易，再到在中央对手方多边集中清算和管理担保品的过程，证券借贷业务逐步集中化的发展趋势比较明显。随着我国证券市场交易机制的不断完善、投资工具的日益丰富，证券借贷的业务需求将不断涌现。在我国资本市场成熟度还不高、机构投资者风险管理水平还不强的现实状况下，要确保证券借贷业务平稳发展和风险可控的有机平衡，集中统一的证券借贷平台是比较合适的选择。一是集数据统计、交易平台、第三方担保品管理等功能于一身，可以有效提高监管效率，防控风险。二是有利于提高市场透明度和匹配买卖需求，增加交易成功概率，提高市场活跃度。三是有利于发挥市场的价格发现功能，减小证券借贷价格波动，提高市场效率。

（三）应鼓励和支持证券金融机构探索对证券公司开展承销贷款、并购贷款、股权质押贷款等业务

转融资业务推出以来，证券公司融资余额由 661.44 亿元增长至 2014 年初的 3 958.65 亿元，转融资提供了融资余额增量中的 21%。转融资业务已逐渐成为证券公司简便、快捷的重要融资渠道。证券金融机构为证券经营机构提供资金支持，是东亚地区证券市场的一个重要特点，相对于银行等机构的外部资金，证券金融机构为包括证券公司、基金公司、期货公司在内的证券经营机构提供各种贷款，会更加方便和快捷。借鉴日本、韩国证券金融公司开展贷款类业务

的经验，允许证券经营机构向证券金融机构申请约定购回业务、承销、并购、过桥等贷款，有利于拓宽证券经营机构融资渠道，缓解其资金紧张的局面。

境内外债券借贷市场的比较研究*

本文借鉴境外成熟市场和我国银行间市场的实践经验，对我国证券市场开展债券借贷业务进行了研究。

一、境外债券借贷市场分析

境外债券借贷市场兴起于19世纪60年代。1990年以后，交易策略进一步丰富、跨境交易结算迅猛增长，债券借贷市场被各国监管部门视为债券发展不可或缺的部分。现今债券借贷业务从起初防范交收失败的手段，逐步发展成为现代金融市场的基础性机制，在活跃市场交易、提高市场效率等方面发挥了积极的作用。截止到2012年末，全球约1.44万亿美元的证券借贷余额中，债券借贷余额

* 作者：中国证券金融公司交易管理部。本文写于2014年9月。

占比较大。其中，政府债券 0.75 万亿美元，占约 52.1%；公司债券 0.09 万亿美元，占约 6.3%。

（一）境外债券借贷市场的基本情况

1. 境外债券借贷的功能与需求。境外市场债券借贷的用途主要包括融券卖空、交收安排、融资安排等，具体可以分为融券驱动和融资驱动两种。

融券驱动型：由证券需求驱动的债券借贷交易，对实现市场合理定价、提高结算效率、提高市场流动性具有重要意义。这类债券借贷交易占比较小，主要包括：第一，交易交收需求。境外债券市场采用 T +n 日交收，证券经纪商和做市商无法在客户要求的交货时间内寻找到客户指定交易的债券时，需寻求和安排借入特定的债券，以满足此类临时性需求，可以减少交易结算失败率。第二，卖空交易需求。部分投资者预期某只债券价格下降，或对另一交易进行套利、避险时，有做空债券的需求，因此要通过债券借贷来建立空头头寸。对以卖空交易为目的的公司债券借贷，借贷费率受以下因素的影响：信用评级低、持债人数集中、可召回债券的借贷费率较高；而浮动利率的债券所对应的借贷费率较低，因为其隐含的价格波动相对较小。

融资驱动型：基于现金需求驱动的债券借贷交易，主要以回购协议的形式存在。此类债券借贷交易（即债券回购）占市场比重最大，多为满足证券公司的短期资金需求。

2. 主要参与者。境外市场参与人以机构为主，分为出借人、代理出借人、交易商和最终借入人。其中，出借人主要包括长期持有债券的养老保险、共同基金、保险公司，希望通过出借债券抵消托管费用，寻求更高收益。代理出借人一般是托管银行、资产管理机构或第三方证券借贷代理机构，为自己的客户或其他托管银行的客户提供代理出借债券的服务。证券交易商除了自身借贷债券以满足做市和交割需要外，同时为债券的借贷双方提供中介服务，接收担保品、承担对手方信用风险和流动性风险。最终借入人主要包括对冲基金和做市商，通过借入债券满足交割、做空、套利策略、做市等需要。

3. 费率。债券借贷费率明显低于股票借贷费率。2013 年第 2 季度，全球证券借贷费率平均为 6.37‰。其中，股票借贷费率 14.01‰，政府债券借贷费率 0.81‰，公司债券借贷费率 1.63‰。政府债券借贷费率各地区相差不大。最高的地区为非洲，达到 1.86‰；欧洲地区稍低，为 1.18‰；美洲和泛亚地区则分别为 0.67‰和 0.22‰。而全球进行公司债券借贷的国家较少，其中日本公司债券借贷费率最高，为 3.50‰；加拿大公司债券借贷费率最低，为 0.93‰；美国和英国分别为 2.82‰和 1.94‰。

4. 抵押品管理。一是出借方管理抵押品。在出借方管理质押品的模式下，借入方需向出借方交纳抵押品。抵押品的形式可以是现金，也可以是债券。国际上主要的债券市场如美国、欧洲多采用该种模式。以美国证券市场为例，普通市场成员多采用该种模式进行借贷。当借入方以现金作为抵押品时，借出方将按照联邦基金利率向借入方支付作为抵押品的现金在借贷期内的利息，而借出方可以委托中介机构在借贷期内通过合理的投资手段，获得超过联邦基金利率的投资收益，投资收益与联邦基金利率的差额部分即借出方的借券收益。而在以债券作为抵押物的情况下，债券借入方将直接向出借方支付借券费用。

二是集中管理抵押品。在集中管理的模式下，抵押品交由中介机构保管，如美国信用借贷中的证券托管结算公司、欧洲清算银行、德国明讯银行等国际证券托管机构、日本普通抵押借贷中的日本证券托管中心（JASDEC）、韩国抵押式借贷中的韩国证券存管公司（KSD）以及香港金融管理局（HKMA）等。该类机构往往不对借贷交易提供担保，仅为债券借贷交易提供便利，若借入方保证金账户余额不足或出现违约，由其执行强行平仓。以韩国市场为例，债券借贷中的交割需求模式、报价交易模式以及议价交易模式下，借券人及出借人均通过韩国证券存管公司提供的参与人终端服务系统（SAFE）申请债券借贷。当各项借贷条件符合双方要求时，交易即成立。同时，借券人必须提供现金或证券等足额担保品给证券存管公司，由其进行担保品的管理与盯市。

（二）金融危机后的监管思路与发展趋势

美国次贷危机后，在2009年二十国集团（G20）匹兹堡金融峰会召开之后，各国际性监管组织及各市场监管机构相继出台了落实金融监管改革的具体法案或条例，包括巴塞尔委员会制定的《巴塞尔新资本协议Ⅲ》、国际证监会组织（IOSCO）提出的《金融市场基础设施原则》、金融稳定委员会（FSB）关于证券借贷对影子银行影响的政策建议、美国《多德－弗兰克法案》等，政策规则总体偏紧，并都对债券借贷市场产生一定影响：

1. 监管强化使行业集中化的趋势日益明显。上述政策强制市场参与者使用中央对手方清算机制。随着监管政策的收紧，通过美国清算公司（OCC）、明讯银行、欧洲清算集团等中央对手方进行清算的交易量不断增长。

2. 债券借贷业务规模、杠杆比率有所缩减。监管上对代理银行的信用敞口、资本要求、杠杆比率以及担保品再投资等方面提出了更严格的风险管理要求，一定程度上抑制了代理银行开展债券借贷中介业务的规模。

3. 第三方担保品管理服务的应用明显增加。全球担保品的市场流通总量从1999年的2 000亿美元快速增加到2012年的3.7万亿美元，年均增长23%。使用第三方担保品管理服务，除了能够满足监管规则中提高透明度和增加披露的要求外，还有利于节省成本、提高效率，同时有效减少对手方信用风险和操作风险。近年来，摩根大通银行、纽约梅隆银行、明讯银行等多家金融机构的第三方担保品管理业务范围和规模都在不断扩大。

（三）对我国开展证券市场债券借贷业务的启示

1. 建议发展集中式的债券借贷机制。市场效率方面，集中式管理的债券借贷机制在融券效率方面具有非常明显的优势，在发达债券市场中发挥了主要的作用；市场监管方面，集中式管理的借贷机制更便于对债券借贷交易进行一定程度的监控，以防止债券借贷被投资者误用或滥用。因此，建议借鉴国际成熟市场经验，发展集中式的债券借贷机制。

2. 建议采用第三方担保品管理模式。境外实践表明，第三方管理担保品，有利于风险整体防控，也满足监管层对金融发展中提升透明度、加强信息披露的要求，可以有效减少对手方信用风险和操作风险。我国开展证券市场债券借贷业务，可以考虑在担保品管理方面采用第三方担保品集中管理的做法。

二、我国银行间市场债券借贷业务分析

（一）银行间债券借贷市场的基本情况

2006 年 11 月，我国银行间债券市场推出债券借贷业务。2013 年前交易并不活跃，2012 年第 1 至第 3 季度仅发生 1 笔交易，2012 年 11 月之后，交易活跃度明显上升，但总体来说，业务规模仍然较

少。根据公开数据，2013 年至 2014 年 4 月 30 日，银行间市场累计债券交易量 265 万亿元。其中，现券交易量 50.5 万亿元，占比 19.07%；回购交易量 214.2 万亿元，占比 80.82%；借贷交易量 0.3 万亿元，占比 0.11%。出借债券以高信用等级的国债为主，交易期限大部分在 3~6 个月，交易费率基本为 30~40 基点。

（二）业务模式和特点

银行间市场债券借贷交易采用非标准化模式，即出借和借入双方一对一协商确认出借证券、担保证券、期限、费率等交易要素，通过全国银行间同业拆借中心（简称“同业中心”）交易系统达成交易，担保品冻结在借入方账户，如出现违约，由双方自行协商解决。主要特点有：

一是交易比较灵活。由于银行间市场是机构间市场，因此对于业务模式较为复杂的借贷交易采用非标协商模式，出借和借入双方有较大的协商空间，既符合机构间市场交易特性，也有助于交易的达成。

二是以融资驱动型为主。据了解，银行间市场债券借贷交易本质上仍是为了满足借入方融资需要。由于银行间市场交易效率较低，已发生的借贷中，卖空需求的 0 笔，交收需要的不足 10 笔，融资需要的超过 2 000 笔。具体实现方式是：借入方质押无法回购融资的债券，借入对方所持的国债或高评级企业债，增加流动性储备、通过回购方式提高杠杆融资。

（三）借贷交易活跃度低的原因分析

银行间市场债券借贷业务规模小、效率低、交易达成难度较大，主要有四方面原因：

一是出借方选择对手方的要求较高。持有大量国债的国有银行是极端风险厌恶型的出借人，为避免债券归还违约风险，一般会谨慎选择对手方范围，许多中小型券商或城市商业银行无法达到门槛。从历史成交数据来看，仅工商银行 1 家融出债券量占总量的 97%，为主要的出借方；中信证券公司、广发证券公司、兴业银行与国泰君安证券公司四家机构融入债券量总量的 60%，是主要的融券方，均为信用等级较高的大型券商或上市银行。

二是借贷手续较为烦琐。由于债券借贷属于场外业务，在借贷行为发生前，借贷双方需要事先签署主协议，约定一定的义务与保障，缺乏平台化的管理，导致借贷手续相对比较烦琐。

三是缺乏事中与事后的风控措施。借贷交易达成后，借入方的债券被质押锁定，并未实际过户给出借人。在借入方归还债券前，并没有相关的逐日盯市与风险监控机制，期间若借入方信用情况发生明显恶化，或所质押债券信用情况急剧下降，出借方均无如补缴质押债券、提前召回等有效减小、控制风险的手段。同时，债券归还不支持现金了结，在债券流动性较差的情况下增加了违约概率。

四是违约救济效果欠佳。借入方违约时，作为质权人的债券融出方并不能立即获得质押债券所有权而进行处置。根据《债券借贷结算规则》规定，债券借贷到期后若债券融入方违约，启动质押清偿程序须向中央国债公司提交债券借贷双方协议和经双方确认的清偿过户申请书、仲裁机关出具的具有法律效力的裁定书或法院的判决或裁定中的一项。由于没有中介机构进行协调，当发生违约时仅依靠双方协商解决，而融入方违约后启动质押债券清偿程序将面临协调、诉讼或仲裁等多种不确定因素，出借方可能面临较大的处置风险，不能快速维护自身权益。

三、我国证券市场债券借贷业务相关问题分析

（一）证券市场债券业务的基本情况

证券市场债券托管在登记结算公司并在沪、深证券交易所交易，债券品种包括国债、地方债、企业债等。目前仅有现货和回购两类交易，没有债券借贷业务，主要采用标准化的竞价交易模式。截至2014 年 4 月证券市场总托管债券市值约 2.07 万亿元，其中可在上海证券交易所交易的债券市值约 1.81 万亿元，占 87.44%；可在深圳证券交易所交易的债券市值约 0.25 万亿元，占 12.56%。主要债券品种包括国债、地方债、企业债等。2013 年 1 月～2014 年 4 月 30

日，我国证券市场各类债券交易量 89.52 万亿元。证券市场债券业务主要有三个特点：

一是业务规模小。截至 2014 年 4 月，国内债券托管市值总量为 26.65 万亿元，其中 93.56% 托管在银行间市场，3.64% 托管在证券市场，其余 2.8% 托管在柜台等其他市场。由于银行和保险等债券持有者将绝大部分债券托管在银行间市场，债券交易量也主要集中于银行间市场。长期以来，证券市场债券业务规模小，逐步边缘化。

二是市场参与人广泛。证券市场债券投资者包括券商、基金、保险、信托、上市商业银行、财务公司、券商的机构客户和个人客户，其中保险机构和投资基金是交易所债券市场的主要投资者。

三是交易以满足融资需求为主。2013 年 1 月～2014 年 4 月 30 日，我国证券市场各类债券交易量 89.52 万亿元。其中，现券交易 1.34 万亿元，占比 1.5%；回购交易 88.18 万亿元，占比 98.5%，回购交易比重占绝对主导地位。由于证券市场债券回购采用标准券模式，折算为标准券的债券无法进行交易，目前已折算的标准券约 3 750 亿元，作为抵押券的债券也是市场最有价值的交易品种，这部分债券的锁定也进一步导致了现券交易交易量较小。

（二）开展证券市场债券借贷业务的必要性

目前证券市场债券业务中，以融资为主要目的的回购市场得到比较充分的发展，融券驱动型的证券借贷业务并未开展，交易机制的缺失，不仅弱化了证券市场债券业务竞争力，做市商等业务创新活动也得不到债券借贷的有力支持而很难开展。债券借贷机制缺失成为制约证券市场债券长远发展的重要因素之一。

从成熟债券市场的发展经验来看，债券借贷结合现货、期货及期权交易，共同构成了债券交易体系，并借由现货与期货的联动关系，形成市场的合理价格，提供避险渠道，促进交易活跃。我们分析认为，债券借贷对债券市场功能的发挥有一定意义：

一是有助于提升市场流动性。开展债券借贷业务，可以盘活证券市场部分闲置债券，增强债券交易的流动性；对于持有大量存量债券资产的长期投资者来说，亦可通过债券借贷获得闲置债券的额外收益，提高整体收益水平。

二是有助于提升市场有效性。目前债券的交易方式仅有现券买卖、回购业务两种，而国债期货推出后因缺乏配套交易手段成交量也十分有限。开展债券借贷业务，可以丰富套利、卖空等交易策略，为其提供新的投资盈利模式和风险规避手段；并配套支持做市商做市，稳定债券现货市场价格。使市场上各资产之间的替代性得到有效增强，促使市场价格发现或均衡价格恢复，进而维护市场有效性。

三是有助于促进市场发展。借贷机制的实现对强化债券市场流动性、维护交易与交割秩序、扩大市场规模均有正面影响，从而增强市场投资者信心，更能进一步刺激交易规模扩大和机制深化，实现资本市场的良性循环，对整个资本市场发展具有较大的溢出效应。

（三）证券市场债券借贷业务的功能定位

借鉴境外与我国银行间债券借贷市场的经验，综合考虑我国证券市场现状，我们认为证券市场债券开展债券借贷业务，应将功能定位于满足三大“需要”：

一是满足市场多样化需求的需要。银行间市场的债券借贷主要是满足机构高风险债质押借入低风险债之后债券回购的融资类需求，而债券融券卖空的交易机制缺失，使投资者资产配置、融券卖出等投资类需求不能得到满足。因此，在设计证券市场债券借贷业务的功能定位时，应兼顾多样化的市场需求，满足融资、卖券等各类投资需求。另外，银行间债券借贷市场的机构多为风险厌恶型，注重对手方风险以及债券归还的安全性。债券借贷初期，我们认为一个资信可靠、有强风险抵御能力的中间角色十分必要，可以有效改变当前证券市场债券成交效率，有利于为借入方增信、减少出借方顾虑，促进借贷的达成。

二是第三方担保品管理的需求。从我国银行间市场来看，债券借贷主要存在质押品短缺、事中与事后风控缺乏、质押债券处置机制不完善等问题，所有参与机构相对较少、规模有限。如果由有经验的第三方机构对借入方的担保品进行集中管理，可以对借贷的事中、事后进行有效风控与监测，降低双方自行协商解决违约问题的难度。此外，第三方担保品管理机构还可以在风险可控的前提下，运用所管理的担保品进行再投资，所获收入可以增加出借方的收益，降低借入方的成本，提高市场资源的利用效率。

三是满足集中管理、统一监控的需要。从金融危机后的海外监管思路与发展趋势来看，分散模式逐步向集中模式发展，建立集中管理平台，进行统一的授信管理与规模控制，更有利于对业务风险的整体管控，也符合我国证券行业监管的思路。

（四）证券市场债券借贷业务需求分析

证券市场债券借贷业务需求与境外市场和银行间市场情况类似，主要有三类。一是融资驱动型交易量估算。融资驱动型交易的债券品种主要为国债、公司债等信用等级较高的债券，通过以闲置的信用等级较低的债券置换为信用等级较高的债券进行质押融资。目前在质押券范围内未被质押的债券市值约为930亿元，占证券市场债券托管量的5%，按银行间市场现券和债券借贷的比例关系估算，此类债券借贷年交易规模为约为4.46亿元。二是卖空需求交易量估算。卖空需求交易的债券主要为信用评级在AA级以下的债券和波动较大的可转债，扣除可转债中作为质押券的部分，此类债券托管量约为1 156亿元，占证券市场债券托管量的6.2%；按银行间市场现券和债券借贷的比例关系估算，此类债券借贷年交易规模为约为5.53亿元。三是清算交收需求。债券做市商制度和债券借贷业务均有一定的清算交收需求。

境外证券借贷平台技术系统分析报告*

本文对美国、欧洲、亚太地区的证券借贷平台进行了案例研究，分析了国际高水平证券借贷技术系统的业务功能、系统架构、建设过程、技术特点等内容。

一、国际证券借贷业务市场结构及技术系统概述

经过数十年的发展，证券借贷从后台处理业务转变为投资管理业务，业务过程逐渐规范化和标准化，形成了英国国际证券借贷协

* 作者：中国证券金融公司信息技术部。本文写于 2014 年 6 月。

会[①]维护的《通用证券借贷主协议》（Global Master Securities Lending Agreement，GMSLA）、欧洲银行业联合会[②]等机构维护的《欧洲主协议》（the European Master Agreement，EMA）、美国证券业与金融市场协会[③]维护的《美国证券借贷主协议》（Master Securities Loan Agreement，MSLA）等证券借贷主协议。截至2013年6月底，全球证券借贷余额约为1.9万亿美元。

（一）市场结构

证券借贷属于保证金信用交易，一般在金融机构之间进行，交易过程主要涉及四类角色：出借受益人（Beneficial Owners），包括养老基金、共同基金、保险公司、资产管理公司等；代理出借人（Practitioner Lenders），包括直接出借人、托管行代理出借、第三方代理出借等；代理借入人（Practitioner Borrowers），包括经纪交易商、大宗经纪商等；最终借入人（End Borrowers），包括对冲基金、

---

① 国际证券借贷协会（International Securities Lending Association，ISLA）于1989年在英国伦敦成立，是代表证券借贷行业参与者共同利益的交易协会。国际证券借贷协会拥有90多名会员，涵盖保险公司、养老基金、资产管理公司、银行、证券公司、服务提供商等，会员分布在欧洲、中东、非洲、北美等20多个国家和地区。

② 欧洲银行业联合会（European Banking Federation，EBF）于1960年成立，是欧洲银行业进行欧洲内部或全球层面监管辩论的代表。联合会代表欧洲32个国家的银行业协会、4 500家银行和230万从业者。

③ 美国证券业与金融市场协会（the Securities Industry and Financial Markets Association，SIFMA）于2006年11月成立，由美国债券市场协会和美国证券业协会合并而成，成员涵盖欧美与亚洲的证券业、银行业、律师事务所、会计师事务所、资产管理公司等。

自营交易部门、套利团队等。证券借贷业务市场结构如图 3 －5 所示：

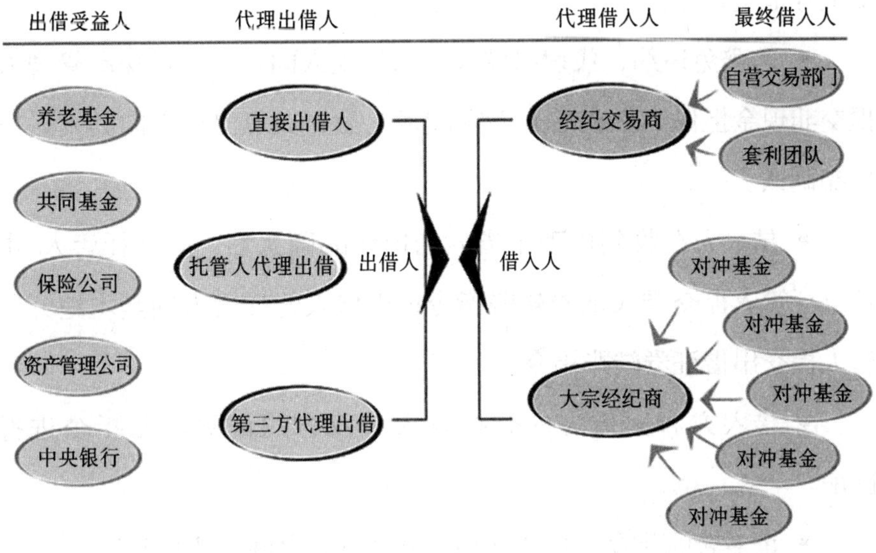

图 3 －5　证券借贷业务市场结构概览

（二）业务流程

与普通证券交易类似，证券借贷业务过程分为交易和结算两个环节。因证券借贷业务属于保证金信用交易，证券借入方应在交易前向证券出借方或第三方代理机构提交担保品，在交易达成后对担保品价值进行逐日盯市，并支持提前召回、归还等交易后处理。以非现金担保品证券借贷交易为例，业务流程主要包括以下内容：

- 托管人维护出借人账户，向代理出借人发布可供出借的证券清单，代理出借人再向借入人发布可供出借的证券清单。

- 借入人向代理出借人提出借券请求，代理出借人向托管人提交证券借贷指令。
- 为避免违约，代理出借人要求借入人向第三方担保品管理人提交非现金担保品，在借入人完成提交后，代理出借人向其发送担保品确认。
- 借入人在收到代理出借人的担保品确认后，向其托管人/本地分托管人提交借人证券转账指令；出借人的托管人向其本地分托管人提交出借证券转账指令。
- 借入方和出借方的分托管人对双方的证券转账指令进行匹配。
- 证券转账指令匹配成功后，分托管人之间完成证券过户。

上述非现金担保品证券借贷交易过程如图 3 -6 所示：

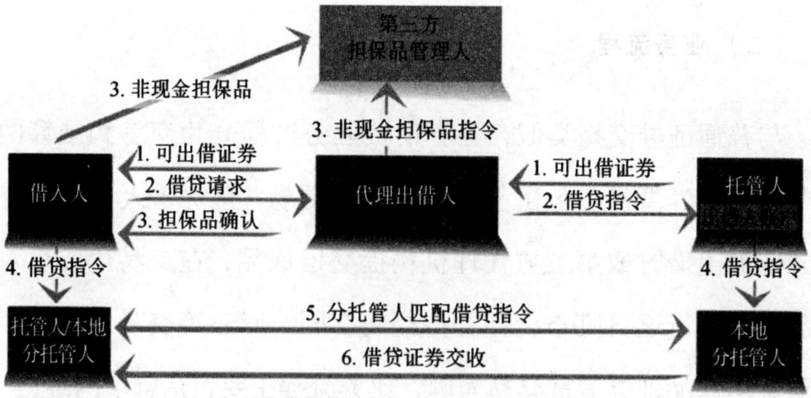

图 3 -6 证券借贷交易过程

证券借贷结算包括集中清算和存管交收两部分。其中，集中清算存在双边协议清算和中央对手方清算两种模式。证券借贷业务目前以双边协议清算为主，即在代理出借人和代理借入人之间达成双边协议后，直接将证券过户指令发送至证券登记结算机构进行存管交收；中央对手方清算是指出借人和借入人达成证券借贷交易合约后，中央清算机构在集中清算期间介入，成为原出借人的借入人和原借入人的出借人，即清算机构与原出借人之间、清算机构与原借入人之间分别形成了两个证券借贷合约，替代原来的双方直接交易合约，即合约替代（Novated Trade），以降低交易对手方风险①。据统计，2011 年采用中央对手方清算的证券借贷业务占比不到 2% ②。随着金融危机后监管要求的不断加强，中央对手方清算模式逐渐成为欧美证券借贷市场的发展趋势。

（三）技术系统概览

证券借贷市场的信息技术服务机构主要分为三类：第一类提供咨询服务，例如马盖提（Markit）公司、首强（Head Strong）公司等；第二类为代理出借人和代理借入人提供交易簿记/管理系统，例如盛嘉德（SunGard）全球证券借贷系统、布罗德里奇（Broadridge）公司

① 《The Introduction of CCP in Securities Lending》，Andrew Howieson & Roy Zimmerhansl，2010.

② 《The Role of Securities Lending in US Financial Markets》，Finadium，2011.

等；第三类为证券借贷业务提供基础设施，包含交易平台、交易后自动处理、数据分析、担保品管理系统以及中央对手方清算服务，例如艾奎兰证券借贷平台（EquiLend）、欧洲期交所回购平台（Eurex Repo）、派拉姆（Pirum）公司、美国清算公司（OCC）、欧洲期交所清算集团（Eurex Clearing）、伦敦清算所清算网（LCH. Clearnet）等。证券借贷市场的信息技术服务机构分类如图 3 －7 所示：

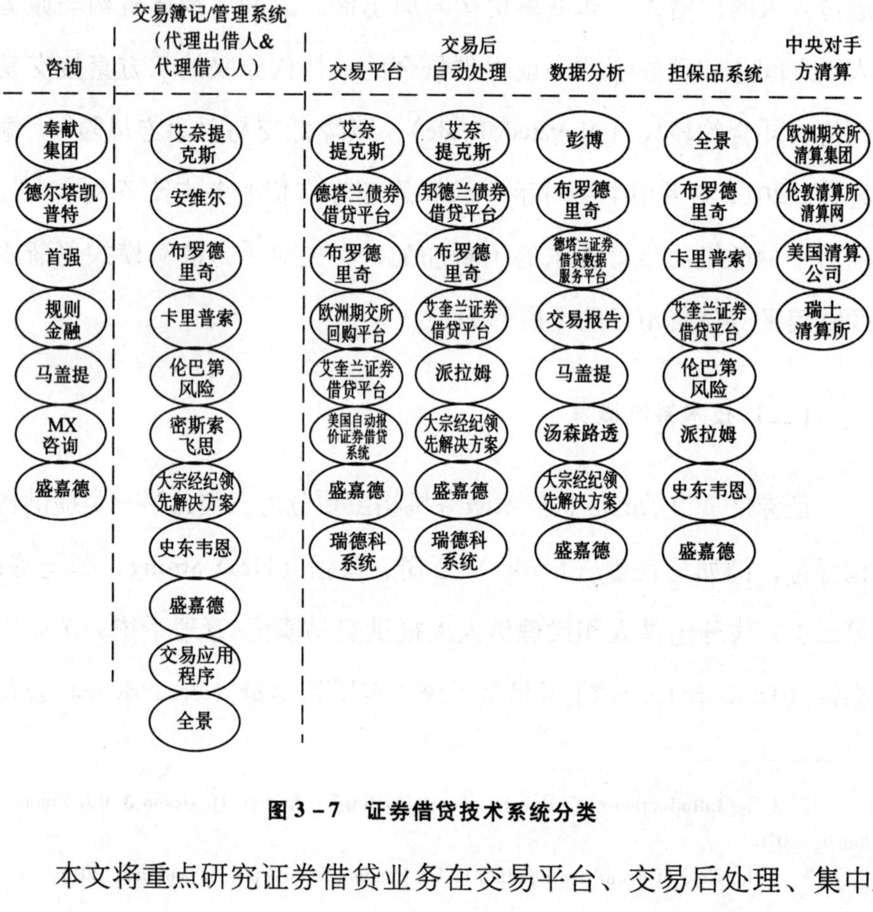

图 3 －7　证券借贷技术系统分类

本文将重点研究证券借贷业务在交易平台、交易后处理、集中清算、存管交收、担保品管理等环节的典型技术方案。

二、美国证券借贷平台说明

在早期，美国证券借贷市场高度分散，代理出借人和代理借入人通过双边直接协商进行交易，自动化程度低，双方一般在线下达成交易协议后，通过传真或邮件等方式发送交易确认，导致借贷交易成本较高，处理效率低下。为降低交易对手方搜索成本，2000 年初出现了以艾奎兰证券借贷平台（EquiLend）为代表的电子交易平台，出借人和借入人只需接入平台即可获得所有对手方借贷行情信息；同时，交易平台通过提供自动借贷功能实现证券借贷的直通式处理。

场内集中交易市场（交易所或另类交易平台）使用中央对手方清算被认为是最佳市场安排。2008 年金融危机后，为降低交易对手方风险，该清算模式被运用到证券借贷市场。2009 年初美国自动报价证券借贷系统推出，由美国清算公司担任中央对手方清算机构，实现了证券借贷匿名交易。中央对手方清算模式并不是场内市场所独有的，场外市场的证券借贷业务也可以采用。艾奎兰证券借贷平台在 2011 年与美国清算公司实现对接，支持通过其达成的交易发送给美国清算公司进行中央对手方清算。美国证券借贷平台整体概览如图 3 -8 所示：

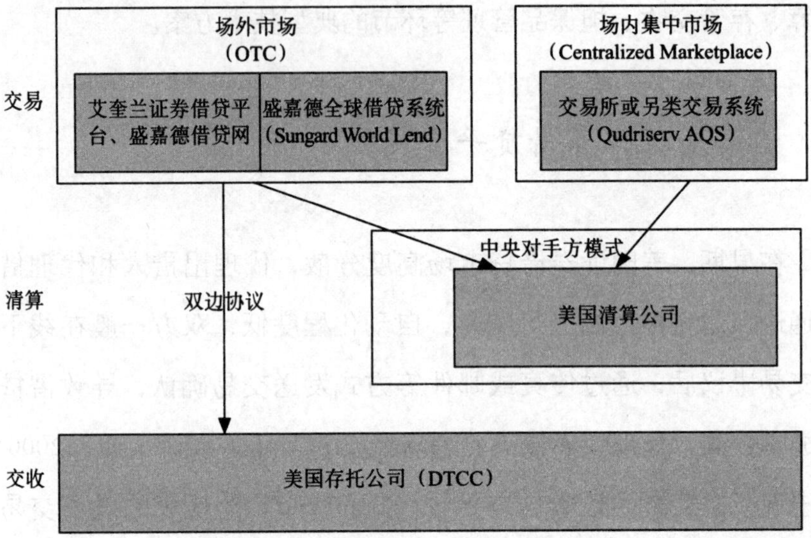

图 3－8　美国证券借贷平台概览

以下对美国证券借贷市场的交易平台、交易后处理、集中清算、存管交收及担保品管理各环节具有代表性的技术方案进行介绍。

（一）艾奎兰证券借贷平台

艾奎兰公司成立于 2001 年，由贝莱德银行、瑞信集团、高盛集团、摩根大通银行等 10 家全球性金融机构在美国纽约设立，致力于提供标准化、集中式的证券借贷交易平台来提高证券借贷的效率。艾奎兰公司于 2002 年推出艾奎兰证券借贷平台（EquiLend），2010 年推出邦德兰债券借贷平台（BondLend），2011 年推出德塔兰证券借贷数据服务平台（DataLend）。艾奎兰证券借贷平台的单日证券借贷交易量在 2014 年 2 月 6 日达到了历史峰值，交易金额超过 280 亿美元，在全球65个客户之间发生了28 317万笔交易①。亚洲地区在2014年2月通过艾奎兰证券借贷平台开展的证券借贷交易量为40 672笔②。

艾奎兰证券借贷平台将点对点交易模式转变为集中式交易模式，降低了交易对手方搜索成本，并通过提供自动化的交易和交易后服务功能来提高处理效率。艾奎兰证券借贷平台支持可供出借库存发布、交易协商、借入人请求发布、交易确认或拒绝等基本功能，以及提前召回、归还、逐日盯市、合约比对、账单比较等交易后处理服务，在提前召回方面，艾奎兰证券借贷平台实现了美国证券业协会（SIA）的自动提前召回管理系统标准（ARMS）。

艾奎兰证券借贷平台采用典型的分层技术架构，由展现层、消息层、应用层和数据层组成，参与人可以通过网页或证券借贷标记语言（SLML）③ 电子接口接入平台。参与人提交的交易请求消息由展现层或消息层传送至应用层进行业务处理（基于国际商用机器公司的消息中间件产品）；应用层是业务处理核心，根据具体功能划分成不同的模块，例如自动借入、协商、合约比对等（基于甲骨文公

① 《EquiLend Sees Record February Volumes》, Securities Lending Times, 2014/2/12.

② 《Asia Trade Volume Hits New Highs for EquiLend》, Securities Lending Times, 2014/3/5.

③ 证券借贷标记语言（Securities Lending Markup Language, SLML）为艾奎兰公司制定的证券借贷接口标准，基于可扩展标记语言（XML）。

司的应用中间件产品）；数据层用于保存交易数据（基于甲骨文公司的数据库产品）。

（二）美国自动报价证券借贷系统

美国自动报价证券借贷系统（AQS）属于美国夸德里瑟夫（Quadriserv）公司，是全球最大的基于中央对手方的证券借贷平台，通过美国清算公司进行集中清算，通过美国存托公司进行存管交收，美国清算公司作为美国自动报价证券借贷系统出借人和借入人的中央对手方。美国自动报价证券借贷系统于 2009 年开始运营，提供超过 5 000 种基本股票、交易型开放式指数基金、美国存托凭证等金融产品的自动化证券借贷交易。美国自动报价证券借贷系统是美国金融业监管局（FINRA）的经纪交易商会员，也是美国证监会管理的另类交易系统（ATS）。

美国自动报价证券借贷系统主要由交易平台和中台服务（AQS Middle Office）两个技术系统组成，分别提供证券借贷业务的交易服务和交易后处理，参与人可以通过三种方式连接美国自动报价证券借贷系统：互联网客户端（GUI）、客户端电子接口、第三方接入（如盛嘉德借贷网）。美国自动报价证券借贷系统中台服务实时自动进行交易后处理，将合法的证券借贷撮合指令发送至美国清算公司，美国清算公司再将指令对发送至美国存托公司进行结算交收，美国存托公司保证交收之前在交易账户内将证券和资金准备就绪，美国存托公司交收结束后，沿原路径向美国清算公司、美国自动报价证券借贷系统返回确认数据。美国自动报价证券借贷系统的技术架构如图 3 -9 所示：

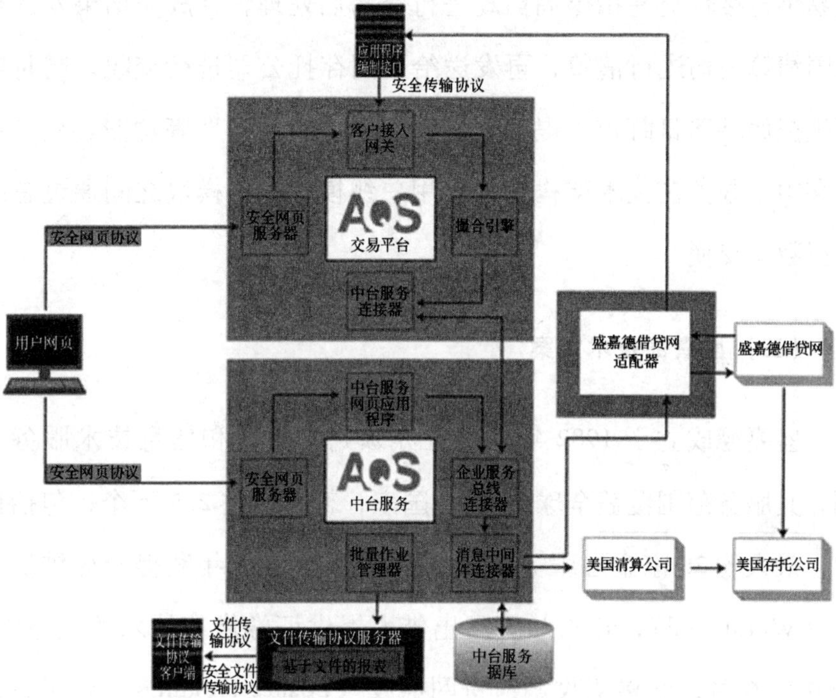

图 3 -9　美国自动报价证券借贷系统技术架构图

美国自动报价证券借贷系统基于瑞典斯诺博（Cinnober）公司①

---

① 斯诺博公司的交易所客户包括芝加哥期权交易所（Chicago Board Options Exchange，CBOE）、伦敦金属交易所（London Metal Exchange，LME）、纽约 -泛欧交易所（NYSE Liffe）等，同时支持 Alpha Trading Systems、Markit BOAT、Turquoise 等另类交易系统。

的快速交易系统[①]定制化建设1年左右完成，支持批量竞拍、连续交易以及协议交易方式。美国自动报价证券借贷系统中台服务由印达斯（Indus Valley Partners）公司负责开发，采用批处理作业方式，从交易平台接收交易指令后自动进行交易后处理，将成交结果发送至美国清算公司进行清算，再发送给美国存托公司进行交收，同时还提供担保品逐日盯市、提前召回、归还、权益处理等功能。交易平台和中台服务在技术架构上都采用总线模式，各模块之间通过总线进行数据交换。

（三）盛嘉德技术方案

盛嘉德成立于1982年，是世界领先的软件和信息技术服务公司，其服务范围覆盖全球70多个国家，客户超过2.5万个，包括世界上最大的25家金融服务企业。盛嘉德在1995年获得全球借贷系统（WorldLend），开始为美国出借人提供证券借贷技术解决方案。2001年6月，盛嘉德收购借贷网控股（Loanet Holdings）公司获得借贷网平台，为证券借贷提供实时在线平台化服务。1997年，盛嘉德收购英国科泰克（Ktec）公司获得环球领先借贷（Global One）技术解决方案，为非美国标的证券提供借贷服务。

① 快速（TRADExpress™）交易系统是一个低延迟、高吞吐量的交易引擎，能够满足金融、商品以及能源等交易场所的要求，在提供先进业务功能的同时，在速度、吞吐量方面位于市场领先地位，系统能够实现客户独特需求，进行个性化扩展开发。

通过收购整合，盛嘉德公司形成了以借贷网、环球领先借贷、全球借贷系统三个平台为主的证券借贷技术集合方案。借贷网是集中式交易平台，用户接入该平台后可以与平台的其他用户进行交易，环球领先借贷为参与人提供国际证券借贷服务，全球借贷系统是出借人证券借贷系统。三者的具体对比见表 3 -1。

表 3 -1　　借贷网、环球领先借贷和全球借贷系统对比

产品名称	借贷网	环球领先借贷	全球借贷系统
平台运行环境	天腾（Tandem）服务器	小型机、UNIX 平台	微软视窗操作系统（Windows NT/2000）和国际商用机器公司大型机
服务方式	自 2002 年起，借贷网基于互联网对外提供服务，集中平台式对外提供服务，也可以通过全球借贷系统，环球领先借贷接入借贷网	可单独部署，也可远程部署在盛嘉德机房	可单独部署，也可远程部署在盛嘉德机房
服务对象	为北美证券借贷市场的借入人、出借人、托管行、代理机构等提供证券借贷的全面在线服务，例如交易管理、运营管理、会计、交收、交易分析、合规管理、自动交易服务	环球领先借贷提供非美国标的证券出借功能，服务于出借人、借入人、代理机构，目前服务于几百家代理商和银行	为美国当地代理出借人和托管行提供服务；可同时提供美国和非美国标的证券出借业务功能，目前服务于上百家大型银行

盛嘉德技术系统将参与人联系起来，既支持分散式证券借贷业务模式，也支持中央对手方模式。出借人可以通过借贷网、环球领先借贷、全球借贷系统进行证券出借，借入人通过环球领先借贷、

借贷网进行证券借入。盛嘉德系统的技术架构如图 3 -10 所示：

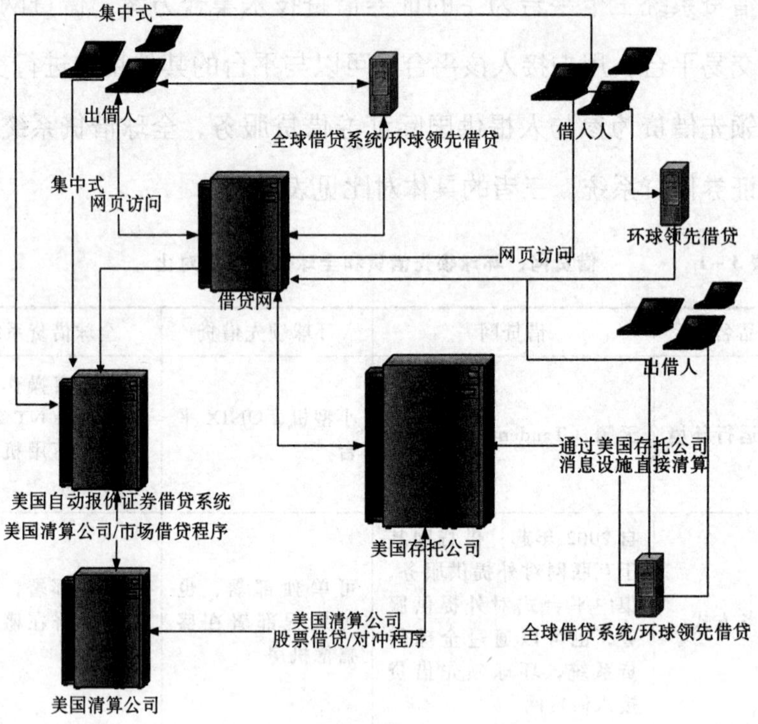

图 3 -10　盛嘉德系统技术架构图

（四）美国清算公司

美国清算公司（OCC）成立于 1973 年，是最大的股票及衍生品清算机构。美国清算公司在 1993 年推出股票借贷计划，允许结算会员使用借入的证券来减少美国清算公司的保证金要求，以反映其跨市场套期保值头寸的真实风险。美国清算公司作为中央对手方，在每笔交易中是出借人的借入人和借入人的出借人。美国清算公司从2008年开始提供证券借贷服务，在此后的5年中该业务一直保持着30%以上的增速，在2012财年共新增加973 384笔证券借贷合约，证券借贷日均余额约为360亿美元。上述证券借贷合约主要来自场外市场交易平台及美国自动报价证券借贷系统。

美国清算公司的核心清算系统称为英科（ENCORE），在与参与人交互方面，通过订阅/接收方式向参与人提供数据服务，支持实时联机模式和批量模式传递，通信数据格式为金融信息交换可扩展标记语言（FIXML）。在批量模式下，英科采用“推”和“拉”两种方式对外提供服务。

在“拉”传递模式（Pull Delivery Model）下，美国清算公司将接收方数据发布到一个安全存储设备上，然后要求客户端系统启动数据传输（见图3－11）。

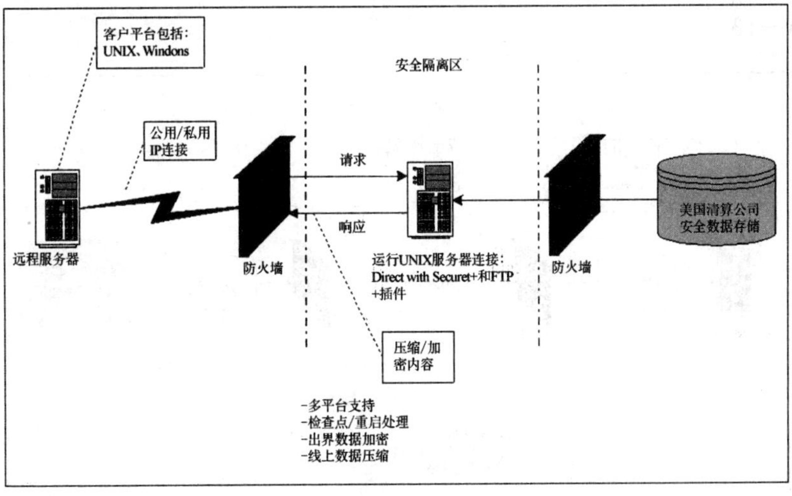

图3－11　英科批量模式下“拉”系统交互图

在“推”传递模式（Push Delivery Model）下，示意图见图3－12。

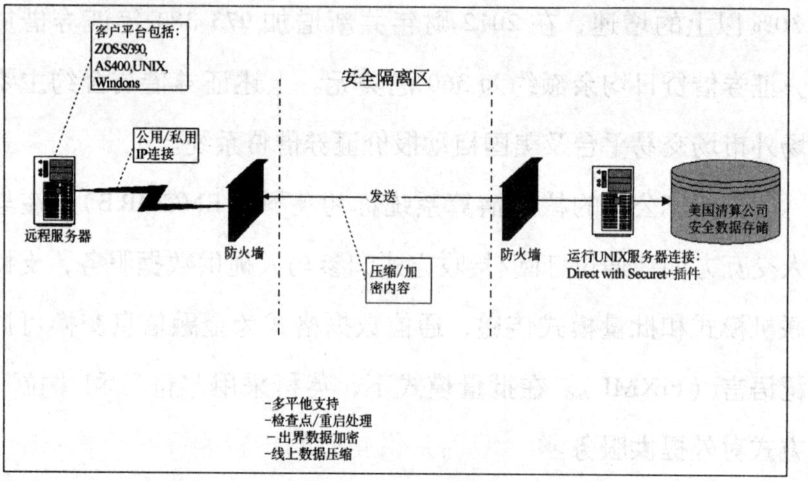

图3－12 英科批量模式下“推”系统交互图

在实时联机模式下，英科系统通过通讯中间件（基于国际商用机器公司消息中间件）保证实时联机数据传输的可靠性，示意图见图3－13。

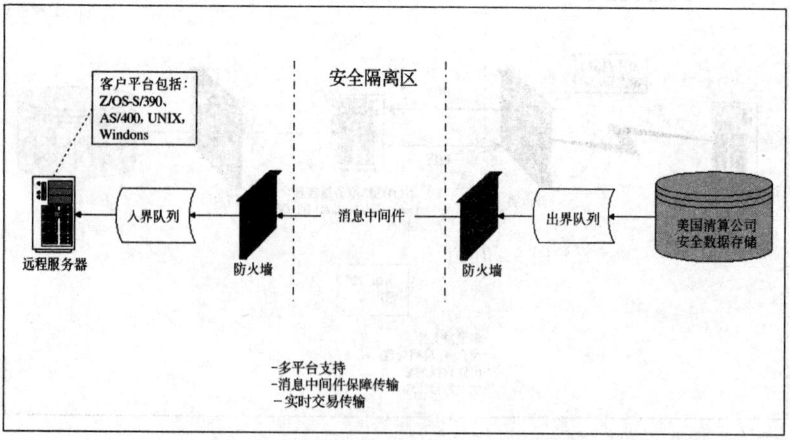

图3－13 英科实时联机模式下系统交互图

三、欧洲证券借贷平台说明

与美国相比，欧洲证券借贷市场的特点是更广泛地采用中央清算所运营模式，例如欧洲期交所清算集团为双边场外市场以及欧洲期交所回购及证券借贷平台（Eurex Repo SecLend）、欧洲证券借贷平台（SL－x）等电子交易平台达成的合约提供集中清算服务，伦敦清算所清算网（LCH. Clearnet）曾为凤凰证券借贷平台（SecFinex）达成的合约提供集中清算服务等。

欧洲证券借贷参与人对于中央清算所的需求是由市场和监管要求驱动的，出借受益人和资产管理公司基于风险方面的考虑（尤其是在2008年雷曼兄弟倒闭后），重新评估其证券借贷交易，并密切关注交易对手方风险。中央清算所除了能够显著降低交易对手风险外还有其他优势，例如：降低借入人融入成本和资本占用，减少代理出借人理赔费用，维护证券借贷关系管理，提供全面的证券借贷业务自动交易后服务，为市场参与人提供日常的担保品管理及风险管理等运营服务等。中央清算所的运用使欧洲证券借贷市场的风险更加可控，降低了借贷交易成本，有利于监督管理①。

---

① 《Our CCP Service for the Securities Lending Industry》, Eurex Clearing, 2012/5.

欧洲证券借贷市场呈现两种结构，分别是垂直结构和水平结构。垂直结构是指从证券借贷交易到清算交收各环节机构的完整链条都属于同一集团，例如欧洲期交所回购及证券借贷平台（集中交易环节）、欧洲期交所清算集团（集中清算环节）、明讯银行（存管交收环节）均为德意志交易所所有；水平结构是指证券借贷业务各环节涉及的机构相互独立，例如伦敦清算所清算网为多个市场提供专业集中清算服务，但不涉足交易、交收等业务环节。目前，欧洲典型的垂直结构证券借贷市场在交易环节逐渐向支持多个集中交易市场方向发展，例如欧洲期交所清算集团将向欧洲证券借贷平台（SL－x）在比利时、荷兰、法国、德国、瑞士股市的证券借贷交易提供中央对手方清算服务。两种结构的示意图见图3－14和图3－15。

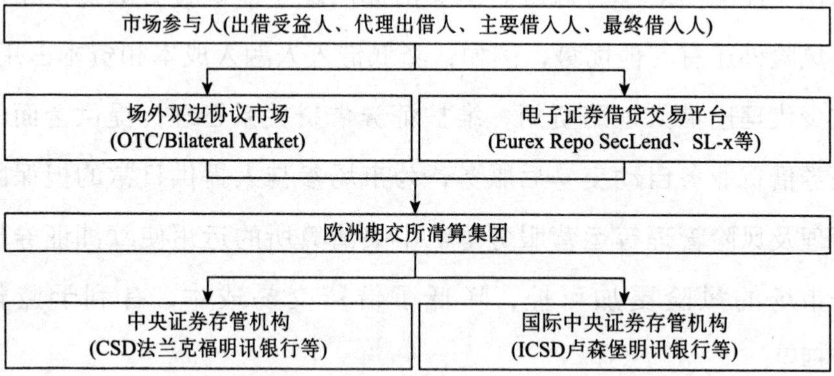

图3－14 德意志交易所垂直结构证券借贷技术体系

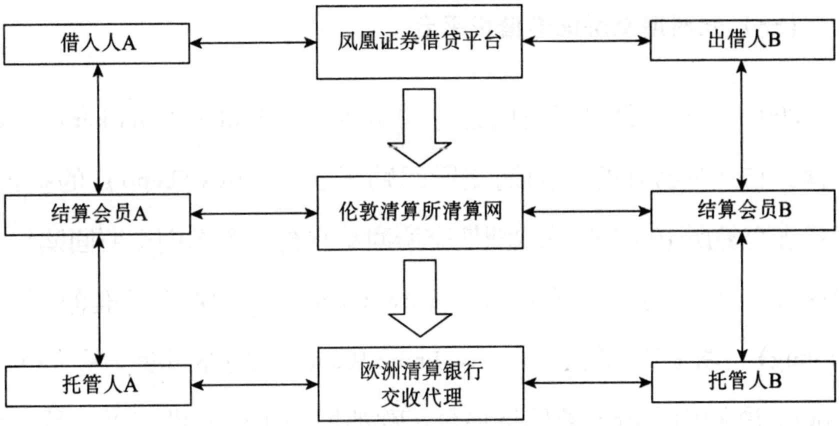

图 3－15 伦敦清算所清算网水平结构证券借贷技术体系

据统计，截至 2013 年 5 月 16 日，欧洲可供出借证券余额为 30 271.44 亿欧元（其中，政府债券 7 941.58 亿欧元，公司债券 6 475.52 亿欧元，股票 15 854.34 亿欧元），证券借贷余额为 5 961.59 亿欧元（其中，政府债券 2 579.75 亿欧元，公司债券 698.33 亿欧元，股票 2 683.51 亿欧元），欧洲证券借贷市场大约占全球证券借贷活动的 40% ①。

以下对欧洲证券借贷市场的交易平台、交易后处理、集中清算、存管交收及担保品管理各环节具有代表性的技术方案进行介绍。

① 《FTT and Securities Lending, Impact Analysis and Data methodology》, Markit Securities Finance, 2013.

（一）欧洲期交所证券借贷平台

2005年9月欧洲期交所证券借贷平台（SecLend Market）开始运营。它是对已有的欧洲期交所回购平台（Eurex Repo）的扩展，德意志交易所100%控股欧洲期交所回购平台。欧洲期交所回购平台包括五个子市场：欧元回购（Euro Repo）、担保品标准池（GC Pooling）、瑞士法郎回购（Swiss Franc Repo）、场外即期交易（OTC Spot）、欧洲期交所证券借贷平台。欧洲期交所证券借贷平台是一个独特的证券借贷市场，从交易到交收都通过直通式处理方式实现，交易员可以全程实时监控和管理借贷，无须人工干预。

欧洲期交所证券借贷平台由两部分组成。一部分称为“欧洲期交所证券借贷平台/中央对手方”，由欧洲期交所清算集团作为中央对手方提供集中清算（从2013年1月开始），存管交收机构为欧洲清算银行或法兰克福、卢森堡明讯银行（Clearstream Banking Frankfurt/Luxembourg）；另一部分称为“欧洲期交所证券借贷平台/结构化担保品工具”，由瑞士清算所证券服务（SIX Securities Services）进行双边协议清算，通过国际中央证券存管机构（ICSD）进行交收。“欧洲期交所证券借贷平台/中央对手方”支持的借贷证券种类包括股票、交易型开放式指数基金、固定收益证券，涵盖约8 000个国际证券代码，支持的担保品涵盖约2.5万个国际证券识别编码。欧洲期交所证券借贷平台的示意图见图3－16。

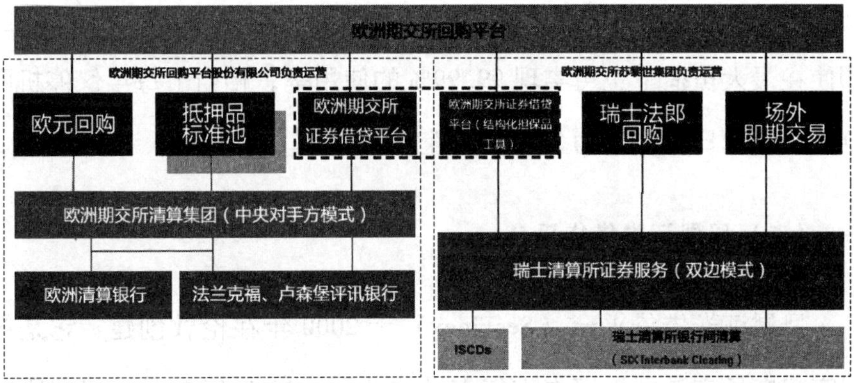

图 3 – 16　欧洲期交所回购交易平台组成及欧洲期交所证券借贷平台

资料来源：《Swiss Franc Repo & OTC Spot Market》，Eurex Repo，2013/11.

为兼容已有的双边协议市场客户关系，电子平台的证券借贷交易采取非匿名方式，支持竞价和报价交易模式，担保品由第三方代理机构管理，例如卢森堡明讯银行、欧洲清算银行。欧洲期交所证券借贷平台将借贷合约分为两类：（1）标准借贷合约——期限固定，时间范围从 1 周 ~1 年，或者开仓日确定且了结日另行确定，其他所有合约属性均可变；（2）非标准合约——合约的开仓日和了结日是可协商的，或者开仓日可协商且了结日另行确定，其他所有合约属性均可变。

欧洲期交所证券借贷平台交易技术系统包括前端交易界面和后端交易平台。前端为市场参与人的交易操作界面，可以通过客户端应用程序或网页访问两种方式接入；后端为基于德意志交易所电子交易技术（Xetra）的交易撮合平台，进入系统的所有订单通过电子订单簿以最优的条件执行。交易系统具有极高的可靠性与稳定性，即使在最大负荷下也可实现 99.99% 的使用率，相当于每年仅停机两分钟，高峰日处理量为 2 100 万笔交易。

（二）凤凰证券借贷平台

凤凰证券借贷平台（SecFinex）于 2000 年在伦敦创建，它是第一家将电子交易引入证券借贷市场的公司。2007 年 3 月，纽交所－泛欧交易所（NYSE Euronext）购买了凤凰证券借贷平台公司 51% 的股权，并在 2008 年增至 57%。2009 年，凤凰证券借贷平台与伦敦清算所清算网和瑞士清算所签订协议为证券借贷交易提供中央对手方服务，这是证券借贷市场第一次引入中央对手方清算机制。2011 年 12 月，纽交所－泛欧交易所鉴于金融危机后平台缺乏吸引力以及欧洲监管要求的提高而关闭了凤凰证券借贷平台。在持续运营期间，其主要竞争对手是艾奎兰证券借贷平台。

可以在平台借贷的股票范围覆盖荷兰、法国、德国、爱尔兰、意大利、日本、西班牙、瑞典、瑞士、英国、美国等证券市场，其中央清算机构包括伦敦清算所清算网和瑞士清算所两家。参与人在平台有三种证券借贷交易选项：（1）中央对手方和双边订单市场，参与人之间采用对手方匿名交易、匿名集中清算方式；（2）私有市场，采用参与人双边协议交易方式；（3）竞价市场，出借人和借入人进行报价。大约有 40 个参与人在该平台进行交易，仅订单市场可以使用中央对手方服务，私有市场和竞价市场仍使用传统交易方式。

对于订单市场，平台在每个交易日进行集合竞价和连续竞价，其功能主要包括订单管理和交易管理。订单管理过程主要包括订单捕获、订单匹配、交易执行、交易确认等，交易管理过程主要包括交易复审、提前召回、借贷归还等。担保品由借入人提交给出借人进行管理。图 3 -17 是凤凰证券借贷平台的网页界面。

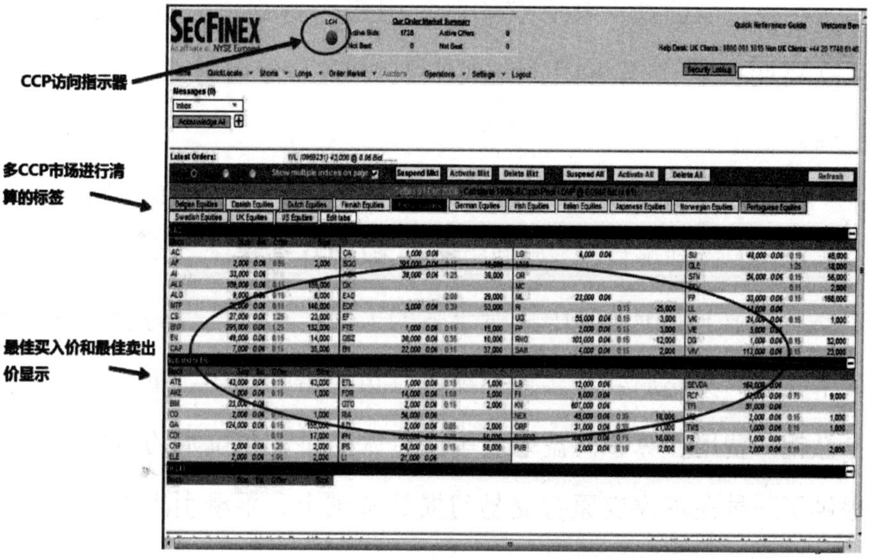

图 3 -17　凤凰证券借贷平台网页界面

资料来源：《SexFinex Securities Borrowing & Lending Phase 1 lot 2 Service Description》，LCH. Clearnet，2009/11.

（三）派拉姆技术方案

派拉姆（Pirum）系统公司于2000年6月在伦敦成立，是基于互联网的金融市场应用服务供应商，它提供了安全处理枢纽职能，无缝地将市场参与人连接在一起，从而电子化的处理和校验关键交易信息。派拉姆为证券金融行业提供自动化的交易后处理，市场参与人通过使用派拉姆自动化平台与欧洲期交所清算集团之间的直接连接，能够基于其已有的派拉姆接口将双边已达成交易发送至欧洲期交所清算集团，完成中央对手方合约替代及后续处理过程。

派拉姆的技术方案称为中央对手方网关，它能够实时将参与人交易自动发送到派拉姆，立即进行匹配和合约替代，在支持原有双边交易基础上提供访问中央对手方的方式。实时处理的解决方案覆盖了完整的交易后处理，包括逐日盯市、借贷归还、重定利率、交易撤销、费用计算、权益处理等。总体上讲，派拉姆为市场参与人提供了一种在不改变原有交易习惯的基础上，平滑引入中央对手方清算机制的技术途径。

（四）欧洲期交所清算集团

欧洲期交所清算集团于1998年在德国成立，是德意志交易所的100%控股公司，作为一家信用机构注册，接受德国联邦金融监管局

（BaFin）的管理（见图 3－18）。欧洲期交所清算集团是全球领先的中央对手方，在提供风险管理、清算技术和客户资产保护的同时，确保市场的安全性和整体性，为来自 16 个国家和地区的超过 150 名清算会员提供服务。欧洲期交所清算集团于 2012 年 11 月开始提供证券借贷中央对手方清算服务。

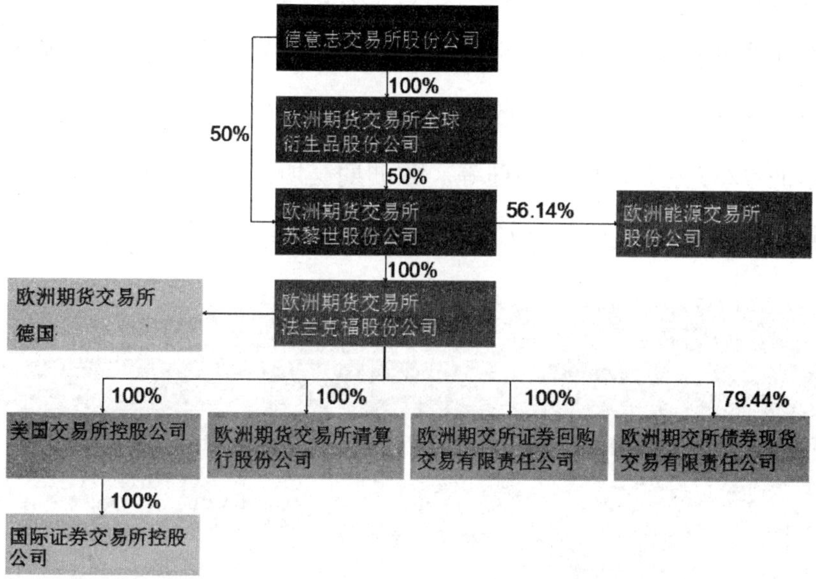

图 3－18　欧洲期交所清算集团股权结构

欧洲期交所清算集团建立了比较完备的清算所风险防线，从而有效地管理对手方风险，具体措施包括强制平仓、担保品动用、违约会员风险基金、全体会员风险基金、母公司担保、资本金等。欧洲期交所清算集团通过净额轧差、保证金制度以及担保品管理来进行有效的风险管理，每月对各项业务处理的风险头寸接近 7.5 万亿欧元（2012 年统计数据），起到降低信用风险、降低资本要求、提升运行效率等作用。

欧洲期交所清算集团技术系统主要包括交易管理、持仓管理、风险管理、担保品管理、交收过户管理等业务功能模块。其中，交易管理主要包括交易匹配、交易捕获、交易验证、合约替代等；持仓管理包括合约提前召回、归还、重分配、重定利率、权益处理、费用计算等；风险管理包括逐日盯市处理、保证金计算等；担保品管理包括现金/证券担保品收集、释放、处置等；交收过户管理包括代理证券/资金交收指令处理等。欧洲期交所清算集团技术系统功能说明和处理过程如图 3 －19 和图 3 －20 所示。

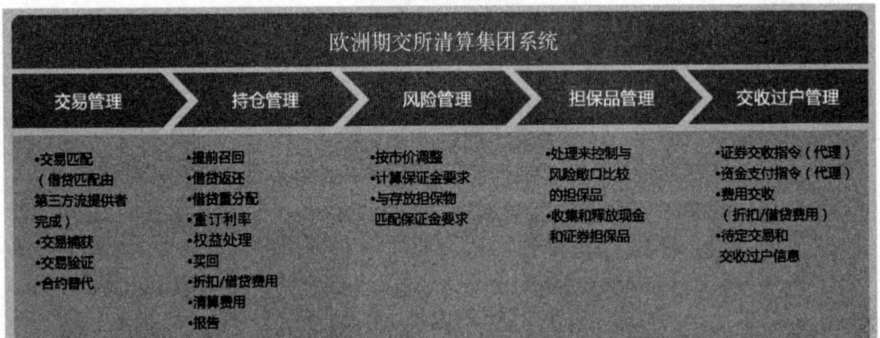

图 3 –19　欧洲期交所清算集团技术系统功能说明

资料来源：《Our CCP Service for the Securities Lending Industry》, Eurex Clearing, 2012/5.

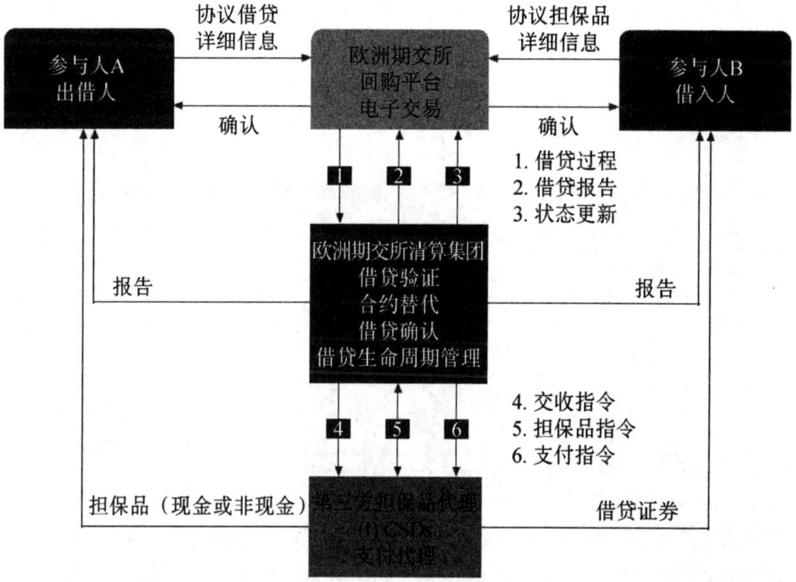

图 3－20　欧洲期交所清算集团处理过程示意图

资料来源：《SecLend Market－Securities Lending Transactions with a Central CounterParty》，Eurex Repo，2014/1.

现有欧洲期交所清算集团技术系统基于惠普公司的安腾服务器，操作系统为开放式虚拟内存系统（OpenVMS），使用 C 编程语言进行程序开发。清算会员可以通过客户端应用程序或互联网两种方式访问系统，应用程序通过金融信息交换可扩展标记语言报文消息接入系统，通信中间件为高级消息队列协议（AMQP）或国际商用机器公司消息中间件。德意志交易所目前正建设新一代欧洲期交所清算集团技术架构（2013 年第 4 季度已部分投产），操作系统替换为开源平台，提高系统的标准化程度，更加广泛地使用开源组件。欧洲期交所清算集团新一代技术系统架构如图 3 －21 所示。

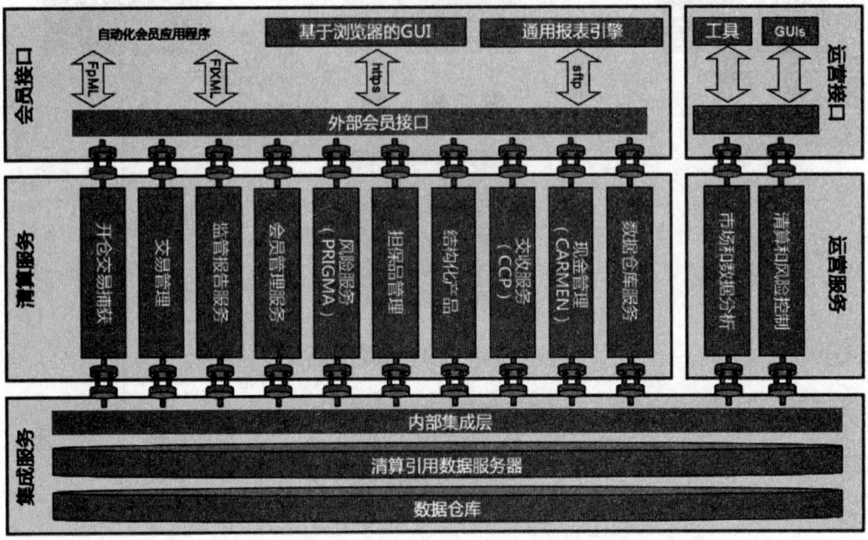

图 3 －21　欧洲期交所清算集团新一代技术系统架构

（五）伦敦清算所清算网

伦敦清算所清算网由伦敦清算所（London Clearing House）和法国泛欧交易所（Euronext）附属的清算网（Clearnet S. A）在 2003 年 12 月 22 日合并而成，是独立的中央对手方机构，为主要的国际交易所和交易平台、股权市场、交易所交易衍生品市场、能源市场、银行间利率互换市场以及大多数欧元和英镑标价的债券及回购市场提供服务。在 2008 年 9 月的雷曼兄弟破产事件中，伦敦清算所清算网对其衍生品、证券借贷等交易的风险头寸进行清算处理，成功避免了交易对手方风险的扩大。

目前，伦敦清算所清算网建设了多资产衍生品清算技术平台（Synαpse），支持对大部分交易所和场外市场的合约清算，具有较高的可扩展性、随需应变能力，提供交易后直通式处理，该技术平台由印度塔塔咨询服务公司（TCS）提供技术方案。

在伦敦清算所清算网为凤凰证券借贷平台提供证券借贷集中清算服务期间，其技术系统主要负责交易捕获、交易验证、清算（合约替代）、保证金管理、风险管理、费用及利息计算、交收失败处理等功能（见图3－22）。欧洲清算银行（Euroclear Bank）完成证券借贷的券款对付交收，划付指令通过环球同业银行金融电讯协会（SWIFT）传递。

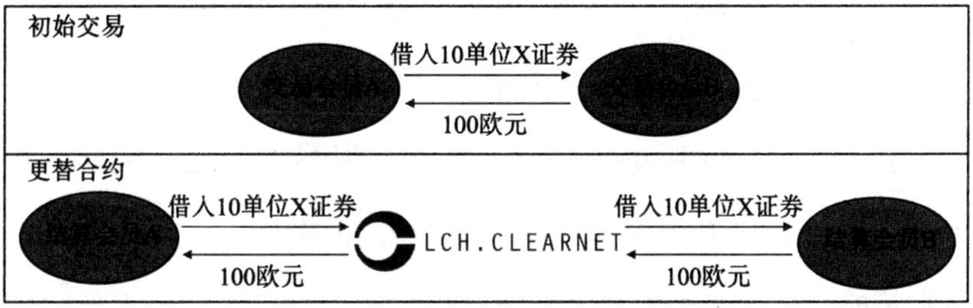

图3－22　伦敦清算所清算网进行证券借贷合约替代示意图

（六）明讯银行

1999年6月，德意志交易所与世达国际（Cedel International）各出资50%成立明讯银行，由其承担欧洲存管结算机构的职责，成为目前欧洲地区最大的结算平台。

德国证券市场证券借贷制度有多种方式，法兰克福明讯银行（Clearstream Banking Frankfurt，CBF）或德国国内各银行均可提供证券借贷服务。证券借贷制度始于1993年，法兰克福明讯银行扮演了证券借贷双方代理人的角色，所有法兰克福明讯银行结算参与人都可以参与证券借贷。结算参与人如进行证券出借，需要先将该证券存放到法兰克福明讯银行，由法兰克福明讯银行进行证券借贷分配。借入人应通知法兰克福明讯银行借贷时间，最长期限不得超过6个月，同时应向法兰克福明讯银行提供担保品，其价值由法兰克福明讯银行每日计算市值，以判断交存的担保品是否足以匹配借入人的负债余额。此外，德国银行团提供一定金额的担保，在借入人无法归还证券或者处置担保品后仍不足时补偿出借人的损失。

明讯银行根据市场的发展和客户的个性化需求，推出了许多基于担保品管理的金融服务，主要包括自动融券、第三方回购、第三方证券借贷、第三方担保品管理等。自动融券业务一般分为结构性借贷和策略性借贷两类。结构性借贷称为自动证券借贷（ASL），主要用于满足证券到期交收；策略性借贷称为自动证券借贷增强版（ASLplus），主要用于支持借入人长线投资。在结构性借贷中，明讯银行是出借人的代理人，不介入交易过程；而策略性借贷中，明讯银行成为借入人，从出借人处借入证券，然后将该借入的证券委托一些证券借贷商（如摩根大通银行等）到金融市场上进行商业性证券借贷，获取证券借贷收益。相对于结构性借贷，策略性借贷使出借人获得了更多的收益，同时风险进一步缩小。在为结构性借贷和策略性借贷提供的担保品管理中，明讯银行承担了信用风险和操作风险，需要为此承担相应的责任，而对于第三方回购、第三方证券借贷、第三方担保品管理，由于明讯银行只是利用自身系统优势为双方提供专业的担保品管理服务（中立的担保品管理服务代理人），因此其只承担操作风险，不用承担信用风险。

对于策略性证券借贷及担保品管理，明讯银行通过加德系统（CASCADE）、创造系统（Creation）、借贷管理系统（LMS）、斯麦克系统（Xemac）、西麦克斯系统（CmaX）等共同完成。加德系统是法兰克福明讯银行的结算系统，负责德国证券借贷存管交收；创造系统是卢森堡明讯银行的结算系统，负责国际证券借贷存管交收。加德系统和创造系统基于国际商用机器公司大型机构建，大型机是全球商业银行和存管结算机构广泛使用的技术方案。

借贷管理系统管理所有的证券借贷交易，它是加德系统和创造系统的外围系统，在交收日与结算系统通信交互。

斯麦克系统是法兰克福明讯银行的担保品管理系统，西麦克斯系统是卢森堡明讯银行的担保品管理系统，可以为欧洲期交所清算集团提供担保品标准池、证券借贷等服务，示意图如图 3 －23 所示。

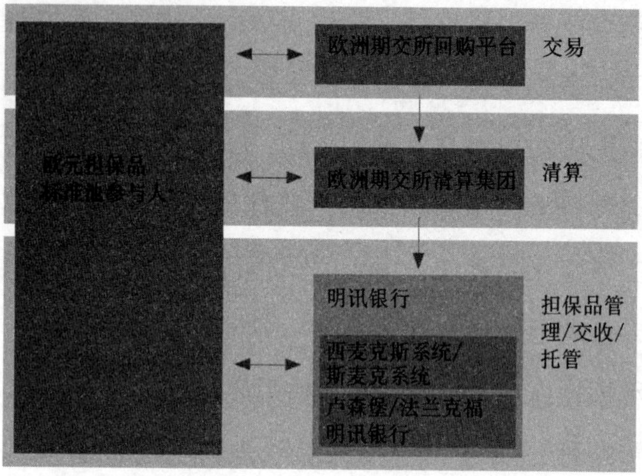

图 3-23　斯麦克系统/西麦克斯系统处理过程示意图

斯麦克系统和西麦克斯系统虽然是独立的系统，但它与托管系统、结算系统是相互连接的，彼此数据共享和实时交换，使得明讯银行的担保品管理和证券借贷结算过程紧密互动，客户的证券在完成结算后能迅速释放用作担保品以支持相关金融交易或其他金融活动。系统主要功能包括风险敞口的接收和处理、担保品配置、担保品源账户、结算指令、盯市、托管收益、报告等。

四、亚太地区证券借贷平台说明

2008～2011 年，亚太地区证券借贷余额增长了 150%，达到 1 429 亿美元。与欧美分散式证券借贷为主的模式不同，亚太地区以集中式证券借贷模式为主，该模式以中国台湾、韩国、日本的证券借贷业务为代表。

日本、韩国及中国台湾的证券借贷业务模式均支持竞价、定价、议价三种方式，其中议价方式占市场份额的80%以上。交易成交之后，证券借贷平台均提供担保品盯市等服务，定价和竞价方式成交的担保品由证券借贷组织方，如台湾证券交易所、日本证券金融公司等进行处置，协议成交方式的担保品处置则由出借方自行管理，但也可以委托证券借贷平台所在机构进行处置。亚太地区证券借贷业务流程如图3－24所示。

图3－24　亚太地区证券借贷业务流程

（一）中国台湾地区证券借贷平台

目前中国台湾地区证券借贷业务主要由证券交易所①和证券金融公司组织展开。借入人以境外专业投资机构为主②，其他包括证券商借贷专户、证券自营商、期货自营商、银行或信托投资等机构；出

① 市场份额占80%以上。

② 2010年为92.52%。

借人以境外专业投资机构为主[①]，其他包括政府大基金、信托业、证券金融事业、银行、信托投资公司、保险业等机构。

台湾证券交易所于 1996 年上线证券借贷中介平台（TWSE - SBL），提供主要用于普通交割的证券借贷服务。2003 年 6 月，系统提供集中式借券卖空功能，2005 年系统接口协议正式向外资机构开放。证券借贷中介平台技术系统分为普通交割需求证券借贷、证券金融公司转融通需求证券标借、交易需求借券系统三个子系统，支持议价、竞价、定价三种交易方式，系统提供成交信息、出借人信息、借入人信息等。三种交易模式中，2011 年议价和竞价分别占有 68%、32% 市场份额，定价交易基本消失。

（二）韩国证券借贷平台

韩国证券借贷业务主要由韩国证券金融公司和韩国证券存管公司组织展开。韩国证券金融公司主要为信用交易提供证券借贷业务，同时提供股票借贷为主、债券借贷为辅的一般性借贷业务，韩国证券存管公司提供以债券借贷为主、股票借贷为辅的服务。借入人以国外专业投资机构为主（2007 年为 90.7%），其他包括证券公司、国内信托投资等机构；出借人以国外专业投资机构为主（2007 年为 86.4%），其他包括银行、保险、证券、信托、养老基金、商业银

① 2010 年为 58.22%，其次为信托业、政府大基金。

行、信托等机构。

韩国证券金融公司于 2000 年 6 月上线证券借贷平台（ACE），正式对外提供证券借贷服务。该平台支持定价、竞价、议价三种交易类型，以议价交易类型为主（80% 以上），提供担保品的集中管理服务，通过韩国证券存管公司的技术系统（SAFE +）完成清算交收。

韩国证券存管公司于 1996 年上线证券借贷平台（SAFE），正式对外提供证券借贷服务。为更好地对外提供服务，韩国证券存管公司历经 3 年于 2011 年 7 月上线新一代系统（SAFE +）。该系统与 70 家金融机构直接对接，同时支持大约 280 家金融机构通过互联网访问，支持竞价、议价交易，其中将普通议价交易根据担保品管理方式分为空价交易、议价交易。该平台系统基于面向服务架构开发，用户界面使用微软技术解决方案，每分钟能够响应 645 万个请求。2012 年 9 月，韩国证券存管公司与欧洲清算银行签订谅解协议，计划 2013 年第 1 季度完成系统对接。

（三）日本证券借贷平台

日本证券借贷业务主要由日本证券金融公司和日本证券存管公司组织展开。日本证券金融公司主要为信用交易提供证券借贷业务，同时提供一般证券借贷业务；日本证券存管公司主要为外资机构提供一般证券借贷业务的清算和交割等服务。借入人以境外专业投资机构为主，其他包括证券公司、保险公司、境外共同基金、大型资产管理机构、银行等；出借人以外资银行为主，其他包括证券公司、基金公司等。

日本证券金融公司于2002年2月上线日本电子股票借贷系统（E Stock Lending），支持一般证券借贷业务。该系统支持竞价、议价交易形式，提供担保品管理服务。系统通过专网将参与证券借贷的证券公司、人寿保险公司或其他机构投资者连接在一起，日本证券金融公司本身不参与交易，不提供交收担保。该系统日初向市场发布借入需求，出借人通过分析借入需求和自己的证券库存，匹配出潜在的交易机会和最佳费率，然后将出借指令发送至日本电子股票借贷系统供确认。为提供竞价交易效率，2012年7月，日本证券金融公司与盛嘉德合作开发了出借自动匹配组件（Apex JSFC Trade Manager）。

日本证券存管公司历时3年于2001年第3季度上线支持证券借贷业务的技术系统（PSMS），2007年10月开始通过交收前匹配系统（Pre－settlement Matching System）为场外协议型证券借贷提供交易匹配功能，公司预计于2014年1月为证券借贷提供交收匹配，并与交收系统（BETS）进行对接实现证券借贷券款对付交收。

五、研究结论

境外证券借贷市场的技术处理过程主要包括交易平台、交易后处理、集中清算、存管交收四个环节，以及贯穿整个业务流程的担保品管理，各环节特点为：

1. 交易平台支持议价、定价、竞价等交易模式，提供交易客户端、互联网、第三方接入等访问方式，市场参与人可以灵活地录入、变更证券借贷合约要素，自主选择双边清算或中央对手方清算两种机制，平台不参与交易过程，仅对通过平台达成的交易收取服务费等。

2. 交易后处理包括成交回报、撤销交易、提前召回、展期处理、借贷归还、重定利率等，操作过程简便。

3. 集中清算存在双边清算和中央对手方清算两种模式，包括交易捕获、风险校验和合约替代、折扣/费用计算、保证金计算、逐日盯市、权益处理、交收指令提交、清算报告等。随着《巴塞尔新资本协议Ⅲ》在 2018 年前逐步落实，中央对手方清算模式会得到广泛应用。

4. 存管交收通常由类银行机构负责，一般不属于证券借贷平台的组成，仅提供登记存管服务。

证券借贷中央对手方清算模式的探讨与研究

——证券借贷行业的问题、机遇、启示白皮书*

一、引言

证券借贷通常被认为是后台业务，在20世纪70年代交易市场放松管制的背景下，为提高证券交收效率、发展托管增值服务和投资管理业务，有组织的证券借贷活动不断扩大。证券业存在通过借券来应对证券交收失败、投资管理支持卖空投资策略以及托管银行开始发展有组织的借贷计划等需求，这些因素共同推动了证券借贷业务的发展。

为了解证券借贷市场现状和发展趋势，我们将追溯托管银行与

* 本文为2010年豪伊森咨询公司和泽莫兰索咨询公司的研究报告；作者：安德鲁·豪伊森、罗伊·泽莫兰索；译者：吴昀。译文有删减。

重要经纪交易商之间证券借贷制度安排的发展过程。目前，证券借贷活动主要是由交易双方自主协商，而不是标准化的场内证券交易或者衍生品交易。

在某种程度上，证券借贷逐渐被认为是一种投资管理准则，一些机构投资者为达到阿尔法套利、托管代理、第三方代理等目标，将借券视为支持这些业务的重要来源。2008～2009 年金融危机后，有证据表明从事证券借贷的出借受益人的风险意识和参与程度存在欠缺，尤其是在担保资金再投资方面存在问题，这加速推动了投资管理准则的发展。当前，业界正努力提高出借受益人的风险意识和参与程度，以使证券借贷向投资管理准则靠近，增强交易行为意识。即便证券借贷向投资管理准则方向发展，证券借贷交易本身仍然是一系列代理出借人和大宗经纪商之间的双边协议，这些协议不会被其他市场因素影响。

二、证券借贷市场环境的改变

毫无疑问，证券借贷已经在全球主要证券和衍生品市场得到发展。根据评估，2009 年末可供出借股票资产总计约 5.3 万亿美元，实际出借约 7 000 亿美元。尽管规模依旧可观，但是借贷市场自 2007 年的峰值下降了接近 50%。

证券借贷市场正在发生改变，电子交易平台已引入美国（如美国自动报价证券借贷系统）和欧洲（如凤凰证券借贷平台），并得到广泛的发展。然而，托管代理人和大宗经纪商之间的双边协商仍然占据证券借贷交易的主流，这种现状存在一些问题：

（1）没有集中交易和信息披露会导致缺乏透明度，影响出借受益人和最终借入人，人工搜索并维护交易对手授信导致交易成本高、定价效率低。

（2）众多市场参与人，包括保险公司、资产管理机构、对冲基金、证券公司自营部门等，通过代理出借人和大宗经纪商在证券借贷市场进行双边交易，导致对手方风险集中于少数代理出借人和大宗经纪商，形成寡头垄断市场。在这种情况下，监管部门加大监管力度，通过要求代理出借人和大宗经纪商补充资本等方式应对风险集中。

（3）缺乏证券借贷集中市场使业界的运营成本和技术成本居高不下，担保品估值和维持、提前召回和归还管理、监控和处理公司事务等运营职能，采用集中市场比分散在多个市场更具成本效益，能使业务处理过程更加标准化。由中央对手方统一提供关键数据信息可以提高运营效率和技术服务水平。

（4）证券借贷是全球范围的场外市场业务，在没有中央数据库的分散市场之间很难进行有效监管。在市场不景气时，这种证券借贷监督障碍会促使监管机构决定对证券卖空活动加强限制，以及实施更严格的监管措施。

（5）证券借贷业务量在达到 2007 年的峰值后已大幅下降，估计降幅达 50%，这给市场参与者增大了压力，导致许多公司未来工作的重点从追求投资盈利转向削减成本。

一系列因素推动着证券借贷行业产生变革，主要包括以下四方面的驱动力：

（1）金融危机导致市场对证券借贷的内在风险和回报进行重新评估。出借受益人在重视最大化收益的同时，逐渐认识到以担保资金再投资为目的而大量借贷所蕴含的内在风险，这对市场透明度、有效价格等提出新的要求。

（2）金融危机导致市场参与人更加重视交易对手风险。全球市场参与人均广泛关注交易对手的风险度量和风险管理，尤其是对衍生品、回购交易、证券融资等场外市场业务的风险进行严格审查。国际清算银行①于 2009 年 12 月发布的《增强银行业的弹性》明确："应加强资本协议的风险担保，……加强交易对手的资本要求，鼓励向中央对手方和交易所披露场外市场衍生品。"

（3）参与证券借贷业务的金融机构受到更加严格的资本约束。经纪交易商和投资银行在越来越严格的资本和资产负债表约束下运营，证券融资交易面临资本成本和资产负债表管理问题，随着《巴

---

① 国际清算银行是英国、法国、德国、意大利、比利时、日本等国的中央银行与代表美国银行界利益的摩根银行、纽约和芝加哥的花旗银行组成的银团，根据海牙国际协定于 1930 年 5 月共同组建，总部设在瑞士巴塞尔。刚建立时只有 7 个成员国，现成员国已发展至 45 个。

塞尔新资本协议》[①] 的变化以及未来对资本规则的改变，这些约束带来的影响将逐渐显现。

（4）建设集中交易与结算的市场基础设施成为发展趋势。金融危机引发的系统性风险已引起全球关注，特别是在场外市场，卖空行为在全球受到更加严格的监督和限制，发展集中交易与结算的市场基础设施能够为证券借贷提供有效的监管框架，对借入人是否遵从卖空规定提供支持。

三、中央对手方的模式

集中市场采用中央对手方（CCP）或中央清算所（Central Counter Party Clearing Houses，CCPs）清算是行业的标准实践，在股票、回购、交易所交易期权、期货等市场广泛存在，它被认为是最佳市场安排。全球监管机构都在加强运用集中清算机制，特别是在场外市场衍生品方面，例如 2009 年欧盟委员会咨询文件针对衍生品和市场基础设施提出强制使用中央对手方的标准衍生品合约，对于非标准交易指令，文件支持在新巴塞尔协议下定义更加严格的资本和担保品折算率要求。

---

① 《巴塞尔资本协定》简称《新巴塞尔协议》或《巴塞尔协议 II（Basel II）》，是由国际清算银行下的巴塞尔银行监理委员会（BCBS）促成，内容针对 1988 年的旧《巴塞尔资本协议（Basel I）》做了大幅修改，以期标准化国际上的风险管控制度，提升国际金融服务的风险管控能力。

中央对手方机制并不是集中市场所特有的，在场外市场也得到广泛应用。伦敦清算所清算网①在 1999 推出集中清算场外市场利率互换②交易的互换清算（Swapclear）服务，全球利率互换市场约 1/3 的交易量通过互换清算进行清算，双边协议名义本金超过 200 万亿美元。

（一）中央对手方的目的和功能

中央对手方有两个主要功能：一是降低交易对手风险；二是提高交易后处理效率。为达到上述目标，中央对手方将自己置于每笔已达成交易的买方和卖方之间，作为全部买方的卖方和全部卖方的买方。在这里，买方和卖方特指交易涉及的中央对手方结算会员，而不是指交易买方和卖方，也不是指其他交易中介机构。在证券借贷业务中，代理出借人是否具备结算会员身份是非常重要的。

中央清算所对于会员机构提交的交易确认指令进行特殊处理，通过“合约更替”提供证券借贷服务，原先达成的临时交易被替换为中央对手方与会员机构之间新创建的合约。在欧洲，中央清算所

---

① 伦敦清算所清算网由英国伦敦清算所（London Clearing House）和法国泛欧交易所（Euronext）附属的 Clearnet S. A. 清算所在 2003 年 12 月 22 日合并而成，是独立的中央对手方机构，为主要的国际交易所和交易平台、股权市场、交易所交易衍生品市场、能源市场、银行间利率互换市场以及大多数欧元和英镑标价的债券及回购市场提供服务。

② 利率互换（Interest Rate Swap，IRS）是指交易双方以一定的名义本金为基础，将该本金产生的以一种利率计算的利息收入（支出）流与对方的以另一种利率计算的利息收入（支出）流相交换，交换的只是不同特征的利息，没有实质本金的互换。

通常有三类会员：全面结算会员（General Clearing Members，GCM）可以清算自营或客户交易，并向非结算会员（Non - Clearing Members，NCM）提供清算服务；特别结算会员（Individual Clearing Members，ICM）［或称直接结算会员（Direct Clearing Members，DCM）］只能清算自营或客户交易；非结算会员由全面结算会员通过清算服务代理清算。在美国，结算会员可以清算自营或客户账户，并在职责范围内代表非会员机构。图 3 -25 展示了欧洲模式的中央对手方处理流程。

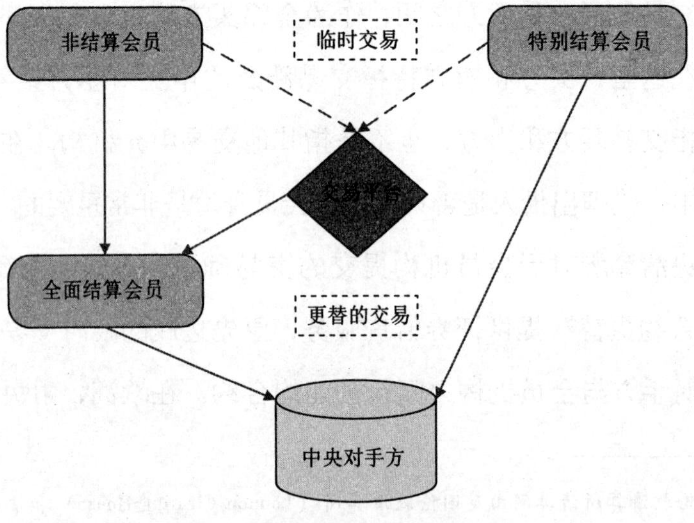

图 3 -25 中央对手方更替处理

特别结算会员与非结算会员通过交易平台进行买卖交易申报，交易平台产生临时交易成交结果，在特别结算会员和全面结算会员向中央对手方提交交易确认指令后，中央对手方立即将该笔确认的交易进行更替，其结果是产生两种交易：（1）特别结算会员作为买方，中央对手方作为卖方；（2）全面结算会员作为卖方，中央对手方作为买方。同时，非结算会员和全面结算会员基于结算协议条款自动创建交易。

（二）中央对手方风险管理优势

中央对手方集中了交易对手风险，提供了诸多优点：

1. 降低市场总风险敞口①。中央清算所能够在场外市场开展多边净额交收，相对于双边净额交收能够显著降低总风险敞口，中央对手方作为每家会员机构每笔交易的对手方，能够抵消全体会员机构的全部买卖交易，有效轧差全部头寸。

2. 降低市场系统性风险。多边净额处理会将违约结算会员风险敞口进行隔离，单独与中央对手方进行结算，由于中央对手方持有保证金以及违约风险担保基金，因此能够消除单一会员违约造成关联会员之间连锁违约的可能性，从而降低系统性风险。

图 3 -26 展示了在双边场外市场没有集中清算的情况下交易对手风险，图 3 -27 展示了中央对手方环境下交易对手风险处理。

---

① 风险敞口（Risk Exposure）指未加保护的风险，即因债务人违约行为导致的可能承受风险的信贷余额，指实际所承担的风险，一般与特定风险相连。

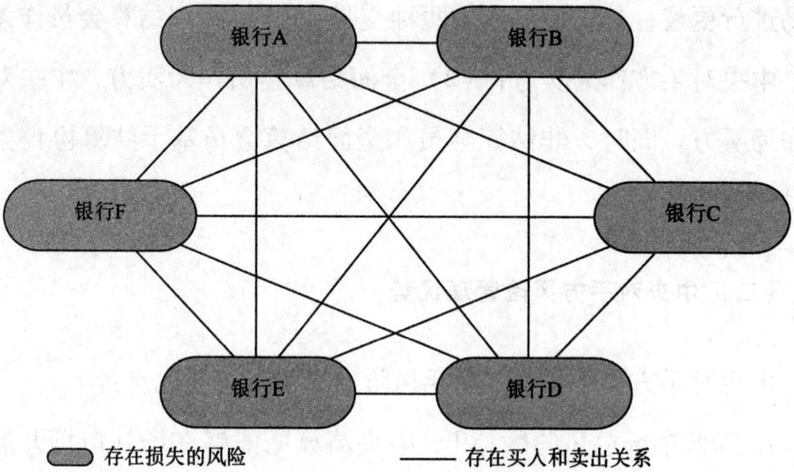

图 3-26 双边交收交易对手风险

资料来源：世界证券交易所联合会（World Federation of Exchanges）。

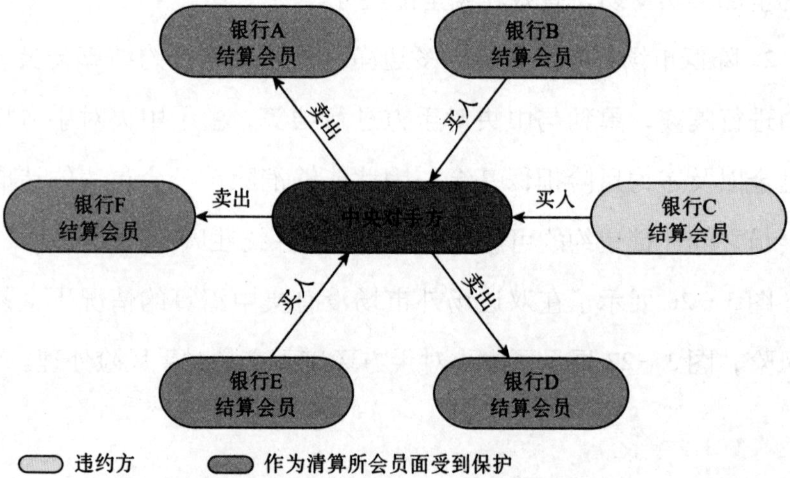

图 3-27 中央结算交易对手风险

资料来源：世界证券交易所联合会（World Federation of Exchanges）。

图3－26中银行A对场外市场衍生品交易违约可能会扩散，不仅会影响银行F，从A到F所有连接的银行都有潜在风险。

图3－27中中央对手方位于从A到F银行交易的中央，如果银行C违约，其头寸将被平仓或转移给其他会员。违约的影响可以遏制，不会扩散。

（三）中央对手方风险管理机制

为降低交易对手违约风险，中央清算所实施了多层次的风险管理措施，通常包括以下内容：

1. 结算会员资格要求和监督。中央清算所制定了严格的结算会员准入标准，对最低资本、信用评级、财务指标等提出要求。除此之外，还对结算会员申请人的运营准备、中央对手方标准遵守情况进行评估。中央对手方的优势在于能够监控会员机构头寸，能够及时采取提高保证金要求等控制手段。

2. 保证金要求。中央清算所对所有已达成交易收取保证金，包括初始保证金和追加保证金。初始保证金是为了覆盖市场正常条件下的风险；追加保证金是为覆盖后续市场活动，以及关联担保品的市值波动。追加保证金至少应每日计算，其监控方式越来越多采用日内监控和实时监控。

保证金要求适用于开展证券借贷的结算会员，中央对手方对出借证券和关联担保品的归还提供担保。中央对手方的保证金要求与证券借贷的担保品要求是不同的。

3. 违约风险担保基金。中央清算所要求每家会员机构缴纳违约风险担保基金，以覆盖重大违约的风险。

（四）中央对手方风险防范级别

中央对手方对交易对手违约的风险防范级别如图3－28所示。

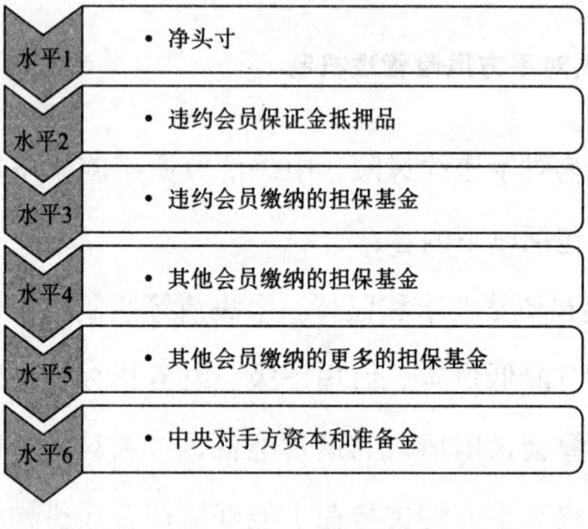

图3－28 中央对手方风险防范级别

图3－28描述了中央清算所对交易对手违约风险的主要防范级别，不同中央清算所之间存在差异。例如，欧洲期交所清算集团[①]实行中央对手方储备基金，瑞士清算所（Six－x Clear）实行中央对手方自有准备金的50%，它们都属于第四级风险防范。

---

① 欧洲期交所清算集团于1998年在德国成立，是德意志交易所的100%控股公司，作为一家信用机构注册，接受德国联邦金融监管局（BaFin）的管理。欧洲期交所清算集团是全球领先的中央对手方，在提供风险管理、清算技术和客户资产保护的同时，确保市场的安全性和整体性，为来自16个国家和地区的超过150名清算会员提供服务。

中央清算所是专门为提供清算服务而组建的，结算会员违约是非常罕见的，而中央对手方违约则从未发生过。目前，全球的监管机构倾向于通过中央清算所来降低交易对手风险，《巴塞尔新资本协议Ⅲ》提议，对于符合国际支付结算体系委员会①或国际证监会组织②标准的中央清算所，其银行的担保品和逐日盯市敞口的风险权重将为0。

（五）中央对手方交易后服务

作为市场核心机构，中央清算所扮演了集中连接点的角色，通过标准化的处理流程，降低交易后处理的复杂性。在交易交收环节，中央清算所能自动连接到中央证券存管机构③和国际中央证券存管机构，有效进行净额交收。

---

① 国际支付结算体系委员会（Committee on Payment and Settlement Systems，CPSS）是十国集团中央银行发起成立的国际性专业组织，秘书处设在国际清算银行（BIS），每年组织召开3次会议。CPSS通过向成员中央银行提供交流的平台，使各中央银行能够就其国内的支付、清算及结算系统以及跨境多币种结算机制的发展问题共同进行研究和探讨。

② 国际证监会组织（IOSCO）是国际各证券暨期货管理机构组成的国际合作组织。总部设在加拿大蒙特利尔市，正式成立于1983年，其前身是成立于1974年的证监会美洲协会。中国证监会于1995年加入该组织，成为其正式会员。

③ 中央证券存管机构（Central Securities Depositaries，CSDs）提供一种保管证券的服务，这些证券可以通过簿记系统进行交易。实物证券可以由固定的存管机构进行交割，或者实现证券的无纸化，即以电子记账的形式存在。除了保管外，中央证券存管机构还包含比对、清算和结算功能。

四、证券借贷市场中央清算所发展概述

证券借贷引入中央对手方机制带来一系列挑战，也存在诸多机遇。

（一）中央对手方在美国市场的发展

在美国，证券借贷中央对手方服务目前由美国清算公司提供。从1993年开始，美国清算公司（OCC）启动股票借贷，对结算会员的双边借贷协议进行清算，从美国存托公司（DTCC）接收匹配的交易。从2009年1月开始，美国清算公司向美国自动报价证券借贷系统（AQS）提供中央对手方服务。

截至2010年6月，每日通过美国清算公司处理的股票借贷和美国自动报价证券借贷系统处理的证券借贷约1 200笔交易，6 900份合约，共计120亿美元；由美国自动报价证券借贷系统提交到美国清算公司的交易量大约在1 500份，参与证券借贷的结算会员共计65个，参与美国自动报价证券借贷系统的非结算会员共计18个。

（二）中央对手方在欧洲市场的发展

在欧洲，凤凰证券借贷平台（SecFinex）与伦敦清算所清算网合作为比利时、法国、荷兰以及葡萄牙市场提供服务，与瑞士清算所

合作为英国、奥地利、丹麦、芬兰、德国、挪威、瑞典以及瑞士提供服务。凤凰证券借贷平台为亚洲、欧洲、英国、美国的证券借贷提供双边协商、匿名意向报价/成交报价以及邀请竞拍等交易模式。2010 年 6 月，凤凰证券借贷平台提交了总计超过 50 亿欧元的意向报价，超过 20 亿欧元的成交报价，平均借贷余额超过 4 亿欧元。

此外，欧洲期交所清算集团开发了证券借贷中央对手方服务，为场外市场的双边交易提供集中清算服务。

五、证券借贷市场中央清算所业务说明

（一）市场参与人

证券借贷市场的特点是参与人复杂，至少包括四个角色：（1）出借受益人，他们大多数通过代理出借人进行证券出借，但也有部分直接通过其下属机构进行证券出借；（2）代理出借人，包括托管银行、第三方供应商等；（3）主要借入人，包括大宗经纪商以及其他卖方机构；（4）最终借入人，主要为对冲基金、卖方机构的自营交易部门等。此外，美国市场存在专业的做市商及经纪交易商，活跃在出借方和借入方两边。

中央清算所提供证券借贷的清算基础设施，作为纽带关联四个市场角色，因为只有结算会员才能作为中央对手方的对手方，所以

结算会员是出借受益人和代理出借人访问中央对手方的途径。图3－29是证券借贷中央对手方市场结构示意图。

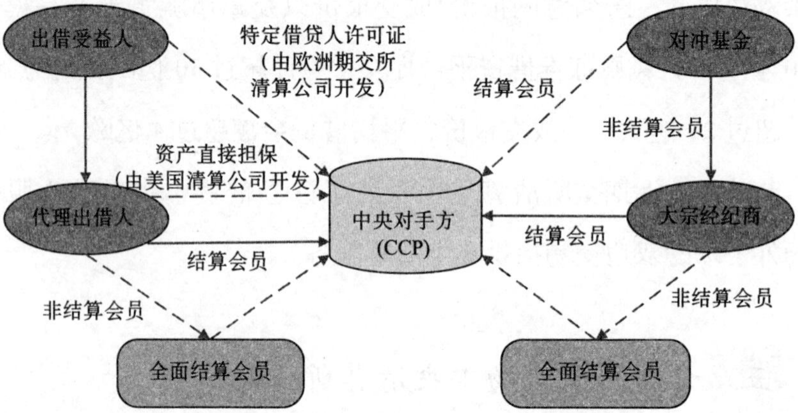

图3－29 证券借贷中央对手方市场结构

（1）出借受益人。出借受益人一般依靠代理出借人提供访问中央清算所的途径。针对双边场外市场，欧洲期交所清算集团提供特殊出借人许可，允许出借受益人直接参与清算，不要求其提供保证金和缴纳风险担保基金。

（2）代理出借人。代理出借人可以直接或通过全面结算会员来访问中央对手方。在实践中，代理出借人往往在其已有中央对手方参与人资格基础上，新增证券借贷业务权限来运作业务，从中央清算所的低风险权重中获益。

（3）主要借入人。主要借入人通常已经是中央对手方结算会员，可以通过新增权限来覆盖证券借贷业务，从中央清算所的低风险权重中获益。

（4）最终借入人。最终借入人一般通过大宗经纪商访问证券借贷中央清算所。在某些情况下，最终借入人可以获取非结算会员身份，通过全面结算会员直接访问中央清算所，一些符合中央对手方会员资格要求的大型对冲基金也可以以结算会员的身份直接访问中央清算所。

（二）业务功能

股票买卖的结算一般在几天内完成，而证券借贷的结算则延长至一段时期，在此期间借贷双方需要持续履行一系列义务。证券借贷是一种开放/关闭型交易，中央对手方作为市场参与人的共同对手方，必须将所有开放的借贷交易视为合约未了结直至关闭，并承担借贷履约的担保义务。

图3－30描述了证券借贷中央清算所需要具备的业务功能。中央清算所负责担保品、股息红利、借贷费用/折扣等的支付，为代理出借人和出借受益人提供潜在收益。

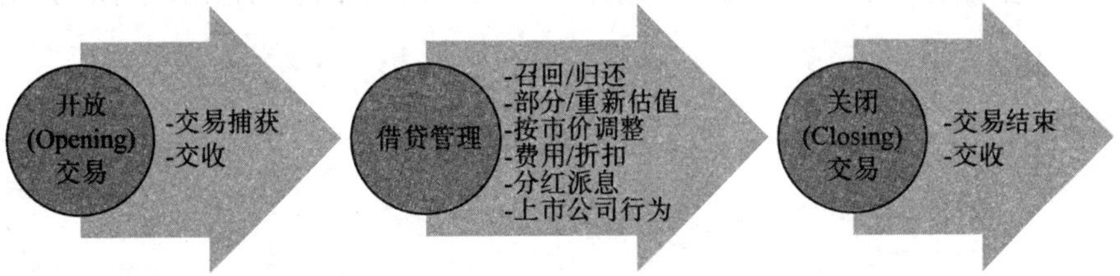

图3－30　中央清算所业务过程

（三）运营效率

对于中央清算所来说，为借贷合约提供履约担保是至关重要的，做好该项工作要求运营操作集中化，提高交易后处理的效率。从证券借贷市场角度看，中央对手方提供交易后处理服务将极大地改进和提高其运营效率。

在美国，美国清算公司、美国自动报价证券借贷系统、美国存托公司以及美国订单路由（order routing）[①]与盛嘉德借贷网（SunGard Loanet）之间相互协作，对借贷订立、修改、交收、逐日盯市、报告等提供了一体化的基础环境，通过借贷网提供的自动处理实现了证券借贷业务直通式处理，贯穿了交易前中后的完整流程，极大地提升了业务运行效率。

（四）证券借贷中央对手方服务提供方

截至2010年，共有4家中央清算所为证券借贷市场提供服务，包括美国清算公司、伦敦清算所清算网、瑞士清算所和欧洲期交所清算集团。

---

① 订单路由，是美国没有做市商资格的股票经纪商，通过卖出自己客户的交易订单，不仅获取客户交易费，还能从出价高的做市商那里额外赚取1~4美分回扣的行为。

六、关于证券借贷市场引入中央清算所的争论

（一）降低对手方信用风险

在2008年9月中旬的一周之内，雷曼兄弟作为主要借入人发生违约，美国国际集团（AIG）作为代理出借人请求美国政府救助，其他几个主要的大宗经纪商也极度紧张，市场强烈担忧后续可能会发生连锁违约，于是许多参与人开始减少交易对手数量，以阻断风险传播。这种做法虽然乍看合理，但实际是与预期结果背道而驰的。如何才能降低对手方风险，只将风险小范围集中？

一家公司在减少交易对手时，其剩余交易对手占这家公司证券借贷业务的比例将会提高，从而使风险集中。两家公司合并时情况则与此不同，原公司已有信用额度不会加总，新公司的信用额度将低于原来两家公司信用额度的总和，新公司能够降低其整体业务敞口比例，即更大的公司更强。上述两种方法是相互矛盾的，一种是集中风险，另一种是试图降低公司风险。

中央对手方对于降低对手方风险采用了与上述不同的方式，通过扩大对手方范围、收取交易保证金，市场参与人可以通过中央对手方间接扩大交易对手范围，在更广阔的环境中化解风险。《巴塞尔资本协议Ⅱ》修正案特别提到“由衍生品、回购、证券融资活动所

产生的风险”，以及“提高交易对手方资本要求，其目的是为鼓励场外市场衍生品风险向中央对手方和交易所转移”。在证券借贷市场，参与人可以通过中央对手方将双边信用风险替换为AAA等级。

一些代理出借人认为在双边交易方式下，他们可以选择自己信得过的交易对手，而中央对手方会迫使他们与自己信不过的交易对手往来，从而产生风险。这种说法不合理的原因有两个：一是在双边交易方式下，信用风险集中在数量有限的主要交易对手里，市场在扩大后很难适用这个模式，因为其与风险分散理论相违背；二是中央清算所是降低对手方风险的专业机构，一般提供多种违约防范手段，并主动管理结算会员的风险敞口。因此，合格的中央清算所在交易对手方风险上被认为是AAA等级机构。

证券借贷引入中央清算所机制能够将大量双边信用风险转换为AAA等级风险头寸。交易对手方信用额度是一种稀缺资源，出借人和借入人都非常关注信用额度占用情况，中央清算所能使参与人减少信用额度占用，从而增加交易机会。中央清算所可以带来以下几方面好处：

1. 更好地使用现有信用额度。中央对手方作为业务的零风险权重对手，不占用信用额度，参与人可以将释放的信用额度用于其他业务。

2. 在双边环境下如果信用额度不足，参与人会简单地停止交易，而在中央对手方环境下，参与人可以继续交易。

3. 在没有信用额度的条件下，中央清算所用户仍可以交易。

4. 借入人通过中央清算所作为交易对手可以有机会成为出借

人，获得额外的收入。

（二）提高资本配置和资产负债表使用

在证券借贷市场引入中央对手方带来了机遇，能够将大量双边信用风险转变为零（或接近零）风险权重，对结算会员的资本充足率有显著的积极影响。毫无疑问，监管机构希望将双边风险尽可能地迁移到中央对手方环境。《巴塞尔新资本协议 III》提议支持这一目标。转换至0（或最多 1% ~3%）风险权重能够减少监管套利的情况，增加了中央对手方模式的认可度。

同样，在证券借贷引入中央清算所能对结算会员的资产负债表使用带来显著优势，通过净额方式记录中央对手方应收应付金额能够释放资产负债表的容量，从而增加证券借贷及其他业务活动。

在美国市场，经纪交易商通过中央对手方轧差证券借贷应收应付的能力，在会计报表上依赖美国财务会计准则委员会[①]会计准则汇编815 -10 -45 节，适用于除了回购协议和衍生品交易之外的证券借贷。证券借贷合约通常不被认为是美国财务会计准则委员会定义下的衍生品金融工具。

在资本充足率和资产负债表使用方面，对于在证券借贷引入中央清算所，反对者普遍存在两种意见：

---

① 美国财务会计准则委员会（Financial Accounting Standards Board，FASB）是美国目前制定财务会计准则的权威机构，其演变至今，经历了三个不同的发展阶段。

（1）法规实施通常进展缓慢。反对者指出《巴塞尔资本协议Ⅱ》实施过程就非常漫长，但是与《巴塞尔资本协议Ⅱ》相比，《巴塞尔新资本协议Ⅲ》被广泛认可，并得到各国监管机构的欢迎，因此会比较快速地得到落实。例如在欧洲，预计《巴塞尔新资本协议Ⅲ》可能会通过修改资本风险指令，而非在成员国新立法的方式来实现。

（2）出借人不存在对中央对手方的需要。反对者指出证券借贷供给来自机构投资者，他们中的许多机构都不受《巴塞尔资本协议Ⅱ》的约束，因此不受资本配置和资产负债表使用要求的影响。代理出借人同样也可能很少受到影响，主要的得益者是作为市场需求方的经纪交易商。此外，由于代理银行在借人人违约时，即便担保品不足也会向出借人提供补偿，因此通过中央对手方降低交易对手信用风险也与出借人关系不大。

上述反对意见存在误区，主要有以下几方面原因：

（1）机构投资者会被施加更加严格的资本约束。那些目前不受资本充足率、资产负债表规定限制的机构投资者是否会无限期地处于这种状况不得而知，欧盟偿付能力Ⅱ[①]趋近于《巴塞尔资本协议Ⅱ》，预计《巴塞尔资本协议Ⅱ》的风险权重制度将纳入保险业监管，特别是对于大型金融机构交易对手的风险权重头寸。

① 欧洲关于保险业资本充足率和风险管理的体制。

(2) 代理银行是否会动用自身资本向出借人补偿不确定。随着监管重点转向资本充足率，以及《巴塞尔新资本协议Ⅲ》更加严格的要求，这种情况未来能否持续不得而知。

(3) 对于经纪交易商，《巴塞尔新资本协议Ⅲ》的附加要求会带来挑战，可能使现有证券借贷业务模式在经济上不可行，对市场参与者造成损害。

(三) 市场透明度和定价

在提高市场透明度、促进价格形成、引入电子交易平台提高效率等方面，引入集中清算不会产生直接效果，但中央清算所允许结算会员更广泛的参与，从而提高市场竞争力。此外，中央清算所促进了匿名交易过程。在许多证券和衍生品市场，电子交易平台与中央对手方相结合被认为是最佳交易模式。

在证券借贷市场，中央清算所既可以支持电子交易平台，也可以促进双边场外市场。在美国，美国清算公司已经既支持双边协议，又支持美国自动报价证券借贷系统；在欧洲，凤凰证券借贷平台提供双边协商的私有市场以及匿名意向报价和成交报价订单市场。更多市场参与人加入价格形成过程会产生更加有效的市场价格。

(四) 系统性风险与监管

金融危机已引发全球对金融市场系统性风险的关注，尤其是对场外市场的关注。全球范围的监管措施都聚焦在将场外市场衍生品交易纳入集中市场，并提供集中清算支持，监管机构担心场外市场业务的扩散会导致难以监控市场活动。证券借贷引入中央清算所能够直接降低市场系统性风险，为提高监测监控能力提供了基础。

卖空仍然是有争议的，在全球受到监督审查。卖空禁令在市场的不同时期和细分市场强制推行，对证券市场参与者和证券借贷行业造成了不良后果。引入集中统一的电子交易平台能够减轻监管机构对卖空行为的担忧，实施更加有效的监控，而中央清算所能够扮演关键的支撑角色，支持交易匿名机制，提高市场参与度。

（五）更具流动性的市场

中央对手方广泛聚合了借入人和出借人进行交易，通过信用额度减免必然会提高市场的流动性。现有市场状况可以比喻为“沙漏钟”，其上半部挤满了成千上万出借受益人，其下半部亦挤满了成千上万最终借入人，沙粒（代表证券）被挤压在中间狭窄的通道里，这个狭窄的通道就是代理出借人和大宗经纪商。造成这种情况有两方面原因：信用问题和双边关系。前者可以使用中央对手方让资产能更加自由地在出借受益人和最终借入人之间流动，后者本身不排斥使用中央对手方。

人们常说，出借受益人很少能对中央清算所感兴趣。中央清算所是一个庞大的内部专业市场机制，增强了市场基础结构，通过它出借受益人不用与存管机构打交道，可以使用簿记交收而不是实物交收。中央清算所提供的专业服务可以为客户获得最优利率，优化了市场结构从而带来持续运营的平台。

中央对手方服务的广泛引入能够满足出借受益人和交易商群体的需求。首先，出借人要求获得更好的投资回报，中央对手方的电子交易平台为其提供了更广阔、更具流动性的市场；其次，证券借贷是一种资本密集型业务，在不存在结构性改变的条件下，由于存在其他风险相似的非资本密集型可替代业务，证券借贷整体业务规模可能会降低。

（六）中央清算所和支付确认

通过在日内进行预支付，使用中央清算所能够消除日内风险。这将为借入人节省成本，并为借入人消除无担保交易对手风险。

出借代理人往往在借入人支付到账前向出借受益人提供资金，中央清算所可以通过维护资金头寸，借记借入人、贷记出借人来消除这段等待期。

（七）运营和技术成本

证券借贷被认为是一个成本相对较高的行业，在缺乏标准化的双边交易市场，同时与多家机构维护各不相同的协议增加了运营和技术成本。证券借贷引入中央清算所可以解决因多方信用评估而带来的成本，提供了直通式处理，有效地进行净额交收。对于借贷合约和担保品逐日盯市、上市公司行为处理、手续费及折扣计费等交易后运营功能，在集中环境中能更有效地处理。

(八) 采用中央对手方模式的成本效益问题

在过去10～15年间，许多公司认为证券借贷是一种成本或服务中心，在某处生产利润，但不是独立的利润中心。证券借贷是大宗经纪业务产品的重要组成部分，但对大多数投资银行来说，它是由对冲基金借贷需求驱动的金融产品。公司的利润来源是自营交易，而借入证券是基于成本效益方面的考虑，而不是要扩大利润，这意味着很多证券借贷部门一直将资源配置到其他领域。

使用中央清算所将使大型公司或较大的大宗经纪业务线受益，证券借贷机构通过中央对手方能够显著提高资本金和资产负债表使用，即使无法直接积累利润，这些证券借贷机构也会致力于降低成本。

近期，市场关注的焦点主要集中在如何降低成本上，大规模应用中央清算所要求前台、中台、后台进行变革。一些观点认为这需要开展大量的工作，人员短缺。这种观点显然是短视的。回顾过往，金融服务公司会发现许多由于引进新的业务流程而导致短期成本增加，但在随后几年大幅提高公司投资回报、产量成倍扩大的例子。现在的投资是为了未来的收获，这是谋求占据领导地位的公司所追求的。公司高级管理人员应该介入，推动为支持广泛采用中央清算所而制定的企业战略决策。

批评人士指出，出借人和借入人双方都存在与中央对手方交易费用和保证金准备相关的成本。这些确实是新增成本，但是在证券借贷引入中央清算所能在未来产生经济效益。

经济效益由以下因素驱动：

1. 释放了双边对手风险的资本配置，这些资本可以支持其他双边证券借贷，或在其他商业活动中重新使用。

2. 通过净额交收处理，降低了资产负债表使用，增加了一级资本比率，可以支持其他双边证券借贷，或在其他商业活动中重新使用。

3. 降低了证券借贷运营和技术的相关成本。

4. 通过扩大市场参与者范围增加了市场体量，提高了交易对手信用和资产负债表容量。

广泛应用中央对手方对证券借贷行业将大有裨益，交易型开放式指数基金对电子交易平台和中央对手方的影响就是一个例子。交易型开放式指数基金借贷经常由于缺乏流动而遭到抑制，根据盛嘉德于 2009 年 7 月的数据统计，美国 805 只交易型开放式指数基金中，144 只的借贷交易量占美国自动报价证券借贷系统的 50% 以上，其中 43 只的交易量占到美国自动报价证券借贷系统交易量的 1/3 以上。

（九）代理和出借受益人的问题

必须承认，出借代理人为加入中央清算所不得不与出借受益人客户进行身份认证、忙于调整双边文件，例如取消日内预支付、出借代理人最低100%担保品要求等，这些要求是为了消除日内风险以及保证担保品足额。这方面的工作量很大，可以肯定，未来一些出借受益人将被监管机构关注，出借代理人将被迫对这些公司采取行动。

此外，围绕出借受益人如何参与中央对手方模式仍存在诸多不明确事项，例如担保品是否由中央对手方持有、如果持有是否应该隔离并向代理出借人或出借受益人承诺，以及中央对手方持有的保证金是否能受到同样的对待等。

七、结论和建议

（一）美国市场

美国证券借贷市场有许多支持中央对手方发展的特点。首先，美国是最大和最活跃的股票借贷市场，借贷可以进行隔夜拆借从而实现逐日滚动，市场上有大量参与人积极开展证券借贷活动。此外，在美国市场，对于股息率、担保品、交易后处理的变数更少。所有这些要素都指向实现中央对手方的发展路径，可以认为它是众多利益共同体的有组织社区。

事实上，美国清算公司已经以证券借贷中央对手方的角色来支持期权做市商，这意味着存在一种可行的业务运作模式。现有流程应为一些公司级市场参与人提供激励，让他们将传统证券借贷流程转向中央对手方方式。

（二）欧洲市场

在欧洲中央对手方所面临的问题更碎片化、更复杂：证券借贷业务分布在多个市场，对手方位于不同的司法管辖区，通常这些对手方包括比较小的公司，只访问本地的市场；信贷审批更加难以实现，即便成功了，绝对值也可能较小；股息预扣税使收入的处理更加复杂，需要中央清算所适应并提供替代的解决方案；在欧洲，基于双边关系的传统证券借贷担保品配置比美国更加多变；从历史上看，机构一直是与借入人或出借人交易的主要对象，借入人已不愿意将资源从客户业务转到低利润率的中间业务。

但同时，中央对手方的潜在价值也被提倡，相对于在多个市场众多对手方进行簿记、监控、管理、交易，将活动集中在一个或几个中央清算所可以使运营过程更加简洁。中央清算所在信用中介方面能带来革命性的改变，为较小的机构提供多个欧洲本地市场的访问途径。

（三）利用中央对手方基础设施

交易平台和中央对手方的结合是为了增强双边协议证券借贷市场，而不是取而代之。虽然普遍观点认为，在同时期引入交易平台和中央对手方时，债券回购和债券借贷业务的结合只能够达到其现有的规模，但是对于常规的证券借贷可能会有所扩大。由中央对手方带来的业务拓展的例子是现金筹资：美国自动报价证券借贷系统清算会员能够基于中央对手方担保出借证券而获得现金担保品，用于一般筹资。

（四）全球挑战

美国和欧洲等市场，需要吸引更多的代理出借人或出借受益人，通过中央对手方方式来参与股票借贷业务。因为股票借贷市场跟债券回购市场相比，股票借贷交易受限于代理出借人和出借受益人的券源供给情况，因此，下一步应提高整个行业通过中央对手方出借股票的意愿。

以下是本文的研究结论以及相关建议：

1. 在《巴塞尔新资本协议Ⅲ》要求和监管倾向下，中央清算所将在一定比例的证券借贷业务中得到广泛应用。

2. 在当前法规及其修订下，尤其是《巴塞尔新资本协议Ⅲ》实施后，采用中央对手方带来的降低交易对手方风险、资本配置、资产负债表使用等优势是巨大的。如果不广泛采用中央清算所，资本和资产负债表的限制将无法支持证券借贷增长，可能无法维持业务发展。

3. 中央清算所将同时支持电子交易平台和双边场外市场的证券借贷，通过允许更广泛的直接参与而提高市场透明度和流动性，更加有效地使用公司资本以提高收益。

4. 证券借贷需求带来挑战，但这些挑战可以通过行业咨询和灵活的中央对手方模式进行控制。

5. 中央清算所提供确定的支付方式，消除了日内预支付的需求，并改进了股息、费用/折扣的处理过程。

6. 中央清算所在降低证券借贷运营和技术成本方面作用巨大。

7. 当前证券借贷模式的变化将要求最大化使用中央对手方所带来的收益，例如代理出借人在中央对手方模式下对交易进行补偿的价值需要认真审视。

8. 代理出借人和主要借入人将大量的双边证券借贷业务迁移至中央对手方环境，能够释放资本和资产负债表资源从而增加证券借贷及其他业务的交易量，可以为其带来竞争优势，主要借入人可能会对使用中央对手方交易的代理出借人产生偏好。

9. 行业协会应在发现问题和促进行业进步方面发挥作用。

10. 对于资本、资产负债表使用、流动性供应的监管影响在历史上全部集中在银行机构。显然，监管的网络将扩大到其他金融机构，包括保险公司和养老基金，这将促使这些组织使用中央清算所。

补充阅读：

证券借贷的中央清算所机构比较一览表

中央对手方 功能	美国清算公司 （1）股票借贷 （2）美国自动报价证券借贷系统证券借贷	伦敦清算所清算网 （欧洲）	瑞士清算所 （欧洲）	欧洲期交所 清算集团 （欧洲）
中央对手方结构				
成员： • 全面结算会员 • 特别结算会员 • 交易会员/非结算	√ 结算会员 √ 非结算会员	√ 全面结算会员 √ 特别结算会员 √ 交易会员	√ 全面结算会员 √ 特别结算会员 √非结算会员	√ 全面结算会员 √ 直接结算会员 √ 非结算会员 备注： 特定借贷人许可证（仅出借受益人）
最低资本要求	最低 250 万美元（净资本）	• 全面结算会员：根据会员清算量在 2 500～3 750 万欧元之间 • 特别结算会员：2 500 万欧元	以评级为基础	30 或 250 日总平均必备保证金的 10% • 全面结算会员：最少 1.75 亿欧元 • 直接结算会员：最少 1 750 万欧元 • 特定借贷人许可证：非必需
担保基金	15 万美元或按公式计算（根据开放利率计算的日余额的 6%，按月确定），目前共有约 3 亿美元	基金旨在担保结算系统中最高未担保风险的默认敞口，每月按比例提交	根据过去 3 个月平均 3 日总敞口，按月确定	30 或 250 日总平均保证金要求的 2% • 全面结算会员：最少 500 万欧元 • 直接结算会员：最少 100 万欧元

续表 2

功能＼中央对手方	美国清算公司 （1）股票借贷 （2）美国自动报价证券借贷系统证券借贷	伦敦清算所清算网（欧洲）	瑞士清算所（欧洲）	欧洲期交所清算集团（欧洲）
中央对手方资本	4 500 ~ 5 000 万美元	最低 1.35 亿欧元（估计值）	5 000 万瑞士法郎（加上储备）	总核心资本 9 700 万欧元
市场范围	美国	比利时、法国、荷兰、葡萄牙	英国、澳大利亚、丹麦、芬兰、德国、挪威、瑞典、瑞士	第 1 层：英国、德国、瑞士 第 2 层：法国、荷兰、比利时、意大利、西班牙、爱尔兰、丹麦、芬兰、挪威、瑞典 第 3 层：美国、东欧、亚洲、拉丁美洲（选定国家）
中央对手方功能				
合约认可	（1）美国存托公司（已匹配成交的） （2）美国自动报价证券借贷系统（已匹配成交的）	凤凰证券借贷平台（已匹配成交的和已锁定的）	凤凰证券借贷平台（已匹配成交的和已锁定的）	双方（来自对手方或第三方服务提供方），已匹配成交的或未匹配成交的
合约转让	更替	更替	更替	更替
合同类型	开放期限和固定期限	开放期限	开放期限	开放期限和固定期限
接受的主要担保品	现金	现金	现金、证券	现金、证券

续表 3

功能＼中央对手方	美国清算公司 （1）股票借贷 （2）美国自动报价证券借贷系统证券借贷	伦敦清算所清算网（欧洲）	瑞士清算所（欧洲）	欧洲期交所清算集团（欧洲）
担保品存放处（主要担保品）	存放在中央对手方 针对美国自动报价证券借贷系统的改进：代理银行直接使用中央对手方独立账户进行质押担保	存放在出借人	存放中央存托机构的中央对手方账户	现金担保品：存放在出借人 证券担保品：存放在出借人（通过第三方担保品管理人进行转让或质押），或者位于明讯银行或瑞士清算所的中央对手方账户
代收股息	承诺（2）	目前无计划 后续会有计划	承诺	承诺
其他支持的公司事务	美国存托公司收入跟踪系统	目前无计划 后续会有计划	√ 全部支持	√ 全部支持
归还	√	√	√	√
提前召回	√	√	√	√
支持部分	√	目前无计划 后续会有计划	√	√
重新估值	√	目前无计划 后续会有计划	√	√
费用/折扣率汇集	承诺（2）	承诺	承诺	承诺
中央对手方成本（不包含与交易平台和结算会员费用相关的成本）				
交易	参与各方每笔交易 1.00 美元（可能有折扣）	每日基于双方交易价值的 1.5 个基点（增量年率）	每日基于双方交易价值的 1.5 个基点（增量年率）	根据评估

续表 4

中央对手方 功能	美国清算公司 （1）股票借贷 （2）美国自动报价证券借贷系统证券借贷	伦敦清算所清算网（欧洲）	瑞士清算所（欧洲）	欧洲期交所清算集团（欧洲）
保证金	跨市场平仓，弹性的抵押政策	由算法决定	由算法决定	由算法决定
结算交收	美国清算公司支付美国存托公司费用	每笔指令 1.0 欧元	约 1.5 欧元	通过中央证券存管机构（股票）或国际中央证券存管机构（债券）进行国内市场结算交收
风险管理				
会员监测过程	持续风险监测	持续风险监测	持续风险监测	持续风险监测
保证金分配	美国清算公司理论分析与数字模拟（STANS）风险管理系统	标准投资组合风险分析系统（SPAN）实时流动性风险算法	实时的，基于合约的义务	实时的，基于合约的义务
可充抵保证金	现金、证券	现金、证券	现金、证券	现金、证券
保证金提交指令时间	每日盘中进行	每日盘中进行	实时	每日盘中进行
跨市场保证金制度	√美国清算公司期权、期货、现金头寸	无	√ 瑞士清算所现金产品	√ 欧洲期交所清算集团产品

续表 5

功能 \ 中央对手方	美国清算公司 （1）股票借贷 （2）美国自动报价证券借贷系统证券借贷	伦敦清算所清算网（欧洲）	瑞士清算所（欧洲）	欧洲期交所清算集团（欧洲）
运营支持				
关联方	美国自动报价证券借贷系统 借贷网 美国存托公司	凤凰证券借贷平台 欧洲清算银行	关联中央证券存管机构的凤凰证券借贷平台，关联中央证券存管机构的分托管人	第三方流转提供方； 中央证券存管机构负责股票结算交收，包括：法兰克福明讯银行、瑞士清算所、欧洲清算（英国与爱尔兰）； 国际证券存管机构负责债券结算交收，包括：卢森堡明讯银行（债券结算交收）和欧洲清算银行
结算交收	在美国存托公司进行券款对付交收	在欧洲结算银行进行券款对付交收	券款对付/券券对付	在中央证券存管机构进行股票券款对付交收，在国际中央证券存管机构进行债券券款对付交收
状况	1993 年开始服务； 2009 年 5 月开始美国自动报价证券借贷系统服务	2009 年 6 月开始服务	2010 年 4 月开始服务	在进行概念阶段的行业咨询

Chapter Four | 第四章

境外证券借贷实务借鉴与启示

日本、韩国证券金融公司依托创新发挥和强化公共服务职能

——关于日本和韩国证券借贷市场的考察报告*

日本、韩国信用交易诞生于二十世纪五六十年代，在欧美信用交易制度基础上有所创新和发展，形成了由证券金融公司为信用交易集中提供资金和证券借贷服务的业务模式。近年来，日本、韩国证券金融公司转变职能定位，在证券借贷业务模式、证券金融业务创新等方面取得了长足发展，相关发展经验和教训对优化我国现有转融通业务模式，设计符合我国证券市场发展实际情况的证券借贷业务方案，推动我国证券金融事业的健康发展，具有重要借鉴意义。

---

* 作者：薛文石、隆武华、罗晓东、郭永全、王鑫。本文写于2013年6月，曾刊于《融资融券研究》第8期。

一、日本、韩国证券借贷业务基本发展情况

（一）日本证券借贷市场最新发展

日本证券借贷市场主要由两部分构成：一是证券金融公司为信用交易提供的证券借贷业务；二是外资银行主导的场外证券借贷业务。

日本信用交易有两类：一类是标准信用交易，品种、费率、期限由交易所决定，交易合同标准化；另一类是一般信用交易，品种、费率和期限由客户和证券公司协议确定。日本证券金融公司只为标准信用交易提供资金和证券的支持，主要通过转担保和证券标借等制度安排来解决证券来源问题。目前，日本证券金融公司为信用交易提供的证券借贷业务，基准费率为0.4%，标借借入的证券费率，由市场上该证券的供求关系决定。截至2013年3月底，日本证券公司对客户的信用交易余额为2.96万亿日元，其中融资余额2.42万亿日元，融券余额0.54万亿日元，融资余额是融券余额的4.5倍。在融资余额中，标准信用资金交易余额为1.94万亿日元，证券金融公司提供的资金占到25%。在融券余额中，标准信用证券交易余额为0.42万亿日元，证券金融公司提供的证券占到40%以上。

21世纪以来，日本证券借贷市场的场外交易日益流行。场外证券借贷的出借方主要是境外共同基金和大型资产管理机构，借入方

是对冲基金和大型证券经纪商。证券借贷的品种、费率及期限等通常由借贷双方协议确定。日本证券存管公司开发“交收前匹配系统”，对此类借贷活动进行清算和交割。截至2012年底，“交收前匹配系统”的参与机构已超过700家，股票借贷余额约为5万亿日元，债券借贷余额为70万亿日元。可以看出，这种不通过日本证券金融公司的场外证券借贷，已成为当前日本证券借贷市场的重要方式。

（二）韩国证券借贷市场发展情况

韩国证券借贷市场主要由两部分构成：一是韩国证券金融公司为信用交易提供的证券借贷业务；二是韩国证券金融公司和韩国证券存管公司的证券借贷中介业务。

韩国目前开展信用交易的证券公司共有62家，均可向韩国证券金融公司申请资金和证券借贷。其中，证券借贷的标的证券范围由韩国证券金融公司确定，期限为90天，可延期4次，每次不超过60天。证券公司向韩国证券金融公司申请资金和证券借贷需要提交担保品，韩国证券金融公司对担保品进行逐日盯市，并向证券公司支付担保资金利息。当证券公司到期未足额偿还证券，或在存续期内未及时补足担保品，韩国证券金融公司可对证券公司提交的担保品实施强制平仓。

在韩国，信用交易呈现出以融资为主的格局。2011～2013年，韩国信用交易的融资余额从2.23万亿韩元增加到4.12万亿韩元，融券余额从0.3亿韩元增加到412亿韩元，融资余额是融券余额100

倍以上。而韩国证券金融公司提供的资金借贷占到融资余额的40%左右，融券券源则全部由韩国证券金融公司提供（见表4－1）。

表4－1 韩国证券金融公司提供资金和证券借贷余额占信用交易余额的比重

（单位：亿韩元）

类别		2009年3月	2010年3月	2011年3月	2012年3月	2013年2月
信用资金交易	韩国全市场	22 341	44 662	61 147	52 026	41 180
	韩国证券金融公司	8 647	15 434	21 995	25 268	18 253
	占比	38.7%	34.6%	36.0%	48.6%	44.3%
信用证券交易	韩国全市场	0.3	423	386	411	412
	韩国证券金融公司	0.3	423	386	411	412
	占比	100%	100%	100%	100%	100%

韩国证券借贷中介业务主要由韩国证券存管公司和韩国证券金融公司开展。韩国证券存管公司是韩国最早设立证券借贷平台的机构。1996年，韩国证券存管公司获准办理证券借贷的中介业务。其证券借贷业务具有如下特点：一是标的范围较广，包括主板、创业板和交易所债券。二是参与人较广，不仅包括境内机构投资者，还包括境外投资者。目前，托管银行、共同基金、信托公司和对冲基金逐渐成为主要参与者。三是借贷用途较广，包括满足交割或策略性投资需要①。四是交易方式灵活多样，不仅包括结算和定价交易，

① 如卖空交易、可转换债券的转换、存托凭证的套利、现货市场与期货市场之间的套利以及风险规避等，也应用于其他各种金融投资策略而产生的证券需求。

还包括竞价、协议和过桥交易。目前，八成以上的境外机构通过协议和过桥交易完成证券借贷。

2000 年，韩国证券金融公司获许办理证券借贷中介业务（除为信用交易提供结算保障以外的证券借贷），并于 2002 年设立证券借贷平台。该证券借贷平台的主要出借方是商业银行、共同基金和保险公司，主要借入方是对冲基金、证券公司，采用定价交易、竞价交易和协议交易三种交易方式。境外客户以协议交易方式为主，境内客户以定价交易方式为主，通过竞价方式的交易量基本为零。证券借贷的用途主要满足机构客户策略性投资的需要。

截至 2013 年 2 月，通过韩国证券金融公司和韩国证券存管公司证券借贷平台的证券借贷余额约为 29 万亿韩元，是韩国证券金融公司为信用交易提供证券借贷余额的 70 倍，表明证券借贷业务的平台化，在韩国已成为趋势。当然，韩国证券借贷平台又一分为二，二者各有侧重。其中，韩国证券存管公司以股票借贷为主，余额为 12. 66 万亿韩元，债券借贷余额仅为 1. 03 万亿元；韩国证券金融公司以债券借贷为主，余额为 14. 31 万亿韩元，而股票借贷余额仅为 1. 04 万亿韩元。

二、日本、韩国证券金融公司证券借贷业务的主要特点

第二次世界大战后，日本、韩国重建本国金融体系，效法欧美

实行金融分业经营管理体制，建设资本市场，恢复市场信心。在证券公司难以从商业银行获得资金支持，以及证券公司信用等级较低的情况下，为了弥补证券公司资金不足，为市场提供流动性，建立健全信用交易，由日本中央银行主导成立了日本证券金融公司，韩国政府责令韩国证券商协会主导设立了韩国证券金融公司。采取证券金融公司的集中授信模式，赋予证券金融公司高等级信用地位，从而实现向日本和韩国证券市场注入流动性、发挥证券金融公司的中介作用，为证券市场提供增信服务，加强对信用交易的集中管理的目的。这是日本、韩国资本市场不同于欧美资本市场的一个重要方面。总括起来，日本、韩国证券金融公司在证券借贷市场的职能和定位，可以归纳出以下五个方面的特点。

第一，日本、韩国证券金融公司的职能定位，突出了为市场提供公共服务和促进证券市场稳定发展。

韩国证券金融公司自 1955 年成立起，就承担着为资本市场提供流动性和稳定发展服务的职能。1962 年 4 月，韩国颁布《证券交易条例》，确立韩国证券金融公司为韩国唯一合法的证券金融机构。1969 年 2 月，韩国政府收购韩国证券金融公司 50% 的股份，韩国证券金融公司开始取代韩国信托银行面向公众受理证券担保委托贷款，在资本市场萎靡时期通过各种资金借贷工具向市场注入流动性。1974 年 11 月，韩国证券金融公司从韩国证券交易所退市，定位为政策支持性金融机构，在 1977 年 1 月被确定为韩国唯一负责管理韩国员工持股计划的金融机构，1978 年 4 月被确定为唯一管理韩国客户证券交易结算资金的金融机构。1990 年 5 月，韩国证券金融公司设立并管理证券市场稳定基金（SMSF），在市场动荡时期通过稳定基金工具熨平市场波动。2005 年 5 月，韩国证券金融公司成立“员工持股计划服务中心”，拓展员工持股计划的服务空间，加强韩国员工持股计划的研究、推广和监督。目前，韩国证券金融公司还管理着客户认购保证金、现金管理账户（CMA）资金、客户认购存款以及国家财政存款等，为韩国资本市场的稳定发展做出了重要贡献。与此同时，韩国证券金融公司的主要股东均为政策支持类金融机构，如韩国证券交易所、韩国开发银行和韩国证券存管公司等。韩国证券金融公司高层管理人员多数由韩国金融监督院直接或间接委派，保证了韩国证券金融公司能够有效地贯彻政策意图、履行公共职能、促进稳定发展。

日本证券金融公司的职能定位和市场功能与韩国证券金融公司有类似的地方。日本在《金融商品交易法》中规定，成立证券金融公司必须得到首相许可。日本证券金融公司的历任社长均由央行派出，业务上受日本金融监管厅监管。为了确保证券金融公司承担的公共职能不受干扰，《金融商品交易法》规定证券金融公司在为信用交易提供借贷服务的同时，可从事证券出借中介服务，为金融商品交易参与者及其客户提供贷款；首相还有权力根据公共利益或投资者保护的必要性，要求证券金融公司调整其业务内容。

第二，日本、韩国证券金融公司证券借贷交易方式多样，已成为日本、韩国证券市场的基础性制度安排。

一是日本证券金融公司为日本信用交易的“轧差”操作提供流动性保障。在日本，每日闭市后，证券公司先对同一证券品种的融资和融券申请实施“轧差”操作，以确定该证券品种的净融出资金额或净融出证券额，证券公司自有资金和证券无法满足的，向证券金融公司提交资金和证券的需求申请。证券金融公司对不同证券公司的同一证券品种的资金和证券申请再实施“轧差”操作，以确定该证券品种的净转融出资金额或净转融出证券额。最后，证券金融公司通过内部资金和证券调度或公开标借的方式，满足上述需求。两次“轧差”操作充分利用了信用交易买入的券源，直接满足了部分客户的融券需求，减少了标借证券的品种和数量。证券金融公司的“轧差”与“标借”操作，更成为日本信用交易制度得以成功运作的前提与保障。日本证券金融公司自成立以来，就是日本信用交易市场主要的资金和证券提供方。目前，日本证券金融公司为信用交易提供的资金余额为0.52万亿日元，占东京交易所统计的证券公司对客户融资余额的两成左右；提供证券借贷余额为0.18万亿日元，占证券公司对客户融券余额的近五成。

二是日本证券金融公司的电子借贷系统为借贷双方提供担保品管理服务。1977年，日本证券金融开始经营一般股票借贷业务。2002年，日本证券金融公司设立电子股票借贷系统（E－Stock

Lending)，连接证券公司与各机构投资者，以竞价或协议方式组织一般股票借贷业务，通常借贷的股票品种和期限等都可协议完成。通过该业务，证券公司可直接从保险公司等证券持有方借入股票，日本证券金融公司为借贷双方提供中介及担保品管理服务。

三是韩国证券金融公司的证券借贷中介业务交易方式灵活，已成为韩国资本市场的基础性机制和设施。韩国证券金融公司的证券借贷业务采用定价、竞价和协议交易三种交易方式，实现担保品的集中管理，以满足客户的多样化借券需求，最大限度地减少担保品分散管理的不方便性和不安全性。由于协议交易的期限比较灵活，可根据借贷双方达成协议自行设置，证券的用途一般无特别限制，八成以上的证券借贷是通过协议方式进行交易，约 94% 的境外客户通过协议方式交易，而竞价方式的交易量基本为零。目前，韩国证券金融公司的证券借贷余额达 15.34 万亿韩元，占韩国全市场证券借贷余额的五成左右。

第三，日本、韩国证券金融公司的证券金融类业务日益丰富，为资本市场提供充足的资券流动性。

近些年，日本、韩国证券金融公司不断拓展证券金融类业务的范围。日本证券金融公司的业务多元化，主要表现在以下两方面：一是股票金融服务。日本证券金融公司主要向证券公司提供证券抵押贷款，近三成用于协议形式的信用交易。目前，日本证券金融公司的证券抵押贷款余额为 964 亿日元，其中个人客户贷款余额为 76

亿日元，用于协议形式的信用交易贷款余额为257亿日元。二是债券金融服务。日本证券金融公司开展债券金融业务，为债券承销商提供贷款服务，满足承销商在债券发行和流通期间的融资需求。与此同时，日本证券金融公司还是日本央行指定的代理偿还国债本息业务的重要机构。

韩国证券金融公司的业务多元化，主要表现在以下三个方面：一是股票金融服务。韩国证券金融公司向投资者提供证券抵押贷款，也向证券公司的证券抵押贷款提供融资。目前，证券抵押贷款余额达1.2万亿韩元，为证券公司证券抵押贷款提供的融资余额接近1.1万亿韩元。与此同时，韩国证券金融公司还提供准承销贷款服务，稳定韩国新股发行股价。在新股发行初期，二级市场出现供需不稳定的情况时，股票承销商根据承销协议从二级市场购买股票，以稳定新股价格。当承销商出现资金短缺时可向日本证券金融公司融资，以达到“制造兴旺景象”的效果。尽管近年韩国新股发行不多，新股发行价格波动不大，目前韩国证券金融公司的“制造兴旺景象”贷款余额只有8 000万韩元，但相关的机制和制度安排已经到位。二是债券金融服务。韩国证券金融公司提供一级和二级市场的债券承销贷款，增加韩国债券市场的活力。目前债券承销贷款余额接近3.1万亿韩元。三是资产托管服务。韩国证券金融公司为集合投资资产管理业务提供资产托管服务，监控资产管理机构的活动。目前，韩国证券金融公司托管的集合投资资产规模达48.02万亿韩元，在韩国从事资产托管业务的机构中托管资产规模最大。

第四，韩国证券金融公司在交易结算资金和管理员工持股计划存管方面发挥着独特的作用。

为了防止证券公司等机构挪用客户结算资金，保证客户交易结算资金的安全，韩国自1978年4月开始实行韩国证券金融公司集中保管客户交易结算资金的制度。目前，韩国《证券交易条例》《期货交易条例》和《资本市场促进法》都强制性要求证券公司、期货公司、资产管理公司和投资买卖公司等机构，在证券金融公司开立专用托管账户，将投资者缴存的交易结算资金，全额委托证券金融公司管理。目前，韩国证券金融公司是证券公司和期货公司客户交易结算资金的独家管理机构。截至2012年3月，韩国证券金融公司管理的客户交易结算资金达20.88万亿韩元。

自1974年以来，韩国证券金融公司始终是韩国员工持股计划的主要推动力量和核心角色，既能向员工持股计划提供专业化、规范化的资产管理、托管、融资贷款和咨询服务，也能向韩国证券监管部门及时、准确地反映员工持股计划动态情况，为促进韩国员工持股计划的健康发展发挥了关键的作用。韩国《劳工福利基本法》规定，韩国证券金融公司为员工持股计划开立资金账户和证券账户，存管员工持股计划资金，托管员工持股计划股份，并为员工持股计划提供认购贷款，缓解员工持股计划参与主体融资难的问题。目前，韩国证券金融公司是韩国员工持股计划的独家资产管理方、托管方和监管方。截至2012年3月，韩国证券金融公司管理和托管的员工持股计划股份达到4.39亿股，市值6.33万亿韩元，占开展员工持股计划的上市公司总市值的1.3%；韩国证券金融公司为员工持股计划提供的认购贷款余额达1.02万亿韩元。

在考察中，我们发现目前日本、韩国证券借贷市场在发展过程中也存在一些问题，值得我们总结并吸取教训：一是忽视了机构投资者用于风险管理和策略交易的证券借贷需求。20世纪90年代以后，对冲基金异军突起，出于风险管理和策略交易的需要，对冲基金的证券借贷需求迅猛增长，日本、韩国证券金融公司则更注重传统的为个人信用交易提供配套的证券借贷，而对面向机构投资者交易需求的证券借贷有所忽视，使得日、韩场外证券借贷市场迅速发展，集中交易模式受到了挑战和冲击。二是日本证券借贷的分散化使证券卖空信息难以全面掌握。2000年后，为监测和防范风险，全球金融监管进一步加强了对卖空交易的统计与信息披露。日本证券借贷市场场外分散的证券借贷业务快速发展，规模不断扩大，从数量上已经成为主导形式。日本金融监管部门只能监测监控信用交易中的卖空行为，而对场外分散的证券借贷无法统计，难以掌握全市场的卖空交易总体规模，造成相关监管政策的实施效果大打折扣。时至今日，如何有效监测监控场外分散的证券借贷市场，仍是日本卖空监管未能解决的重要问题。三是对外资机构证券借贷的监管相对薄弱。目前，日本约六成、韩国约九成以上的证券借贷掌握在外资机构手中，它们的证券借贷活动尚缺少有针对性的监管措施。以韩国为例，外资机构在进行证券借贷时，并不申报借贷的用途；中介机构出于营利的考虑，对外资机构证券借贷交易的业务审查和技术控制也相对宽松。

三、对我国证券金融公司和转融通业务发展的启示

（一）转融通业务是信用交易重要的制度保障，集中模式适应我国证券市场实际情况

日本、韩国证券金融公司的实践证明，转融通业务的存在有效解决了证券公司信用交易资券来源不足的问题，已经成为其信用交易制度重要的组成部分和制度保证。随着我国信用交易市场的发展，转融通业务也必将为证券公司融资融券业务的壮大提供更多的支持。截至2013年6月17日，我国转融通余额近486亿元，全市场融资融券余额2 280亿元，转融通余额约占全市场融资融券余额的比例刚超过两成，与日、韩市场相比该比例尚有相当距离。同时，我国信用交易仅占普通交易的5%，与日、韩市场相比该比例达到20%也有较大差距。随着我国信用交易制度进一步优化，我国信用交易有望迎来快速发展阶段，转融通业务的潜在发展空间巨大。我国可借此契机完善转融通交易模式，为证券市场提供更丰富、更多元化的资

券支持。

从我国当前的市场环境看，与日本当年的情形类似：金融业处于分业经营和监管状态，货币市场与资本市场还没有连通，大部分证券公司信用等级较低，融资能力较弱，更难以在证券借贷业务方面建立对证券出借方的信心，仅凭证券公司的信用难以顺利借到证券。通过设立证券金融公司，为证券公司的融资融券业务集中提供转融通服务，是适应目前证券市场现实状况的。一方面，可打通货币、资本两个市场，满足证券公司的融资需求，并以证券金融公司的信用为担保，建立配套融券业务的证券借贷机制，满足当前证券公司的融资和证券借贷需求。另一方面，日本现行的集中授信与分散授信模式并行的双重模式，无法使日本证券金融公司履行对全市场卖空进行监测监控的职责。我国应该以此为戒，顺应当前国际市场加强卖空信息披露集中统计监控的趋势，坚持以转融通模式为全市场信用交易提供资券保障，既能满足市场不断涌现的新型借贷需求，也能够随时掌握和统计全市场卖空交易情况，实施有针对性的监管。

（二）充分认识开展证券借贷业务的意义，促进证券借贷业务的发展

目前日、韩两国监管部门、自律管理机构和市场组织机构对证券借贷业务必要性和作用的认识是十分明确的：一是证券借贷业务是证券市场发展到一定阶段的必然产物，其不仅仅是信用交易的配套机制，也是为证券市场注入流动性的重要方式；二是有助于证券的价格发现，形成证券合理价格，并促进价值投资理念的形成；三是有助于挤压市场泡沫，避免市场的大起大落，促进证券市场的健康稳定发展。

目前，我国开展的以转融通业务为代表的证券借贷业务还主要定位于为融资融券业务提供配套支持，完善市场交易机制。通过考察，我们深刻感受到，我们对证券借贷业务的理解还需要进一步深入，需要从更广泛的内容和意义认识和发展证券借贷业务。今后，我国证券借贷业务的创新和发展，不仅局限于为融资融券业务提供配套服务，更要立足于我国证券市场的长远稳定发展，使其成为为证券市场发展提供资金和证券的新渠道，不断为市场注入更广泛的流动性支持。

（三）应积极顺应证券借贷需求的发展，不断提高市场效率，构建适应我国证券市场的证券借贷平台

从海外证券市场的实践经验看，随着证券借贷业务发展，特别是大型机构投资者的积极参与和借贷服务范围的扩大，对证券借贷交易效率的要求也愈加强烈。对证券借贷市场效率的追求，已成为决定证券借贷模式变更的核心要素。从欧美市场看，分散证券借贷模式下，机构投资者需要自行寻找借贷对手方，增加了交易成本，于是集中的电子化证券借贷平台逐渐兴起。从日本的情况看，日本

证券金融公司所经营的转融券业务交易方式较为单一，服务范围较为狭窄，难以满足市场日益复杂和多样化的需求，许多大型机构另辟蹊径，自主开展证券借贷业务，于是分散式的证券借贷逐渐占据了主导地位。对欧美与日本出现的反向发展走向进行深入分析，我们发现原因是追求市场效率而发生的调整和变化。

我国现有的转融通业务模式，有助于转融通业务的简单起步，并起到了支持融资融券业务、促进市场交易机制完善的作用。但在业务运行过程中，我们也深刻感受到现有业务模式的局限性，存在着链条长、环节多、效率低、市场适应性不强的问题，如转融券融入业务和融出业务分平台办理，数据交互频繁，应急处理难度大；出借人与借入人信息交互难，成交效率低，交易方式单一，未能实行议价交易和竞价交易方式等。因此，需要在认真总结转融通实践经验，深入研究矛盾和问题的基础上，借鉴境外市场经验，顺应市场发展的趋势和需要，不断优化交易运行方式，逐步构建适应我国证券市场发展状况的证券借贷平台。该平台可供出借人和借入人直接申报，并进行撮合，同时提供竞价交易和议价交易等灵活多样的交易方式，降低市场参与者的信息搜寻成本，解决目前业务链条长、涉及主体过多的问题，进一步提高市场效率，促进证券借贷业务的发展。

（四）立足于为证券市场提供流动性支持，不断深化证券金融事业的创新，拓展证券金融服务的广度和深度

现阶段我国证券市场仍然处于“新兴加转轨”阶段，证券市场的发展、证券行业的创新都需要充足的流动性支持，特别是在目前货币市场和资本市场分割的情况下，建立为资本市场提供流动性支持的新渠道尤为重要。证券金融公司在为融资融券业务提供服务的基础上，已经形成了资金和证券的融通机制，完全有条件和有能力在做好转融通服务的同时，进一步拓展业务范围，在更广泛的领域为证券市场和证券行业提供资金和证券的融通服务，促进资本市场的创新和发展。

我们应当汲取日本、韩国有益的经验，证券金融公司在做好转融通业务的基础上，不断拓展证券金融服务的外延，探索向证券公司、金融投资机构等市场主体提供短期流动性贷款、股票质押贷款及综合性资金服务等业务；不断拓展证券金融服务的深度，以满足市场需要，促进市场发展。

（五）发挥证券金融公司独立第三方的优势，为资本市场提供更多的公共服务

日本、韩国政府均赋予证券金融公司一定的公共服务职能，强调其维护证券市场稳定发展的作用。如日本证券金融公司是日本央

行指定的代理国债偿还本息业务的机构，在贯彻执行政府宏观经济政策、维护日本政府债信等方面起到了重要作用；韩国证券金融公司承担着存管韩国客户交易结算保证金和管理员工持股计划股份的职责，在保障客户交易结算资金的安全性、改善上市公司治理结构和增强证券市场流动性等方面发挥了积极作用。

证券金融公司承担一定的公共职能不无原因。资本市场的发展客观上需要一些非纯粹商业化的公共服务，证券金融公司地位特殊，角色较为公正、客观和独立，在贯彻政策意图、规避利益冲突和专业服务能力等方面具有优势，承担这些公共职能易于得到政府和市场的认可。因此，证券金融公司可结合市场和政府需要，逐步承担更多公共服务职能，为市场服务、为监管服务。例如配合监管部门拟开展的员工持股计划开展相关服务和资产管理，充分发挥第三方独立机构的优势，规范员工持股股份的登记、管理和买卖等；再如积极探索存管客户交易结算资金的途径与方式，在保障客户交易结算资金安全的前提下，更好地为证券公司客户交易结算资金管理提供服务等等。

国际证券借贷市场稳定发展中迎来严格风控

——关于第 22 届国际证券借贷大会的考察报告*

国际证券借贷协会（ISLA）于 1989 年成立，总部位于伦敦，是代表全球证券借贷业参与机构利益的组织。其会员是来自全球 20 多个国家的 90 多个参与证券借贷业务的机构，包括保险公司、退休基金、资产管理机构、银行、证券交易商和服务提供商等。该协会与欧洲监管机构联系紧密，并向由英格兰银行担任主席的行业组织证券借贷和回购委员会（SLRC）派驻代表。该协会参与制定了多项主要的市场倡议性文件，包括行业标准协议《全球证券借贷主协议》和英国行业规范《证券借贷指引准则》等。近两年来，该协会致力于与监管机构合作，提供安全高效的证券借贷框架，开拓新的

* 作者：聂庆平、李瑞新、张倩、刘昊、石乔。本文写于 2013 年 7 月，曾刊于《融资融券研究》第 12 期。

证券借贷市场，起草行业实践指引，提高证券借贷业的公众地位，加强与其他协会的沟通合作，推广《全球证券借贷主协议》为行业标准，以及向会员提供证券借贷市场发展情况的信息。

国际证券借贷大会是国际证券借贷协会举办的年度大会，在证券借贷行业具有较高的影响力，至今已是第22届。历届会议主要讨论证券借贷的市场发展、业务创新、风险管理、监管动态等问题，旨在加强证券借贷相关机构之间的合作与交流，研究证券借贷业的发展趋势和热点问题，参会代表来自于证券借贷业务相关的银行、经纪交易商、资产管理机构、权益所有者、对冲基金以及证券监管机构等。

本届证券借贷大会在捷克布拉格举行，与会代表达600多人。大会设置主题发言、专家组讨论、圆桌会议等环节，对当前证券借贷行业的市场发展和监管动态进行探讨，重点研讨对行业影响较大的监管改革问题，如金融交易税、担保品管理、影子银行监管等。

一、全球证券借贷市场发展状况

证券借贷是指有偿出借或借入证券的行为。与普通借贷行为不同的是，证券借贷中的标的证券和担保品所有权发生了临时性转移，交易双方实际上通过两次买卖实现证券借出和归还。证券借贷在信用交易和对冲机制不发达的市场中难以产生旺盛的需求，但其在欧美成熟市场的演进与发展历程，却让我们看到这项业务在发展和活跃市场方面发挥的重要作用。

（一）证券借贷正在成为满足市场主体多元化需求的重要工具

早在19世纪的英国市场，专业中介机构就向股票经纪人和做市商出借金边债券。20世纪60年代，现代意义上的证券借贷交易出现，此时的交易行为主要是为了满足交收需要。英国伦敦出现了正式的股票借贷交易，美国也发展了自己的经纪商间借贷市场。70年代，证券借贷从单纯的交收保障行为，发展成为策略性交易的重要工具。80年代，证券借贷业务出现暴发式发展。随着英美经纪交易商和存管银行不断拓展海外业务，跨境证券借贷迅猛增长。90年代，出现了以电脑处理能力提高为核心的技术进步，多个国家消除了证券借贷的监管、税收、业务结构等方面的法律障碍。随着对冲基金管理资产不断增加，投资银行在全球开展主经纪业务，支持对冲基金的证券借贷与融资业务拓展，国际证券借贷市场规模继续迅速增长。进入21世纪后，以金融危机为分水岭，国际证券借贷市场表现出不同特征。金融危机前，证券借贷市场进一步细分，专业的区域性参与者和第三方证券借贷中介人迅速发展，去监管化和税收政策变化使巴西、韩国和我国台湾地区等新兴证券借贷市场不断出现，新的交易类型如股票回购、价差合约、总收益互换、合成式主经纪业务等不断涌现。金融危机后，监管机构开始对证券借贷规定更为严格的监管措施，市场参与者在现金担保品再投资等业务实践中更为保守，集中化证券借贷平台上的交易日益活跃，中央对手方模式逐渐被引入证券借贷交易。

从最初应付股票交收需要，到如今满足市场主体多元化需求，证券借贷业务不断发展，已经成为连接资本市场和货币市场的基础性制度设计，也是两个市场不可或缺的组成部分。证券借贷参与人范围明显扩展，有以保险基金、养老基金、共同基金等机构投资者为主的出借人，以对冲基金、主经纪商为主的借入人，以托管银行、资产管理机构等为主的中介机构，以及以中央对手方为主的结算服务机构。相关出借人可以通过证券借贷项目增加额外收入、实现股息避税、融通资金等，借入人则可以保障交收、实施策略性交易、开展做市活动等，由此证券借贷还衍生出为市场提供流动性、降低交易成本、促进价格发现等重要作用。

（二）证券借贷市场呈现稳定发展的态势

一是可借资产增幅较大。可借资产是指进入证券借贷项目，可供市场参与者借入的资产，其规模反映出借人参与证券借贷活动的意愿，体现市场供给情况，是证券借贷市场的重要指标。2009 年以来，证券借贷已经从机构投资者的非经常性增收活动，发展成为其资产管理策略的重要组成部分。进入证券借贷项目的可借资产从 2009 年的 7.3 万亿欧元逐年攀升至 2013 年的 10.5 万亿欧元，增幅达43.8%。零售基金、退休基金、保险公司等机构投资者和散户投资者提供的可借资产占全部可借资产的70%，超过7万亿欧元，其余部分来自银行、央行、类政府机构等。可借资产中的债券和股票数量在增长中出现分化，从两者基本持平转变为以股票为主。

二是证券借贷余额稳定。全球证券借贷余额自2009年以来基本稳定在1.5万亿欧元左右，不到金融危机前水平的一半，约占可借资产总额的15%。2012年，全球证券借贷余额1.4万亿欧元。其中：股票借贷余额0.58万亿欧元，占41.7%；政府债券借贷余额0.73万亿欧元，占52.1%；公司债券借贷余额0.09万亿欧元，占6.3%。借贷余额稳定的原因主要有两方面：一是行业内对于对手方信用风险、现金担保品再投资风险、非现金担保品流动性风险等业务风险的认识逐渐加深，态度日趋谨慎；二是金融业监管机构思路也在发生变化，相继出台的《巴塞尔新资本协议Ⅲ》、《多德－弗兰克法案》、欧盟对交易型开放式指数基金和可转让证券集合投资计划①的指导意见等，均对证券借贷活动产生直接或间接影响，降低了

① 欧盟可转让证券集合投资计划，Undertakings for Collective Investment in Transferable Securities，UCITS。1985年，即《申根协定》签订当年，欧洲议会与欧盟委员会颁布了一系列法律指引，为欧盟各成员国的开放式基金建立了一套跨境监管标准。欧盟成员国各自以立法形式认可该指引后，本国符合欧盟可转让证券集合投资计划要求的基金即可在其他成员国面向个人投资者销售，无需再申请认可。同时，指引也为各国监管机构信息共享与协作架设了初步框架。至此，欧洲分散在各成员国法律与监管制度下的证券投资基金，首次被纳入统一的信息披露与监管体系之下，基金在整个欧洲市场范围内的跨境交易更为便利。

市场参与者的交易意愿。

（三）证券借贷担保品的使用和管理安排日益健全优化

证券借贷交易通常以足额或超额担保方式进行，大量使用担保品是证券借贷行业的重要特征。随着行业不断发展，担保品管理从单纯的后台操作业务，发展成为证券借贷业务机构资产管理不可或缺的组成部分，对降低对手方风险、提高资产运作效率至关重要。

一是非现金担保品使用日益上升。2009 年至今，债券和股票借贷中的非现金担保品使用均呈现稳步上升趋势。债券借贷中，现金担保品占比由 54% 降至 42%，非现金担保品占比由 46% 上升至 58%；股票借贷中，现金担保品占比由 66% 降至 52%，非现金担保品占比由 34% 上升至 48%。由于证券出借人接受现金担保品后通常要向借入人支付利息，出借人就必须将担保品进行再投资以覆盖该部分成本，这又会带来期限错配的流动性风险和新的对手方信用风险。因此，出借人往往更愿意接受欧洲国家和美国的金边债券等高质量担保品，尽量避免接受现金担保品。

二是对高质量担保品和对第三方存管安排的需求增加。随着业界对担保品风险的认识不断深化，监管机构对担保品的要求日趋严格，业界对高质量担保品的需求日益增加。另外，监管机构对担保品单独存管的规定，催生了业界对存管服务的需求。很多证券借贷交易的参与人已经通过第三方监控和管理担保品，中央对手方正在建立和完善追踪、监控和配置担保品的系统，越来越多的证券借贷担保品也将交由第三方存管。摩根斯坦利报告显示，担保品管理的相关业务收入可达50亿～80亿美元，主要存管人和出借人将获得该部分收入的80%。

三是担保品管理与转换将成为新形势下的重要工具。目前，银行和经纪交易商都在寻求将担保品管理中央化，通过取得和交换担保品，实现回购、证券借贷和衍生品交易中的担保品优化，以最高效和最节约成本的方式为其业务提供担保。目前，一些作为清算经纪人和存管人的银行正计划推出担保品管理与转换服务，而拥有大量高质量资产的退休基金或主权基金可为此提供流动性，市场前景较为广阔。同时，他们也意识到了担保品转换仍然面临一些潜在问题。例如，低质量担保品的价格波动可能对相关转换交易产生潜在风险。提供担保品转换服务的银行和其他中介机构需要对折算率进行审慎风险管理，同时限制可接受的低质量担保资产类型。

二、全球证券借贷市场的改革思路

金融危机后，各国及地区金融监管机构在证券借贷的参与者资质要求、基础制度设计、跨系统风险控制、透明度要求等方面实施了一系列监管改革。

（一）加强风险控制

一是增强证券借贷参与机构稳健性的微观层面改革。美国、欧盟、国际清算银行等纷纷发布新监管文件，从提高资本充足率、改善资产质量、增强资产流动性、控制杠杆率、加强透明度、增加压力测试等方面对证券借贷参与者提出监管要求，旨在强化证券借贷风险管理，防范由个别金融机构问题引发行业系统性风险。例如，《巴塞尔新资本协议Ⅲ》对银行类机构提出了增加资本金、提高流动性和降低杠杆率的要求，并特别关注证券借贷和衍生品交易等活动。根据该协议，商业银行核心资本充足率需达到8.5%～11%，需满足流动性覆盖比率和净稳定融资比率①，并且对杠杆率的计算比以往更为严格②。这些规定进一步提高了对证券借贷参与者的资本充足率和流动性要求，强化了对证券借贷业务的风险控制。

二是完善证券借贷市场基础制度设计的中观层面改革。这方面的举措包括对“影子银行”加强监管，严格限定担保品的资产类别，以及在证券借贷中积极引入中央对手方交易机制等。《多德－弗兰克法案》在第610条中首次将证券借贷和回购交易列在银行贷款和信

---

① 流动性覆盖比率要求为优质流动性资产储备与未来30天的资金净流出量之比不低于100%。净稳定融资比率要求为可用的稳定资金与业务需要的稳定资金之比不低于100%。

② 计算杠杆率时，分子只采用普通股或一级资本，分母要求覆盖表内所有资产、不允许净额结算等。

用额度管理项下。该法案规定，银行可计算其作为直接参与主体和代理中介机构的证券借贷风险敞口，在确定该行借贷额度是否超过时必须将证券借贷余额包括在内。该条款注意到了证券借贷业务与货币市场的紧密联系，一方面继续将其作为连接货币市场与资本市场的纽带，另一方面通过总信用额度管理来防止两个市场之间的风险相互蔓延。

三是建立宏观审慎监管体系的宏观层面改革。监管机构日益强化系统重要性金融机构的借贷业务监管，建立跨国跨地区卖空监管统一框架，防范风险在跨国金融系统中传播，从整体上提高全球或区域的金融体系稳健性。2012 年 11 月 1 日，欧洲议会和欧盟理事会发布的《关于卖空和部分信用违约掉期问题的第 236/2012 号法规》正式生效施行。该法规要求，欧洲证券与市场管理局出台卖空监管指导意见时，欧盟成员国必须作出回应，根据指导意见制定相关法规，或声明不遵循该指导意见并说明理由。该法规还对欧盟和成员国监管部门管辖权限作出明确划分，在欧盟内部建立清晰统一的监管框架，降低了监管成本，提高了监管效率。

（二）严格担保品管理

一是明确合格担保品标准。金融危机后，监管机构大幅提高对担保品的门槛要求，可用担保品仅包括现金、主权信用评级较高的政府债券、交易所指数股票、银行信用证、存托凭证等高质量资产。

监管机构通常还对证券担保品设置具体标准，就信用评级、面值币种、市场流动性、资产类型和关联风险等作出规定，以保证担保品质量。欧盟要求非现金担保品发行人必须具有较高信用级别，独立于担保品提供方，并且非现金担保品必须具有高流动性，定价透明，以确保担保品能够迅速以接近当时估值的价格卖出。

二是规定最低担保品水平和扣减率。各监管主体均根据担保品类型规定不同程度的担保品水平和扣减率。英国要求受监管基金证券借贷交易的风险敞口必须有100% 的担保。美国要求在册投资公司必须始终维持至少100% 的担保品，且担保品类型只能是现金、美国政府及其机构发行或担保的债券、合格的银行信用证。

三是控制担保品集中度。欧洲证券与市场管理局规定，担保品的发行国、交易市场和发行人应当足够分散化。欧盟可转让证券集合投资计划因对手方资产管理计划和场外衍生品交易收到担保品，相对于单一发行人的最大风险敞口不得超过自身净资产的20% 。当欧盟可转让证券集合投资计划的风险敞口来自不同对手方时，则合并计算担保品，以确定是否超过该限额。

四是严格管理非现金担保品再利用。由于证券借贷业务中收取担保品的通常为风险回避的机构投资者，包括货币市场基金、共同基金、交易型开放式指数基金、退休基金、保险公司等，出于保护投资者目的，各国及地区通常禁止这些机构再利用非现金担保品。美国规定，除经纪交易商以外的出借人无权再利用非现金担保品。

欧洲证券与市场管理局规定，欧盟可转让证券集合投资计划中的非现金担保品不得被出售、再投资或质押。法国和加拿大规定，在证券借贷交易期限内，共同基金必须持有所有非现金担保品，不得将其再投资或处置。

五是适当限制现金担保品再投资。监管机构对现金担保品再投资证券的证券类别、投资期限、币种或资产流动性作出规定。欧洲证券与市场管理局规定，现金担保品再投资后必须符合对非现金担保品的分散化要求，并且只能用于以下方式：存管于欧盟可转让证券集合投资计划指导文件规定的相关机构；投资于高质量政府债券；用于协议期限不长于 7 天的逆回购交易；投资于短期货币市场基金。

六是加强担保品的风险管理。欧洲证券与市场管理局规定，担保品必须至少每日估值一次，对价格波动性高的担保品必须规定足够保守的扣减率，否则不能接受。在管理担保品时，应当通过风险管理流程识别、管理和缓释相关的操作、法律等风险。收取的担保品达到其资产总额 30% 以上的欧盟可转让证券集合投资计划必须制定适当的压力测试方案，定期在正常和非正常流动性条件下开展压力测试，评估与担保品相关的流动性风险。

（三）通过金融交易税提高金融机构交易成本

2008 年的金融危机对欧洲各国经济和公共财政造成严重影响。欧盟委员会认为，金融机构对金融危机负主要责任，而巨额成本却由政府和民众买单，具有明显不合理性。因此，2011 年 9 月 28 日，欧盟委员会提出一项议案，要求欧洲理事会出台指导意见，在各国建立金融交易税的普遍征收体系。欧盟表示，实施金融交易税主要有三个目的：一是加强监管协作；二是由金融机构为金融风险承担成本；三是抑制金融行业的投机行为，防范风险。奥地利、比利时、爱沙尼亚、法国、德国、希腊、意大利、葡萄牙、斯洛文尼亚、斯洛伐克和西班牙 11 个欧盟成员国成为首批参与国，计划在加强合作原则下引入金融交易税。欧洲理事会于 2012 年 2 月 12 日同意行动计划，并于 2013 年 1 月 22 日在欧盟经济财政部（ECOFIN）理事会上通过决议，授权 11 国开始立法行动。

根据目前议案，证券借贷、回购和逆回购交易被明确列为征税对象，课税基础为交易总金额。税率由各国自行规定，对非衍生品交易不低于 0.1%，对衍生品交易不低于 0.01%，向借入人和出借人同时征收。欧盟预期每年的金融交易税收入将达 300 亿～350 亿欧元。

尽管财政收入有望增加，但国际证券借贷协会测算显示，该议案如果付诸实施，将对欧洲证券市场产生严重影响：

一是证券借贷市场严重萎缩。在过去一年中，欧洲证券借贷交易平均收益率为 0.18%，长期投资者通过证券借贷增加了 30 亿欧元的收入。议案实施后，至少 65% 的欧洲证券借贷交易将消失，接近 5 000 亿欧元的欧洲政府债券将退出证券借贷市场，长期投资者将损失 20 亿欧元的收入。法国和德国市场受影响最大。11 国政府债券是受影响最严重的资产。

二是证券借贷交易成本大幅上升。据测算，证券借贷费率水平需要提高 400%，才能维持长期机构投资者的当前收入。一方面，银行取得高质量担保品的成本将骤然增加，融资成本提高，向实体经济放贷的能力降低；另一方面，投资机构实施对冲的成本也将增加，风险管理成本放大。

三是证券市场违约率提高。金融交易税将导致证券借贷市场流动性减少，价差增大。如果证券借贷市场关闭，短期证券交易的结算失败率将大幅上升，增加系统性风险。

正是由于证券借贷对二级市场的重要作用，此次金融交易税议案出台前，各国对金融交易相关税收立法时，都承认证券借贷在货币市场和资本市场之间的中枢地位，对相关交易税收予以豁免。法国和意大利的规定都包括针对证券借贷和回购的例外条款，其他有类似税收制度的市场也都对证券临时转让规定长期有效的豁免条款。此次金融交易税的严厉税制，引来整个欧洲金融业和多国政府强烈抵制。由于担心征税成本过高和业务严重流失，英国政府甚至针对欧盟议案提起法律诉讼。

根据欧盟在 2013 年 2 月发布的原定计划，议案预期 2014 年 1 月 1 日生效。但在各界强烈反对下，欧盟于 2013 年 6 月末表示议案将至少延期 6 个月，即使各国协商一致并加速立法，该税种最早只能在2014年中期实施。

三、对我国发展证券借贷的思考和建议

（一）拓展证券借贷业务模式，深化资本市场资源配置功能，促进资本市场创新发展

证券借贷从最初满足清算交收的需要，到资产管理不可或缺的重要工具，再到为资本市场提供流动性和丰富交易策略的基础性制度安排，其在欧美成熟市场已经走过了一个曲折而不断发展的历程。伴随着欧美证券市场的发展，证券借贷业务模式逐渐完善，业务内涵持续深化，业务功能不断拓展，为市场源源不断地注入生机和活力，极大地推动了欧美资本市场的发展进程。

证券借贷在欧美的发展并非偶然。作为资金融通的场所，市场本就是资金和证券不断转换进而实现资本流动和增值的渠道。证券借贷兼有融资、投资、流动性管理、风险管理等功能，能够满足包括散户、机构投资者、对冲基金、经纪交易商、银行等各类市场主体的多层次内生需求，在这些市场重要主体之间建立有机联系而安全高效的资金融通渠道，因而是市场机制作用下各方的自然选择，也是资本市场发展到一定阶段的必然产物。

从境内资本市场近年的发展历程不难看出，证券借贷的发展规

律同样适用。我国在2010年引入了作为证券借贷衍生业务的信用交易制度，即融资融券业务。三年来，融资融券余额已超过2 300亿元，累计交易金额超过5万亿元，经常参与交易的投资者人数接近100万人，开展经纪业务的证券公司达79家。事实证明，融资融券制度适应我国资本市场发展需要，完善了市场的双边交易机制，对活跃市场、消除泡沫、发现价格起到重要作用。2012～2013年，转融通业务作为融资融券业务的配套安排正式启动实施，目前已成为证券公司效率最高的资券融通渠道，提供的资券金额达488.19亿元，占市场融资融券余额的21%，对提高市场流动性、活跃市场、稳定市场起到了积极作用。

我国资本市场证券借贷业务已经具备了良好的开端，接下来应当顺应当前境内资本市场的发展形势，进一步扩展证券借贷业务内容，扩大证券借贷参与者范围，更好地发挥证券借贷业务对资本市场的多方面积极作用。一是能够为退休基金、保险基金等机构投资者资产的保值增值提供有效的管理手段。由于证券借贷具有安全性高、交易灵活、收益稳定等特点，境外以风险回避为投资特点的机构投资者普遍将证券借贷作为资产保值增值的重要手段。拓展证券借贷业务内容，扩大参与人范围，可以为境内同类机构投资者提供安全高效的资产管理手段，有利于事关国计民生的重要资产保值增值。二是可以丰富策略性交易工具，提高资本市场交易的总体技术水平。证券借贷本身并不复杂，但其是可转债套利交易、配对交易、指数套利交易等重要交易策略的前提条件。目前这些在境外已经相当成熟的交易策略在我国均属空白，难以培育出熟悉国际资本市场游戏规则，能够在实践中熟练运用组合交易手段的投资机构。境内资本市场要与国际资本市场接轨，应当审慎引进确属有益的制度设计，着力完善交易机制和提升市场参与者的交易水平。三是有利于提高资产使用效率，增加市场流动性。证券借贷能够使资金和证券得到多元化利用，为市场提供更多流动性，拉低交易成本，从整体上提高整个资本市场的效率。

（二）建立统一证券借贷平台和中央对手方交易机制，稳步推进证券借贷业务发展

欧美市场证券借贷模式经历了从分散到集中的过程。业务发展初期，欧美证券借贷高度分散化，相关业务多数通过出借人和借入人双方单独协商进行，参与主体多，定价效率低，交易成本高。一方面，导致市场不充分性问题突出，影响市场作用的发挥；另一方面，造成透明度过低，监管部门很难监控交易过程中的风险，容易产生风险隐患。正因如此，从 20 世纪 90 年代以来，证券借贷市场出现了自发的集中化趋势，大量交易汇聚到统一的电子化平台上进行，降低了市场参与者的搜寻成本，提高了成交效率。交易结算也逐渐集中到中央对手方，减小了市场参与者的对手方风险，降低了其结算交割和担保品管理等业务运营成本。金融危机后，监管部门着手设立证券借贷交易数据仓库，大力推动证券借贷平台和中央对手方机制的运用，通过集中化模式防控证券借贷业务风险。

借鉴欧美证券借贷市场发展历程的经验教训，在我国证券借贷业务开展初期就建立统一的证券借贷平台，并引入中央对手方交易机制，具有多方面优点。一是控制风险。结合我国实际情况，设立集中统一的证券借贷平台，集数据统计、交易平台、中央结算等功能于一身，可以有效提高监管效率，防控风险。二是活跃市场。集中式平台有利于市场信息的提供和买卖需求的匹配，能够增加交易成功概率，提高市场活跃度。三是稳定市场。集中式平台有利于发挥市场的价格发现功能，减小证券借贷价格波动，提高市场效率。

（三）深化担保品管理方式改革，在严控风险的前提下提高担保品使用效率

欧美机构的相关实践与我国目前转融通业务的担保品管理有许多相似之处。例如欧美有担保品的第三方存管安排，我国的转融通业务是由证券金融公司委托登记结算公司对担保品进行管理；欧美有对合格担保品标准的要求、最低担保品水平和扣减率的要求等等，我国的转融通业务保证金管理规则对可充抵保证金证券名单、折算率、风控指标都有详细规定。我国对担保品的风险控制措施已经较为全面。今后我国开展证券借贷业务，宜于建立统一的证券借贷平台，引入中央对手方交易机制一并考虑，在担保品的管理方面可采

用由第三方存管机构或中央对手方进行担保品集中管理的做法，使担保品的风险控制措施能够得到直接而有效的落实。

在防控风险的前提下允许担保品再利用，能够提高资产使用效率，降低业务成本，增加市场流动性，因而担保品再利用是证券借贷业务中极为重要的一环。境外主经纪商和对冲基金之间的杠杆式信用交易类似于我国融资融券与转融通，可为我们使用担保品提供参考。

在主经纪商和对冲基金之间的信用交易中，对冲基金向主经纪商提交保证金，借入资金或证券进行融资融券交易，所得证券或价款同样用作向主经纪商借入资金或证券的担保品。主经纪商通过主经纪协议在该些担保品上设置质押权，并协商取得再使用权，继而用作向机构投资者等最终证券出借人借入证券的担保品。为了防范此种业务模式下的风险，监管机构通常对主经纪商再利用担保品作出限制。美国、澳大利亚和法国规定，此类机构可将非现金担保品再利用于抵押融资或杠杆式交易等，但形成的债务总额不得超过原担保债务的140%。英国未设置该上限，但规定担保品只能用于转担保。结合我国具体业务模式，可以考虑在风险控制措施到位的前提下，先放开现金担保品的再利用限制，探索实践经验，待时机成熟再将范围逐步扩大到证券担保品，对提高资产效率、扩大信用交易规模、增加市场流动性起到积极作用。

（四）强化证券借贷相关立法工作研究，为业务开展提供法律保障

证券借贷是成熟证券市场的基础性制度设计，欧盟、美国、韩国、日本等均在其证券相关法律中作专门条款加以规定。一方面，明确证券借贷业务的法律地位，保障业务顺利开展；另一方面，对交易参与人资格、担保品管理、风险敞口等作出规定，防范业务风险。正是得益于法律规定的完备性，境外证券借贷业务数十年来平稳发展，对境外资本市场的发展起到了巨大的推动作用。在金融危机发生后，市场参与者很快回归，市场虽然未在短时间内回复到危机前水平，但业务运营更加稳健，风险控制更加谨慎，显现出良好的发展势头。

我国尚未正式开展完全意义上的证券借贷业务，但已有学者意识到该业务对境内资本市场的重要意义，开始进行法律层面的相关研究。证券借贷业务产生和发展的主要国家是英国和美国，均为英美法系国家，与我国基本法律制度有较大区别。要借鉴境外相关制度，还需要对一些问题进行深入研究，例如借入资券和担保品的法律权属问题、红股股利的处理问题等。另外，境外在立法方面的经验教训也值得我们借鉴。如前文所述，鉴于证券借贷交易对市场的重要性，各监管机构在规定金融交易类税收时，均对证券借贷制定豁免条款。此次欧盟出台金融交易税，对证券借贷交易加倍征收，背离了市场逻辑和规律，对交易成本和流动性造成巨大的潜在影响，

结果尚未出台便受到各方抵制，最终草案推迟实施。未雨绸缪，强化对相关法律问题的研究，有助于我们理清思路，为法律制度设计做好准备。考虑到法规应当具有一定前瞻性，在条件成熟时，可适时修改相关法律法规，增加证券借贷相关内容，在法律层面上完成制度保障，为未来我国资本市场的创新发展做好铺垫。

新兴市场交易日趋活跃，成熟市场从严监管发酵

——关于出席风险管理协会第30届证券借贷年会的报告*

风险管理协会（RMA）是一个全球性的会员制非营利性金融服务机构，成立于1914年，总部位于美国费城。该协会旨在通过教育、研究、交流合作等途径，帮助银行和非银行机构管理客户风险、操作风险和市场风险，是一家专为提高各类金融机构风险管理的有效性、审慎性而设立的协会。目前，风险管理协会在北美、欧洲、泛亚等地区拥有包括银行、信托公司、投资银行、金融公司和政府监管机构等在内的2 500家机构会员和众多参与证券借贷和风险管理业务的个人会员。

证券借贷委员会是风险管理协会的下设组织。该委员会成立于

---

* 作者：孔庆文、拓小燕、刘春波、李广川。本文写于2013年12月，曾刊于《融资融券研究》第13期。

1983 年，主要职能是增进国际证券借贷相关机构间的交流和沟通，促进证券借贷行业发展。证券借贷年会主要由该委员会承办，会议的主要目的是研讨国际证券借贷业务的最新发展趋势和相关热点问题，为银行、资产管理机构、基金公司以及证券监管部门等机构提供观点交流和业务合作机会，至本届会议已举办 30 届。本届证券借贷年会在美国佛罗里达州博卡拉顿市举行，全球共有约 450 名行业代表参加了年会。代表们主要来自四类机构：一是代理证券出借业务的托管银行，如摩根大通、巴黎银行等；二是从事证券借入的证券经纪机构和投资机构，如摩根斯坦利、黑岩集团等；三是集中性的证券借贷、清算平台类机构，如网络证券借贷平台、美国清算等；四是相关监管机构，如国际货币基金组织等。

一、本届证券借贷年会主要议题及相关情况

本届证券借贷年会，是在全球普遍收紧证券借贷及其衍生品交易监管政策的大背景下召开的。金融危机和欧债危机后，为进一步防范金融体系的系统性风险，欧美市场普遍加大了对证券借贷及其衍生品交易的风险管控力度，出台了更加严格的担保品监管举措。成熟市场证券借贷业务的发展因此面临不小的挑战，新兴市场的兴起和做法则受到国际金融机构的普遍关注。在本届年会上，拉丁美洲特别是巴西市场的证券借贷业务、国际证券借贷监管政策的演变

及其影响，以及证券借贷业务的担保品管理发展方向等，都成为重点讨论议题。

（一）全球及拉丁美洲证券借贷市场最新情况

1. 全球证券借贷市场最新情况。当前，国际证券借贷市场可用于借贷的证券资产规模基本恢复至金融危机前水平。截至 2013 年 6 月底，国际证券借贷市场可借资产总额约 14 万亿美元。可借资产以股票为主，约 8.4 万亿美元，占可借资产总额的 60%；可借债券约 5.5 万亿美元，占 39%；可借交易型开放式指数基金约 0.1 万亿美元，占 1%。

由于行业风险意识加强和监管日趋严格等原因，全球证券借贷余额自 2009 年以来基本稳定在 2 万亿美元左右，不到金融危机前水平的一半。2013 年 6 月底，全球证券借贷余额 1.9 万亿美元。其中，股票借贷余额 0.76 万亿美元，占 40%；政府债券借贷余额 0.97 万亿美元，占 51.1%；公司债券借贷余额 0.12 万亿美元，占 6.3%；交易型开放指数基金借贷余额 0.05 万亿美元，占 2.6%。全球证券借贷市场中，北美洲市场规模最大，借贷余额占全球证券借贷余额的 60.1%，欧洲市场占 32.05%，泛亚市场占 6.5%，拉丁美洲市场占 0.95%，非洲市场规模最小仅占 0.4%。

2. 拉丁美洲证券借贷市场最新情况。拉丁美洲的主要证券市场中，巴西证券市场规模远高于其他市场，目前与韩国和我国台湾地区相当。数据显示，截至2013年9月底，拉丁美洲证券市场总市值约2.15万亿美元。其中：巴西市场总市值约1万亿美元，占46.5%；墨西哥市场市值0.5万亿美元，占比23.3%；其余市场市值0.65万亿美元，占比30.2%。

拉丁美洲的证券借贷业务分布与上述市场格局较为一致，但主要市场的占比更高。截至2013年9月底，拉丁美洲证券借贷余额约为223亿美元。其中，巴西证券借贷余额为196亿美元，占拉丁美洲证券借贷余额的87.89%；墨西哥证券借贷余额约22亿美元，占9.87%；智利、哥伦比亚、秘鲁等三个市场证券借贷余额约5亿美元，占2.24%。

3. 巴西证券借贷业务发展情况。近年来，巴西证券借贷业务规模增速明显，已成为拉丁美洲最重要的证券借贷市场。因此，本届年会重点探讨了巴西证券借贷业务的发展情况。

（1）市场规模。2013年，巴西证券借贷市场月均交易额约为800亿美元，相对而言，墨西哥证券借贷市场月均交易额仅为20亿美元。截至2013年9月底，巴西证券借贷余额达到196亿美元，远高于2012年底144亿美元的水平，更是2009年水平的3倍。所有出借的证券中，前十位出借最多的证券余额达到56.7亿美元，占全部证券借贷余额的28.9%。

（2）参与人。巴西市场证券出借人基本由个人投资者、外国投资者和共同基金组成。截至2013年9月底，三者证券出借金额分别占巴西全部证券出借金额的 33.8%、31.1% 和 29.4%，合计占 94.3%；养老基金、金融机构、企业和其他投资者证券出借金额合计仅占 5.7%。这一比例较 2009 年有所变化。2009 年，上述三者证券出借金额分别占 28.1%、25.8% 和 33.71%，合计占 87.61%，其余出借人出借金额占比 12.39%。

巴西市场的证券借入人主要是共同基金。2009 年，共同基金的证券借入金额占巴西证券借入总金额的比例为 40.87%，外国投资者借入金额占 34.13%，二者合计占 75%；金融机构、个人投资者、企业和其他投资者借入金额占 25%。到 2013 年 9 月底，共同基金证券借入金额占比已升至 69.9%，外国投资者则降至 22.3%，其余投资者借入金额合计仅占 7.8%。

（3）监管机构。巴西证券借贷业务的监管机构为巴西证券交易委员会和巴西货币政策委员会。监管机构主要负责规定金融机构证券借贷规模的上限，监督管理证券借贷集中清算机构的业务风险，设定证券借贷担保品范围，确定证券借贷参与人信用水平的计算方法，监督清算机构的托管服务等等。

（4）主要业务特点。

一是证券借贷业务采取集中模式。与欧美主要市场采用分散式的证券借贷业务模式不同，巴西证券借贷市场一直采用集中式的证券借贷业务模式，由巴西证券期货交易所充当中央对手方，保证借贷业务顺利进行。证券借贷交易通过巴西证券期货交易所开发的证券借贷系统进行，交易所承担对手方风险，为证券出借人提供借入人违约保障。

二是担保品记在借入人名下。证券借入人借入证券，需要向巴西证券期货交易所提交担保品。担保品可以是现金、股票、巴西政府债券、主权债券等。担保品记在借入人名下，由交易所保管。出借人对担保品没有使用权和处分权。

三是证券借贷费率由借贷双方协商，出借回报率相对较高。证券出借人通过巴西证券期货交易所出借证券，证券借贷费率可由双方自由协商，出借证券的权益可以获得补偿。巴西市场出借证券的回报率较高，2013 年 9 月数据显示，出借巴西指数 50 的投资组合可获得 1. 54% 的年化收益，高于成熟市场 0. 05% ~0. 1% 的收益率。

四是借贷合约分为固定期限和非固定期限两类。巴西证券借贷市场合约主要分为两类。一类是固定期限合约，出借人同意将证券出借一段时间，通常为 1 个月，借入人可以选择在到期前归还或者要求续借。另一类是非固定期限合约，出借人出借证券时间不固定，可在有需要时召回出借股票。截至 2013 年 9 月底，两种合约的数量基本各占市场的 50% 。

五是严格处置借入人违约。巴西证券交易所将借入人于证券借贷合同到期日晚 8：00 仍未清偿合约视为到期违约，借入人需要向出借人支付基于合约本身约定的双倍费用。如果合约到期日次一交易日晚 8：00 前合约仍未得到清偿，巴西证券期货交易所将于下一交易日发出证券回购要求以获取证券先行偿还出借人，保护出借人利益。

（二）证券借贷市场监管政策的演变及其影响

2008 年金融危机后，国际组织和各国政府纷纷制定和修改相关监管政策，普遍强化了对证券借贷交易的监管。新监管政策具有较强的针对性，致力于解决金融机构和证券借贷交易机制存在的诸多不足与系统性风险隐患。监管机构认为证券借贷市场的问题主要有以下几方面：

一是金融机构资本实力和资产流动性不能有效应对风险。充足的资本金是金融机构有效应对风险的保障，危机中大量金融机构破产的根本原因是资本实力与其业务规模不匹配，或者资产流动性不高，无法在流动性短缺时及时筹集足够资金。为此，新监管政策在金融机构资本充足率和资产流动性方面，作出了更加严格的规定。

二是国际证券借贷市场缺少透明度。欧美主要市场的证券借贷交易采用分散式的业务模式，交易双方直接达成交易，导致监管机构很难准确掌握市场总体、单个金融机构和客户个体的证券借贷交易数据，无法预判风险。新监管政策强化了对金融机构证券借贷交易的信息披露和报告要求。

三是担保品管理方面存在风险隐患。证券借贷交易的杠杆受担保品价值、对担保品的扣减率以及担保品的再使用率等因素影响，对担保品的过度再使用将金融机构之间的风险紧密联系在一起，发生市场风险事件后，担保品价值可能快速贬值，引发连锁反应。新监管政策着重加强了对担保品再使用的限制，对证券借贷交易杠杆率和担保品管理方面提出了更加审慎的监管要求。

2008 年以来，新出台或者修改的有关证券借贷业务的监管政策，主要涉及提高资本充足和流动性要求、增强对手方信用风险管理、限制过度交易及业务集中度和控制影子银行风险等方面。具体内容及其影响如下：

1. 提高金融机构资本充足和流动性方面的要求。《巴塞尔新资本协议Ⅲ》对金融机构资本充足水平提出更为严格的要求。一是提高资本充足率水平，将商业银行最低资本充足率提高至 4.5%，一级资本充足率由 4% 提升至 6%，并要求于 2015 年 1 月 1 日起达到该要求。同时，提出了 2.5% 的资本留存缓冲要求，若金融机构的资本水平降至资本缓冲范围内，在分红派息比例方面将受到限制。二是以原有资本充足计算公式（资本金/风险加权资产）为基础，缩小资本金定义范围，提高加权风险资产权重。

针对金融机构的流动性水平，巴塞尔委员会提出两项新规则。一是关于流动性覆盖率的内部规定，要求金融机构储备足够的现金或者高流动性资产，以应对流动性紧张时至少 30 天的资金净流出需要。二是净稳定融资比率，规定非流动性资产应该以安全的融资方式提供。由于金融机构开展证券借贷业务后会形成风险资产，净资本要求的提高必然会限制金融机构证券借贷业务规模。此外，为全面衡量金融机构的流动性水平，巴塞尔委员会还提出日内流动性的概念，要求有关商业银行计算每日流动性水平，以应对来自自身、交易对手方与整个金融市场的流动性压力。

2. 强化金融机构单一对手方风险敞口的管理。巴塞尔委员会预计将于2019年开始正式实施一项关于限制大客户风险敞口的规定，规定草案已于2013年7月完成市场征求意见，具体内容包括对单一交易对手方每日交易限额的规定以及每月合规报告制度，规定单一对手方风险性资产余额不得超过金融机构一级资本的25%。尽管这一规定解决了单一对手方风险过大的问题，但降低了金融机构开展证券借贷业务的规模和灵活性。

3. 通过征收金融交易税限制过度交易。欧盟于2013年2月发布了金融交易税规定的最新版本，将对金融交易的买卖双方各征收0.1%的交易税，征收范围包括在欧盟11个成员国境内发行的所有股票和债券。与会者认为，征收金融交易税会提高交易成本并减少金融交易量，金融机构可能会通过提高金融交易的杠杆率、强化担保品的再使用等方式弥补部分税收成本，从而增加金融机构的经营风险，对金融稳定造成不利影响。

4. 控制证券借贷影子银行风险。影子银行开展类银行业务，被认为是2008年金融危机的重要因素。2013年9月G20峰会中，监管者在成员国金融稳定委员会会议上提出了针对证券借贷和回购影子银行风险的最终建议。这份建议是监管机构控制“影子银行”风险措施的一部分，主要内容包括三方面：一是增加透明度，要求金融机构定期向监管机构提供数据，制定统一的数据收集和汇总标准，并提高信息披露的要求等。二是加强监管，对现金担保品的再投资、担保品的计价和管理以及担保品再质押提出审慎监管要求和披露要求。三是改善市场结构，通过评估证券借贷中央结算方式的收益和成本，决定是否采用中央结算方式。目前，金融稳定委员会又提出了一项新的建议，包括对担保品扣减率和组合保证金比例计算方式的最低要求，使银行、投资公司和经纪商通过证券借贷获取现金的行为面临更加严格的限制。监管者认为，重复贷出证券能够引发信贷泡沫和扩大不稳定性，新规则能够防止金融机构重复使用客户的抵押品融资。

5. 对金融机构市场集中度进行限制。2012 年 2 月，美国联邦银行监管机构和证券交易委员会提出了沃克法案草案。法案侧重于限制商业银行的规模、利用自身资本进行自营交易以及禁止银行拥有或资助对私募基金和对冲基金的投资。本次提案重新定义了单一金融机构在市场上所占份额不得超过 10% 的限制中“市场”的概念，在原有的储蓄存款基础上增加了市场短期融资等其他非储蓄资金领域，限制了银行过度举债进行投资的能力。

与会人员普遍认为，监管政策的收紧将对国际证券借贷业务产生深远影响，金融机构开展证券借贷中介业务的能力会被抑制。纽约梅隆甚至认为，通过托管银行进行的证券借贷业务将因此削减30% ~50%；证券借贷业务的披露要求以及欧洲金融交易税新规，可能挫伤投资者从事证券借贷活动的积极性，大大减少证券借贷活动。另一方面，为降低证券借贷的信息搜寻和交易成本，提高担保品管理效率，满足监管规则中提高透明度和增加披露的要求，集中性借贷、清算和担保品管理平台将加速发展，第三方担保品管理服务的应用将会增加。

（三）国际证券借贷担保品管理的发展方向

证券借贷业务担保品管理受近期全球监管政策调整的影响较大，成为本届年会讨论的重要议题。与会人员认为，在不断收紧的新监管政策下，应通过提高担保品再使用率、扩大担保品范围、完善担保品互换业务规则等手段优化担保品管理内容，保护证券借贷参与人的积极性，推动证券借贷业务稳定健康发展。

1. 安全与效率并重，注重风险防范的同时逐步提高担保品的再使用率。境外证券借贷市场中，担保品的接收方可以将担保品用于再抵押等用途。近年来由于全球监管政策趋于严厉，担保品的再使用率呈现下降趋势，进而影响了证券借贷规模的扩大。据统计，2007 年至今，担保品再使用比率已从每年 3.0 下滑到每年 2.2，证券借贷市场的担保品规模从 1.7 万亿美元下滑到 1 万亿美元。与会者认为，担保品再使用率的提高，可以提高资产使用效率，降低证券借贷业务成本，提升出借人的积极性，有助于证券借贷规模的扩大。同时，与会者也指出，担保品再使用蕴含一定的风险，链条的延长可能将市场风险传递至多个市场参与者。当前，监管层已对将非现金担保品再利用于抵押融资或杠杆式交易等形成的债务总额设置了上限。与会者强调，在提高担保品再使用率的同时，监管层应持续监管、控制担保品再使用的规模，以降低行业整体风险水平。

2. 扩大证券借贷业务担保品范围，并完善担保品转换业务相关规则。金融危机以后，美国监管机构所规定的非现金担保品的范围缩小至仅包含美国政府债券等少数信用评级较高的证券。在此情形下，借入人所持有的合格担保证券品种及数量有限，向投行、对冲基金等机构投资者进行担保品转换成为得到合格担保证券的主要途径。

投行等机构经纪商考虑到转换业务风险较大且机会成本较高，设置了较苛刻的担保品转换条件，导致借入人进行担保品转换的成本较高，限制了转换业务发展，并最终影响证券借贷市场规模进一步扩大。因此，与会者对金融危机后相关政策及担保品转换市场规模等进行回顾后提出建议，希望相关管理部门考虑扩大担保品的范围，将企业债券等其他证券品种也纳入证券借贷业务非现金担保品的范围之内，并协调制定担保品转换业务的指导性原则，包括证券估值、折算标准等，使担保品转换市场逐渐走向标准化和规范化，从而促进证券借贷市场的进一步发展。

二、对我国融资融券、转融通业务发展的启示

从会议讨论来看，欧美市场针对证券借贷及其衍生品交易发布普遍从紧的监管政策，引起了市场机构的反对。行业认为，新的监管政策会提高证券借贷业务经营成本，不利于这项业务长期健康发展。事实上，监管机构已根据市场反馈意见对部分政策进行了适应性调整。一些政策的实施时间一再延缓给我们的启示是在市场创新发展过程中，我们制定新的政策或业务规则时，确实需要综合考虑政策力度、业务发展需要和市场承受能力。就信用交易而言，欧美市场发展已经较为成熟，分散式业务模式发展到一定阶段出现的业务风险，需要偏紧的监管政策予以适当约束。而在我国，融资融券和转融通业务尚处于起步阶段，信用交易在市场整体交易规模中的比重偏小，功能作用尚需进一步发挥和完善。因此，我国融资融券、转融通业务以及未来证券借贷业务的发展，还不能简单照搬境外市场目前的监管思路，需要结合我国国情，吸收借鉴境外确属有益的发展经验，积极推动我国证券金融事业发展。

（一）研究扩大转融通出借人范围，丰富券源供给

出借证券因其安全性高且收益稳定，已成为境外专业机构投资者资产保值增值的重要手段。欧美成熟市场中，共同基金、养老基

金、保险公司等专业机构投资者的可供出借证券数量占全市场可供出借证券总量的66%，而新兴市场如巴西，证券出借人中共同基金占比亦有三成。截至目前，我国转融通业务中转融资余额约580亿元，占比97.46%，转融券余额约15亿元，占比2.54%。证券出借人仅为一般机构投资者，而专业机构投资者和持有大量股份的国有股东等还没有参与证券出借业务，由此导致的券源供给短缺成为制约转融券业务发展的重要因素之一。建议通过扩大转融券业务出借人范围，提升转融券业务比重，优化转融通资券业务分布结构，进而充分发挥融资融券业务中投资者融资做多和融券做空的双向交易机制的作用。

（二）从资本充足率、流动性管理和客户管理等方面加强对转融通业务的风险管理

国际上新颁布的各类涉及证券借贷监管政策的核心主要侧重在三个方面：资本充足要求、流动性管理和信用风险管理。这三个方面也成为转融通业务风险管理的重点。一是提高资本充足率，通过增资扩股、发行中长期次级债等方式补充净资本，为转融通业务规模的扩大奠定基础，满足市场资金需求。二是强化流动性管理。随着转融通业务规模的增大，证券金融公司对外负债逐步增加，经营杠杆也相应提高，公司自身流动性风险的管理工作愈加重要。三是重视对借入人信用风险的持续管理。对借入人授信额度应建立体系

化的信用评价指标，根据不同借入人转融通负债金额和风险水平，实施差别化的风险控制措施，从定量与定性两方面对借入人进行持续、动态的信用评估。

（三）设立转融通业务互保基金等制度，进一步防范转融通业务违约风险

根据境外证券借贷市场经验，借入人提供的担保品价值需在全额覆盖其债务责任的基础上，加计一定的风险折扣水平。欧美等主要市场均要求交存担保品的价值应为其借入证券价值的 102% ~ 105%。巴西清算存管公司则更为严格，根据担保品的流动性及波动率等要求借入人交存的担保品价值应为其借入证券价值的 115% ~180%。

作为融资融券业务的配套性制度安排，转融通业务目前设定的 20% ~50% 的保证金比例档次有利于杠杆效益的实现。但是，证券金融公司作为信用交易的中间环节，如果借入人违约，将导致其对出借人违约，容易引发连锁违约风险，损害出借人利益，并危及融资融券和转融通市场的持续发展。设立转融通业务风险基金及互保基金作为重要的风险控制措施，能够形成化解转融通业务风险的缓冲区，从而构建起由保证金、互保基金、风险准备金等组成的多层次的转融通业务风险防控保障体系，对保护出借人利益、维护信用交易市场的稳定发展具有重要意义。

（四）提升担保品使用效率，降低业务成本

目前，证券金融公司虽已充分利用自有资本金、发行次级债券和短期融资券等方式筹集资金，但仍无法满足市场对转融资业务的需求，同时券源尚不足够，转融券业务发展受到制约，而证券公司的自有资金和证券有限，也难以满足融资融券业务的发展需要。另一方面，截至目前，转融通担保品总额已达150亿元，融资融券担保品总额已达8 000亿元。大量担保品沉淀在账户中，尚不能得到有效利用。境外市场中，证券借贷的出借人对担保品的再使用属于基础性的制度安排，不仅有利于促进存量资产的保值、增值和有效利用，而且能够降低借贷业务成本，提升出借人的积极性。结合我国的具体业务模式，建议在确保担保品安全性的前提下，积极探索担保品的再使用路径和方式，兼顾业务创新和风险防范，盘活存量资产，促进转融通业务和融资融券业务进一步发展。

欧美证券借贷市场发展特征与启示

——关于第 23 届国际证券借贷大会的考察报告*

第 23 届国际证券借贷大会在德国柏林举行，600 名参会代表主要来自四类机构：一是代理证券出借业务的托管银行，如摩根大通、法兴银行等；二是从事证券借入的证券经纪机构和投资机构，如摩根斯坦利、贝莱德集团等；三是集中性的证券借贷、清算平台类机构，如欧洲期交所清算公司、明讯银行等；四是相关监管机构，如英格兰银行、欧洲央行等。相比以往，本届大会有以下特点：一是大会议题涵盖的范围更广。主办方将会议名称确定为“国际证券金融以及担保品管理大会”。目前全球证券借贷业务向纵深发展，在机构日常的业务中，证券借贷、回购业务、担保品管理紧密联系在

---

* 作者：朱焕强、欧阳国黎、吴忠华、郑成。本文写于 2014 年 7 月。

一起，证券借贷业务原先只显示在资产负债表资产部分的做法发生改变，证券金融、担保品管理体现在资产与负债两端，成为黏合在一起的综合业务。相应的，会议给予关注，议题做了拓展。二是更加关注市场需求。本届大会更加关注市场状况以及发展趋势。对于一些可能是细微，却能真正引起市场兴趣的主题，诸如如何在低利率负利率环境下获利、在场外衍生品市场推行中央对手方模式的影响等。三是提供了更多的讨论与交流机会。大会给予对冲基金和银行发言机会，还通过圆桌会议等方式方便参会人员沟通研讨，使得监管机构、机构投资者、中介机构、金融服务商、技术开发商等不同机构间充分交流讨论。

一、国际证券借贷业务的最新动向

（一）国际借贷市场的最新情况

自2009年以来，全球市场可供出借的证券从7万亿美元增加到2013年12月底的11万亿美元，但证券借贷的总规模却保持在1.4万亿美元左右。具体如下：

一是超过70%的可供出借证券来自于机构投资者①，而在可供

① 截至2013年底，机构投资者可供出借的证券超过7万亿美元。

出借的机构中，公募基金占比最高，占 41%，养老基金，占 25%。其他如保险、银行占比也相对靠前，分别占比 10%、9%。

二是全球借贷市场年均收入为 81.9 亿欧元。其中，欧洲市场的可供出借证券规模以及证券借贷规模占全世界的 30% 左右，欧洲借贷市场年均收入为 31.55 亿欧元①。

三是欧洲证券借贷的平均费率是 79 个基点，持有平均时长为 82 天。债券借贷费率普遍在 13～31 个基点间，平均持有时长普遍在 33～147 天，费率相对较低的有法国、德国与意大利的国债，各为 18 个基点、13 个基点、13 个基点，费率最高的为葡萄牙国债，为 233 个基点。股票借贷费率普遍在 142～188 个基点之间，平均持有时间普遍在 48～75 天，费率相对较低的有奥地利、比利时、法国与意大利，各为 142 个基点、174 个基点、176 个基点、177 个基点，费率最高的为希腊股票，费率为 1076 个基点②。

（二）全球化的自动交易平台发展情况

最近 10 年，市场上发展出一些全球化证券借贷交易平台，如美国艾奎兰证券借贷平台、凤凰证券借贷平台等。这些平台让全球范围内的参与者业务紧密联系，帮助他们细化电子化证券借贷处理流程，提升业务效率，减少操作风险。

---

① 截至 2013 年底，政府债券收入 4.37 亿欧元，股票收入 27.18 亿欧元。
② 数据由金融信息服务商马盖提提供，采集时点为 2013 年 5 月 16 日。

美国艾奎兰证券借贷平台作为著名的证券借贷信息平台，是全球领先的证券金融业务交易以及交易后服务提供商。由巴克莱全球投资公司、瑞士信贷第一波士顿、高盛、摩根大通等12家全球性金融机构合作设立，已经在纽约、多伦多、伦敦和香港等多地设立办事处，旨在通过发展标准化、集中化、前后台处理自动化的全球性证券借贷交易和后台处理平台，以提高证券金融业的效率。从美国艾奎兰证券借贷平台运行来看，原有客户间达成交易的法律关系并没有改变，平台通过提供基于通用标准化的协议（GSLMA）和基础技术架构，交易方式完全是一对一的双边交易，实现了直通式的处理，从而使先前人工处理的业务流程实现了自动化。具体借贷业务处理特点有：一是美国艾奎兰证券借贷平台并没有作为交易一方介入交易本身；二是美国艾奎兰证券借贷平台不参与结算交收，所有的结算交收仍是由客户的中后台负责完成的，美国艾奎兰证券借贷平台为客户提供交易后服务，帮助借贷双方客户对清算交收、合约、权益处理、账单等进行对账、对盘，降低潜在的操作风险，平台参与方可在不增加成本的前提下利用更多资源来扩大业务和交易量；三是平台按流量收费，收入来源为每个客户每个季度支付一定的信息服务费，该季度即可在该平台上进行规定笔数的交易，而超出部分再额外按笔进行收费。

2014年2月6日，美国艾奎兰证券借贷平台全球业务量创了新高。当日，平台达成28 317笔交易，包括美国艾奎兰证券借贷平台平台上的股票借贷以及美国债券借贷平台（Bondlend）上的固定收益借贷，交易发生在全球65家机构客户之间，交易总金额280多亿美元，超过了2011年8月9日27 955笔的历史记录。其中，亚洲地区的交易也愈发活跃，仅2014年2月就有40 672笔交易，比1月多了7 117笔，涨幅达21%。

（三）证券借贷交易税务处理情况

我们观察发现主要市场证券借贷业务税负较低，有利于活跃交易。

1. 英国。一是豁免印花税。伦敦证券交易所的交易规则规定证券借贷交易活动向交易所报告的，可以豁免征收印花税或印花储备税。这使得许多公司选择在场内进行借贷交易。一般情况下，相关的证券借贷交易报告会在借贷双方意向成交当日的日终之前传送到交易所。二是征收资本利得税。证券借贷交易标的证券的转移与再转移通常情况下会构成“购入”或“出售”行为，符合资本利得税的征收范围。三是一些司法管辖区的“返还红利”要征收预扣税。当借贷交易标的证券的发行人支付该证券的相关利息收入后，借券人应在收到该笔收入的同时向出借人进行等额的补偿。如上述税收管辖区内有缴纳预扣税的要求，且没有相关税收豁免规定，则借贷双方必须决定由谁来承担该类税负。

2. 美国。一是无须征收资本利得税。美国《国内收入法典》认为证券借贷交易从本质上而言是一笔担保贷款，借贷交易便不被视为是出售或转让行为，因此不会被要求征收资本利得税。但是，对于借券人支付出借人借券费用所带来的出借人收入增加，以及借券人提交现金保证金被进行再投资后所带来的收入增加，双方在向对方支付回扣或借券费用时都会事先将应缴的税额予以扣除。二是“返还红利”可能丧失税率优惠。通过借券人向出借人支付“返还红利”的做法会使得相关利息收入的性质发生实质性变更。比如说，一笔合格的利息收入会受到美国税法的特殊税率优惠处理，而当该笔利息收入变为“返还红利”被支付时，其作为利息收入的特性便会丧失，该笔“返还红利”的收入可能会按照普通收入的税率来纳税，而不会享受到合格的利息收入在税率方面的优惠。三是违约事件发生后的证券处理不被视为“出售行为”。美国和英国的税务主管机构均同意，将不会被视为一项“出售”行为，无须缴纳资本利得税，只要其在市场上进行了同等证券的回购即可。

（四）担保品管理情况

金融危机后，金融市场以及金融机构被监管得更严，《巴塞尔新资本协议Ⅲ》要求金融机构拥有更多的资本与流动性，在资产负债表上拥有更多的高品质资产及越来越多的保证金。因此，对资本市场的投资者以及服务商而言，担保品管理便成为流动性管理以及风险管理的一项重要内容。流动性好的担保品主要包括政府债券、企业债券、资产支持债券、商业票据、股票、银行贷款、基金甚至是黄金等大宗商品。按照投资级别可分为可使用类与不可使用类两类。本届大会就担保品管理问题进行了专题探讨。

一是高品质的担保品需求日益增加。从国际市场上去杠杆化趋势、《巴塞尔新资本协议Ⅲ》的流动性要求以及场外衍生品市场的担保品新要求来看，可使用的高品质担保品需求越来越高，也越来越被担保品接受者所接受。而不可使用的担保品则往往进入回购市场进行质押。市场未来的担保品新增需求主要将来自于场外衍生品市场的一些担保品新要求，一些机构预测目前 650 万亿美元的担保品市场将有 100 亿 ~4 万亿美元的增长。

二是市场需求与供给的矛盾日益明显。全球金融系统委员会（CGFS）测算，全球 AA 级及以上的政府证券自 2007 ~2011 年间增长了 7.7 万亿美元，如果再计算短期政府证券、A 级企业债券以及美国证券化债券，高品质资产有将近 11.3 万美元的增长。但是，大部分这样的资产都没进入担保品这个体系，或者许多投资者没有意愿或能力去出借。另外，不同地区、国家的法律法规以及特殊要求也会加剧区域性的短缺。从短期来看，会有需求与供给的不匹配。中期来看，市场会发生一些分化，不同的担保品对应的价格可能会不同，例如高品质担保品的回购利率会略低于其他形势的担保品。

三是出借人不愿意接受现金担保品。当现金作为担保品时，需要投资获利来支付给贷款者作为回扣，而任何回扣都是基于这些资金理论上的机会成本，因此这些投资的投资回报至少需要达到市场利率才能覆盖机会成本。资金出借人通过现金保证金投资获利（其中一部分支付给贷款者）并且需要承受这些投资相应的风险。对于现金担保品的投资可能会提升资金到期以及流动性风险，所以被金融稳定委员会视为影子银行系统风险中的一部分。由于投资收益与投资风险相冲突，因此现金担保品再投资在2008年金融危机后引起了特别关注。尽管担保品管理者可以通过管理担保品来提高整体的贷款收益，然而和所有投资一样，高收益意味着高风险，这种风险来自于信用风险或期限错配风险。大量的保证金投资造成的信用风险和期限错配风险远远超过了特别条件下市场的承受能力，导致出借人不得不在接受现金损失与继续持有证券间作出选择。

2008年金融危机后，一些出借人不再接受现金保证金，另一些出借人只暂时性地接受现金保证金。此外，对保证金的投资限制也更为严格，出借人代理人几乎一致性的采用了美国2a－7规则。[①]

（五）中央清算机制

1. 清算方式变革。2008年金融危机前，场外衍生品市场的清算方式并没有引起监管者的重视。危机发生后，场外衍生品市场的双边清算制度的缺陷充分暴露，交易对手风险管理缺陷、不透明性、

① 2a－7规则是指货币市场基金必须持有至少10%的隔夜证券，30%的7天期流通证券，所有证券加权平均不超过60天。

较高的风险传递性加剧系统性风险等问题相继出现。据统计，全球场外衍生品市场的持仓总市值，从2000年初的2.8万亿美元飙升至2008年底的历史最高位35.3万亿美元，到2010年底，已经大幅下挫至21.1万亿美元，其中违约互换市场（CDS）市场跌幅最大，从高峰期的5.1万亿美元大幅下降至1.3万亿美元。

反思危机教训，多个市场致力于重构金融监管体系，出台一系列旨在完善场外衍生品市场清算制度和提高信息透明度等改革措施。例如，美国众议院2009年12月通过了《衍生品市场透明和问责法案》、2010年7月《多德弗兰克法案》正式生效。英国2009年12月出台了《关于场外衍生品市场的改革方案》。日本2010年1月公布了《金融与资本市场机构框架发展》。2010年5月，由国际支付结算体系委员会（CPSS）和国际证监会组织发布了《实施2004年结算体系委员会场外衍生品中央交易对手建议的指引》，推行中央清算制度是其中之重，同时在危机中导致系统性风险爆发和扩散的信用违约互换市场已开始实施中央清算制。

目前，场外业务中央对手方清算场所主要分布在北美及欧洲：北美（美国、加拿大）以洲际交易所清算公司（ICE Clear）、芝加哥商业交易所（CME）、互换结算系统美国分公司（SwapClear US）三个清算中心为主。洲际交易所清算公司的业务主要包括信用违约互换业务4 170亿美元、信用违约掉期指数业务4 930亿美元；芝加哥商业交易所的清算业务包括利率互换业务24万亿美元、信用违约掉期指数业务 940 亿美元；利率互换结算系统美国分公司的清算业务包括利率互换业务 310 亿美元。欧洲主要以洲际交易所清算公司、欧洲期货交易所（Eurex）、伦敦清算所清算网为主。洲际交易所清算公司的信用违约互换业务 2 200 亿美元、信用违约掉期指数业务（iTRAXX）1 180亿美元；欧洲期货交易所的利率互换业务 240 亿美元；伦敦清算所清算网的利率互换业务 4 350 亿美元、信用违约互换业务与信用违约掉期指数业务合计 380 亿美元、外汇业务 1 090 亿美元。

2. 中央对手方的主要运作机制。中央清算机制的核心是中央对手方清算模式。在交割中，清算机构以市场参与人的法定对手方身份介入，充当原买方的卖方和原卖方的买方保证交收。中央对手方的介入导致合约更替，即买卖双方的原始合约被买方与中央对手方、卖方与中央对手方之间的两个合约所替代。合约更替后原始合约的买卖双方间的履约义务解除，买卖双方各自对中央对手方履行相应的合同义务。

监管者多推崇中央对手方模式，认为其相对安全，通过严格的会员准入、逐日盯市的保证金缴付、明晰的违约处理机制以及“风险共担”的资金保障机制，可以大幅降低市场对手方风险，也形成了相对一致的保证金管理的标准和要求，可以有效降低流动性风险。虽然不同国家、不同细分衍生品市场的中央清算制度有所差异，但都有共性的核心风险管控流程。以违约处置为例，步骤如下：（1）使用违约方提交的担保品；（2）使用违约基金中违约方的资产；（3）动用中央对手方平台特殊的流动性资产；（4）使用违约基金中其他参与方的资产；（5）使用未来收入，来自于各参与方；（6）中央对手方股东提供的资金；（7）清算中央对手方剩余的资产。

3. 证券借贷市场使用中央对手方机制的讨论。在欧洲，中央对手方已在回购业务以及其他衍生品交易中被广泛应用。近年来中央对手方也逐渐被应用在证券借贷业务中，但普及率相对较低，如瑞银证券业务中不足3%。本次会议讨论普遍认为，中央对手方机制优点比较明显，可以有效降低交易对手风险，有助于提升金融系统的稳定性，提供较好的资产保护。但也有意见提出，防范流动性风险最重要的应是事前预防，并质疑中央对手方模式是否适用于证券借贷业务：如果中央对手方被使用在证券借贷业务中，一方面借入人可能需要准备比原来更高品质的担保品，另一方面出借人将增加潜在的成本（目前出借人直接获得担保品，无须额外提交履约保证资金），这些将可能降低市场参与者的积极性。此外，本次会议还讨论了中央对手方机构是否会破产、中央对手方模式发生问题时是否应该由政府救助等问题。这些问题都存有争议。

（六）其他动态

2008年金融危机后，二十国集团领导人在2009年9月26日的匹兹堡峰会上，同意了衍生品市场的监管框架，就“在最大程度上保护公众免受引发紧急财政援助和经济衰退的金融风险之影响”方面达成了一致共识。雷曼兄弟破产后，监管机构意识到许多出借人没有真正了解对手方风险与流动性风险，明显加大了对投资者教育以及风险提示的力度，例如：英格兰银行的证券借贷和回购委员会（SLRC）以及众多市场交易协会组织为出借人出版了许多的教育资料。同时，中介机构也会向其客户提供一个风险提示清单。

此外，本次会议还围绕是否应当向监管机构集中报送证券借贷信息问题进行了讨论。与会的监管机构代表认为，借助向交易信息存储机构（Trade Repository）报告场外金融衍生品情况，集中处理标准化的场外金融衍生品，有利于通过透明化的交易方式降低交易风险，证券借贷业务信息也应当向监管部门集中报送。部分与会市场参与主体则认为，数据的报送可能存在冗余和错误，无法保障全市场数据的有效性，增加中小型机构的负担和成本。

二、对完善我国证券借贷业务制度的启示

（一）建立集中统一的借贷平台，有利于市场监管及防范系统性风险

2008 年金融危机后，欧美金融监管机构开始大力推行集中式证券借贷交易平台，着手建立证券借贷交易数据仓库，推动中央对手方机制的运用，通过集中化模式防控证券借贷业务风险。本次会议

也集中讨论了市场主体向监管机构报送证券借贷业务的明细数据问题，以便于市场监管和防范系统性风险。

目前，我国证券借贷业务采用集中统一的模式，有利于市场监管及防范系统性风险，但由于转融券的融入和融出分别在证券交易所和证券金融公司两个业务平台办理，导致业务链条长、环节多、效率低，并且借入数据与出借数据分别存放在不同的平台，不利于集中的监测分析和风险防范。

为做好业务统计监测及风险监控等工作，我们认为将证券借贷平台的两端业务集中到一端，作为证券借贷申报与交易的场所，提供借贷需求信息发布、交易申报撮合、第三方担保品管理、清算交收及资券划转等业务服务。利用统一的证券借贷平台，也可以统一管理业务参与人，对借入人进行资信管理和风险管理，实行总规模控制，从而控制和防范系统性风险。

（二）结算环节的中央对手方模式在保证市场稳定的同时，可以有效提高效率、降低成本

为避免流动性风险及交收违约风险，目前，欧美证券借贷业务中越来越多地采用了中央对手方结算模式。他们认为中央对手方模式相对安全，可以大幅降低市场的对手方风险，而专业化的保证金管理也为市场提供了基本一致的保证金管理规范，规避流动性风险。通常，欧美证券借贷业务仅在结算环节中采用了中央对手方模式，在交易环节仍是双边模式，即出借人直接给借入人。

在我国证券借贷业务中，目前采取“先融入、再融出”的证券借贷方式，分别与出借人、借入人建立合约关系。在这种借贷模式中，证券金融公司既是市场参与者，又承担市场组织者和管理者的角色。这种方式不但影响交易效率、增加交易成本，也为市场所诟病。可以考虑将业务统一集中到证券借贷平台一端，在交易环节由市场参与者自行进行双边议价与交易，在清算环节由证券金融公司提供中央对手方服务，这种转化有助于在降低交收违约风险的同时简化交易流程、提高交易效率。

（三）先进的信息技术平台是提高业务效率和服务质量的利器

便捷高效的信息咨询服务对于活跃证券借贷市场、提高证券借贷交易量有着重要的意义。国际上主流的借贷平台如美国艾奎兰证券借贷平台等，提供较完善的信息咨询服务，出借人、借入人可以根据自身需要比较方便地在借贷平台上发布出借、借入需求信息，就合约的期限、费率等情况进行协商，由借贷平台进行预匹配，生成预成交合约并发给借贷双方。双方一旦确认后则该笔订单成交。美国艾奎兰证券借贷平台为活跃市场、促使证券借贷交易的达成提供了有力支持。美国艾奎兰证券借贷平台还提供如提前召回、交易再确认、代理借入人进行合约归还等交易后服务。提前召回对打消出借人出借证券的顾虑起到了积极的作用，代理借入人进行合约归还对减少借入人管理成本及违约情况起到了很大的帮助。我们的转融通平台比较侧重于交易撮合及风险管理，在行情揭示及合约协商过程的支持还有待完善，提前召回等交易后服务还有待提高。

（四）允许基金等专业机构投资者进入借贷市场有利于提高市场活跃度

在境外成熟证券借贷市场，养老保险基金、公募基金、银行等机构持有大量闲置证券，通过出借证券提高收益的意愿比较强烈，目前这类机构的可供出借证券占全市场的 70% 左右；而借入人则主要是对冲基金及证券经纪商等。

截至 2014 年 5 月底，我国转融券业余量 0.15 亿股、余额 2.15 亿元，整体来看业务规模相对较小、成交不活跃，公募基金、养老保险基金等专业机构投资者还未参与证券出借业务，私募基金、保险、信托、合格境外机构投资者（QFII）等机构投资者也尚未参与转融通证券借入业务。从市场调研情况来看，这些专业投资机构都有较强的参与证券出借、借入的意愿，公募基金持有证券数量大、周期较长，用于出借可为其带来额外的财务收入；私募基金为获得更高收益有较强的做空需求。同时，相关法规和规则已为专业机构进入证券借贷市场预留了空间，建议尽快允许这些专业机构投资者进入。

（五）豁免相关税收，有利于促进证券借贷业务的发展

国际上，证券借贷业务通常不征收或者豁免征收印花税；而在

征收资本利得税方面，英国等国家征收资本利得税，美国和我国香港等则不征收。从境外市场实践来看，不同的征税方式对证券借贷业务有着很大的影响。2013 年 2 月，欧洲委员会制定了在欧盟 11 成员国间引入金融交易税的方针，提出向借入人及出借人同时征收金融交易税，征收额为证券借贷价值的 10 个基点。据分析，欧洲 65% 以上的证券借贷市场将直接受到金融交易税的影响，包括英国、德国、法国等市场，这将降低长期投资者在上述市场中的收益。在过去的一年，证券借贷交易平均每一笔交易产生 18 个基点收益，而按照金融交易税的税率结构，将使每笔交易增加 20 个基点的成本，而证券借贷费率需增加 400%，可能维持当前长期投资者的收益水平。

目前，我国证券借贷方面的相关税收政策尚未明确。考虑到证券借贷业务还处于发展初期，建议参照境外通行做法豁免征收印花税，并借鉴美国和我国香港地区的做法不征收资本利得税，以支持证券借贷业务的发展。

优化转融通业务机制，建设证券借贷交易系统

——考察韩国证券金融公司证券借贷技术平台的报告*

韩国证券金融公司自2001年建立证券借贷平台以来，证券借贷业务发展迅猛，证券借贷余额已超过20万亿韩元，已经发展为韩国最重要的证券借贷平台之一。目前，韩国证券金融公司证券借贷平台主要满足证券公司、对冲基金等机构投资者策略性投资的需求，采用定价、竞价和协议三种交易方式，可实现借贷交易、归还和召回、权益处理、费用计算以及担保品管理等功能，为其证券借贷业务的发展提供了有力支持。为此，我们对证券借贷技术平台进行了研究，希望为我国转融通业务机制优化、证券借贷业务平台建设提供有益经验。

---

* 作者：刘燕、张绍莲、孙世兵、罗福、翟纯青。本文写于2014年10月。

一、韩国证券借贷业务最新情况

（一）韩国证券借贷市场情况

在韩国，证券借贷分为股票借贷和债券借贷，从事证券借贷中介业务的机构主要有韩国证券金融公司、韩国证券存管公司以及证券公司。

截至2014年8月底，韩国股票借贷余额达到47万亿韩元（约442亿美元）。其中：韩国证券存管公司份额最大，占比60%左右；证券公司占比30%左右；韩国证券金融公司占比不到10%。股票借贷的参与者以境外机构为主，占比约80%，主要由韩国证券存管公司和证券公司提供中介服务；境内机构投资者占比约20%，由韩国证券金融公司和韩国证券存管公司提供中介服务。

债券借贷方面，2013年6月债券借贷余额达到历史峰值35万亿韩元（约330亿美元），2014年8月底债券借贷余额为22.8万亿韩元（约215亿美元）。债券借贷中介业务主要由韩国证券金融公司提供，占比80%~90%，参与者以国内机构投资者为主。

（二）韩国证券金融公司证券借贷业务情况

韩国证券金融公司的证券借贷业务包括证券出借业务（Securities

Lending, SL）和证券借贷中介业务（SBL Intermediary Service）两部分。

证券出借业务方面，韩国证券金融公司作为出借人，通过自身的证券借贷中介服务出借证券，收取证券出借费用。出借券源主要为转融资业务中证券公司交存的担保证券。目前，可用于出借的担保证券约 3.5 万亿韩元，已出借证券余额为 1.1 万亿韩元。2013 年，韩国证券金融公司证券出借业务全年收入为 119 亿韩元，出借股票每月收入约 6 亿韩元，出借债券每月收入约 3.5 亿韩元。

证券借贷中介业务方面，2001 年，韩国证券金融公司推出证券借贷中介业务，分为股票借贷和债券借贷。为支持业务开展，韩国证券金融公司建设了证券借贷中介系统（ACE 系统）。韩国证券金融公司向借贷双方收取借贷中介费用，2013 年，韩国证券金融公司全年证券借贷中介费用收入为 84 亿韩元，其中股票借贷每月中介费用收入约 1.2 亿韩元，债券借贷每月中介费用收入约 6 亿韩元。

二、韩国证券金融公司证券借贷中介业务及技术系统介绍

（一）主要交易方式

韩国证券金融公司证券借贷中介业务支持竞价交易、定价交易以及协议交易三种主要交易方式。股票借贷主要采用定价交易和协

议交易方式，定价交易约占60% ~70%，协议交易约占30%，竞价交易基本没有；债券借贷则主要采用竞价交易方式。三种交易方式的主要区别见表4-2。

表4-2 韩国证券金融公司证券借贷中介业务三种交易方式比较

	竞价交易	定价交易	协议交易
交易期限	1年以内		
匹配规则	费率竞价	双方协商	
交易原则	匿名	知道对手方	
担保比例	债券借贷100%，股票借贷105%		双方协商
担保品管理	韩国证券金融公司		出借人
担保人	韩国证券金融公司		借入人
提前归还	出借人和借入人都可以要求提前归还		
借贷目的	防止交收失败、套利、对冲、担保品需求		

（二）交易流程

无论是竞价交易、定价交易还是协议交易，都通过韩国证券金融公司证券借贷交易系统完成。出借人、借入人分别向韩国证券金融公司发送出借和借入委托，韩国证券金融公司进行交易确认后将确认结果反馈给出借人和借入人，双方根据韩国证券金融公司的确认结果分别进行出借证券过户及保证金交存。对于定价交易和协议交易，出借人和借入人首先通过雅虎消息等工具完成协商过程再进行交易。交易确认后，如果出借人发生出借违约，或者借入人担保品未补足，则视为违约，由违约方向交易对手方支付违约金。

竞价、定价交易方式下，借贷双方的证券和费用过户须经过韩国证券金融公司证券借贷专用账户进行；但协议交易方式下，借贷双方可以选择通过韩国证券金融公司证券借贷专用账户进行过户，也可以选择在借贷双方账户间直接过户。

（三）归还和召回

韩国证券金融公司证券借贷期限为“固期随还”模式，即韩国证券金融公司规定最长借贷期限1年，出借人、借入人可在1年期限内随时召回和归还。出借人召回时，借入人必须在规定时间内（一般为2个交易日）足额归还证券，否则构成违约；借入人也可随时向出借人归还，出借人不得拒绝。

具体做法是，竞价、定价交易方式下，出借人、借入人向韩国证券金融公司提交召回或归还申请，韩国证券金融公司确认后通知交易双方；借入人根据确认向韩国证券存管公司发送归还指令，将借入证券过户至韩国证券金融公司证券借贷专用账户，再由韩国证券金融公司通过韩国证券存管公司将证券过户给出借人，同时韩国证券金融公司将担保品返还借入人。

（四）担保品管理

竞价、定价交易方式下，韩国证券金融公司全权管理担保品并承担债务履行保证义务，即当借入人未及时足额归还债务时，韩国证券金融公司有义务自行筹集资券首先向出借人归还。韩国证券金融公司认为，转融通业务针对个人投资者融资融券市场，而证券借贷针对机构投资者市场，相比转融通业务风险较低，因此，规定转融通业务保证金比例为140%，股票借贷担保比例不低于105%、债券借贷担保比例不低于100%。协议交易方式下，出借人管理担保品，担保品范围及担保比例由交易双方协商确定，韩国证券金融公司不承担履行保证义务。

竞价、定价交易方式下，韩国证券金融公司不区分交易方式，对担保品进行合笔管理，目前管理的担保证券价值约32万亿韩元，并对担保品进行逐日盯市，即每日根据韩国证券交易所发布的前一交易日收盘行情计算担保品价值。

韩国证券金融公司使用转融通业务中证券公司交存的担保品，用于转融券及证券出借业务。但对于证券借贷业务中借入人交存的担保证券，韩国证券金融公司不再使用，仅提供担保品管理服务。同时对于借入人交存的担保资金，韩国证券金融公司按照银行间基准利率扣减5个基点向借入人支付利息。

（五）公司行为处理

证券出借期间，出借人享有出借证券的所有经济权益，比如红股、红利、供股权①等，由出借人委托借入人行使相关权利，或者由

① 供股权（Rights Issue），类似我国的老股东配售。

借入人通过韩国证券金融公司向出借人进行补偿。但表决权除外，表决权由实际持有证券的人享有。

（六）证券借贷中介系统介绍

韩国证券金融公司第一代证券借贷中介系统（ACE 系统）于 2001 年上线运行，为机构投资者提供证券借贷中介服务，包括借贷交易、归还和召回、权益处理、费用计算以及担保品管理等功能。2010 年，韩国证券金融公司启动了第二代证券借贷中介系统（ACE^{+}系统）的开发，于 2012 年上线运行。相比于第一代系统，第二代证券借贷中介系统主要变化有：一是操作系统由原来的升阳公司（Sun，已被甲骨文公司收购）的索拉瑞斯（Solaris）操作系统改成国际商业机器有限公司（IBM）的高级交互执行体（AIX）操作系统；二是在原有的浏览器接入方式之外增加了应用编程接口（API）接入方式，允许客户系统直接对接韩国证券金融公司证券借贷中介系统从而实现直通式处理；三是增加了回购业务模块。

目前，韩国证券金融公司证券借贷中介系统有 2 000 多家机构用户，每天活跃用户数超过 100 个，每天处理 5 000 笔左右交易。除十几家用户通过应用编程接口与证券借贷中介系统直接对接实现直通式处理外，大部分用户依然使用韩国证券金融公司提供的浏览器接入方式进行交易。

三、韩国证券金融公司证券借贷业务主要特点

韩国证券金融公司定位为韩国政策支持性金融机构，既负责管理韩国客户证券交易结算资金和员工持股计划等公共服务事业，也向金融机构或个人提供证券担保贷款、转融通、证券借贷以及托管等服务，对韩国资本市场的稳定发展发挥着重要作用。尽管证券借贷业务收入仅占韩国证券金融公司营业收入的2%[①]左右，但却是韩国资本市场的基础性制度安排，为资本市场注入了流动性，有助于证券的价格发现，促进资本市场的稳定发展。纵观韩国证券金融公司证券借贷业务的发展，主要有以下六个特点：

（一）证券借贷业务与转融通业务并存，满足不同客户群体的需要，韩国证券借贷规模是转融券规模的数千倍

与我国类似，韩国证券金融公司转融通业务为韩国资本市场信用交易提供资金和证券的支持，以资金支持为主。2014 年 3 月 31 日，转融资余额 2.5 万亿韩元，融资余额为 4.7 万亿韩元，占比达到 53%；转融券余额 230 亿韩元，占融券余额的 100%，主要满足个人投资者融券卖空的需要。而韩国当地机构投资者或境外机构投

① 根据韩国证券金融公司 2013 年（2013 年 4 月 ~2014 年 3 月）数据计算，韩国证券金融公司全年收入 11 467 亿韩元，证券出借和证券借贷中介总收入为 203 亿韩元。

资者，往往通过韩国证券金融公司、韩国证券存管公司或证券公司的证券借贷中介服务来融券进行策略交易、交收等。2014 年 8 月 29 日，韩国证券借贷余额约 70 万亿韩元，分别为股票借贷 47 万亿韩元和债券借贷 23 万亿韩元。其中，韩国证券金融公司股票借贷余额 3.67 万亿韩元，占韩国市场的 7.8%；韩国证券金融公司债券借贷业务余额 18.7 万亿韩元，占韩国市场的 82%。上述数据表明，在韩国，有大量融券需求的是机构投资者，带来了韩国证券借贷市场的发展。转融券和证券借贷的区别见表 4-3。

表 4-3　　韩国转融券和证券借贷的区别

	转融券	证券借贷
市场	交易所场内市场	场外市场
参与人	个人投资者	机构投资者
可出借证券	转融资担保证券	养老基金或金融投资机构持有的证券
担保品	证券卖出后所得资金	借入人提供的现金或证券
召回或提前归还	出借人：有保障的 60 天期限 借入人：随时	出借人：随时召回 借入人：当出借人召回时必须归还

（二）在证券借贷业务中，韩国证券金融公司既作为中介为借贷双方提供交易平台，也作为出借人参与业务扩大券源

转融资业务中，证券公司按照 140% 的担保比例向韩国证券金融公司交存了大量担保品，韩国证券金融公司可以将这部分证券用于转融券或者证券借贷。2014 年 8 月底，可用于出借的担保证券约 3.5 万亿韩元，韩国证券金融公司已出借证券余额为 1.1 万亿韩元。通过出借转融资担保证券，不仅扩大了证券借贷市场的出借券源，而且提高了担保证券的利用效率，为资本市场注入了流动性。韩国证券金融公司正在考虑使用员工持股计划的证券来进一步扩大出借券源。

为确保中介角色和出借人角色的独立性，韩国证券金融公司在组织结构和管理制度上进行了设置，将中介业务和出借业务分别由两个部门运作管理，建立了严格的防火墙制度。

（三）韩国证券借贷市场是机构投资者市场，股票借贷以境外机构投资者为主

韩国证券借贷出借券源以养老基金和金融投资机构持有的证券为主。以债券借贷为例，韩国国民银行出借的债券约 9 万亿韩元，占市场份额超过 25%，有 34 个国民年金和 30 个邮政年金参与，通过委托韩国国民银行出借证券，可以节省这些年金在韩国国民银行的托管费。

在韩国，证券借贷是以借入人为主导的市场。随着韩国对冲基金的发展，相应出现了为对冲基金提供服务的大宗经纪业务。目前，韩国 60 多家证券公司中有 5 家大型证券公司允许开展大宗经纪业务。因对冲基金套利交易及风险管理的需要，2011 年开始，这 5 家证券公司的大宗经纪业务部门为对冲基金提供证券借贷服务。证券借贷和掉期交易已逐步成为大宗经纪业务部门的最主要业务。

股票借贷参与人中，境外机构投资者占比约 80%，以协议交易为主，主要由韩国证券存管公司和证券公司提供中介服务。韩国证券金融公司在韩国股票借贷的市场份额不到 10%，为发展股票借贷业务，韩国证券金融公司将国际化作为借贷业务的发展方向，为吸引境外机构投资者，韩国证券金融公司实施了一系列措施，如针对境外机构投资者的需求完善证券借贷中介系统，取得穆迪公司的 Aa3 信用评级，放开更多国家的国债、外汇等作为担保品范围等。

（四）竞价、定价交易方式下，韩国证券金融公司承担债务履行保证义务

韩国证券金融公司作为集中的信用提供者，被赋予高等级的信用地位。在韩国，韩国证券金融公司信用评级为 AAA，2014 年 4 月被国际信用评级机构穆迪公司评级为 Aa3，相当于韩国国家信用等级，因此获得国内投资者和境外投资者的认可。

2008 年金融危机爆发后，为了进一步促进证券借贷市场的持续平稳发展，充分调动出借人的出借积极性，维护出借人权益，竞价、定价交易方式下，担保品由韩国证券金融公司全权管理，担保权归属韩国证券金融公司，同时承担债务履行保证义务①。因此，为了切

① 目前韩国市场仅韩国证券金融公司和韩国证券存管公司两家机构承担证券借贷的债务履行保证义务。

实防范借入人信用风险，韩国证券金融公司对证券借贷参与人进行严格管理。参与人须经韩国证券金融公司许可，才能参与证券借贷业务。同时对违约借入人采取严厉措施，一旦借入人发生归还违约，即被取消证券借贷交易资格。

（五）竞价、定价交易方式下，韩国证券金融公司统一管理担保品，担保品范围包括韩国本地金融资产和国外货币资产

竞价、定价交易方式下，韩国证券金融公司统一管理担保品，承担借贷债务的履行保证义务，为证券借贷业务提供增信服务，出借人只需关注借贷交易本身，大大节约了交易成本；同时，韩国证券金融公司通过专业的技术系统提供集中统一的担保品管理服务，避免出借人分头管理，提高了担保品管理效率和专业化水平，以韩国国民银行为例，只投入 2 人专门从事证券借贷出借业务，每年创造了 100 亿韩元的收入。

韩国证券金融公司支持的证券借贷担保品范围较广，包括股票、集合投资产品（如交易型开放式指数基金、证券投资基金）、韩国上市存托凭证、国债、金融债券、公司债券、商业票据、大额可转让存单、现金、定期存款等韩国本地金融资产以及国外货币资产。为满足市场需求，韩国证券金融公司不断拓展证券借贷担保品范围，如应外国投资者要求，2014 年 9 月 1 日起，韩国证券金融公司开始接受国外货币资产作为担保品（见表 4 -4）。并计划 2014 年年底前再放开 7 个国家的国债作为证券借贷担保品。

表 4－4　　证券借贷担保品之国外货币资产

类型			价值计算	
证券	美国国债	尚未到期	1 年期	市价的 92%
			1～10 年期	市价的 88%
			10 年以上	市价的 84%
	韩国票据	韩国国债，特别债券	市价的 97%	
		AAA/AA/A	市价的 92% /87% /82%	
现金	美元、日元、人民币、欧元		面值	
定期存款	以美元、日元、人民币、欧元发行的		存款额的 92%	

（六）韩国证券存管公司高效的交收安排以及直通式处理，保证了韩国证券借贷业务的高效

尽管韩国证券交易所场内交易采取 T +2 日交收，但是对于证券借贷等场外交易，韩国证券存管公司实行当日交收、实时变更证券余额，即收到客户的过户指令后，实时变更账户证券余额，并将结果实时反馈给客户。因此，韩国证券金融公司能够在交易当天收到韩国证券存管公司发出的出借人证券过户成功和借入人担保证券过户成功的通知后，再将出借证券过户给借入人。这种机制下，既降低了违约风险，又能够在短时间内高效地完成交易、过户及担保品交存。也正是这种机制安排，在担保证券出现价格波动时，借入人可以及时取出担保证券后再自行到交易所市场进行交易，韩国证券

金融公司证券借贷中介系统不用支持担保品交易功能，系统简化了很多。

韩国证券存管公司提供应用编程接口，实现业务的直通式处理，因此，韩国证券金融公司证券借贷过户完全实现了自动化，不需要人工干预，既提高了业务处理效率，解放了人力，又降低了人工操作的风险。

三、对我国开展证券借贷业务的启示

通过本次考察，我们了解了韩国证券金融公司证券借贷业务的发展现状、主要业务环节以及系统建设情况等，对于优化我国现有转融通业务模式、设计符合我国证券市场发展实际情况的证券借贷业务方案，具有重要借鉴意义。

（一）证券借贷是与证券交易相平行的独立市场，是资本市场的重要组成部分

在韩国，证券借贷业务经过多年的发展，在制度安排、行业规范、操作程序等方面都日趋成熟。截至 2014 年 8 月底，韩国证券借贷余额约 70 万亿韩元，折合接近 800 亿美元，具有广泛的市场参与者，满足了防范交收失败、套利、对冲、策略性交易等多种市场需求，为韩国资本市场提供了较大的流动性支持。在韩国，证券借贷

已成为与证券交易相平行的相对独立的市场，是韩国资本市场的重要组成部分。

在我国，基金、信托、保险等专业机构投资者发展迅速，其在风险管理、对冲套利等方面有着迫切的证券借贷需求。同时，随着我国证券市场的进一步发展完善，特别是衍生品市场的发展和证券市场对外开放的扩大，策略性交易等证券借贷需求势必增加。而我国目前的融券模式在券源和成本等方面均不能满足机构投资者的融券需求。因此，应尽早启动证券借贷市场建设，建议搭建集中统一的证券借贷交易系统，作为借贷市场组织者，制定证券借贷业务规则，提供独立的第三方担保品管理服务，建立证券借贷统计监测与监控机制，逐步形成一个与证券交易、证券结算平行和协调发展的，业务空间不断延伸的证券借贷市场和自律监管体系，推进多层次资本市场改革。

（二）同一机构既能够作为市场组织者提供证券借贷场所及服务，也可以作为出借人参与证券借贷业务

韩国证券金融公司既提供证券借贷中介服务，也作为出借人参与证券借贷业务，两者相辅相成，证券出借扩大了出借券源，促进了证券借贷交易的活跃，证券借贷中介服务为证券出借提供了便捷的交易场所。借鉴这一思路，证券金融机构作为市场组织者构建我国集中统一的证券借贷交易系统的同时，进一步利用自身优势和资源，将转融通业务担保证券用于出借，可以缓解券源不足问题，促进证券借贷业务的发展。为保障出借人身份与中介身份的独立性，可以借鉴韩国证券金融公司的做法，将证券出借业务和证券借贷中介业务设置在两个不同的部门进行，并建立防火墙机制。

（三）实行第三方担保品管理制度，提供集中统一的担保品管理服务

韩国证券金融公司建立了专业的技术系统进行担保品管理，负责提供担保品逐日盯市、追缴、公司行为处理等各项服务，同时针对竞价交易、定价交易方式承担履行保证义务，不仅大大降低了市场参与者的担保品管理成本和风险，提升了证券借贷交易效率，而且保障出借证券的足额归还，转移了信用风险，使交易双方将精力和资源集中于交易本身，受到市场的广泛欢迎，有力地促进了韩国证券借贷市场的发展。

我国开展证券借贷业务，为提高担保品管理效率和专业化水平，促进借贷市场发展，在借鉴韩国证券金融公司实践经验的基础上，建立第三方担保品管理制度，向市场提供专业化、集中化的担保品管理服务，包括担保品范围及折算率的确定及调整、担保品逐日盯市、追缴、担保品交付与返还、权益调整、处分等。借贷双方直接通过业务系统完成担保品相关日常操作。同时，确定并向市场发布证券借贷担保品范围及折算率，统一接收、管理借入人提交的担保品，并可考虑针对定价、竞价交易方式承担履行保证义务。

（四）大力拓展专业机构投资者参与证券借贷业务

从韩国证券借贷业务实践看，资产托管银行、对冲基金、资产管理公司、保险公司等专业机构投资者是证券借贷市场主要的参与力量，韩国国民银行托管的国民年金和邮政年金出借债券占债券借贷总量的25%。我国现行转融券业务模式下，由于将转融券限定为服务融资融券业务，且无法律规定明确专业机构投资者参与转融券业务的方式，导致公募基金、信托、保险等各类专业机构投资者尚未能参与转融券业务，证券融通需求不能得到满足。开展证券借贷业务，应当大力拓展这些专业机构投资者参与证券借贷业务，扩大出借证券券源，活跃借贷市场，提升资本市场流动性和市场效率。

（五）建立集中统一的技术系统，实现证券借贷业务的开展

如今，金融活动已离不开信息技术的强力支持。韩国证券金融公司证券借贷业务的顺利开展，得益于其证券借贷中介系统的强大功能和稳定运行。为保障我国证券借贷业务的顺利启动和发展，建议在我国建设便捷、高效、安全的证券借贷交易系统，为借入人和出借人直接进行证券借贷交易，提供行情发布、协商、交易、清算、召回和归还以及担保品第三方管理全业务流程的一站式服务。

经过数十年发展，韩国证券金融公司基于成熟的商业软件构建了一套公共的信息系统研发基础设施，包括构建业务系统的面向服

务架构的开发框架，以及公司信息系统间通信的企业服务总线。基于该研发架构，韩国证券金融公司得以快速构建和以较低成本维护证券借贷中介系统。我国在构建证券借贷交易系统时，除考虑基本的功能实现外，也应将系统架构的通用性和可扩展性作为重要考虑指标，为信息系统的建设、维护及信息共享和集成提供支撑。

Chapter Five | 第五章

我国证券金融创新研究与规划

关于融资融券业务规则中若干问题的思考*

为适应市场发展需要，进一步完善融资融券业务机制，我们对融资融券业务规则中的若干问题进行了思考和研究。

一、融资融券合约期限问题

融资融券业务试点方案设计时，将融资融券交易定位为短期的资金、证券借贷行为，参考当时我国台湾市场经验，沪、深证券交易所《融资融券交易实施细则》规定融资融券合约期限不得超过6个月，且为从严控制业务风险，《融资融券管理办法》要求融资融券期限“不得展期”。

我们认为，6个月的合约期限限制在一定程度上增加了长线投

---

* 作者：中国证券金融公司市场监测部。本文写于2014年5月。

资者的交易成本，到期强制平仓，容易引发证券公司和客户的纠纷，在极端情况下，合约到期集中了结还可能对市场形成冲击。据统计，截至2014年4月底，融资合约实际期限超过5个月的共计20.2万笔，涉及4.1万名客户、402亿元融资余额。

从我国台湾地区近年来的规则调整看，允许符合条件的客户申请合约展期，是该业务的发展趋势。台湾市场原有规则允许合约展期一次，2009年7月我国“台湾金融监督管理委员会”对规则进行修订，将合约期限的展期次数调整为两次，且明确要求证券公司为客户办理展期时应对客户的信用状况进行评估。

从业务试点以来的运行情况看，融资融券业务实时盯市、最低维持担保比例要求等风控措施相对有效，允许证券公司根据客户情况对合约进行展期，不改变融资融券业务属于短期借贷的性质，风险可控。

因此，建议借鉴我国台湾地区的经验，维持融资融券合约期限不得超过6个月的要求，但允许展期一次或两次，同时要求证券公司在为客户办理融资融券合约展期时应充分评估客户的信用状况、维持担保比例水平等。

二、开户条件中证券交易时间的计算方式问题

对客户在同一证券公司连续从事证券交易的时间作出要求，主

要是考虑到融资融券业务试点时，获得该业务资格的证券公司范围是逐步扩大，为防范客户因证券公司是否具有业务资格而出现大量转户的情况，采取的审慎应对措施。目前，获得融资融券业务资格的证券公司已有 87 家，证券公司已无法利用融资融券业务资格来争夺客户。

放开客户在同一证券公司连续交易须满半年的硬性规定，只要求客户具备半年的证券相关交易经验，能够为客户进行融资融券开户和交易提供便利。具体来说，对于还没有开立过信用账户的客户，只要有半年证券交易经验，就可以随普通账户一道自由选择证券公司开立信用账户；对于已经开立信用账户的客户，如果其将普通账户转移到其他证券公司或重新选择证券公司开立普通账户，那么在原有信用账户注销后，就可直接在新选择的证券公司开立信用账户。

设置证券交易时间的限制出发点在于设置门槛，确保参与融资融券交易的客户是具有一定证券投资经验的自然人。机构客户新发售的产品如需要进行融资融券交易，按照该规定必须等待半年之后，受到较大限制，对机构客户开发融资融券交易创新产品造成了阻碍。鉴于机构客户本身具有较强的专业性和较好的风险承受能力，因此豁免机构客户证券交易时间的限制不会带来风险，反而有利于促进机构客户参与融资融券交易。

三、融券卖出所得资金的使用问题

对投资者融券卖出所得价款的用途进行限制，主要为确保投资者能够有足够的资金用于买券还券，同时避免投资者利用该部分资金放大融资融券杠杆。我们认为，该部分资金用于买入股票、偿还融资欠款，可能放大投资者的融资杠杆，带来一定的风险，需进一步详细论证；该部分资金用于偿还融资融券相关息费和融券权益现金补偿、买入流动性较好的证券公司和基金公司的现金管理产品，不会带来额外风险，且有利于提高投资资金使用效率，降低融券交易成本，建议放宽融券卖出所得资金的用途。

四、拓展信用证券账户的交易功能问题

目前融资融券业务中，客户信用证券账户不得用于参与定向增发、债券回购、证券投资基金的申购及赎回、预受要约、上市型开放式基金（LOF）和债券的跨市场转出、证券质押。对客户信用证券账户的部分功能进行限制的原因，具体可以分为几类：一是该功能将导致信用账户中出现限售股份，影响券商实施强制平仓，如定向增发；二是由于客户信用证券账户中的证券具有担保客户债务的性质，不适合再参与其他业务，如债券回购、预受要约、证券质押；

三是可能导致客户融资买入非标的证券，担保物折算率管理复杂化，如交易型开放式指数基金申购及赎回；四是结算公司业务安排及账户体系的要求，如上市型开放式基金申购及赎回、上市型开放式基金和债券的跨市场转出。我们认为，对于客户信用证券账户证券投资基金申购及赎回的限制，可以放宽为仅限制交易型开放式指数基金申购及赎回，其他功能限制建议暂时保留。

五、可充抵保证金证券范围的问题

目前，可充抵保证金证券的范围仅包括在交易所上市的 A 股股票、基金和债券，主要的考虑是为了确保担保物具有较好的流动性，出现需进行强制平仓情形时，证券公司可以及时处置。证券公司发行的现金管理类产品、货币型集合计划和实时申赎的货币基金，具有净值较为稳定、流动性与现金接近等特点。我们认为，该类产品具备作为担保品的基本属性，且易于变现，处置风险较小，建议将该类产品纳入可充抵保证金证券范围。

六、部分证券融券卖出提价规则的问题

融资融券业务启动近 4 年来，融资业务发展持续快于融券业务。特别是在 2013 年，融资余额由 857 亿元上升至 3 435 亿元，增速达

300%，融券余额却由38亿元下降至30亿元，降幅达20%。融资、融券不平衡的局面有所加剧，阻碍了融资融券发挥双向交易、价值发现等功能，也使得部分高估值股票的价格泡沫得不到及时挤压。

目前来看，融资、融券发展不平衡的原因，除了券源供给有限、专业机构投资者参与受限外，还在于融券卖出实行较为严格的提价规则，要求卖出报价必须实时高于最新成交价。这一要求，一方面使得融券申报指令因为行情延迟、传送时滞等原因，到交易所时申报价格可能已低于最新成交价，不能通过交易所的前端控制，成为废单；另一方面，使得投资者被动申报比最新成交价高出一至两个档次的价格，在股价上升时才能实现融券卖出，满足不了投资者正常的卖空和对冲需求，降低了融券工具的吸引力。

我国香港、美国等成熟市场的经验表明，提价要求对控制标的股票的融券交易风险，避免投资者通过融券机制打压股价，影响市场稳定具有一定的作用。目前市场整体较为脆弱，从总体上看应保留对融券卖出标的股票的提价要求。但是，考虑到套利客户的需求，建议对个别标的证券豁免融券卖出提价规则。当前，交易型开放式指数基金的融券交易以实施期现套利、申赎套利、配对交易等量化交易策略为主，提价要求对投资者实现上述交易策略有较大影响，进而可能影响交易型开放式指数基金的定价效率和流动性。借鉴我国香港、台湾地区和美国等境外市场的做法，可以由交易所公布豁免提价要求证券名单，取消交易型开放式指数基金标的证券融券卖出提价要求，并配套调整为接受交易型开放式指数基金的市价委托。交易型开放式指数基金以指数为跟踪标的，波动性较小，一级、二级市场的申赎套利机制确保了交易型开放式指数基金交易价格不会大幅偏离净值，有较好的抗操纵性，豁免交易型开放式指数基金提价要求不会导致投资者通过融券机制打压交易型开放式指数基金价格，风险可控。在豁免交易型开放式指数基金融券卖出提价规则取得一定进展和相关经验后，再逐步过渡到标的股票的提价规则豁免。

七、证券公司提交客户的担保资产作为转融通担保品的问题

当前，我国融资融券客户的担保品规模巨大。截至 2014 年 4 月底，有融资融券余额的客户 43.6 万人，提交的担保品市值达到 9 000 亿元，而且还在持续上升。目前，证券公司是客户担保资金和证券的名义持有人，在征得客户同意的情况下，将客户的担保品转担保给证券金融公司，并不存在法律障碍。允许这种做法，有多方面的现实意义。一是盘活大量闲置的担保资金和证券，既提升资源利用效率，又给客户多提供一项稳定的回报。二是减轻证券公司筹集转融通担保品的压力。目前，证券公司只能使用自有的资金和证券作为转融通担保品，筹措资金和证券的压力较大，不少证券公司因缺少自营券源，只能全部提交现金作为担保品，实际上加大了转

融通成本。打破融资融券和转融通担保体系的分割状态，有利于促进证券公司担保品管理和综合管理水平的提高，降低证券公司转融通成本，提升转融通业务需求。三是完善我国融资融券交易机制。允许证券公司转担保客户提交的融资融券担保品，是境外市场的一项成熟做法，已经积累了大量的实践经验，风险控制措施也比较完整成熟，长期运作过程中并未出现重大的风险事件。充分借鉴这项经验，有利于融资融券和转融通业务机制更加走向成熟。

八、交易型开放式指数基金作为标的证券的选取标准问题

交易型开放式指数基金标的的选取主要考虑上市交易时间、资产规模和持有户数，资产规模要求不低于 20 亿元，高于股票作为融券标的流通市值不低于 8 亿元（融资标的不低于 5 亿元）的要求。我们认为：（1）从折溢价率、资产规模变动等指标来看，交易型开放式指数基金上市初期运行较为稳定，不存在股票上市初期炒作的问题，上市交易时间的要求可以适当缩短。（2）由于存在份额的申赎，交易型开放式指数基金在流动性提供机制方面与股票有较大差异，资产规模较小的交易型开放式指数基金依然有较好的流动性，且价格操纵风险较小。（3）基金持有户数与交易型开放式指数基金的抗操纵性、定价效率等无明显关联。由于存在一二级市场套利机

制，交易型开放式指数基金的二级市场交易价格高度依赖于基金净值，具有良好的抗操纵性，与基金的持有户数关系不大；对现有交易型开放式指数基金的数据分析显示，持有户数大于等于4 000户的交易型开放式指数基金与持有户数小于1 000户的交易型开放式指数基金在定价效率方面无显著差异。（4）交易型开放式指数基金通常以证券指数为跟踪标的，波动性小于股票，作为融资融券标的的市场风险不大。（5）美国、日本以及我国台湾和香港地区等境外市场对交易型开放式指数基金纳入融资融券标的均采用宽于股票的标准，如香港市场全部交易型开放式指数基金均为可融券标的，其中资产规模最小的交易型开放式指数基金仅为63万元。与境外市场相比，目前沪深两市对交易型开放式指数基金融资融券标的的选取要求明显过高。我们建议参考股票作为融资融券标的的选取要求，将资产规模要求降低为8亿元，同时将上市交易时间统一为5个交易日、持有户数要求降低至1 000户。

九、融资融券可提取保证金的要求问题

为确保客户担保品充足，防控融资融券业务风险，融资融券试点期间，《融资融券交易实施细则》对客户提取担保物从严规定，要求在维持担保比例超过300%（即相当于客户信用账户资产应当为负债的3倍以上）时，客户才能提取担保物。我们认为，从融资融

券业务试点以来的运行情况来看，融资融券保证金管理、强制平仓等制度较为有效，融资融券业务风险总体可控，适当降低可提取保证金的维持担保比例要求，不会影响业务整体风险水平。截至2014年3月底，全市场平均维持担保比例为225%。其中，31.9%有融资融券负债的客户维持担保比例大于260%，32.8%的客户维持担保比例介于200%~260%之间，33.2%的客户维持担保比例介于150%~200%之间，仅有2.1%的客户维持担保比例低于150%。降低提取保证金比例至260%，假定客户均提取超过其2.6倍负债的资产，3月底的全市场维持担保比例仅降至205%，对客户的偿债能力影响不大。因此，我们建议适应市场需求，降低客户提取保证金的维持担保比例要求至260%。

十、完善融资融券风控指标的问题

为防范重庆啤酒、昌九生化事件中出现的客户担保证券集中度过高的风险，建议在《证券公司风控指标管理办法》中增加一项关于单一客户单一担保证券集中度的风控指标。在昌九生化事件中，以该股票作为担保证券的客户有1 200人，其中单一担保证券集中度超过75%的有480人，超过90%的客户有390人。当昌九生化股价出现连续跌停、交易大幅缩量时，这些客户无法卖出该股票进行还款，维持担保比例平均每天下降10个百分点，很快就突破了150%

风险预警线和130%的强制平仓线，出现了资不抵债、客户纠纷和上访事件等。

据初步统计，截至2014年2月中旬，沪、深两地市场有融资融券负债的客户近38万人，负债3 700亿元，其中单一担保证券集中度超过90%的客户达到8.2万人，占有负债客户人数的1/4，负债占全部客户负债的1/4；集中度超过75%的客户人数和负债占有负债客户的比例均达到1/3。特别需要说明的是，单一担保证券集中度超过75%、负债规模超过100万元、维持担保比例低于160%的客户数量超过了1 000人，负债规模达到76亿元，类似昌九生化的风险事件不能完全从制度上予以排除。当前，部分证券公司有针对性地采取了一些措施，但由于没有法定依据，执行起来难度较大，协商成本较高，不可能从根本上缓解单一客户单一担保证券集中度过高的局面。因此，有必要在《证券公司风控指标管理办法》中增加这一规定，禁止单一客户单一担保证券集中度过高，防范局部风险事件的发生与升级。从制度上，对于那些单一担保证券集中度已经较高的客户，证券公司还可以据此设定一个逐步解决的缓冲期限，引导客户平稳地降低单一担保证券集中度。

融资融券相关内容纳入《证券法》的思考*

近期，我们认真研究了境外信用交易的立法和相关制度安排情况，对在《证券法》中引入融资融券和证券金融机构概念，提出了几点思考。

一、统一规范融资融券和证券借贷等内容

境外信用交易（即“融资融券”）属于证券交易的一种方式，但其与证券买卖的概念有所不同。融资融券活动实际可拆分为两个动作：一个动作即投资者借入资金或证券；一个动作即通过证券经营机构的经纪业务通道买入或卖出证券。前一个动作借入资金或证券，实质上是一种证券借贷行为，“有借有还”，与证券买卖活动的

* 作者：中国证券金融公司市场监测部、风险管理部。本文写于2014年9月。

单向成交有本质区别。与之同时，证券金融机构向证券经营机构提供的资金和证券融通行为，本质上是非交易过户，并不通过证券交易场所的平台进行交易。因此，将“融资融券”“证券借贷”等概念纳入《证券法》时，应与“证券买卖”“证券结算”等概念独立并列。

从我国融资融券业务发展的现实需要来看，需要统一规范融资融券和证券借贷等内容，为融资融券的长远健康发展提供法律保障。融资融券业务发展 4 年多来，交易额已累计突破 14 万亿元，余额突破 5 000 亿元，制度建设、创新发展、风险监测和转融通配套机制日益完善，已成为证券交易的重要组成部分，成为证券公司重要的创新业务支撑点和盈利来源。展望未来，我国资本市场规模结构将日益优化，市场化、法制化和国际化水平将不断提升，现货和衍生品市场将进一步活跃，多层次资本市场建设将进一步深化。在这一背景下，融资融券发展潜能将进一步激活，发展规模有望进一步壮大，融资买入和融券卖出额合计占 A 股普通交易额的比重，有望从目前的 10% 接近成熟市场的 20% 左右，形成一个与证券交易平行和协调发展的证券借贷市场。这就要求《证券法》预留足够空间，立足于融资融券的长远发展，尽可能地为融资融券、证券借贷的健康发展营造良好的法律环境。

从境外融资融券的法律规范来看，统一规范融资融券和证券借贷等内容是成熟市场的普遍做法。从世界范围来看，信用交易与普通交易几乎是孪生兄弟，有着较长的发展历史，均已成为境外证券市场的基础性机制设计。从立法立规方面来看，美国《证券交易法》、欧盟《金融商品市场指令》、日本《金融商品交易法》、我国香港地区《证券和期货规则》和我国台湾地区“证券交易法”，均对融资融券中的授信与保证金等作出了规定。出于立法前瞻性的考虑，借鉴境外成熟市场的相关立法模式，可将“融资融券”以专节形式纳入《证券法》，也有利于突出融资融券交易方式的重要性，规范融资融券交易行为，为我国融资融券等业务健康发展和风险控制提供法律规范。

从我国现有融资融券制度体系来看，已为“融资融券”进入《证券法》做好了充分准备。从《证券公司监督管理条例》到《证券公司融资融券业务管理办法》，再到《转融通业务监督管理试行办法》，这些行政法规、部门规章已经对我国融资融券的集中授信模式、标的证券管理、提价规则、裸卖空禁令、保证金盯市与平仓制度等作了相应规定。这些规范既充分借鉴了境外成熟市场最新的立法和业务实践，又立足于我国证券市场中小散户居多、风险控制尤为紧要的实际情况，初步构建了业务发展与风险控制并重、行政监管与行业自律结合、经得起实践检验的具有中国特色的融资融券制度体系，为《证券法》从原则上规范“融资融券”提供了立法基础。

因此，有必要在《证券法》中引入融资融券概念，统一规范融资融券和证券借贷等内容。为推动《证券法》中“融资融券”概念表述更加准确，我们认为“融资融券”一节应该包括：（1）界定融资融券的概念；（2）明确标的证券范围由证监会授权单位规定；（3）规定担保物包括担保资金和可充抵担保证券，同时明确担保物的信托财产属性；（4）明确融资融券客户与证券公司双方的债权债务关系；（5）原则规定融券卖出需要实行提价规则、禁止裸卖空等风险防范机制；（6）明确我国融资融券采取集中授信模式，允许证券持有人出借证券；（7）明确证券金融机构可根据授权组织证券借贷中介服务。具体内容如下：

第一条【融资融券】本法所称融资融券，是指在证券交易所或国务院批准的其他证券交易场所进行的证券交易中，投资者向证券经营机构提交担保物，借入资金买入证券或借入证券并卖出的活动。

第二条【标的证券】投资者向证券经营机构借入资金买入的证券种类和借入证券的种类，由国务院证券监督管理机构授权的机构规定。

获得授权的机构可以在授权范围内，根据需要对指定证券的种类实施负面清单管理。

第三条【担保物】投资者向证券经营机构融资融券，应交存一定比例的保证金，保证金可以用证券充抵。证券经营机构应该按照规定开立担保账户，存放投资者交存的担保资产。投资者担保账户内的资产为信托财产。

第四条【债权债务关系】投资者从事融资融券交易，应与证券经营机构签订融资融券业务合同和风险揭示书，明确双方债权债务关系及承担的责任和义务。

第五条【风险防范机制】投资者从事融券交易时，融券卖出的申报价格范围应符合法律、行政法规和国务院证券监督管理机构的规定。

证券经营机构应通过国务院证券监督管理机构规定的专门账户向投资者融券。专门账户内无投资者指定融入的证券，或指定证券不足的，证券经营机构不得向投资者融券。

证券经营机构违反前款规定，给投资者造成损失的，应当依法承担赔偿责任。

第六条【转融通】证券经营机构为投资者买卖证券提供融资融券服务，自有资金或证券不足的，可以向证券金融机构借入资金或证券。

证券持有人可以依法出借其持有可流通的证券。

第七条【证券借贷】国务院证券监督管理机构可以根据市场需要，授权证券金融机构集中组织证券借贷中介服务。

二、统一规范证券金融机构的定义、设立程序、职能、业务规则及风险控制等内容

证券金融市场是建设发展多层次资本市场不可或缺的组成部分。

多层次资本市场的建设与发展，既离不开证券交易与登记结算功能，也离不开资金与证券的借贷功能，他们相互独立、互为补充，都是证券市场功能机制的有机组成环节。与之对应，多层次资本市场既需要独立的证券交易场所和登记结算机构来实现证券交易、证券结算等功能，也需要独立的证券金融机构来实现资金与证券的借贷功能。目前，我国采用东亚国家普遍推行的融资融券集中授信模式，由证券金融机构为证券经营机构提供资金和证券支持，顺应了当前全球加强金融监管、保持金融创新和风险控制并重的发展趋势，积累了有益经验和做法。因此，很有必要在法律层面上以专章形式，明确证券金融机构的法律性质和相关职责，规范证券金融市场的发展，促进我国多层次资本市场体系的发展和完善。

从境外立法立规情况来看，日本、韩国和我国台湾地区等均在法律和法规层面明确了证券金融公司的地位和作用。日本《金融商品交易法》和韩国《资本市场促进法》，均专设“证券金融公司”一章，对证券金融公司的注册资本、业务范围、股东权利和信息披露等内容进行规定。可见，在采取融资融券集中授信模式的市场，证券金融机构都处于核心环节，具有独特地位，在国家法律层面均对此赋权和界定。我国国务院颁布的《证券公司监督管理条例》也明确提出了“证券金融公司”的概念，并明确证券金融公司的设立和解散由国务院决定。在证券金融事业发展愈加稳健、未来有望发挥更大作用的情况下，对境外相关立法模式予以合理借鉴，将“证券金融机构”的地位和作用进一步在法律层面予以规范，就显得很有必要。

从证券金融机构的功能定位来看，证券金融机构已经在逐步发挥着“维护市场稳定、活跃市场交易、提供市场服务”的作用。第一，转融通机制为证券经营机构提供资券支持和保障，全市场转融通余额占到融资融券余额近两成，成为融资融券制度的重要配套；第二，为证券经营机构提供了必要的流动性支持；第三，为A股市场的平稳运行提供必要的资金流动性支持；第四，监测监控全市场融资融券业务运行和风险情况，保证融资融券体系安全稳定运行等。

因此，在《证券法》中增加“证券金融机构”一章，统一规范证券金融机构的定义、设立程序、职能、业务规则及风险控制等内容，符合现阶段我国证券市场发展的需要。为使“证券金融机构”一章的条款设置更完善，我们认为“证券金融机构”一章应该包括：（1）证券金融机构的性质、定义和功能；（2）证券金融机构的设立和解散由国务院决定；（3）明确证券金融机构的成立条件和组织形式；（4）证券金融机构的主要职能，包括提供融资融券的配套服务，为证券经营机构的交易、支付、结算、并购等活动提供流动性支持，以及为证券市场提供流动性救助机制等；（5）明确证券金融机构的治理结构和管理机制；（6）明确证券金融机构应建立以净资本为核心的风控机制。具体内容如下：

第一条【性质】证券金融机构是为在证券交易所或国务院批准

设立的其他交易场所公开进行的证券交易、转让活动提供资金与证券集中借贷服务，不以营利为目的的法人。

第二条【设立程序】证券金融机构的设立和解散由国务院决定，国务院证券监督管理机构履行批准程序。

第三条【成立条件】证券金融机构的组织形式应当为股份有限公司，注册资本不少于人民币60亿元，股东应当用货币出资。

第四条【职能】证券金融机构履行下列职能：

（一）为融资融券业务提供资金和证券借贷服务；

（二）为证券经营机构开展交易、结算、承销、并购等业务提供流动性支持；

（三）根据国务院证券监督管理机构的授权，组织集中的证券借贷活动并管理担保物；

（四）对融资融券、证券借贷业务的交易和运行情况进行分析监测，运用市场化手段防控风险；

（五）根据国务院证券监督管理机构的授权，为证券市场提供流动性救助；

（六）国务院证券监督管理机构批准的其他业务。

第五条【治理结构】证券金融机构应当建立完善的公司治理结构，建立合规管理机制，保证其经营管理及工作人员的执业行为合法合规。

第六条【风险控制】证券金融机构应当建立以净资本为核心的

风险控制机制，有效识别、评估、控制经营管理中的各类风险。

证券金融机构应当每年按照税后利润的 10% 提取风险准备金。国务院证券监督管理机构可以根据防范证券金融机构风险的需要，对提取比例进行调整。

“十三五”时期我国融资融券业务发展规划的思考*

一、“十二五”以来融资融券业务的发展情况

“十二五”以来，我国证券公司融资融券业务试点与创新发展取得长足进步，融资融券交易迅速增长，标的证券、担保证券范围有序扩大，证券公司和客户参与范围逐步拓展，主要业务指标和风控指标处于安全线以内，成为证券公司的重要业务创新和我国证券市场重要的股票交易方式。截至 2014 年 11 月底，融资融券客户数已突破 260 万人，2014 年以来月均增加 11 万人。融资融券余额突破 8 100 亿元，占证券公司净资本的比重达到 135%。融资融券担保品市值突破 2 万亿元，担保证券只数达到 3 379 只。客户平均维持担保

* 作者：聂庆平、庄穆、隆武华。本文写于 2014 年 12 月。

比例接近 240%，自融资融券业务启动以来该比例始终高于 220%。

这表明，融资融券业务发展有着良好的市场基础和市场环境，适应了中国资本市场实际情况和需要，初步满足了客户通过信用交易进行证券投资的市场需求，促进了证券公司转换经营模式和强化综合管理能力，丰富了资本市场功能，为证券市场持续注入了流动性，成为完善我国资本市场交易机制的基础性制度创新。一是为客户提供了双向交易机制。目前我国融资融券业务既为做多提供融资便利，也为做空提供融券来源，适应了市场多元化投资需求，促进了股市内在价格稳定机制的形成。二是健全了证券市场资金融通渠道。融资融券业务启动以来，已为证券市场注入超过 8 000 亿元增量资金；转融通业务开展以来，进一步形成了规范、合理、有监管的证券市场资金融通渠道，丰富和活跃了证券公司融资活动，也从制度上初步搭建了连接货币市场和资本市场的通道。三是活跃市场交易。融资融券业务启动以来，累计交易额达到了 19 万亿元，融资买入额与融券卖出额之和占 A 股普通交易额的比例，由 2012 年的 3% 提升至 2014 年的 17%。四是助推证券公司业务创新与转型。融资融券业务拓宽了证券公司业务范围，增加了证券公司收入来源，改善了证券公司盈利模式。2014 年上半年，融资融券利息收入达到 163.34 亿元，同比增长 53.7%，占证券公司业务收入的 17.6%，逐步成为证券公司重要的业务收入来源。

与此同时，融资融券及转融通业务还存在一些问题。一是融资与融券发展不均衡。当前，融券余额仅为60亿元，只占融资余额的0.7%，累计融券卖出金额2万亿元，只占累计融资买入金额的12%，制约融券业务发挥平抑市场波动、抑制股价泡沫的作用。二是专业机构客户参与度不够。当前，融资融券客户中99%是个人投资者，机构投资者数量不多，专业机构投资者如公募基金、保险、信托、合格境外机构投资者等，还不能向证券金融公司出借证券，也不能直接参与融资融券业务，制约了机构投资者在稳定证券市场、丰富金融创新产品等方面发挥积极作用。三是转融券机制运行还不够顺畅。当前，转融券还存在业务链条长、环节多、市场化程度不够等问题，客观上造成了证券出借意愿不高、可出借证券规模有限等结果，难以满足转融券业务持续发展的需求。四是融资融券业务规则部分规定与业务运行不相适应。如存在客户开户条件过于严格、合约期限不能展期、可提取保证金比例过高、信用账户交易功能过于狭窄、融券卖出所得价款用途约束较大等问题。上述问题，制约了融资融券业务持续健康发展，需要在"十三五"时期通过继续深化改革发展来妥善解决。

二、"十三五"时期的工作目标

"十三五"时期，将是我国资本市场规模日益壮大，结构日益优化，市场化、法制化和国际化水平不断提升，多层次资本市场在国民经济中的地位和作用得到进一步充分发挥的时期。在这一时代背景下，融资融券各项相关工作的开展，将紧紧围绕服务多层次资本市场发展的目标，努力形成一个与证券交易平行和协调发展的证券借贷市场，并在融资融券业务创新发展，融资融券担保资金集中托管，转融通配套机制优化，证券借贷功能完善和服务于资本市场对外开放等方面，有所发展、有所创新、有所突破。总体上看，“十三五”时期，我国融资融券、转融通业务与证券金融事业的总体工作目标是：

融资融券业务机制进一步健全，规则体系与内容进一步适应行业和市场发展要求；融资融券标的证券范围持续扩大，逐步建立标的证券的“负面清单”制度；将融资买入金额占A股普通交易金额比重提高至20%左右，融券卖出金额占A股普通交易金额比重提高至10%左右；融资融券担保品集中托管机制逐步建立健全，兼顾资金安全和使用效率；境内外符合条件的机构投资者逐步有序参与我国融资融券、转融资和证券借贷交易；转融资资金用途范围逐步扩大，成为证券行业的重要资金来源渠道和常态化的流动性补充机制；转融券功能机制持续改进完善，逐步建立集中统一的证券借贷平台，证券借贷方式更加市场化、参与人更加多元化、品种更加多样化；证券金融业务平稳发展，证券金融公司全方位服务于多层次资本市场的能力大幅提升。

三、“十三五”时期的重点工作

（一）建立标的证券“负面清单”制度，拓展融资融券账户交易功能

一是稳步扩大融资融券标的证券的种类和范围，逐步将绝大多数 A 股市场股票、交易型开放式指数基金、基金、债券等纳入标的证券范围；二是探索建立融资融券标的证券“负面清单”制度，明确不符合标准的证券名单，建立常态化的标的证券池动态调整机制，强化证券公司的标的证券的动态管理能力和风险控制能力；三是逐步放开信用证券账户参与定向增发、债券回购、证券投资基金的申购与赎回、预受要约、上市开放式基金和债券的跨市场转出、证券抵押等功能；四是允许客户通过信用交易账户参与上市公司员工持股计划，发挥证券公司的融资功能和证券金融公司的流动性补充功能；五是允许客户融资申购新股，进一步拓展融资融券交易对新股的资金支持作用。

（二）鼓励机构投资者参与融资融券交易，允许专业机构和个人投资者参与证券出借业务

一是推动社保基金、公募基金、信托、保险和资管等专业机构

投资者开展融资融券交易，满足机构投资者实施量化、对冲、套利等多样化交易策略的需求；二是推动相关部门修订完善相应规则和具体办法，逐步允许合格境外机构投资者、人民币合格境外投资者以及境外参股证券公司等参与融资融券交易；三是逐步推动养老基金、社保金金、公募基金、信托、保险等机构投资者参与证券出借业务，提升机构投资者出借证券的收入，提高机构参与证券出借业务的积极性；四是探索个人投资者参与证券出借业务的路径，使个人投资者从出借证券中获得收益，盘活闲置证券，为个人投资者提供证券资产增值、保值的手段。

（三）建立健全融资融券风险监测评估体系与联合监控机制

一是统筹证券公司经营状况、财务风险和偿债能力，整体考量和评估证券公司融资融券业务风险，将客户信用账户盈亏情况和风险承受能力纳入评估体系；二是督促证券公司建立担保证券集中度管理制度，重点监控持有单一证券集中度过高、持有风险证券集中度过高的客户；三是推动证券公司执行投资者适当性管理规定，将投资者交易时间、投资经验、资产质量、风险承担能力等制度安排落到实处，切实做好风险揭示工作；四是强化证券现货交易、融资融券交易、个股期权交易、股指期货等跨市场、跨品种套利与对冲行为的综合监测监控。

（四）建立融资融券担保品集中托管机制，兼顾资金安全和使用效率

一是优化我国信用交易担保资金托管模式，明确融资融券信用账户资金属于担保资产的属性，把目前比照交易结算资金三方存管的担保资金改由证券金融公司集中托管，提高客户信用账户资金收益率，使融资融券担保资金沉淀和应用于资本市场体系内；二是研究证券公司将客户担保证券转担保的机制及其制度安排，探索融资融券客户担保证券集中托管的途径与方式，在明确担保证券收益大部分归客户所有和风险控制制度到位的前提下，盘活和有偿使用担保证券。

（五）扩大资金筹集渠道，提升证券金融公司服务多层次资本市场的能力

一是继续巩固深化短期融资券、次级债券、同业借款等筹资方式，探索转融通保证金有偿使用、发行短期公司债券等筹资方式，逐步运用同业拆借、发行公司债券等其他筹资方式，研究资产证券化、收益凭证、跨境人民币借款和境外发行离岸人民币债券等创新筹资方式；二是进一步完善银行存款和货币基金投资等现有投资方式的操作流程和评估机制，研究债券投资并通过回购等方式建立资金池的可行性，在保持较好流动性的同时，不断提高资金运营效率；三是适应多层次资本市场改革创新发展需求，积极探索为证券、基金、期货行业提供短期流动性贷款、过桥贷款、股票承销和并购贷款等多样化的资金融通服务；四是健全证券金融公司参与证券行业流动性救助的规则、程序，完善证券市场稳定基金市场化、阳光化运作机制，推动证券行业流动性救助机制的建立和发展。

（六）逐步构建集中统一的证券借贷平台，盘活证券行业存量证券资源

一是推动出台证券借贷业务监管规定与相关规则，建立集中统一的证券借贷交易系统，供证券借贷双方直面成交，引入议价、竞价等市场化交易方式，灵活确定借贷品种、数量、费率和期限等事项，满足市场多样化的证券借贷需求；二是建立国际主流的结算平台互连，可在借贷交易达成后自动将成交数据发送给各相关结算平台，提供跨市场、跨国境的证券借贷服务；三是建立第三方担保品管理机制，提高担保品管理效率和水平，满足借贷双方在担保品配置、盯市、追缴、权益分配等方面的需求；四是构建完整有效的证券借贷业务统计监测体系，通过借入人准入资格管理，专人保证金逐日盯市、限制单一借入人借贷规模等制度；五是建立实施证券借贷风险管理制度，逐步降低证券借贷风险敞口，防范信用违约和市场波动风险。六是配合国家自由贸易区建设和资本市场双向开放战略，搭建面向自贸区和面向国际的证券借贷平台，使自贸区和境内外投资者均能在此平台上进行证券借贷交易。

嘉实沪深 300 指数基金纳入融资融券标的证券范围的政策分析*

近期，我们对“上市首日将嘉实沪深 300 指数基金纳入融资融券标的证券范围”问题进行了认真研究。

一、7 只交易型开放指数基金标的证券融资融券交易情况

目前沪深两市共有 7 只交易型开放式指数基金成为融资融券标的证券，其中沪市 4 只，深市 3 只。综合来看，4 个月以来，7 只交易型开放式指数基金融资融券交易运行平稳、有序增长，为继续扩大交易型开放指数基金作为融资融券标的证券提供了一些经验。

---

* 作者：李广川。本文写于 2012 年 4 月。

一是标的交易型开放式指数基金融资融券交易活跃。自2011年12月5日到2012年4月11日，交易型开放式指数基金累计融资买入43.53亿元，占同期全部新增标的证券融资买入额的4.58%；融资余额2.09亿元，占全部新增标的证券融资余额的1.06%。交易型开放式指数基金累计融券卖出12.89亿份，占同期全部新增标的证券融券卖出量的56.13%；融券余额0.75亿元，占全部新增标的证券融券余额的15.25%。与新增的188只股票标的相比，交易型开放式指数基金日均融资买入金额是前者的1.45倍，日均融券卖出量是前者的36.5倍；交易型开放式指数基金融资交易平均持仓时间为9.47天，为前者的38%，融券交易平均持仓时间为2.84天，与前者相差不多。所有这些数据表明，交易型开放式指数基金的融资融券交易相对更为活跃。

二是标的交易型开放式指数基金整体交易额明显增长。与标的证券扩容之前相比，除上证治理交易型开放式指数基金外，其余6只交易型开放式指数基金的日均交易额均出现明显增长。其中，上证50指数基金、上证180指数基金和深证100指数基金属于期现套利的现货替代品种，日均交易额平均增长13.50%，其他4只属于非现货替代品种，平均增长24.70%。后者高出前者11.2个百分点，这在一定程度上说明，交易型开放式指数基金纳入融资融券标的证券范围后，有利于促进其整体交易额的增长，除满足投资者的期现套利目的外，还用于投资者的普通股票投资组合套利交易。

三是标的指数基金促进期现套利基差缩小。截至2011年底，机构投资者持有7只标的交易型开放式指数基金平均比例为65%，远高于包括非标的交易型开放式指数基金、上市型开放式基金、开放式基金等在内的其他基金的26%。机构投资者持有标的交易型开放式指数基金的目的主要分为三种：套利、避险和投资。由于套利的持续存在，目前期现基差平均为11个基点左右，超过20个基点的概率仅为20.57%，而期现套利的成本超过20个基点。同时，交易型开放式指数基金的一级、二级市场折溢价率幅度平均只有12个基点左右，而市场估算套利成本在23~33个基点左右，即套利收益尚不足以弥补套利成本。这样来看，交易型开放式指数基金纳入融资融券标的证券范围后，起到了缩小股票期货与现货市场套利基差的作用，有利于促进机构投资者运用交易型开放式指数基金进行避险和投资。

二、嘉实沪深300指数基金的特点和需要关注的问题

嘉实沪深300指数基金属于首批跟踪沪深300指数的交易型开放式指数基金产品。在沪深300指数的市值权重中，上海市场占85%，深圳市场占15%。作为跨市场的创新产品，与单市场交易型开放式指数基金相比，嘉实沪深300指数基金至少具有三个特点：(1) 申购赎回跨市场。投资者申购赎回基金份额需要分别从上海、

深圳市场同时买入或卖出沪深300成分股股票，不同于单市场交易型开放式指数基金只需在一个市场进行成分股买卖的特点。（2）首次采用场外实物申购赎回模式。目前，单市场交易型开放式指数基金普遍采用场内申购赎回方式，一级市场申赎与二级市场交易均通过证券交易所交易系统进行，交收采用担保交收方式。由于登记结算公司计增投资者基金账户与计减投资者股票账户不是同时进行，登记结算公司担保交收风险。而嘉实沪深300指数基金的一级市场申购赎回通过登记结算公司系统进行，二级市场交易在证券交易所系统进行，交收采用非担保方式。这样，登记结算公司计增投资者基金账户与计减投资者股票账户同时进行，“一手交钱，一手交货”，无需登记结算公司担保，降低了结算交收风险。（3）基金份额及股票交收实行T+2。投资者当天申购的基金份额或赎回的成分股，要在两天后才能卖出，与单市场交易型开放式指数基金可以T+0不同，尽管效率低一些，但能减少交易型开放式指数基金场内交易活跃对交易系统造成的压力。

从嘉实沪深300指数基金产品特性和机制安排来看，预计其认购规模和上市后的交易规模能够满足作为融资融券标的证券的条件。第一，沪深300指数基金是投资市场走势和期现套利的最佳品种，市场需求较大。第二，嘉实基金管理公司拥有嘉实沪深300上市型开放式基金作为交易型开放式指数基金的联接基金，资产规模超过400亿元，交易型开放式指数基金认购和申购的证券来源比较充足。

第三，嘉实基金管理公司选择了几家大型券商作为该交易型开放式指数基金的流动性提供商，能在交易型开放式指数基金二级市场出现溢价或折价的时候，以贴近基金净值的价格进行报价，缓解可能出现的流动性短缺问题。

尽管如此，在缺少融资融券机制的情况下，嘉实沪深 300 指数基金也会存在一些问题。主要包括：第一，套利效率低可能引起溢价上升。当交易型开放式指数基金的二级市场价格高于基金净值，或者当交易型开放式指数基金代表的现货市场价格高于股指期货价格时，由于没有融券机制，投资者无法通过二级市场做空交易型开放式指数基金然后通过一级市场申购交易型开放式指数基金或做多股指期货的方式来进行套利。在上市初期投资者参与热情较高的情况下，有可能造成二级市场溢价攀升。第二，认购规模具有一定的不确定性。认购规模的影响因素很多，既包括产品本身的吸引力，也包括投资者对市场走势的预期、产品的替代性等因素。虽然嘉实沪深 300 指数基金和华泰柏瑞沪深 300 指数基金各有特点，但仍具有较强的相互替代性，任何一方的认购规模均会对另一方的认购规模产生一定影响。第三，存在上市首日炒作的可能性。沪深 300 指数基金产品特征较复杂，市场关注度很大，二级市场普通投资者可能被概念吸引，如果上市首日的二级市场溢价较为严重，散户可能追高买入，引发炒作。

三、嘉实沪深300指数基金上市首日纳入融资融券标的证券的利弊分析

如果上市首日将嘉实沪深300指数基金纳入融资融券标的证券范围，好处在于可以较好解决套利效率较低的问题。当二级市场出现较大的溢价时，可以通过一级市场申购交易型开放式指数基金、二级市场融券卖空交易型开放式指数基金，两天后获得交易型开放式指数基金份额再进行还券的方式进行套利。这样做，投资者承担了两天大约万分之六的融券成本，无须多承担两天的市场风险，因此大大增强了套利效率。对于期现套利行为，沪深300指数基金作为效率较高的现货替代工具，有可能成为期现套利的主要现货工具。引入融资融券机制之后，在现货价格高于期货价格时，投资者可以通过融券做空沪深300指数基金，买入股指期货，待基差收敛后买入交易型开放式指数基金并归还，同时了结股指期货头寸的方式进行套利，同样增强了套利效率。

但嘉实沪深300指数基金上市首日纳入融资融券标的证券范围，存在以下不确定因素：第一，认购规模具有不确定性。投资者既可能认为融资融券机制增大了产品吸引力而加大认购力度，也可能因融资融券预期，考虑融券机制带来的价格下跌风险而降低认购意愿，从而引发认购规模不能达到预期目标。第二，上市首日存

在炒作可能性。尽管融资融券机制增强了套利效率，有利于市场做空力量降低交易型开放式指数基金的二级市场溢价，冲抵炒作风险，但由于上市首日融券券源可能有限，做空力量可能不足，融资杠杆机制反而可能放大交易资金规模，进一步推动炒作。第三，成分股停牌可能引起交易型开放式指数基金折价。当沪深300指数成分股遇到类似“重庆啤酒”式的连续跌停事件而停牌时，投资者可以通过在二级市场融券卖空沪深300指数基金，同时用现金替代停牌成分股，连同剩余成分股在一级市场申购沪深300指数基金的方式进行事件套利。如果市场对成分股复牌表现的预期过于悲观，可能会加大做空交易型开放式指数基金的力度，从而使其处于较长时间的折价状态。

《证券公司融资融券业务管理办法》规定，客户融资买入、融券卖出的证券，不得超出证券交易所规定的范围。目前上海、深圳证券交易所融资融券交易实施细则对交易型开放式指数基金成为标的证券均作出如下规定：（1）上市交易超过三个月；（2）近三个月内的日平均资产规模不低于20亿元；（3）基金持有户数不少于4 000户；交易所另有规定的除外。从沪深300指数基金的认购情况看，整体规模不会小丁20亿元，持有户数也会高于4 000户，主要限制在于“上市交易超过3个月”。如果沪深300指数基金上市首日纳入标的证券范围，需要突破这一限制。

四、嘉实沪深300指数基金纳入融资融券标的证券范围时机选择

经过上述分析，我们认为，嘉实沪深300指数基金纳入融资融券标的证券范围是符合目前标的证券选择条件的，只是上市首日即纳入存在较多不确定性因素。可以考虑预留一周或一个月的窗口观察期，待交易趋于平稳、市场关注趋于平静后，择机推出，达到既鼓励沪深300指数基金的创新，又保证融资融券业务平稳发展的目的。

我国上市公司员工持股计划实施路径研究①

2014年6月20日，中国证监会发布《关于上市公司实施员工持股计划试点的指导意见》（简称《指导意见》）。《指导意见》勾画了我国上市公司员工持股计划的基本框架，为上市公司依法开展员工持股计划提供了制度保证。据此，我们会同银河证券、华融证券两家证券公司，对我国上市公司员工持股计划的实施路径进行了认真研究。根据《指导意见》的相关规定和要求，在充分征求证券行业意见的基础上，结合境外特别是韩国证券金融机构管理员工持股计划的经验，借鉴我国证券公司融资融券业务在账户设置、融资安排与统计监测等方面的成功做法，制定了我国上市公司员工持股计划的实施方案。

---

①　作者：中国证券金融公司与中国银河证券公司、华融证券公司的联合课题组。本文写于2014年7月。

一、《指导意见》为外部融资支持员工持股计划提供了政策依据

员工持股计划在本质上是一种受益机制，旨在使企业和员工通过参与该计划获得福利和激励。这种受益机制成为企业和员工自愿参与员工持股计划的主要动力。在美国、英国、法国和韩国等推行员工持股计划较好的国家，普遍存在较为系统和规范的政策扶持，主要通过税收优惠和信贷支持鼓励员工参与持股计划，支持企业开展持股计划。其中，通过外部融资支持员工持股计划比较普遍。如美国《员工退休收入保障法案》将信贷扶持作为员工持股计划的重要政策支持；韩国数次修订《资本市场促进法》，加大信贷政策扶持，缓解员工持股计划资金不足等等。

我国当前阶段开展上市公司员工持股计划，短期内税收优惠等福利政策难以落实，同时要求员工在持股后要锁定一定期限。在这种情况下，要想真正实现员工持股的受益功能，调动企业和员工参与持股计划的积极性，外部融资支持就成为必不可少的工具。《指导意见》明确规定，员工持股计划的资金来源，除员工的合法薪酬外，还可运用“法律、行政法规允许的其他方式”筹集资金。与之同时，《指导意见》还强调，上市公司董事会提出员工持股计划草案中，应包含“公司融资时员工持股计划的参与方式”等内容。这些规定为

我国员工持股计划引入外部融资预留了政策空间，肯定了员工持股计划作为一种受益机制的定位，为员工持股计划能够平稳起步提供了有益的政策支持。

基于上述背景，我们根据《指导意见》的相关规定和要求，设计了上市公司员工持股计划的实施方案。这个实施方案的核心本质就是，借鉴我国证券公司融资融券业务的经验，充分发挥证券公司的融资功能和证券金融机构的流动性补充机制，逐步解决员工在参与持股计划的资金支持问题，提升上市公司及其员工参与持股计划的积极性。与此同时，借鉴韩国证券金融机构是韩国唯一的员工持股计划托管机构的有益经验，结合证券金融机构在我国证券公司融资融券业务统计监测工作的有益实践，实施方案提出要发挥证券金融机构对员工持股计划的统计监测功能，以增强员工持股计划的真实性和透明度，防范、监测与化解相关业务风险，为监管部门推进我国上市公司员工持股计划提供相对独立的监管支持服务。

二、上市公司员工持股计划实施方案的主要内容

在《指导意见》的框架下，我们充分借鉴我国证券公司融资融券业务在账户设置、融资安排与统计监测等方面的成功做法，设计了一条可行可操作、风险可控的路径，具体如下：

上市公司发起成立员工持股计划持有人会议（简称“员工持股

会”)，在民政部门注册为社会团体。员工可自愿成为员工持股会的会员，以参与该上市公司员工持股计划。员工持股会接受会员委托，代表会员的利益，在受托范围内管理员工持股计划日常运行等相关事项。员工持股会与有融资融券业务资格的证券公司签订员工持股计划业务合同，在证券公司开立有融资功能的员工持股计划账户体系，将员工持股计划实施方案及资金、股份分配明细等提供给证券公司。证券公司根据《指导意见》的相关要求，履行员工持股计划开户、权益分配、查询和维护明细账户等业务管理职责。证券公司按要求向证券金融机构报送员工持股计划相关明细数据，证券金融机构对员工持股计划开展和风险情况进行统计监测，向监管部门报送员工持股计划统计数据和风控情况；同时，证券公司在自有资金不足时，可向证券金融机构申请流动性支持。

上述路径的主要内容可以概括为以下几方面：

一是员工持股会是上市公司开展员工持股计划的载体。员工持股会作为受托人，履行员工持股计划的日常管理工作，制定员工持股计划实施方案并交由上市公司董事会、股东大会审议，委托证券公司为员工持股计划开立账户等。员工持股会作为独立于上市公司的社团法人，代表员工利益行使权利，不仅可以解决目前上市公司员工持股主体缺位的问题，还能解决上市公司员工购买流通股后，其职工和股东双重身份而导致的管理困惑。员工持股会除了执行上述管理、方案制订和委托开户等职责外，还要为员工提供持股明细的查询和核对服务，向证券公司提供员工持股的资金、股份权益分配方案，对外披露员工持股会运营报告等。

二是证券公司管理员工持股计划相关账户和权益分派。证券公司在员工持股计划中的地位与证券公司在融资融券体系中的作用类似，主要职责包括：接受员工持股会的申请，开立员工持股计划账户；为员工持股会提供查询服务；为员工持股会提供融资服务，自有资金不足时可向证券金融机构申请流动性支持；监控员工持股会交易合规和风险管理状况；维护员工持股计划明细账户，并按要求向证券金融机构报送相关数据等。

三是证券公司通过具有融资功能的账户向员工持股计划提供资金支持。参照融资融券账户体系，证券公司以自身名义在登记结算公司开立证券公司员工持股计划专用证券账户，并在该账户下为每个员工持股会开立员工持股计划证券管理账户，在员工持股计划证券管理账户下，再为每个员工开立员工专用证券账户。其中，员工专用证券账户的交易和融资功能与信用证券账户一致，但只能买卖员工持股会对应的上市公司股票。员工持股计划证券管理账户并不具有交易功能，主要用于汇总记录员工持股会持股、股份买卖、转入转出、权益分配等的总体情况，便于员工持股会管理持股计划。与之配套，证券公司以自身名义在商业银行开立证券公司员工持股计划专用资金账户，并为员工开立员工专用资金账户。证券公司根据员工持股计划专用证券账户的持仓情况，以及员工持股会提供的资金和股份权益分配约定，维护员工专用资金和证券账户。在这一账户体系下，证券公司通过员工专用证券账户的融资功能向参与持股计划的员工提供外部融资支持。同时，登记结算公司不仅可以看到证券公司账户交易、持仓和管理情况，也可以看到员工明细交易、持仓情况，保证股份在持股期限内不被提前卖出。

四是证券金融机构角色为公共服务性质，履行流动性支持和统计监测职责。由于证券金融机构不以商业盈利为目的，履行统计监测员工持股计划的职责并不存在利益冲突。在该实施路径中，证券金融机构地位与在融资融券体系中的地位类似，身份较为超脱，符合证券金融机构维护市场稳定、为市场提供流动性支持的定位。证券金融机构主要履行下列职责：统计监测员工持股计划开展情况和运作风险，向监管部门提供全市场员工持股计划的数据信息；接受证券公司提交的担保物，为其开展员工持股计划融资业务提供流动性支持；对全国范围内员工持股计划中的突发性事件或重大事项，及时进行风险评估并报告。

三、上市公司员工持股计划实施方案的主要优势

目前，我国部分上市公司已实际探索开展了员工持股计划，比较典型的做法有：一是宏广定向资产管理计划。2012 年 10 月，广汇能源公司为开展员工持股计划，与宏源证券合作设立“宏广定向资

产管理计划”，由宏源证券作为管理方，规模约10亿元，参加“计划”的2 000多名员工的委托资金只能交易广汇能源流通股股票，“计划”实施期为3~10年。二是万科集合资产管理计划。2014年5月，万科公司的1 320名事业合伙人成立了深圳盈安财务顾问企业(有限合伙)，通过证券公司的集合资产管理计划，于二级市场公开买入万科A的股票。资金来源中，一部分来自事业合伙人集体委托管理的经济利润奖金集体奖金账户，剩余为引入融资杠杆而融得的资金。

这种方式虽然有信托关系明确、第三方资产管理能够解决上市公司的敏感期操作、内幕信息操作等问题，但也存在明显的不足和缺陷。一是灵活度差。持股期限固定、受益人固定等特征决定了其在操作路径上较为僵硬。二是不能满足员工多元化的融资需求。员工持有的是基础资产的受益份额，只能引入统一的融资杠杆，难以满足不同员工千差万别的融资需求。三是股份分配的透明度低。资产管理机构为该计划开立证券总账户，并不涉及股份在员工中如何分配的问题，资产管理机构也不会对员工持股明细情况逐一记录，股份分配的随意度大，容易引起外界对员工持股计划公正、公开性的质疑。四是持股期限可能达不到监管要求。由于没有相应的前端控制来锁定股份，存在资产管理机构提前卖出股份的可能性，从而出现合规问题。概言之，这种路径的核心问题在于资管产品本身是一个“黑箱”，股份买卖、持有和分配的具体操作透明度不高，增加企业利用暗箱操作损害员工利益的道德风险。

与上述模式相比，参照融资融券账户体系实施上市公司员工持股计划，不仅可以解决上述四点不足，而且账户体系不用做太大调整，操作程序简便易行，便于简单起步和长效发展，主要优势体现在以下六个方面：

一是保障员工利益不受损害。员工持股会独立于上市公司，权责清晰，不受上市公司管理层施压、管理层变更以及上市公司被兼并等事件的影响，能够最大限度保障参与人的利益。

二是灵活性好。在满足持股期限和其他退出要求后，员工可自主卖出或转让员工专用证券账户中所持股票、划转所持股票至个人普通账户，证券公司也可对购入股份实施前端控制，满足《指导意见》中关于持股期限的要求。

三是满足不同员工的融资需求。员工可通过明细账户直接持有股票，可自主申请并调整融资杠杆，员工持股会也可根据不同参与者的需求，参考其固定收入、已持有股票市值、工作年限等因素，为其设计个性化的融资服务。

四是股份分配的透明度高。员工在员工持股会账户下只有一个明细账户，通过监测员工专用证券台账内股数的变化，能够较为及时地发现内幕交易和市场操纵行为，平息外界对员工持股计划暗箱操作、公正性等的质疑。

五是充分调动证券公司的积极性。证券公司为员工持股计划提供开户、专项融资等服务，丰富了业务种类，拓宽了客户基础，有助于调动证券公司参与员工持股计划的积极性。

六是融资风险分层隔离。证券金融机构开展对证券公司的融资批发业务，证券公司负责对员工持股会的专项融资零售业务，便于员工持股计划专用融资业务的风险分层控制和管理。

四、员工持股会的性质与主要职责

《指导意见》第七条规定，员工应当通过员工持股计划持有人会议选出代表或设立相应机构，监督员工持股计划的日常管理，这使上市公司成立员工持股会有了法律依据，也使我国上市公司员工持股计划与大多数成熟市场的做法相一致。从境外成熟市场来看，员工持股会已经成为管理和经营员工持股计划的重要载体，比如美国、德国、法国、日本和韩国，均以立法形式规定员工应通过员工持股会参与员工持股计划。在该实施方案中，员工持股会是上市公司开展员工持股计划的关键环节，它不仅是连接员工与外部金融机构的纽带，也是员工与上市公司共同协商实施员工持股计划的主要桥梁。我们认为，员工持股会独立于上市公司，其功能、定位与责任不受上市公司影响，可以保证员工持股会真正代表员工利益自主决策，行使股东权利，在相当程度上可杜绝非法操作等问题。

（一）员工持股会的性质

员工持股会在法律上应独立于上市公司，是社会团体的性质，其原因在于：一是员工持股会界定为社会团体便于统筹管理，既可以防止上市公司操纵员工持股会为私人牟利，又可以代表员工行使股东权利、独立与第三方机构签署合约。二是将员工持股会界定为企业法人存在许多弊端。如果将员工持股会界定为公司制企业法人，对于个人而言，存在对股利的双重征税问题，税率为 20%；如果将员工持股会界定为合伙制企业法人，不利于集中统计和监测，容易出现内幕交易、操纵市场等不合规问题。三是员工持股会可独立承担民事和法律责任。员工持股计划中，员工与员工持股会是委托关系，员工委托员工持股会管理部分员工持股计划股份；员工持股会与证券公司是信托关系，员工持股会委托证券公司管理员工持股计划相关事项，证券公司以自身名义为员工持股会在登记结算公司开立证券账户。四是社会团体注册的操作程序越来越简化，不存在法律障碍。民政部已明确表示，行业协会商会类、科技类、公益慈善类和城乡社区服务类四类社会组织，可依法直接向民政部门申请登记，不再经由业务主管单位审查和管理。目前，这项工作已在全国范围内逐步试点和推开，为员工持股会注册为社会团体扫清了障碍。

需要指出的是，员工持股会与过去曾经存在的职工持股会有本质区别。一是股权归属主体不同。员工持股会是员工持股计划的名义持股人，股权的实际持有人仍是员工；而职工持股会是公司的实际持股人，员工不是公司的实际持股人，员工利益较易受到损害。二是监督机制不同。员工持股会开展员工持股计划受证券公司监督管理，受证券金融机构统计监测监控，受证监会行政监管；而职工持股会并没有明确的监管机构，监督机制不清晰，容易滋生非法操作问题。

（二）员工持股会的主要职责

员工持股会在上市公司员工持股计划中的主要职责包括：一是制定员工持股会规章和日常运行管理办法。二是选举员工持股会管理委员会，管理委员会由员工持股会会员以无记名投票方式选举产生。三是制定员工持股计划实施方案，包括员工参与范围、员工持股比例、资金来源、员工工资占资金来源比例、股票来源、持股期限、融资贷款与还款方案、员工的进出机制等，提交上市公司董事会、股东大会表决通过。四是委托证券公司为员工持股计划开立相关账户。五是在法律规定可以买卖股票的时间段内，按照员工持股计划实施方案，确定买卖股票时点，处理员工认购和赎回事项。六是对每个员工申报和实际认购、赎回股票的明细登记造册，定期查询员工持股计划相关证券账户持有的上市公司股份数额和明细，并进行核对。七是每季度向全公司发布员工持股会运营报告。报告内容包括：员工持股计划管理委员会各个委员情况和联系方式；员工所持有的各个期限的股票数量、持股期限和剩余到期时间统计和明细；员工持股会自身资金和股票明细报告；前期工作内容汇报，重点汇报前期买卖股票的合规性等。八是按照法律规定，进行信息披露，通过固定渠道公开买卖股票数量、价格和时间，向证监会、交易所汇报备案员工持股会持有的股票数量、持股期限和剩余到期时间。九是以参加员工持股会的员工意见为基础，代表员工行使股东权利。十是定期向证券金融机构提交员工持股会运营报告。十一是保存与员工持股计划相关的记录、账册、报表和其他相关资料自合同终止之日起至少 15 年等。

五、证券公司的主要职责

《指导意见》规定，上市公司可自行管理本公司的员工持股计划，也可以将其委托给资产管理机构管理。这要求证券公司可以帮助员工持股计划开立相应证券账户，也可代为管理上市公司员工持股计划。在该实施方案中，证券公司是员工持股计划股份的名义持有人，其主要职责包括：一是为上市公司开展员工持股计划提供培训工作；二是为员工持股计划开立、维护相关账户；三是为员工持股计划提供融资服务；四是对员工持股计划相关账户的交易进行前端控制，如只允许购买本公司股票、购买数量不得超过监管要求等；五是为员工持股会提供查询服务，员工持股会可以查询员工持股计划账户中的注册资料、资金余额、持股情况及变动情况等；六是维护员工持股计划相关明细账户，并将相关数据根据要求报送证券金融机构；七是对员工持股会的交易活动进行风险管理，发现员工持股会购买股票时突破“10%、1%”两条指标红线等异常交易情况，应主动、及时地向交易所、证监会报告；八是依据相关条例规定，为员工持股计划账户资料留存完整的电子影像资料，电子影像资料须与客户纸质资料保持一致。

六、员工持股计划的账户体系

实施方案充分借鉴了我国融资融券账户体系特点与韩国员工持股计划的账户设计，并针对我国员工持股计划的实际情况进行了微调，建立起我国员工持股计划账户体系。这就是把我国融资融券业务二级看穿式账户体系，改造为员工持股计划三级看穿式账户体系，用于员工持股计划的外部融资、担保与股份锁定。其中，一级账户由证券公司以自己名义在登记结算公司开立，记录该证券公司受托管理的全部员工持股计划的证券。二级账户由证券公司以员工持股计划的名义在其内部系统开立，是一级账户的明细，主要用于证券公司对单一员工持股计划的受托管理。三级账户由证券公司以员工的名义向登记结算公司申请配号，是一级、二级账户的明细，记录员工持股计划中单一员工享有的股份权益情况。

员工持股计划涉及如下账户：

一是开立证券公司员工持股计划专用证券账户（一级账户）。该账户由证券公司以自己的名义在沪、深登记结算公司分别开立，用于记录员工委托证券公司持有的证券，包括员工持股会自行转入的证券、使用自有资金买入的证券，以及向证券公司融资买入的证券。该账户内的证券，作为员工持股计划融资负债的担保品。

二是开立员工持股计划证券管理账户（二级账户）。该账户由证券公司以员工持股计划的名义在其内部系统开立。证券公司根据上市公司的委托，对员工持股计划证券管理账户进行配置，实现对该账户下员工专用证券账户的管理，包括交易标的控制、交易数量控制、期限控制等。

三是开立员工专用证券账户（三级账户）。该账户由证券公司以员工的名义，向登记结算公司沪、深分公司申请配号，用于记录员工持有的证券，是“证券公司员工持股计划专用证券账户”及“员工持股计划证券管理账户”的明细账户。

四是开立证券公司员工持股计划专用资金专户。该账户是证券公司以自身名义在商业银行开立的专用存款账户，用于汇总存放所有员工持股计划的资金。员工持股计划涉及的货币收支活动均通过该账户进行。

五是开立员工专用资金账户。该账户由员工持股计划中的员工或员工持股会在商业银行开立，用于记录每个员工资金的变动明细及余额，是“证券公司员工持股计划专用资金专户”的明细账户。员工持股会开立的“员工专用资金账户”，专门用于记录员工持股会存放的备用金，可用于股份回购等业务，与其他员工专用资金账户属于同一性质。证券公司在其技术系统中，为每个员工持股计划的每个员工及员工持股会单独开立一个员工专用资金台账，并建立员工专用资金台账与员工专用资金账户的关系。

六是开立员工持股计划资金交收账户。该账户由证券公司以自身名义在登记结算公司沪、深分公司分别开立，用于所有受托员工持股计划证券交易的资金结算。证券公司可以使用现有融资融券业务的信用交易资金交收账户用于员工持股计划证券交收相关资金的交收。

七、员工持股计划的清算交收

上述账户体系参照融资融券业务进行设计，清算交收过程与融资融券业务基本类似。

（一）资金清算与交收

一是证券公司与员工之间的资金划转。包括员工将资金交付证券公司、证券公司将资金退还给员工等，由资金划出方向银行提交资金划转指令，银行进行资金划转后，由银行提供资金变动流水及资金余额情况，作为证券公司日终进行资金清算的依据。证券公司据此在内部系统中维护员工专用资金台账相关数据。

二是员工买入上市公司股票、参与增发或配股等。证券公司根据员工专用资金台账内记录的资金余额进行交易申报的前端控制，确保日终资金交收成功。登记结算公司以员工专用证券账户为单位，依据交易所的成交数据生成资金清算数据，并提供给证券公司。证券公司将资金从“证券公司员工持股计划专用资金专户”划入“资金交收账户”，登记结算公司直接从该资金交收账户扣收，完成资金交收。

三是上市公司股票派发红利。登记结算公司以员工专用证券账户为单位，生成资金清算数据，并提供给证券公司，相应资金由登记结算公司直接划入资金交收账户。证券公司可以将该部分红利资金转回“证券公司员工持股计划专用资金专户”。

四是员工向证券公司融资买入上市公司股票。登记结算公司以员工专用证券账户为单位，根据交易所的成交数据生成资金清算数据，并提供给证券公司。证券公司将自有资金划入资金交收账户或使用转融资借入的资金完成交收。员工可以采用直接还款或卖券还款的方式偿还所欠证券公司债务。证券公司依据登记结算公司及银行的清算数据维护员工融资合约。

（二）证券清算与交收

一是员工买卖上市公司股票、参与增发或配股。登记结算公司根据交易所提供的员工专用证券成交记录进行证券清算，并同步变更证券公司员工持股计划专用证券账户及员工专用证券账户的信息，证券公司自行维护员工持股计划证券管理账户。

二是通过股东捐赠等方式直接获得上市公司股票。通过非交易过户转入股票的，转入方应当以员工专用证券账户为单位，向登记结算公司发送证券划转指令。登记结算公司直接将上市公司股票划入证券公司员工持股计划专用证券账户，并同步变更员工专用证券账户信息。证券公司依据登记结算公司证券划转结果进行清算，自行维护员工持股计划证券管理账户。

三是上市公司股票发生送股。登记结算公司根据股权登记日股权情况进行分派，将相关证券划入证券公司员工持股计划专用证券账户，并同步变更员工专用证券账户信息。证券公司依据登记结算公司证券划转结果进行清算，自行维护员工持股计划证券管理账户。

四是员工之间转让上市公司股票。员工之间转让股票的，由转出方向登记结算公司提交指令，登记结算公司按照指令变更转出方及转入方员工专用证券账户信息。证券公司依据登记结算公司证券划转结果进行清算，自行维护员工持股计划证券管理账户。

五是员工向证券公司融资买入证券。登记结算公司日终清算后，将融资买入的证券划入证券公司员工持股计划专用证券账户，并同步变更员工专用证券账户信息。证券公司根据登记结算公司的日终划转结果进行清算，自行维护员工持股计划证券管理账户。

八、员工持股计划的融资服务

员工持股计划三级账户体系已可自发地满足员工的融资需求：一是证券公司定期评估员工持股会的信用状况，全面考量其融资能力、上市公司提供的融资担保等，以此确定员工持股计划的授信额度。二是员工持股会需向证券公司提交参与员工的融资贷款明细，便于证券公司掌握融资贷款的风险情况。三是融资贷款的最长期限应不小于股票持有期限，员工持股会应设计分期偿还的还款方案。四是员工自有资金与融资贷款的比例在试点期间最低不得低于1∶1，以后可根据实际情况，在风险可控的情况下适度放宽。结合韩国的经验，证券公司为员工持股会提供融资的利率应该是优惠利率，原则上与市场平均贷款利率保持一致。五是上市公司为员工持股会提供融资担保，在员工持股计划股票持有期限内，证券公司不再逐日盯市及要求员工持股会追加保证金。六是员工持股计划股票持有期限到期后，员工卖出相关股票，应优先偿还证券公司的融资贷款，不足时，证券公司可向提供融资担保的上市公司追偿。七是证券公司用于开展员工持股计划融资业务的自有资金不足时，可向证券金融机构申请员工持股计划的流动性支持服务。八是证券公司应在与员工持股会的合同中约定，员工持股会允许证券公司将其持股期限内的股份转给证券金融机构，作为获得流动性支持的担保物，明确可转股份的比例、数量等，明确可转股份的权益仍归员工所有。

九、证券金融机构的主要职责

与在融资融券业务中的职责类似，证券金融机构在员工持股计划中，主要负责统计监测全市场员工持股计划开展情况，监控和防范市场风险，为证券公司提供流动性支持。总体来说，证券金融机构的职责主要包括：一是明确员工持股计划业务数据报送要求，接收证券公司报送的员工持股计划业务数据和信息；二是对员工持股计划的运作情况进行统计监测，确保“10%、1%”的指标红线不被突破，保障员工持股计划操作的公开和透明性；三是通过指标预警、压力测试和情景分析等方式，强化员工持股计划日常统计分析与重大风险监测监控，明确不同风险的处理措施；四是为证券公司开展员工持股计划融资业务提供流动性支持，并接受员工持股计划部分股份作为融资担保物；五是逐步探索在持股期限内，将证券公司提交的员工持股计划股份用于证券出借业务，建立股份使用补偿机制，按市场化的方式向员工持股会支付股份的使用对价。

十、员工持股计划的信息披露

《指导意见》规定，员工持股计划在设立、运作期间，上市公司、员工持股会承担相关信息披露的责任。证券公司可对员工持股计划的资产情况、交易情况等出具证明，配合上市公司、员工持股会完成信息披露。主要事项包括：一是采取二级市场购买方式实施员工持股计划的，员工持股会应当每月公告一次购买股票的时间、数量、价格、方式等具体情况；二是在完成股票购买或将公司股票过户至员工持股计划名下的两个交易日内，以临时公告形式披露获得公司股票的时间、数量等情况；三是员工持股会在定期报告中披露报告期内员工持股计划的实施情况，包括报告期内持股员工的范围和人数、实施员工持股计划的资金来源、报告期内员工持股计划持有的股票总额及占上市公司股本总额的比例、因员工持股计划持有人处分权利引起的计划股份权益变动情况、证券公司的变更情况及其他应当予以披露的事项；四是证券公司应向员工持股会及员工提供资产查询功能，员工持股会可通过证券公司的系统查询员工持股计划的持股明细及变动流水，员工仅可查询自己名下的持股明细及变动流水。

十一、员工持股计划的监管问题

《指导意见》规定了员工持股计划的监管内容和范围。我们认为，员工持股计划的监管核心是在依法合规的情况下保障上市公司和员工的利益不受侵害。一是中国证监会对上市公司实施员工持股计划进行监管，对利用员工持股计划进行虚假陈述、操纵证券市场、内幕交易等违法行为的，依法予以处罚。二是证券交易所在其业务规则中明确员工持股计划的信息披露要求，定期公布信息披露有误、虚假的上市公司，并将情况上报证监会。设立前端控制，确保监管指标红线不被突破，即单一上市公司员工持股计划持股总量累计不超该公司总股本的10%，单个员工所持股份数量不超该公司总股本的1%。三是证券登记结算机构在其业务规则中明确员工持股计划登记结算业务的办理要求，按照相关指令办理股份的买卖、划转事项。

十二、员工持股计划的集中统计监测

根据证券金融机构融资融券统计监测的成功经验，无论员工持股计划是否有外部融资，对上市公司员工持股计划进行集中统计监测，对于增加员工持股计划的真实性和透明度都是十分必要的。一方面，可以对员工持股计划的购买时点、参与者实际持有股数的变动等进行定期、不定期的统计监测，规范员工持股计划的运作，加强合规性，平息外界对员工持股计划是否侵害股东利益的质疑；另一方面，便于监管部门实时掌握员工持股计划的开展情况、开展效果，上市公司管理层、普通员工的明细参与情况，以及违规代持、超额参与等潜在问题。为做好监测监控工作，证券金融机构将做好以下工作：

一是明确员工持股计划业务数据和信息报送要求，证券公司按照证券金融机构发布的员工持股计划统计监测系统数据报送接口规范，及时、准确、真实、完整地向证券金融机构报送员工持股计划业务相关数据和信息。

二是借鉴融资融券业务统计监测工作的经验，通过指标预警、压力测试和情景分析等方式，强化日常统计分析和重大风险监测监控，重点监测监控员工持股计划资产市值、员工持股会负债和合约违约情况、员工持股计划业务运行、财务状况和相关监管指标合规情况等，对每类风险列举重点关注的情形，必要时及时报告证监会。

十三、员工持股计划的股票出借

从境外市场特别是韩国市场的成熟经验看，把一部分持股期限内的股票用于出借，不仅能够盘活持有期限内的闲置股份，而且能为员工带来一定的股份持有收益，在进行严格风控的前提下不会出现重大业务风险。在上述实施方案运行一段时间，业务发展至一定规模，且股份结构与转融通标的证券具有一定重合性的情况下，经证监会批准，证券金融机构可探索在持股期限内，将证券公司提交的员工持股计划股份用于证券出借业务。大方向上看，在持股期限内出借证券，没有改变员工与上市公司之间的收益风险共担机制，与员工持股计划设立目的不冲突，是可行的、可操作的。从盘活资产的角度来看，出借股份提高了资产的使用率和收益率，不仅起到提升金融市场运行效率、加大中介服务力度的作用，还起到了鼓励员工长期持股的作用。

证券金融机构出借员工持股计划股份的实现路径包括以下四个方面：一是确定股份的使用费率时，为鼓励员工持股会同意证券金融机构将股份用于证券出借业务，从高确定股份使用费率。二是股份出借期限应在持股期限内，偿还程序按照证券金融机构归还出借人证券的一般程序处理。三是证券金融机构定期向员工持股会披露股份用于证券出借业务的情况，包括使用数量、种类、期限特征，以及已使用股份的剩余期限和余额等。四是建立风险指标体系，如用于证券出借业务的股份数量占员工持股计划股份总数量的比例，用于证券出借业务的股份数量占该证券流通股本的比例等。

Chapter Six | 第六章

我国转融通配套机制建设与业务运行

优化转融通机制，满足市场资券需求

——关于转融通业务市场需求的调研报告*

2012年6月初，我们就转融通业务的资券来源及相关政策、业务规则的有关问题进行了调研，了解和掌握了转融通业务相关参与主体对参与转融通业务的意愿、需求，涉及的相关政策问题以及意见和建议。我们对调研情况进行了归纳、梳理，对重点问题进行了简要分析研究。

---

* 作者：薛文石、欧阳国黎、史小愚、刘伟、郑成。本文写于2012年4月，曾刊于《融资融券研究》第5期。

一、关于转融券的调查与分析

（一）转融券调查基本情况

1. 持券人出借证券意愿积极，政策性障碍需待解决。调研中，不同类型的持券人均对出借证券表示出积极的意愿。上市公司股东普遍认为能够将证券出借给证券金融公司，风险较低、相对安全，为其开展市值管理增加了一条安全、可靠的渠道，为股东闲置证券增加了额外收益，表现出积极参与的愿望。保险资产管理公司认为，参与证券出借业务解决了闲置证券的收益问题，增加了无风险稳定收益的品种，有利于其资产增值。全国社保理事会表示，该会目前既有自身划拨持券，也有投资持券，合计数额很大，证券出借业务符合该会投资特点，愿意积极参与。虽然各类持券人对证券出借兴趣浓厚、意愿积极，但还有一些政策性问题待解决。

一是国有股东存在报批报审问题，希望出台专门管理办法。上市公司国有股东持有大量券源，有较明确的出借意向，且对息费率预期不高，是未来市场券源的主要出借方。但目前对国有股东能否参与证券出借、是否需要报批或者报备等都没有相应的制度规定，现有规定均不适用。大多数国有股东表示有了明确规定或经过报批才能参与出借业务，希望国资管理部门能够尽快出台专门文件给予指导。

二是社保理事会出借意愿积极，需相关部门认可。社保理事会管理资产包括国有股划拨转持的股份、委托投资管理人管理形成的股份、社保理事会自营以及实业投资形成的股份四大类，合计数额较大。社保理事会有出借意愿，认为由证券金融公司作为出借对象，信用可靠，交易安全保障性高。但社保基金的投资范围，目前相关文件尚未对资产出借作出规定，认为需经财政部会同人力资源和社会保障部同意或出台相关文件，才便于开展此项业务。

三是保险投资机构待中国保监会出台规则指引，具体操作中的问题需要明确。保险资产管理机构不少投资组合以长期投资为特点，持有大量可供出借的证券。保险资产管理机构认为其出借证券不存在法律障碍，但具体操作存在资管产品难以计息等问题。目前中国保监会正在一并研究制定保险资产管理机构参与融资融券业务和证券出借的业务规则。

四是基金参与证券出借业务有待修改后的《证券投资基金法》出台和具体规则指引的制定。公募基金（尤其是被动型基金）表示有出借证券的意愿，但能否参与证券出借存在争议。现行《证券投资基金法》第五十九条规定基金财产不得用于向他人贷款或者提供担保，有观点认为基于上述规定及其立法精神，基金管理的证券不能用于出借。目前，《证券投资基金法（修改草案）》正在审议修改，希望能够解决上述基金参与证券出借业务的障碍，但仍需要基金监管部门出台相关的规则指引，明确参与证券出借的具体方式、可出借证券比例及规模、估值等问题。

2. 希望获得合理收益，重视资产安全和配套政策的完善。在调研过程中，无论上市公司股东，还是各类投资机构，普遍认为证券出借业务为他们提供了一种很好的获得额外收益的方式。但不少持券人提出出借意愿不仅取决于能够获得收益，还取决于资产是否安全和配套政策是否完善。

一是关注出借证券的资产安全，希望有相应的保障性措施。参与证券出借业务，资产的安全和风险是持券人普遍比较关注的重要问题。大多数持券人认为，能够获得合理的收益是参与出借业务的重要因素，但是保证资产的安全则是更重要的、第一位的。各类持券人对证券金融公司的信用均给予充分肯定，但也提出出借人将证券借给证券金融公司既无抵押，也无任何其他担保。在此情况下，证券金融公司应当有能够对抗下游违约风险的具体措施，有效提供安全保障。

二是关注出借期间投票权转移可能对公司决策的影响。上市公司控股股东参与证券出借业务，十分关注控股权的问题。股东证券出借时，证券的投票权将转移给借入方。虽然股东大会的召开次数并不频繁，股东可以结合股东大会的召开时间选择相应的出借期限，但是由于代表 1/10 以上表决权的股东可以提议召开临时股东会议，仍有股东顾虑因证券出借期间丧失投票权而影响公司决策。

三是担心长期停牌的现金了结方式可能造成被动减持。绝大部分上市公司股东（尤其是控股或相对控股股东）不能接受转融通证券出借期间，因股票长期停牌而采取现金了结的处理方式。他们认为，现金了结方式改变了证券的出借性质，一方面，国有股东需要按照股份减持的性质履行审批手续；另一方面，可能影响持股比例，进而影响控制力，个别情况购回时还会引发全面收购要约等问题。

四是证券出借的相关税费及佣金对出借意愿有一定影响。许多持券人特别是上市公司股东对出借证券的息费率预期并不很高，认为收益主要靠出借规模。但是目前对出借证券涉及哪些税费、税费率如何等都还不明确，无法进行风险与收益的权衡，及时作出判断和选择。如果一概按照证券交易收取税费，就无法取得合理收益。因此，建议制定针对证券出借业务的税费政策，以支持和鼓励持券人参与证券出借业务。

3. 进一步完善制度规则，使业务操作更便利有效。证券出借制度规则的合理性和操作上的便利及效率，也是持券人比较关心的重点问题之一。他们对相关制度规则的完善提出了一些意见、建议。

一是建议明确信息披露具体规则。调研过程中，关于上市公司股东出借证券的信息披露以及如何进行信息披露问题进行了广泛的讨论。大家认为，目前出借期限短期较多，如参照现有权益减持信息披露的规定，披露信息过于频繁，给证券出借业务带来很大困难。为此，建议制定相应配套政策，配合指导上市公司股东出借证券的信息披露工作。

二是建议明确出借证券的比例限制。上市公司股东提出，目前上市公司股东减持股份受到交易所规定的每月不得超过1%的限制，对于出借证券是否存在合并计算的比例限制，建议加以明确。如果证券出借受上述比例限制，会增加业务操作的复杂性。

三是建议增加60天期、90天期的期限品种。根据上市公司股东代表问卷调查的反馈情况，参与调查的股东代表中，极少表示愿意出借股票3天期，有四成股东表示愿意出借股票7天期，有半数以上的股东表示愿意出借股票14天期或28天期，有三成的股东表示愿意出借股票182天期。持券人与券商均明确表示，由于28天期与182天期产品时间跨度太大，希望新增加60天期、90天期的品种，更好地满足市场需求。

4. 推进转融通业务的市场化，提高市场效率。调研过程中，持券人与券商表示，目前转融通的交易模式、期限品种基本满足市场需求，为提升交易效率、优化交易方式并推进转融通业务的市场化，提出了如下意见和建议：

一是适应对券种的不同需求，推进费率的市场定价。根据反映的情况，国有上市公司股东表示目前按不同期限1%～2%的出借费率是可以接受的，主要原因是按出借证券市值计算和股东持股量较大；有许多股东代表希望对不同证券的费率进行差异化定价，根据市场供求状况确定不同的费率；保险资产管理机构认为出借意愿取决于息费收益与可能丧失的机会成本之间的权衡，但无论费率如何，都会引发过高或过低的争议，最理想的方式还是通过市场定价的方式进行。券商表示当前的转融券融出费率基本能够达到预期水平。同时，他们提出约定申报和非约定申报的转融券费率应当有所区别，约定申报的费率应略低一些或者由出借人和券商双方协商决定；建议在转融通业务平稳运行一段时间后，根据市场供求关系、流动性、融券期限等因素，对不同券种实行差别化费率，逐步考虑放开固定费率机制，推出转融券竞价交易和议价交易，实行市场化定价。

二是业务初期青睐于约定申报的交易方式。目前转融券业务分为约定申报和非约定申报两种交易方式。调研中券商反映，在业务初期更倾向于采用约定申报的方式，这样可以及时有效地满足客户需求，提高交易的效率。非约定申报交易方式对需求量大的券种按比例配售，可能不能够及时满足客户需求。据测算，在券种方面，标的证券的出借规模能够与其借入需求规模相匹配的部分仅占总需求的约 1/4；在期限品种方面，持券人倾向于长时间出借证券以获取更多收益，而借入人则表示期限的需求是依据市场行情而定的，可能会存在期限品种匹配度不高的情况。

三是券商为转融通业务开发融券业务新模式。在调研中我们了解到，券商针对转融通业务的固定期限模式，拟开发以下两种新的融券模式以提升优化融资融券业务：第一种是大额预约模式，主要面向大客户及机构投资者。对于一定规模的融券需求，客户可事先进行预约，券商将根据客户需求寻找出借对手方，并给予相应的费率优惠。第二种是开发二级转融通方式，新增固定期限产品，券商充当中介服务的角色，通过券商的中介作用实现证券的借入与借出。新产品的期限如6天、13天、27天和180天期。此外，将来还计划增加定期融出资金品种供客户选择。

四是扩大出借人范围提供公平机会。调研中，一些股东代表建议应允许自然人股东参与证券出借业务。他们反映有些上市公司发起人股东甚至是大股东就是自然人，因一些地区自然人股东减持股票的税收优惠政策，在中小板和创业板上市公司中自然人大股东会越来越多，这些人大多数是以产业投资为目的，长期持有股票，应当允许其参与出借证券业务，为转融通业务提供更多更广的券源，也为这部分投资者获得出借业务收入提供公平机会。

5. 解决机构投资者参与融资融券市场障碍，释放融券需求。在调研中，各证券公司和保险投资机构普遍提出，转融通业务中，相对于组织券源，扩大证券的市场需求则更为迫切，应当予以充分重视。他们认为，从国外的融资融券市场经验来看，融资融券主要的投资者是专业投资机构。从国内融资融券业务情况看，目前机构投资者很少，比重很小。各类投资机构参与融资融券业务的积极性很高，把此项业务作为策略投资、风险对冲的重要工具，需求强烈。但一些主要的投资机构，例如基金、阳光私募和保险投资机构等，由于账户性质和资产托管模式等原因目前还不能成为融资融券的客户。因此，转融通业务推出后，可能会因大部分投资机构不能参与融资融券业务而导致融券需求不足的问题，影响转融通业务和融资融券业务的发展。所以建议协调解决对机构投资者的限制性政策问题，扩展融资融券投资者的范围，释放融券需求，使转融通及融资融券业务得到顺利发展。

（二）转融券调研分析

根据当前的转融通业务模式，并结合实际调研情况，分析如下：

1. 前期可出借主体持券量相对有限，券源出借人的范围需逐步扩大。上市公司国有股东、社保机构、保险投资机构和基金公司等持有大量的券源，占持券量的比重很高，这些机构证券出借业务的政策问题不解决，仅依靠现有的资源与途径，预计只能适应转融通试点初期的一般需要，不能满足转融券业务持续发展的需求。因此，主体持券机构的政策问题需要予以高度重视，积极推动加以解决。

2. 转融通业务是一项创新业务，需要相关配套政策支持。转融通业务是一项创新业务，涉及的诸多问题在现行制度规则中没有针对性的规定。现有制度体系所针对的主要是证券买卖，而证券出借与证券买卖在性质、业务特点上均有较大差异，现行证券买卖的制度规则大多不适用于转融通业务。因此，平稳、顺利地开展转融通业务，需要制订和完善相应的配套政策，包括监管政策的配套、税费政策的支持以及参与人政策障碍的解决等。

3. 固定费率模式将进一步加大供需匹配度不高的矛盾。当前融券市场仍为需求主导的市场，市场上客户的融券需求多集中于中小盘股票，而对波动较小的大盘股需求不大。目前固定费率的模式，不能发挥价格反映供求、调节供求关系的作用，将进一步放大一些股票供不应求、一些股票供大于求的现象。调研中许多机构建议实行差异化和市场化定价具有一定的合理性，应当在积累经验的基础上，逐步实行市场化定价。

4. 既要重视风险可测可控，又要注重效率和市场作用的发挥。转融通业务的风险可测可控至关重要，但是注重效率和市场作用的发挥，也是开展转融通业务应当考虑的重要方面。采取固定期限、固定费率和适当控制参与主体和标的证券的范围，有利于在控制风险的前提下组织转融通业务试点，逐步探索、不断积累经验，有利于使转融通业务由小到大、循序渐进逐步发展。但是随着业务的开展、经验的积累、风险控制能力的增强，应当适时对影响市场效率、业务发展的限制措施进行调整，努力在控制风险与提高市场效率和有效性之间求得合理平衡，有利于更好地发挥转融通机制的应有作用。

二、关于转融资的调查与分析

在转融资方面，我们采取发放问卷、走访座谈等方式了解市场对转融资的需求，并结合证券金融公司自身特点，对解决资金来源的融资渠道查阅了大量相关资料，进行了较深入的调研和分析。

（一）转融资市场需求调查

1. 融资买券需求将不断增加，转融资增长潜力较大。融资融券需求的不断增长，是转融通业务增长的根本驱动因素。调研过程中，券商代表反映市场对融资融券的需求将不断扩大。首先，融资融券市场逐步成熟，市场有较大的增长空间。2011 年融资融券业务全年累计交易额为 5 855.96 亿元，仅占标的证券全年总交易金额的 6.63%，而根据海外成熟市场的经验，融资融券交易额占股市总交易额的比例至少为 15% 以上。可以预见，待业务进一步成熟，融资融券市场将有较大增长空间。其次，若市场行情好转，标的证券扩容将激发客户的融资需求。目前，市场行情比较低迷，大多数客户的融资融券授信额度未完全使用，一旦市场好转，客户的融资买券需求将会大幅增长。最后，目前标的证券范围仍然较小，主要投资机构还未能参与融资融券业务。随着融资融券业务的发展、标的证券的扩大、机构投资者限制性政策解决之后，融资融券业务的需求将会有大幅度增长。

2. 大券商利用转融资调配资金头寸。大券商多表示自有资金充足，券商融资渠道不断拓宽，对转融资需求较小，但仍然有一定的需求，主要是资金头寸调配使用，认为转融资有以下优点：一是融资方式便捷，有助于券商及时解决流动性不足的问题。有资金需求时（尤其是融资需求阶段性迅速增长），可随时融入资金，无须冗长的审批流程。二是期限品种相对丰富，可以满足短期不同期限的资金需求。三是可以利用转融资具有的杠杆作用，为券商提供更大额度的资金。四是没有整借零贷的头寸管理压力和风险，可以随借、随用、随还，灵活便利。

3. 中小券商借助转融资做大业务。中小券商对转融资业务反映积极，希望能借助转融资扩展融资融券业务规模。中小券商在为客户提供融资方面，一是受净资本规模限制，难以为客户提供充足的融资资金。调研结果表明，2011 年净资本小于 100 亿元的券商的平均融资规模仅为净资本大于 100 亿元的券商的 1/4，差距悬殊；二是由于信用风险较高，从外部渠道获取资金成本较高，而资金规模与期限难以与实际业务需求匹配；三是中小券商对资金的头寸调度管理能力难以适应业务需要。根据调研结果，中小券商的外部融资成本平均比大券商高出约 1 个百分点。因此，中小券商对转融资需求较大，预计 2012 年需求规模约为 150 亿元。

（二）转融资筹资渠道的分析

综合考虑资金市场现状，以及转融通资金需求特点，公司目前的自有资金无法满足转融资持续开展的需求，必须考虑自有资金不足时的资金筹集问题。由于当前债券市场和货币市场的融资政策一般按照融资对象作相应区分和规定，目前尚没有对证券金融公司融资的具体规定，只能参照证券公司的相应标准考虑，综合各种融资渠道和方式，从实用性出发，着重对同业拆借、借入次级债券、使用转融通担保品、银行贷款、发行短期融资券等渠道进行分析。

1. 同业拆借成本低展期灵活，但资金用途存在政策限制。同业拆借市场是金融机构（主要是商业银行）之间为调剂资金余缺、利用资金融通过程的时间差、空间差、行际差来调剂资金而进行的短期借贷市场。同业拆借以商业银行为主，非银行金融机构进入同业拆借市场有一定的准入门槛，对除银行之外的保险公司和证券公司有相应的具体规定。同业拆借的优势主要有以下三点：一是融资成本低。根据目前同业拆借市场利率水平，7 天期的年息为 3.2% 左右，无额外成本。二是拆借期限比较灵活，可以随用随借。三是属于短期、临时性资金调剂，一般不能短拆长用。

同业拆借资金管理灵活便捷，从短期来看，可借此缓解资金头寸不足的状况；从中长期来看，可通过每周操作、以新还旧，延长融资周期以满足转融资业务需要。但由于目前政策限制，同业拆借融入资金在用途上存在政策问题。如果参照证券公司的相应规定，则很难体现证券金融公司的信用特点，以及与证券公司的拆借利率差异，恐难以满足转融通资金需要。

2. 发行短融券符合转融资需求，但需要相应的政策支持。短期融资券比较适应转融通资金需求的特点，主要有如下优势：第一，融资期限短，可进行小于91天的融资；第二，融资规模较大，按当前证券金融公司资本金计算，最高可筹集45亿元资金；第三，融资成本较低，参考市场现况，3月期的短融券票面利率约在3.2%左右，承销及其他费用约为0.4%～0.6%左右。但是与同业拆借相似，同样存在资金用途的政策限制问题。目前还没有证券金融公司发行短期融资券的专门规定，但《证券公司短期融资券管理办法》规定证券公司不得将发行短期融资券募集资金用于股票二级市场投资以及为客户证券交易提供融资等用途。

3. 借入次级债无政策性障碍，但面临整融零贷等资金管理压力。借入次级债具有以下优势：一是融资期限弹性较大，可借入3个月以上的次级债务，没有可借入最长期限限制；二是次级债的资金用途无相关限制；三是次级债可计入公司净资本，起到增信的作用。

但是次级债的借入也存在相应的弊端：第一，融资成本较高，上市券商借入的次级债的平均票面利率水平约为6.9%；第二，需向特定机构投资者定向借入，并且需要对2年以下的短期次级债务实行专户管理；第三，头寸管理难度较高，券商的转融资需求一般规模、期限不确定，且会随市场行情而波动，增加了整融零贷的资金管理压力。同时，如果对闲置资金没有合适的保值增值手段，将导致发债融资成本高于发债利益成本的情形，容易形成亏本负债经营的局面。

4. 转融通担保品的使用方式待明确。在国外发达市场，证券金融公司提供转融通服务时，首先使用券商提交的担保品进行转融资。在韩国，资金担保品是转融通业务的主要资金来源；日本将担保证券作为抵押担保物，从货币市场上筹集资金；在我国，《转融通业务监督管理试行办法》虽然对证券金融公司使用证券公司的担保品进行了原则规定，但是在具体使用方式以及能否作为转融通资金再融出等方面还需要进一步研究和做更具体的明确规定。

5. 银行贷款受政策限制。以银行贷款作为转融通资金筹集方式，一是目前商业银行不提供给证券公司信用贷款，能否对证券金融公司提供信用贷款需要政策支持；二是与同业拆借同样存在银行资金使用的政策限制。三是银行贷款成本高，难以成为主要融资手段。国际商业贷款因低廉的成本可作为备选筹资渠道之一，但是实际操作中还需解决允许贷款的政策问题与合理规避汇率等风险。

6. 金融债发行条件较高，存在同样的资金管理压力。金融债的发行主体主要为银行和保险公司。若证券金融公司发行金融债，将面临如下问题：第一，发行条件较高，须得到中国证监会和人民银行的双重批准，且需要经过严格复杂的审批程序、较长的发行期；第二，发行期限较长，一般发行期限为5~15年，无法很好地与转融资期限需求相匹配；第三，融资成本较高规模较大，2011年1月~2012年3月间所发行金融债（除政策性银行外）的平均票面利率为5.3%，平均发行金额为100.3亿元；第四，头寸管理压力较大，与次级债存在同样的整融零贷问题。

综合上述分析，各种融资渠道和方式相对于转融通资金的特点和需求，各有利弊。借入次级债虽然程序便捷，但利率较高，资金管理的压力大，对闲置资金无合适的保值增值手段，可能导致入不敷出；商业贷款在政策与规模上均受到限制，无明显优势；金融债发行存在门槛高、程序复杂、期限长、规模大的问题。根据目前资金和债券市场的具体情况，综合分析比较，当前和今后一段时间，同业拆借、发行短期融资券和使用担保品，因其成本低、期限灵活、随借随还、数量需求宜于把握等，比较适应转融通的资金需求特点，是证券金融公司比较现实和可选择的主要筹资渠道和方式，但存在的相关政策性问题需要着力加以解决。

三、关于转融通业务的几点建议

针对此次调研反映比较突出的配套政策、参与主体范围、信用安全与市场效率等问题，提出如下建议：

（一）完善相关配套政策，保障转融通业务顺利开展

为保障转融通业务的顺利发展，建议按照由内到外、先易后难的原则，逐步完善相关配套制度和政策。一是应进一步完善转融通业务有关配套政策，包括明确出借证券的信息披露详细规定、出借

证券的比例限制等；二是应进一步明确证券出借和转融通业务性质及与证券交易的区别，在此基础上明确证券出借和转融通业务需要缴纳的税费项目和费率（包括是否征收经手费、证管费、过户费与印花税等），从支持资本市场业务创新发展的角度出发，尽量减免相关税费，降低交易成本，更好地支持、鼓励持券人出借和转融通业务的顺利开展；三是要积极争取对证券金融公司对外融资的政策支持，以保障转融通业务的发展。

（二）逐步扩大参与人范围，释放转融通市场供需

转融通业务与融资融券业务之间相互连接、互相影响。为实现转融通业务的持续、协调发展，既要解决证券出借范围对转融通业务发展的制约，也要重视释放融资融券对证券的真实需求。建议：一是解决机构投资者（基金、阳光私募、保险投资机构等）参与融资融券业务的制度限制或技术障碍，释放市场的融券需求，促进转融通与融资融券业务的发展；二是以需求影响供给，激发持券人参与证券出借的积极性，进而推动有关出借人制度性问题的尽快解决。

（三）进一步完善转融通业务规则，适应市场需求

调研中有许多意见和建议很有价值，例如，建立证券出借业务风险保障体系，适应市场需要，增加中期出借期限问题，长期停牌不宜单一采取现金了结方式，以及要求降低成本、提高效率、进一

步市场化等等。有一些具体意见，证券金融公司已经采纳，在业务规则中进行了修改。还有一些意见，建议结合试点工作，在修改完善业务规则中加以吸收和采纳。

（四）进一步研究制度性问题，不断推进转融通制度和模式的优化

通过本次调研，综合市场的相关反映，我们对转融通业务模式及制度进一步加深了认识。当前的转融通业务制度设计从保证试点平稳有序开展和防范业务风险角度出发，对相关业务操作进行了一些限制性措施，这有利于试点简单起步，逐步积累经验；有利于防范风险，保证试点顺利开展。根据境外市场转融通业务近些年来不断演进变化的实践来看，我们目前转融通业务的方案和规则能够适应当前市场的基本需要。因此，为满足市场对推出转融通业务的强烈需求，建议先解决建立转融通机制的问题，积累业务运作经验，在实践中检验机制、制度和流程设计的合理性，逐步完善和提高。随着转融通业务的发展、经验的积累，应考虑市场对降低成本、提高效率和市场化的要求，着手研究转融通业务模式的完善和优化问题，探索搭建集中的证券借贷平台的可行性与操作性，探索能够更好地体现市场化要求、降低交易成本、提高运营效率、消除体制诟病、加强风险管理的业务模式，为融资融券业务提供更高效的借贷支持，更好地发挥完善市场交易机制和增加证券市场流动性的重要作用。

转融通业务约定申报机制若干问题研究*

经过转融券业务交易实践，证券公司普遍呼吁尽快推出约定申报方式，完善和提高转融券业务效率。因此，我们对转融券约定申报问题进行了梳理和研究论证。

一、转融通启动时未推出约定申报的由来

约定申报是转融券申报成交的两种方式之一，是指有意愿出借和借入证券的两方，就证券品种、数量、期限等要素达成一致后，分别在证券交易所和证券金融机构业务平台依据规则申报指令，约定双方为最终的出借人和借入人，由业务平台按照双方约定匹配成交的转融券借券方式。非约定申报是转融券另一种成交方式，是指

* 作者：中国证券金融公司交易管理部。本文写于2014年8月。

出借人（借入人）虽然有出借（借入）证券的意愿，但没有明确的、特定的最终对手方，可以只向业务平台申报出借（借入）证券品种、数量等，由业务平台根据规则随机撮合成交的转融券借券方式。在广泛征求市场和行业意见的基础上，证券金融机构、上海证券交易所、深圳证券交易所在《中国证券金融股份有限公司转融通业务规则（试行）》（简称《转融通业务规则》）和《转融通证券出借业务规则》中规定了这两种成交方式。

2012 年 8 月 13 日，证券金融机构先行启动了转融资业务试点，转融券业务试点待技术系统和法律条件成熟后择机推出。2013 年 2 月 28 日，证券金融机构在启动转融券业务试点时，并未同步启用转融券约定申报方式。

二、对约定申报有关问题的梳理

近期，证券金融机构就约定申报的有关问题进行了梳理，并结合市场参与方的要求做了认真研究和分析论证。

（一）各参与方法律关系清晰

有观点认为，约定申报是指有意愿出借和借入证券的双方，就证券品种、数量、期限等要素达成一致意向后提交申报指令，分别与证券金融机构达成证券出借和借入协议的申报方式。约定申报中，约定双方为实际证券出借人和借入人，证券金融机构介入其中成为协议对手方，并居中赚取差价，存在法律关系不清晰的问题。

约定申报是转融券申报成交的两种方式之一，是指有意愿出借和借入证券的两方，就证券品种、数量、期限等协商达成一致意向后，分别在证券交易所和证券金融机构业务平台按规则申报指令，向证券金融机构出借或借入证券，由证券金融机构按照双方意向分配该等证券。

我们认为，根据现行转融券的制度和规则，出借人、证券金融机构、证券公司三者的法律关系是既定的，不会因交易方式不同而有差异。无论是约定申报还是非约定申报，均是出借人出借证券给证券金融机构，证券金融机构借入证券后再融出给证券公司，两笔交易构成两个业务合同，约定申报的双方即初始出借人与最终借券人之间无借贷关系。证券金融机构分别是两个业务合同的当事方之一，起到为证券公司增信、承担到期向出借人归还证券和支付息费的职责，降低了出借人、证券公司之间证券融通的成本。证券金融机构分别对出借人、证券公司履行合同义务、享有合同权利，出借人、证券公司任何一方违约都不能直接联系，都需要向其共同的合同相对方——证券金融机构主张权利。因此，约定申报并没有改变转融通证券出借交易和转融通交易的法律关系，证券金融机构仍然是转融通证券出借交易的借入人和转融通交易的出借方，可以理解为出借人与证券金融机构之间达成的附条件合同，所附条件为将出借证券由证券金融机构借入后再借给借入人，法律关系比较明确、清楚。在出借人、证券公司一方违约导致合同不能履行或不能完全履行时，证券金融机构都需先行承担违约责任，之后再向另一方追索。

（二）符合公平交易原则

有观点认为，证券金融机构在约定申报中居中赚取差价，认为违反公平交易原则。

我们认为，约定申报不存在违反公平交易原则的问题。首先，按照证券公司监管条例、融资融券管理办法等法规，证券公司开展融资融券所需资金、证券必须通过证券金融公司借入，不允许证券公司直接向出借人借入。其次，增信和担保是证券金融机构成为一方交易主体的根本原因，没有证券金融机构介入，达成交易的成本和代价较高，效率较低。现有转融券模式下，证券金融机构很重要的功能是增信和信用保证功能，通过集中建立出借人、借入人资信管理机制，并以自身信用为担保，保证出借人、借入人切实履行交付证券和支付费用等义务，既保证了交易安全，也建立了集中、统一的参与人资信管理机制，避免了参与人分散、单独对交易对手进行尽职调查和征信，降低了缔约成本，提高了效率。此外，也有利于对转融券交易进行集中监控，防范风险。第三，约定申报虽然形式上是最终的出借人和证券公司事先形成了一致意向，但最终达成合同仍然是通过证券金融机构，双方之间并没有直接的法律关系，其直接的交易对手方均为证券金融机构，无法到期归还等违约责任也均由证券金融机构承担。因此，约定申报、非约定申报对证券金融机构来说，在法律关系、权利义务、风险承担等方面没有任何差异。第四，证券金融机构介入到转融券交易中，并非以赚取差价为目的，所发挥的是风险隔断、信用增强和稳定市场的作用。从约定双方来看，也不存在违反公平交易原则的问题，有证券金融机构的存在，对双方而言均加强了履约保障，是证券金融机构为双方提供的一种增值服务，即在不改变法律关系和法律责任的情况下，通过约定号来确保双方的出借和借入需求能够及时满足。

从我们对相关机构的调研结果来看，大多数的基金、保险机构、上市公司大股东等出借人和证券公司均认可这一模式，更愿意将证券金融机构作为交易对手方和合同当事方，认为这样更有利于保障其权益，证券公司与出借人均不需要考虑对手方风险。因此，没有证券金融机构提供信用担保，出借方很难在无抵押的情况下向证券公司出借证券，会导致交易量减少。另外，场外模式对单一出借方和借入方来说可能效率提高了，但风险增大了，从市场整体来看，交易成本提高、效率降低了、风险增大了。

（三）约定申报形成场外融券市场

另有意见认为，约定申报方式的本质是出借人与证券公司在场外达成的交易，证券金融机构介入其中成为一方交易主体，不仅法律关系难以解释，更值得注意的是可能形成场外融券市场。我们认为，通过对现行转融券的机制和运行进一步理解和把握，可以消除这一顾虑。

一是证券金融机构提供增信和担保是交易能够达成的根本原因，没有证券金融机构介入，场外达成交易的风险较高、成本较大、效率较低。在现有转融券模式下，证券金融机构最重要的功能是增信和信用保证功能，通过集中建立出借人、借入人资信管理机制，并以自身信用为担保，保证出借人、借入人切实履行交付证券和支付费用等义务，既保证了证券借贷交易安全，也建立了集中、统一的参与人资信管理机制，避免了参与人分散、单独对交易对手进行尽职调查和征信，降低了缔约成本，提高了效率。从市场反映的情况看，大多数的基金、保险机构、上市公司大股东等出借人和证券公司均认可这一模式，更愿意将证券金融机构作为交易对手方和合同当事方，认为这样更有利于保障其权益，证券公司与出借人均不需要考虑对手方风险。事实上，没有证券金融机构提供信用担保，绝大部分证券出借交易很难达成。

二是在场外达成融券交易存在法律风险。《证券公司监督管理条例》第 56 条规定“证券公司从事融资融券业务，自有资金或证券不足的，可以向证券金融公司借入。”证券公司直接向出借人借入证券的场外模式没有法律依据。特别是，允许借贷双方协商确定个性化的担保品安排与处置，无相关法律制度支持。此外，客户与证券公司发生纠纷、违约、平仓等各种情形也难以处置。

正因为分散的场外交易模式存在业务成本高、监管缺位、信息不透明等诸多风险隐患。近年来，境外市场集中化的证券借贷平台成为一种发展趋势。我国融资融券制度实行集中模式，将约定申报纳入证券金融机构转融通交易平台，也有利于对融券业务实行集中的统计监测。

（四）有利于风险控制和监管

还有一种意见认为，约定申报允许出借人、证券公司进行相互协商，难以进行风险控制和监管。我们理解，推出约定申报并不会增加业务风险和监管难度：第一，转融券交易的风险监测监控指标体系是统一的、一致的，并不因交易申报方式的不同而有所差别。第二，从日常监控来看，证券金融机构在确认成交前对约定申报已掌握相关信息，在风险识别和控制上更具有针对性，便于事前监管和事后控制。第三，从监管上看，约定申报指向性更为明确，对于潜在的利益输送、市场操纵等问题容易集中留痕，对违规行为的定性更为容易，监管会更有针对性和有效性。

三、顺应市场需要及时推出约定申报

根据上述分析，推出转融券业务约定申报方式，不存在理论或法律上的任何问题，风险可控。随着融资融券和转融通业务的发展，需要及时推出约定申报方式。

一是有利于完善转融券交易方式，满足市场需求，增加市场活跃度。目前，没有明确成交对手方的出借（借入）需求，已有非约定申报方式加以满足。但市场更迫切需要的约定对手方出借（借入）需求，还没有相应的渠道和方式加以满足，适时推出约定申报可以兼顾市场特殊需求，发挥市场参与者的主观能动性，由证券公司为特定客户提供融券服务。

二是有利于证券公司融券业务管理和相应服务、业务创新。根据证券公司反映，非约定申报由于事先未明确证券品种、数量、时间和对手方等交易预期，存在较大的不确定性，证券出借人和借入人往往都不太愿意采取这种方式进行融券。此外，在供需不平衡时按比例匹配会形成较多的、零碎的证券借贷合约，给证券公司资券管理等带来了一定的困难，不利于提高业务效率。同时，证券公司提供机构客户市值管理，设计创新产品，深化服务层次，丰富服务内容也需要约定申报。

三是有利于集中、统一地统计、监测分析转融券交易，有效管理业务风险。顺应市场需求，推出约定申报可以更好地满足出借人和证券公司通过协商达成证券出借（借入）需求，并加以严格的统计、监测和分析，避免出借人、证券公司借用其他合规或不合规的渠道进行证券借贷、满足需求，最终形成风险。

公募基金参与转融通业务的研究*

转融券业务试点启动以来，公募基金、保险机构、全国社保基金、合格境外机构投资者（QFII）等机构投资者（以下简称“机构”）等专业投资类机构均尚未到转融通业务中来。经过多次的调研与论证，研究认为先简单起步，选择公募基金参与转融通业务进行试点，直接向证券金融机构出借和借入证券，取得经验、形成示范效应后再逐步推动其他机构投资者参与。

一、公募基金参与转融通业务可行

目前，公募基金、保险机构、全国社保基金、国有大股东、合格境外机构投资者等机构尚未参与转融通业务，向证券金融机构出

* 作者：中国证券金融公司交易管理部。本文写于 2013 年 12 月。

借或借入证券。这些机构持有证券约占沪、深两市流通股60%以上、有一定的出借意愿，而且部分机构也有意愿向证券金融机构直接借入证券。经调研，这些机构参与转融通业务没有法律法规障碍，只待有关主管部门或监管部门出台具体操作规范，对参与业务的主体、规模、会计处理等重点事项予以明确。考虑到公募基金参与问题最为典型，协调难度相对较小，其参与转融通业务在法律制度、业务实现、技术支持等方面均无实质性障碍，可行可操作，因此，建议优先推动公募基金参与转融通业务，直接向证券金融机构出借和借入证券。

（一）相关法规和规则有依据

关于出借证券，《证券投资基金法》第七十三条有原则性规定，并规定不得违反规定向他人贷款或者提供担保；沪、深证券交易所转融通证券出借业务规则，也已明确公募基金可以作为独立出借人出借证券。因此，只要中国证监会有关部门出台业务指引，明确公募基金参与证券出借和借入业务的具体操作事项后，即可参与。

（二）公募基金有参与转融通业务的意愿

从调研情况看，公募基金持有证券数量大、周期较长，用于出借可为其带来额外的财务收入，因此有较强的出借意愿，希望直接向证券金融机构出借证券；同时，基金作为市场重要的机构投资者，基于融券卖出、清算交收、资产配置、套利、流动性安排等目的，客观上有从市场上借入证券的需求，而且基金通过证券公司融券存在中间环节多、效率低、成本高、风险控制和交易信息保密等问题，主观上也有向证券金融机构直接借入证券的意愿。

（三）业务技术系统能够支持其参与业务

关于公募基金出借证券，相应规则、系统和流程已准备就绪，待监管部门发布业务指引、公募基金及托管银行完成技术系统改造并通过测试后，即可作为独立出借人，通过证券交易所业务平台进行出借证券的申报和撮合，直接向证券金融机构出借证券。关于公募基金借入证券，其业务操作与证券公司转融通基本类似。目前证券公司转融通业务试点已平稳、顺畅运行近一年半时间，可以在业务规则和流程操作、风险管理、技术系统等方面提供参考和借鉴。公募基金在向证券金融机构申请授信额度、开立转融通担保证券和资金明细账户并提交担保物后，可直接与转融通平台连接，申报融入证券，到期归还并支付费用。

二、公募基金参与转融通相关问题的思考

（一）关于随时取回所借出证券的问题

有观点认为，目前机制缺少提前召回机制是影响基金出借积极

性的重要因素，希望建立召回机制以保证基金的权益。经研究，基金提前取回借出证券的原因主要两种情形。

1. 行使投票表决权。考虑到公募基金在上市公司治理中的作用，在对公司前景及股东利益具有实质性影响的表决事项上，部分基金希望可以有相应配套措施保障基金出借证券期间的表决权。我们分析认为：

一是按照现行法律法规，上市公司实行一股一票一决，因此，在设计融资融券制度时，即明确规定股票融券卖出后，由相应持有人行使投票权，原持有人丧失表决权，也没有相应的权益补偿。作为融资融券业务的配套制度安排，转融券业务也遵循这一制度安排，即证券在出借期间不享有表决权，也不对表决权进行补偿。单独为公募基金设计一套表决权行使机制不仅需要修改一系列的法规、规则和实践做法，也存在着公平性问题。

二是出借意愿较强、持有大量可供出借股票的，多为指数类、增强指数类基金，并无行使投票权的意愿，并不会因丧失投票权而提前召回股票。

三是可以通过出借期限管理方式解决投票权问题。证券出借有5个固定期限，主要品种都在28天以下，而上市公司股东大会则至少提前30天通知，因此，基金公司可以通过期限预期管理，来尽量避免因股票出借对投票权的影响，对于未来一段时间需要行使表决权的股票可以少借或短期出借。

2. 应对巨额赎回。开放式基金发生巨额赎回情形时，部分基金希望提前召回融出证券。我们分析认为：

一是在《证券投资基金运作管理办法》中，已为基金管理人规定了保护措施。管理人可以对赎回采取当日限额、其余份额延期办理，以及可以暂停接受连续赎回等措施防止巨额赎回所带来的流动性问题，并且规定中也允许基金合同中可以约定持有人在单个开放日申请赎回基金份额超过基金总份额一定比例时，暂停接受赎回或者延缓支付。

二是可以通过对开放式基金设定开放赎回 3 个月后的准入条件，来避免其提前召回证券的需求。从历史数据来看（2009 年以来），股票型基金和混合型基金的平均净赎回率较低，整体净赎回率均不超过 10% 。而常见的大规模赎回情形往往发生在新基金募集开放赎回后的一段时间内，期间不适宜开展证券出借业务。经统计，开放赎回后 3 个月内的净赎回率基本上分布在 0 ~70% 之间，而开放赎回后 3 个月后的净赎回率大多分布在 20% 以内。因此，建议证监会制定相关指引时，可以对公募基金设定开放赎回 3 个月后，方可参与证券出借业务的准入条件。

三是可以控制出借比例。我们建议参考境外的相关经验，对基金出借证券的比例进行一定限制，以避免发生巨额赎回。如 1997 年 11 月美国证监会的员工无异议函（Staff No - action Letters）建议，基金出借证券不得超过基金总资产的 1/3；我国台湾地区曾规定

“每一基金出借所持有任一有价证券数额不得超过所持有该有价证券数额之25%”（现调整为50%），在相关指引中要求单只公募基金出借总量不超过其持有证券的30%，以避免开放式基金遇到巨额赎回时的流动性风险。

因此，建议尝试逐步建立证券提前召回机制。通过修改相关规则和合同，开发转融通平台相关功能，允许在各方协商一致的前提下提前召回证券，明确证券提前召回和相应补偿安排。

（二）关于出借证券的担保问题

有观点认为，基金出借证券时证券金融机构未提供相应担保，担心其权益不能得到保障。我们研究认为，基金参与出借证券时权利是有保障：一是按照证监会《转融通业务监督管理办法》，转融通业务采取保证金制度，证券金融机构以自身信用作为担保向出借人借入证券，这是法定的业务模式，有利于提高市场效率；二是沪、深证券交易所《转融通证券出借交易实施办法（试行）》中对双方权利、义务和违约处理等事项已有较为明确的规定，出借人权益在规则层面有保证；三是从转融券试点1年多实践情况来看，相关业务流程、操作处理均较为明晰，并未发生出借人权益受损的事件。因此，这并不构成基金参与证券出借的障碍。

（三）关于参与出借证券主体的扩大问题

有观点认为，出借证券将来是否应考虑扩展到其他机构投资者甚至一般客户，以及对整个市场交易、上市公司股东表决机制等会带来何种影响，建议提前研判，作出总体考虑。我们分析认为：

1. 扩大参与出借证券投资者范围。目前，出借证券的主体仅限于机构投资者，还未扩展到一般客户。随着转融券证券出借业务发展，范围可以逐步扩大。

关于机构投资者，目前，一般机构投资者已参与证券出借，无任何障碍。从前期调研来看，公募基金、保险机构、全国社保基金、合格境外机构投资者（QFII）等专业机构均有意愿参与转融通业务，并且没有法律法规障碍，但有待相关主管部门或监管部门出台具体操作规范，对参与业务的主体、规模、会计处理等重点事项予以明确。考虑到公募基金参与问题最为典型，协调难度相对较小，其参与转融通业务在法律制度、业务实现、技术支持等方面均无实质性障碍，可行可操作。因此，建议优先推动公募基金参与转融通业务，直接向证券金融机构出借，待形成示范效应后，逐步推进其他专业机构投资者参与。

2. 市场影响分析。整体来看，扩大证券出借业务对市场影响基本是积极性的，有利于增加市场资金供给、增加市场流动性、降低股票波动率、促进股票的合理定价。

从微观角度来看，根据境外经验，大型机构投资者是出借证券的主要参与者，这些机构通过出借证券，有助于盘活闲置股票、为其带来稳定收益。同时，个人投资者通过参与证券出借业务，为其带来闲置证券的额外收益，促成其长期持有证券的意愿，帮助形成股票价值投资理念，有助于引导证券市场向好发展。

从宏观层面来看，通过增加证券出借的券源供给，有效促进市场上股票的流转可以平抑证券市场波动。股票卖空和买空交易是双向对称的，活跃了融券市场将增加股市活跃度，会相应增加融资买入金额，同时由于转融券业务完善了市场对冲机制，便于投资者利用杠杆或设计复杂的投资策略，以进行产品创新，为大额资金进入资本市场提供了可能。

3. 对上市公司股东表决机制的影响。按照融资融券制度设计，股票在融券卖出后，只能由相应的持有人行使投票权，原持有人丧失表决权，也没有相应的权益补偿。作为配套制度安排，转融券证券在出借期间不享有表决权，也不对表决权进行补偿。

参照英、美等境外国家做法，客户可以借入证券行使投票权。这是股票借贷的一种用途，但这在我国现行融资融券机制下不可行。融券客户实际借券与卖出同时发生，交收环节垫付证券，所借证券并不在客户账户停留，并不存在客户借券后行使投票权的可能。因此，出借证券业务的扩容与推进，并不会对上市公司股东表决权机制带来任何负面影响。

关于推出转融通业务的舆情综述*

2012年8月30日，经国务院同意，中国证监会批准，中国证券金融公司正式启动转融通业务试点，先行开展转融资业务。近半个月以来，境内外媒体和社会各界以多种形式进行报道、解读及评论，并提出不少有益的意见和建议，主要观点如下：

一、充分肯定推出转融通业务的重要意义

（一）境内外舆论高度肯定转融通业务对完善我国资本市场基础性制度建设的重要意义

《华尔街日报》表示，转融通试点是中国政府放松金融系统管

* 作者：王鑫。本文写于2012年9月。

制、提高资金资源配置效率计划中的一项重要举措。英国《金融时报》报道，转融通试点推出后，将会深刻改变现有市场格局，促成一种全新股市走势和盈利模式。《上海证券报》周子勋强调，转融通试点开启一个全新金融创新时代。央视财经频道报道，信用交易是境外成熟资本市场的基础性交易制度，转融通试点启动是完善我国资本市场基础性制度建设的重要举措。《中国证券报》评论，转融通对市场的微量调控正如“看得见的手”，激发“看不见的手”实现市场价格发现功能，加强资本市场与实体经济的联系。中国人民大学吴晓求认为，转融通对中国证券市场来说是一项十分重要的创新，它对社会整体资源进行整合和调剂。新浪微博网友称，中国证监会在股市大跌的情况下毅然力推转融通，体现监管层对完善资本市场交易制度、深化金融体制改革的决心和魄力。

（二）转融通可连接我国货币市场和资本市场，促进社会资金合规入市

《中国证券报》指出，转融通推出的步骤是先转融资、后转融券，预计会给市场“做多”带来1 200亿元的增量资金支持，会为我国资本市场不断注入新的资金来源，盘活市场中的闲置资金。《金融时报》转述业内人士评论指出，转融通一定程度使社会资金在货币市场和资本市场之间合理流动，使社会资金在有监管的前提下进入资本市场，从而获得有序发展。《上海证券报》指出，转融通推出，宏观经济、金融对资本市场的影响得到加强，银行利率对证券市场的影响将更为直接。海通证券陈峥嵘表示，证券金融公司的设立促进了资本市场与货币市场的平衡、协调发展，有利于提高资金配置效率和利用效率，进一步完善了我国货币政策传导机制。中国经济新闻网将转融通比喻为 A 股市场的“及时雨”，为资金面捉襟见肘的中国股市“雪中送炭”。《时代周报》称，转融资先行是实践中的创新性运用，变通为一种市场调控手段，可谓用心良苦。新浪微博网友占豪表示，如果未来启动牛市，从资金面上来看，转融通将会是一根“很粗很粗的入水管”。

（三）转融通具备“双向”操作机制，创新 A 股盈利模式，提供价值发现工具，倡导价值投资理念

《证券时报》指出，转融通推出后，包括保险、基金甚至社保基金等机构都可能出借其股票，做空力量加码，A 股真正形成个股做空机制，市场新盈利模式浮现。人民政协网认为转融通增加做多的杠杆、提供做空盈利模式和对冲手段，股市内盈利机会大为增加。《证券日报》强调，转融通将改变融资融券“跛脚”现象，让多空双方力量更加平衡。大量学者借用实证结果指出，卖空并非“洪水猛兽”，不仅会为市场提供流动性、为创新业务提供制度基础、为市场提供抵御“黑天鹅”事件的韧性，而且还可以帮助股价调整到其合理估值区间，健全资本市场交易制度。《文汇报》表示，转融通不仅将改善证券公司研究机构报告评级过于单一化弊病，也有助于市场进一步树立价值投资理念。华荣证券周龙斌表示，转融通机制的核心是对我们价格发现机制的补充，价格发现机制能否有效反映市场的信息效率，是衡量市场是否有效的重要标准，推出转融通机制有助于我国价格发现机制效率的提升。国泰君安证券蒋忆明称，转融通促进市场双向交易平衡发展，有助于投资者更全面地对上市公司的信息进行挖掘和研究，股价运行机制将发生深刻变革。

（四）转融通增量资金助力证券公司，为机构投资者带来新的投资策略和盈利机会

《中国证券报》表示，转融通将对证券公司的高端零售业务、机构业务、资管业务、研究服务和量化工具运用等都起到一定的推动作用；同时，释放出的资本金还将推动证券公司其他资本运用业务的发展，资本金运用能力强的证券公司将有效提升其资本收益水平。华泰证券张讯认为，转融通还可改善证券公司的收入结构，转变当前证券行业单纯依靠佣金价格竞争的局面，形成新的利润增长点，加速证券公司业务转型升级。中银国际推算，按照证券金融公司初期最大支持1 200 亿元转融通交易估算，可以为证券公司额外增加24 亿~36 亿元收入，相当于行业收入的1.8% ~2.7% 。《上海证券报》指出，在海外市场，指数基金、保险和养老基金一直都是融券业务的主力，通过大量出借持有的证券，获得不菲的额外利息收入。我国引入转融通后，指数基金、保险公司等长期持有标的证券的机构投资者，也可以通过出借证券获取利息收入，有望大幅提升其投资收益率。

（五）我国信用交易采用集中模式，适用于现阶段资本市场发展阶段，有助于控制市场和业务风险

《时代周报》表示，我国转融通的集中模式是审时度势之举，不仅能增加多方力量和弹药，而且变通为一种市场化调控手段，将制度创新与市场调控紧密结合，是适应当前时期的资本市场发展阶段的制度安排。《中国证券报》指出，转融通的推出开启了监管层动态调节市场的阀门。借助证券金融公司类似于证券市场“央行”的作用，通过利率价格传导机制影响市场中证券的供给和融资融券交易成本，实现对行业总体规模的适当调节。《中国金融》报道，我国转融通业务采用集中模式，可以及时掌握信用交易整体运行状况，有效监测监控信用交易的市场风险，顺应了当前国际加强金融集中监管的需要，符合金融创新与风险控制并重的发展趋势和要求。美国资产管理公司托马斯莫瑞最新报告指出，集中化的转融通模式能有效缓解市场的流动性风险。新浪微博网友表示，转融通是充分借鉴亚洲其他国家资本市场发展规律的明智之举，在市场主体是散户、机构未成长为成熟主体、全球开始新一轮加强金融监管的情况下，集中化、标准化的转融券业务比西方场外分散的证券借贷业务适用性强，也便于防控系统性风险。

二、对转融通的市场影响存在不同角度的解读

（一）认为转融通的主要功能是完善制度建设，对市场的影响偏中性

申银万国证券桂浩明指出，转融通作为市场建设中的一个环节，其本身对市场的影响是中性的，为投资者提供了更多金融操作工具。《广州日报》指出，目前A股市场缺的不是资金而是信心，与十几万亿元的流通市值相比，指望证券金融公司提供的1 200亿元注入股市并不实际。况且每年有几千亿元融资和再融资需求、每周有上百亿元限售股解禁，这些资金仍显太少。《中华工商时报》表示，转融通能够为股市带来资金，但并不能真正解决股市供求失衡的问题，并非A股市场的“救命稻草”。《证券日报》分析，短期来看，转融通推出初期标的规模有限，出现大规模卖空炒作的概率不高，长期来看，转融通会放大融资融券交易量，但不会改变市场的长期趋势。安信证券张德良表示，目前格局，不论做多或做空都会出现激烈斗争，此时推出转融通，对市场的冲击最小。整体而言，转融通对市场构成中性偏正面的长期影响。

（二）对转融通强化做空机制的市场影响看法不一

《金融时报》报道，转融通并不代表A股全面进入做空时代。

《中国经济时报》车海刚表示，转融通的做空能力主要体现在对垃圾股市场空间的挤压，对市场有长期正面的影响。《新京报》分析，国际资本市场上，做空机制并不陌生，如因做空“中国概念股”而闻名的浑水、香橼公司。转融通推出后，有可能会开启中国式“浑水”做空模式。署名曹中铭的博文认为，“浑水”恶意做空事件为我们敲响了警钟。转融通推出后，国内外摩拳擦掌的机构不在少数，如何防范好恶意做空现象的出现尤为重要。《经济参考报》引用网民观点，认为转融通是把“双刃剑”，在市场虚弱的情况下，做空动能较大，可能会放大做空机制的负面影响。

（三）媒体重视风险承受力和市场操作能力较弱的中小散户在A股市场的地位

《金融时报》告诫投资者，转融通启动后的选股必须慎之又慎，缺乏业绩支撑的题材股、概念股和周期股将会成为卖空对象，投资者一定要“敬而远之”。《中国工商时报》认为，目前A股游戏规则发生了实质性变化，没有与市场相匹配的识别力和承受力就会导致两方面的扭曲：一是市场规则制定者过分迁就投资者而延后进一步改革的时机；二是规则由于照顾不到弱势群体而形成“绞肉机效应”。《中国经济时报》引用证券公司分析指出，转融通推出后，国内私募基金和国际对冲基金将介入A股市场，市场投资者结构和投资理念将发生根本性转变，而中小散户因缺乏市场操作能力将成为市场的弱势群体，中国的股市越来越不适合散户操作。

三、提出的相关意见和建议

（一）建议推出转融券业务，真正实现资本市场的“双向交易机制”

《经济之声》特约评论员林芸表示，转融通对市场的最大魅力在于转融券，目前证券公司所提供的融券数量比较有限，不能满足市场的需求，转融券将大大缓解目前融资融券“跛脚”的问题。《中国经营报》认为，我国股市长期以来把无数宝贵的市场资源虚掷于“做多”一个方向，没有平衡盘、没有对冲盘，股指走势极端。转融通的精华在于转融券，转融券是保护多头免受“不可挽回的损失”的平衡力量。《中国证券报》强调，转融券可以为证券公司提供新的券源供应渠道，盘活市场上大量的闲置股票，应积极推动转融券业务上线。《经济参考报》认为，转融通暂未涉及融券领域，转融通实际只转了一半。《华夏时报》表示新政策应当强化股改制度设计的价值理性，而不是过于迁就股市维稳的工具理性。财经评论员皮海洲提出，目前证券公司的融券业务很大程度属于证券公司与投资者之间的对赌，股市下行时，证券公司并不愿意将自有股票融给客户，造成目前股市做空机制难以发挥作用的局面。转融券为证券公司提供的股票筹码，将有利于打破当前融券业务的瓶颈。中信证券近日将“可融出标的证券”券池余额增至18.2亿元，较原来的2亿元剧增8倍。多家证券公司融资融券业务负责人表示，若转融券业务迟迟不出，各大证券公司将不得不动用资金自行购券。

（二）建议降低融资融券准入门槛，丰富转融通参与的主体和形式

不少媒体和部分业内人士呼吁，融资融券业务已经转入常规，整体风险可控，业务运行平稳，此前关于融资融券业务试点期间投资者准入条件的一些限制可以考虑尽快取消。《中国证券报》认为，由于准入门槛的存在，资金更为雄厚的大户和机构为主要参与者，融资融券的杠杆效应更放大了他们的竞争优势，如何体现市场公平的问题亟待解决。《证券时报》建议，未来需降低融资融券的准入门槛，在充分认清市场投资者行为及其结构特征的基础上，建立一套投资者适当性管理的完整制度和机制。《中国证券报》指出，转融通需进一步丰富证券市场的参与形式，扩大信用交易的参与形式和主体。《证券时报》表示，目前保险、基金等参与转融通的形式还以出借证券获得利息收入为主，无法通过转融通业务融券卖空。未来对冲基金和私募基金参与进来，有更多意愿直接参与转融通，丰富其对冲、套利的策略性交易需要。

（三）建议扩大融资融券标的证券范围，打击“炒新、炒小、炒差”之风蔓延

《证券时报》表示，现行规定的融券上限为10%，可融券种十分有限，做空机制还有待完善。《证券日报》提出，目前融资融券标的证券为287只，仅占A股证券数量的12%，建议进一步扩大标的证券范围，特别是融资标的范围，理应给予客户更多的选择。《第一财经日报》指出目前标的证券大多为估值很低的主板公司，无融券做空的空间，而创业板的估值存在一定水分，希望创业板股票能够成为融资融券标的证券。和讯网认为，股市最应该做空的是垃圾股、题材股、小盘股和新股等，但目前融券标的股票是蓝筹股和绩优股。转融券由于标的证券范围狭窄，所提供的做空机制对此无能为力。未来转融券的标的范围若不能合理扩大，将很难体现资本市场价值投资的理念。申银万国李慧勇称，转融券将让信息披露不及时、粉饰报表、财务造假的上市公司付出沉重代价，此举的威慑力量不言而喻。《证券市场红周刊》金路认为，未来多空博弈加剧，也开启了市场机制下良币驱除劣币的大门，转融券标的券范围放开后，部分ST股和不少无投资价值的非ST股，都会像香港仙股那样被边缘化、无人问津。

（四）建议加大对信用交易相关制度的研究，加强对投资者相关知识的普及，使市场适应新投资方式的转变

《中国证券报》认为，转融通的推出对投资者提出了新挑战，市场参与者需要逐步从过去粗放式投资风格向更复杂的投资风格转变。因此，研究信用交易机制和其投资、套利和对冲等手段，加强投资者的教育工作，尤为重要。海通证券陈峥嵘表示，证券金融公司应利用其掌握的翔实市场数据，对证券市场信用交易进行实时、动态的监测和专业、深入的分析，充分发挥其信用交易市场组织者、建设者和推动者的功能。基金经理何震表示，我国资本市场二十多年来一直处于只能做多的半市场化状态，面对转融通带来的新盈利模式，思维定式的转变并不容易，转融通被投资者利用和接受也需要一个过程，未来的研究重点应是转融通。《证券时报》多次指出，应鼓励投资者改变思维模式，关注突发性做空事件，同时切实防范卖空风险。上海交通大学朱宁认为，当前须加强对投资者的教育和保护，让投资者意识到自己投资能力的局限性，转换其投资理念和行为。

（五）建议监管部门加强对揭黑与卖空相结合的浑水式做空手法的监管，强化做空信息披露、加大对恶意做空的监管和处罚力度

《金融时报》建议，需充分吸取 2008 年国际金融危机西方国家在融券卖空监管方面的经验教训，务必站在审慎务实的基础上设计立体式的风险管理机制。《东方早报》指出，近期张裕 A 和中信证券的表现，有揭黑方式与融券卖空相结合的趋势，有必要加强和完善对证券公司、投资咨询机构发表研究报告的监管，防止利用虚假信息做空或操纵市场。《证券时报》提出，要追踪影响股价和市场走势的重大传闻源头和发布渠道，严惩利用虚假传闻非法牟利的机构和个人，指定监管“高压线”。《中国证券报》强调，在转融通业务启动后，监管部门应加大监控和跟踪力度，杜绝频频出现的借助谣言“浑水摸鱼”现象。兴业证券刘立立表示，既要强化对上市公司信息披露的监管，使股价趋于合理，又要有针对地加强卖空信息的集中统计监测监控，使做空行为及时暴露于阳光下。市场各方也应该各司其职，使卖空与揭黑得以有效运转，维持做空机制良性运转，推动证券市场健康发展。

Appendix | 附录

我国融资融券业务发展年度报告

2011 年

融资融券业务发展概况①

2011 年，融资融券业务从平稳起步期迈入有序增长的新阶段，业务规模显著扩大，市场影响力持续增强，业务运行安全平稳，风险管理恰当有效，为业务未来发展打下了良好的基础，前景十分广阔。

一、投资者

（一）投资者数量大幅增加

2011 年，25 家证券公司秉承“将合适产品卖给合适的人”的适当性管理理念，在严格控制客户准入和强化客户融资融券风险教育的基础上，积极稳妥地拓展客户。截至 2011 年末，投资者共开立信

① 作者：中国证券金融公司市场监测部。

用证券账户34.86万个，较2010年末增长728.39%，2011年月均增长19.45%，其中个人账户占99.68%，机构账户占0.32%。

（二）融资融券客户平均资产规模300万元左右，平均融资融券余额100万元左右

截至2011年末，82.77%的投资者负债在100万元以下，2.68%的投资者负债在500万元以上；与之相适应，84.07%的投资者资产在300万元以下，4.26%的投资者资产在1 000万元以上。

（三）粤沪京苏浙5省市开户客户数量和资产规模占2/3

2011年末，25家证券公司已有2 156家营业部开展融资融券业务，其中近半数分布在广东、上海、北京、江苏和浙江五个省市。这些地区的融资融券客户数量占全国总数的62.77%，融资融券客户资产规模占全国总量的66.58%。由于这些地区经济较发达，投资者参与证券市场交易的时间跨度、交易广度和深度普遍高于其他地区，融资融券投资者多为中产以上阶层，抗风险能力普遍较高。

（四）融资融券潜在投资者数量较大

2011年末，25家证券公司拥有普通证券经纪业务客户近5 500万户。按资产规模超过50万元、在开户证券公司交易超过18个月的准入条件，符合融资融券试点开户资格的客户累计近 130 万户，占经纪业务客户的 2.36%。目前已经开立信用账户的客户约 17 万户，仅占符合资格客户总量的 13.08%。

二、交易

（一）融资融券交易规模快速增长

2011 年，沪深 300 指数下跌 23.75%，但融资融券交易规模整体呈上涨态势。全年融资融券累计交易金额达到 5 855.96 亿元，占标的证券全年总交易金额的 6.63%，较 2010 年增长 389.28%，月均增长 7.13%。特别是 9 月以来增长加快，11 月交易金额达到全年最高，为 644.49 亿元，是全年月均交易额的 1.32 倍。2011 年末融资融券余额为 383.00 亿元，占标的证券流通总市值的 0.34%，较 2010 年末增长 199.80%，月均增长 9.29%。

（二）融券交易规模显著扩大

2011 年，融券累计交易金额 524.88 亿元，占融资融券交易金额的 8.96%，该比重较 2010 年增加 6.92 个百分点，2011 年月均增长 1.78 个百分点，12 月该比重已达 21.43%。年末融券余额为 6.59 亿元，占融资融券余额的 1.72%，该比重较 2010 年增加 1.63 个百分点，2011 年月均增长 0.14 个百分点。

（三）新增标的证券交易活跃

2011 年 12 月 5 日，融资融券标的证券从原来的 90 只股票扩容至 278 只股票和 7 只交易型开放式指数基金。标的证券扩容首月（2011 年 12 月 5 日～2012 年 1 月 4 日），全部标的股票融资融券交易金额为 571.35 亿元，其中新增标的股票交易额为 177.90 亿元，后者占前者比重为 31.14%。7 只交易型开放式指数基金首月的融资融券交易总额达到 14.3 亿元，占同期融资融券交易总额的 2.44%。

三、证券公司

（一）证券公司融资融券业务收入大幅增长

2011 年，融资融券业务收入已成为证券公司业务收入和利润的新增长点。截至 2011 年末，25 家证券公司融资融券业务收入累计达 31.91 亿元，月均增长 10.63%。同时从全年来看，融资融券业务收入占证券公司经纪业务收入的比重为 6.52%，月均增长 13.29%，12 月份该比重已达 13.20%，部分证券公司达到近 20%。

（二）证券公司融资融券收入结构日趋合理

一方面，融资融券息费收入日益增长，佣金收入在减少。2011年，25家证券公司的息费收入共24.39亿元，占融资融券总收入的76.41%，较2010年增加8.26个百分点；佣金收入6.20亿元，占融资融券总收入的19.43%，较2010年末减少7.75个百分点。另一方面，融资业务收入和融券业务收入的占比也在发生积极变化。以息费收入为例，2011年12月证券公司融券费用收入0.05亿元，占息费总收入的1.73%，较1月增长1.55个百分点。

四、担保物与风险管理

（一）投资者维持担保比例保持较高水平

2011年，投资者维持担保比例全年平均290.23%，其中3月达到最高312.64%，之后缓慢下降，年末为261%。12月，维持担保比例低于150%的投资者最多时达到393户，年末减少为174户，仅占全部融资融券投资者的0.44%，最低维持担保比例为131%。

（二）投资者持有担保证券较为分散

2011年，投资者持有的担保证券中99.13%为股票，基金和债券仅占0.87%，股票又以大盘蓝筹股为主，总体市场风险较小、流动性较高。投资者信用账户持有的2 482种担保证券中，市值占比超过1%的仅有12只，最高为2.68%，表明担保证券集中度不高。全市场单只股票担保市值占该股总市值比例大于5%的只有14只，最高的为14.51%，平均为0.86%。

（三）风险管理措施扎实有效

2011年，融资融券业务在全年股票市场震荡下行的环境中仍然保持平稳运行，不仅未发生一起重大风险事件，而且还经受了"双汇事件""重庆啤酒事件"和股市大幅波动等外部多重因素的考验。2011年，融资融券业务的组织领导工作审慎周密，探索了一条行政监管与自律监管相结合的监管新路子，严格投资者准入门槛，推动融资融券业务从试点转向常规，有序扩大标的证券范围，确保了业务安全平稳运行。同时，2011年证券公司继续强化了风险管理体系建设。如严格客户征信授信流程，加强业务风险前端控制；高度重视风险监测监控，加大逐日盯市力度；通过监控指标的变化及时发现风险，细化风险防范措施；加强标的证券的跟踪和管理，提高应对突发事件的反应速度等。

总而言之，回顾2011年的融资融券业务，有四点是值得肯定的：

一是融资融券业务的制度安排适合我国市场发展需要。我国的融资融券业务制度安排具有三个方面的突出特点。首先是交易结算集中化，即交易集中在深圳、上海证券交易所进行，结算集中在中国证券登记结算公司进行，能够通过融资融券标识跟踪每一笔交易，而不是像欧美那样分散在场外柜台市场进行。其次是证券来源集中化，即证券公司未来在自有证券不足时，将集中通过中国证券金融公司借入证券，再出借给投资者，而不是像欧美那样通过分散的证券借贷平台借入证券。最后是充分借鉴境外融资融券业务的经验教训，补充完善制度建设。比如说严格禁止“裸卖空”，融券卖出的报价必须高于前一笔交易的成交价等等。从业务实践来看，这些制度安排有利于融资融券和转融券的迅速达成，交易信息公开透明、便于维护，既能有效控制业务风险，也能更好地进行信息统计和市场监管，是适应目前我国资本市场发展实际的合理安排。

二是融资融券业务给证券市场带来了积极影响。首先是为股票市场增加了一条制度化的资金融通渠道。在全年股市资金呈净流出趋势的同时，融资融券余额的不断增加有利于补充市场流动性。从余额来看，融资融券业务已为市场注入约 383 亿元的增量资金，平均每月递增 9% 左右。其次是为资本市场提供了一种双向的信用交易机制。2011 年，单只股票的做空功能逐渐被投资者熟悉和运用，初步适应了投资者多元化的投资需求和多样化管理风险的要求。最后是完善了市场套利机制。7 只交易型开放式指数基金纳入标的证券以来，投资者运用交易型开放式指数基金进行期现套利的活动更加活跃，上证 50 指数基金等品种的交易量明显放大。

三是融资融券业务强化了证券公司综合管理能力和业务创新意识。2011 年，证券公司通过健全内控制度和风险防范措施，协调平衡信用交易部、经纪业务部、衍生品部和技术开发部等关系，统筹总部与营业部的业务往来与管理等，提升了综合服务能力，增强了核心竞争力。同时，证券公司纷纷对市场中性策略、利用融资融券进行交易型开放式指数基金套利、期现套利等策略展开深入研究，并准备在标的证券范围扩大和转融通业务推出的背景下，将这些研究成果更有效的应用，极大地增强了自身的创新意识，拓展了创新领域。

四是融资融券业务为转融通业务的推出准备了条件。一方面，随着融资融券交易规模扩大，融资融券业务对市场的积极影响日益增加，市场对转融通机制的需求更加迫切。另一方面，证券公司经营模式和盈利模式的改善、风险防控工作的扎实推进、融资融券业务为资本市场带来的积极影响等，为转融通机制的推出及风险防范工作提供了良好的软硬件基础和宝贵的经验。可以预见，转融通业务推出后，证券公司融资渠道将进一步拓宽，融资融券业务也将进入一个迅猛发展的全新阶段。

当然，我国融资融券业务尚处于起步阶段，仍存在一些发展中的问题，比如投资者结构不尽合理，基金、保险等专业机构投资者尚不能开展该项业务，证券公司融券券源有限，融资融券利费率相对较高等等。这些问题尽管是基于业务发展初期稳妥起步、严控风险考虑的自然结果，但也决定了融资融券业务无论是规模还是市场影响力，尚不能完全满足和适应市场发展的需要。随着融资融券业务由试点转入常规以及转融通机制的推出，这些问题将会逐步妥善加以解决。

潮平两岸阔，风正一帆悬。展望未来，我们满怀希望，让我们为建设适合我国资本市场实际需要的融资融券制度而添砖加瓦、扬帆远航。

2012 年
融资融券业务发展概况①

2012 年，融资融券业务转为证券公司常规业务后步入快速增长的新阶段。投资者数量显著增加，交易与余额稳步增长，业务运行与风险管理扎实推进，配套的转融通业务试点平稳推出，融资融券业务已经成为证券公司一项十分重要的创新业务，呈现出良好的发展前景。

一、投资者

（一）投资者数量增加近 2 倍

2012 年，各证券公司在强化融资融券客户风险教育的基础上，积极稳妥地拓展客户。全年新开立信用证券账户 65.04 万户，月均

① 作者：中国证券金融公司市场监测部。

增长43.4%。年末投资者数量为50.43万人，累计开立信用证券账户99.03万户，较2011年末增长1.84倍。其中，沪市账户占49.85%，深市账户占50.15%；个人账户占99.66%，机构账户占0.34%。

（二）粤沪浙京苏5省市客户约占全国六成

融资融券投资者主要分布在经济发达的沿海省市和地区。截至2012年末，广东、上海、浙江、北京和江苏五个省市的融资融券客户数量居前五位，分别占全国总数的15.21%、15.06%、9.93%、8.73%和8.45%，合计占57.38%。相对于2011年末，这一比重下降了5.39个百分点。

（三）投资者资金实力与投资经验较佳

2012年末，50万投资者融资融券信用账户的平均资产为275.84万元，账户资产大于100万元的投资者占全部投资者的46.43%；投资者信用账户平均负债为98.90万元，负债小于100万元的投资者占82.97%；投资者的平均年龄为48.29岁，年龄处于40～60岁的投资者占65.78%；平均投资经验为2.14年，拥有3年以上投资经验的投资者占14.02%。较强的资金实力、较多的投资经验、负债水平适中，使融资融券投资者具有较高的风险承受能力。

二、交易

（一）交易稳步增长

2012年，沪深300指数上涨7.55%，融资融券交易呈迅速增长态势。全年融资融券交易额达到1.65万亿元，较2011年增长181.8%。其中，融资交易额为1.35万亿元，占81.82%；融券交易额为0.3万亿元，占18.18%。上海市场成交1.12万亿元，占67.6%；深圳市场成交0.53万亿元，占32.4%。全年融资买入额和融券卖出额分别占A股总交易额的2.25%和0.45%，较2011年上升1.56个和0.39个百分点。

2012年1月至3月，受2011年底标的证券扩容影响，融资融券交易经历了第一轮快速增长，月交易额从660亿元增至1 413亿元，增长114%；4月~11月，随着市场逐步回落，融资融券交易趋于稳定，月均交易额为1 300亿元；12月，受市场转暖影响，月交易额达到2 820亿元，是其余月份平均交易额的2.3倍。

截至2012年末，融资融券余额达到895.30亿元，较2011年末增长133.8%。其中，融资余额占95.73%，融券余额占4.27%。融资融券余额约占A股总流通市值的0.48%，较2011年末上升0.24个百分点。

（二）部分标的股票融资买入相对活跃

单只股票融资买入额占该股票当日 A 股交易额的比重，是衡量该股票融资交易活跃度的重要指标。全年，有 238 只标的股票该比重超过 20%，累计发生 2442 只（次）；有 105 只标的股票该比重超过 30%，累计发生 435 只（次）；有 39 只标的股票该比重超过 40%，累计发生 108 只（次）；有 17 只标的股票该比重超过 50%，累计发生 37 只次。其中有 2 只标的股票表现最为活跃：一是新黄浦，该股票在 11 月的 9 个交易日占比都超过了 50%，其中 11 月 20 日高达 76.3%；二是北辰实业，该股票在 7 月的 6 个交易日占比都超过了 50%，其中 7 月 2 日高达 75.3%。

（三）标的股票交易集中度有所下降

2012 年，全部 278 只标的股票融资买入 7 034.1 亿元，较 2011 年增长 142.4%；融券卖出 1 415.2 亿元，增长 423.4%。但交易的集中度有所下降。从交易居前的 10 只标的股票看，融资买入额占全部标的股票融资买入额的比重为 18.9%，较 2011 年下降 6.4 个百分点；融券卖出额占全部标的股票融券卖出额的比重为 24.1%，较 2011 年下降 4.2 个百分点。

（四）标的交易型开放式指数基金的融券交易较为活跃

2012 年，全部 10 只标的交易型开放式指数基金融资买入 232 亿元，是2011年的33.5倍，月均增长17.7%；融券卖出360亿元，是2011年的471倍，月均增长50.2%。华泰柏瑞和嘉实沪深300指数基金自6月纳入标的证券范围以来，交易持续活跃。其中，华泰柏瑞沪深300指数基金更为突出：全年融资买入额为80.8亿元，占全部标的交易型开放式指数基金融资买入额的34.8%；融券卖出额为237.8亿元，占全部标的交易型开放式指数基金融券卖出额的66%。在11月~12月间的18个交易日，该交易型开放式指数基金融券卖出额占该交易型开放式指数基金当日交易额的比重超过了40%，12月11日创当年新高，达到47.5%。

（五）标的证券融出率平均约为四成

2012年末，在开展融券业务的74家证券公司中，50家证券公司准备了18.6亿股（份）融资融券标的证券，实际融出6.99亿股（份），平均融出率为37.6%。其中，标的股票平均融出率为32.4%，标的交易型开放式指数基金平均融出率为42.6%。数据显示，标的证券融出率与其价格波动幅度呈正相关关系，全年价格波动最大的80只股票平均融出率为42.5%，价格波动最小的80只股票平均融出率为29.6%，其余118只股票的平均融出率为33.0%。

三、证券公司

（一）证券公司参与面扩大

2012 年是融资融券业务由试点转入常规后的第一个完整年度，各证券公司高度重视，积极申请融资融券业务资格。截至 2012 年末，开展融资融券业务的证券公司由 2011 年末的 25 家上升至 74 家，营业部数量为 4 216 家，分别占全国证券公司和营业部总数量的 65% 和 84% 。2012 年 8 月 30 日，作为融资融券业务的配套，中国证券金融公司推出转融通业务试点，首批 11 家证券公司先行办理转融资业务，年末参与转融通业务试点的证券公司共达到 30 家。

（二）业务集中度呈下降趋势

截至 2012 年末，74 家证券公司为投资者累计开立信用证券账户 99.03 万户。其中，国泰君安、华泰证券、国信证券、广发证券、银河证券、申银万国、光大证券、海通证券、齐鲁证券和中信建投的信用证券账户数量位居前十，合计开立 61.7 万户，占 62.32% ，较 2011 年下降 18.45 个百分点。

2012 年，全市场融资融券交易总额达到 1.65 万亿元。其中，海通证券、华泰证券、申银万国、国泰君安、银河证券、招商证券、广发证券、光大证券、中信证券和中信建投的交易额位居前十，合计交易1.2万亿元，占全市场的72.73%。全年融资和融券交易额位居前十的证券公司交易集中度分别为55.76%和93.33%，较2011年分别下降17.7个和3.53个百分点。

截至2012年末，全市场融资融券余额为895.30亿元。其中，海通证券、国泰君安、华泰证券、中信证券、银河证券、申银万国、广发证券、招商证券、光大证券和国信证券的余额位居前十，合计556.22亿元，占全市场的62.13%。融资与融券余额位居前十的证券公司余额集中度分别为61.11%和84.94%，较2011年分别下降10.1个和10.34个百分点。

（三）融券费率高于融资利率

2012年，证券公司开展融资业务的平均利率为8.5%，其中87%的证券公司采用了8%～9%的融资利率水平。证券公司开展融券业务的平均费率为9.57%，较平均融资利率高出1.07个百分点，其中67%的证券公司采用了10%以上的融券费率水平。2012年，证券公司开展融资融券交易的平均佣金水平为1.3‰，较普通交易平均佣金水平高出约0.3‰，其中64%的证券公司融资融券交易佣金水平处于1‰～2‰。

（四）业务收入稳步增长

2012年，74家证券公司融资融券业务收入为74.42亿元，较

2011 年增长 133.22%。其中，息费收入 53.10 亿元，占 71.35%；佣金收入 16.42 亿元，占 22.07%；其他收入 4.90 亿元，占 6.58%。从全年来看，融资融券业务收入占证券公司经纪业务收入的比重为 14.80%，较 2011 年增加 8.28 个百分点。融资融券业务收入位居前十的证券公司业务收入合计为 49.44 亿元，占全市场融资融券业务收入的比重为 66.43%，较 2011 年下降 10.13 个百分点，2012 年月均下降 1.32 个百分点。

四、担保物

（一）主板股票占到担保证券总市值的八成

2012 年末，融资融券担保物总市值为 2 951.05 亿元，其中担保资金总额为 157.90 亿元，占 5.35%；担保证券市值为 2 793.15 亿元，占 94.65%。担保证券中，股票市值 2 763.53 亿元，占担保证券总市值的 98.94%；基金和债券市值 29.62 亿元，占担保证券总市值的 1.06%。担保股票中，沪深主板上市的股票市值为 2 371.91 亿元，占全部担保股票总市值的 85.83%，占融资融券担保物总市值的 80.38%。

（二）担保股票较为分散

2012 年末，全体融资融券客户提交的担保股票共 2 458 只，较

2011 年增加 7.1%。单只股票担保市值占该股票流通市值的平均比重为 1.97%，该比重超过 5% 的股票达到 137 只，较 2011 年增加 123 只，其中比重最高的是恒顺电气，达到 28.93%。单只担保股票市值占全部担保股票市值比重最大的前 5 只股票分别为：广汇能源，2.69%；民生银行，2.05%；浦发银行，2.03%；包钢稀土，2.03%；兴业银行，1.98%。按行业排名，金融服务业、房地产业、有色金属业、化工业和机械设备业位居前五，合计占全部担保股票市值的比重为 51.11%。

（三）维持担保比例有所上升

2012 年，投资者平均维持担保比例 1 月为 285.83%，11 月下降为 247.61%，12 月回升至 275.61%，较 2011 年末上升了 13 个百分点。其中，维持担保比例在 300% 以上的投资者占全部投资者的 39.82%，维持担保比例低于 150% 的投资者有 105 名，占全部投资者的 0.12%。

五、转融通

（一）转融通业务试点平稳推出

转融通制度安排是融资融券制度的配套机制。2012 年 8 月 27

日，中国证券金融公司会同上海证券交易所、深圳证券交易所和中国证券登记结算公司，发布了《转融通业务规则（试行）》《转融通证券出借交易实施办法（试行）》和《证券出借及转融通登记结算业务规则（试行）》等转融通业务试点相关规则。8 月 30 日，转融通业务试点正式推出，转融资业务先行办理。截至 2012 年末，已有 30 家证券公司获准参与转融资业务试点，转融资业务运行平稳，各项指标符合监管规定。

（二）转融资有效促进融资规模扩大

截至 2012 年末，中国证券金融公司累计向 30 家证券公司融出资金 410.33 亿元，转融资余额为 92.51 亿元。总的来看，转融资业务有效缓解了部分证券公司融资业务资金不足的问题，为证券市场注入了流动性，对全市场融资业务的促进较为明显。截至 2012 年末，全市场融资余额为 857.09 亿元，较转融资业务试点推出前增长了 30%。

总而言之，回顾 2012 年的融资融券业务，主要呈现出四方面的变化：

第一，融资融券的市场作用进一步凸显。首先是融资融券交易占比在逐步上升。2012 年 12 月，融资买入额占全部 A 股普通交易额的比重达到 3.85%，较 1 月上升 2.28 个百分点；融券卖出额占全部 A 股普通交易额的比重为 0.78%，较 1 月上升 0.4 个百分点。其次是融资为主的格局为市场持续注入了流动性。2012 年，融资交易额为融券交易额的 4.5 倍，融资余额从年初的 383 亿元增至年末的 857 亿元，相当于为市场注入了等量的增量资金。最后是融券工具的对冲和平衡作用有所体现。全年，投资者日均融券交易额为 12.38 亿元，是 2011 年的 5.76 倍；户均融券交易额达到 0.66 万元，较 2011 年增长了 61%；融券交易在融资融券交易中的比重从 2011 年的 9% 上升至 18%。同时，华泰柏瑞沪深 300 指数基金和华夏上证 50 指数基金的融券卖出额显著增长，成为投资者运用融券工具进行期现套利和对冲市场风险的主要工具，缩小了期货现货价差，提高了套利效率。

第二，融资融券业务成为证券公司的核心业务之一。65% 的证券公司、84% 的证券营业部突出地表现了融资融券业务覆盖面得到有效扩大。2012 年，融资融券业务为证券公司贡献了 74.42 亿元的收入，成为证券公司突破收入增长瓶颈的主要着力点。部分证券公司融资融券业务收入占经纪业务收入的比重超过 20%，成为公司新的利润增长点。正因如此，各证券公司普遍强化对融资融券业务部门的组织与人员保障，优化业务与风控流程，强化专业人才的配置与培训，不断研究设计丰富的多空交易策略，加强了融资融券的研究力度。

第三，转融通作为融资融券配套机制的作用初显。中国证券金融公司于 2012 年 8 月 30 日正式推出了转融通业务试点，先行办理转融资业务。转融通业务试点推出后，参与试点的 30 家证券公司转融资需求踊跃，截至年底，累计转融资 410 亿元，缓解了部分证券公司融资业务资金不足的问题，为部分证券公司提供了资金头寸调度的工具。转融资业务对融资业务的促进明显，截至 2012 年底，全市场融资余额较转融资业务试点推出前增长了 30% 。不仅如此，为着转融通业务试点的顺利展开，证券公司普遍加强了人才队伍建设，强化了技术系统建设与维护力度，梳理融资融券业务流程，健全融资融券风险管理机制，进一步夯实了融资融券业务基础。

第四，融资融券业务的风险管理体系扎实推进。2012 年，融资融券业务在探索行政监管与自律监管相结合方面迈出新步伐。中国证监会加强了证券公司融资融券业务监督管理，督促申请融资融券业务资格的证券公司做好各项业务准备工作，强化融资融券业务监督检查与稽查工作等。中国证券业协会周密组织融资融券业务实施方案专业评价；上海证券交易所、深圳证券交易所和中国证券登记结算公司做好证券公司融资融券业务技术系统测试工作。全年，新增 49 家证券公司正式获得了融资融券业务许可。与之同时，证券公司普遍增强了以市场化手段防控风险的能力，全年进行融资融券平仓 498 次，有效释放了投资者信用风险。中国证券金融公司建立了完整的融资融券统计监测系统，收集全市场融资融券业务明细数据，强化融资融券业务风险的监测监控、预警、评估、报告和处置。针对獐子岛、酒鬼酒等标的证券股价大跌事件，中国证券金融公司强化事件风险评估及对融资融券业务的影响分析，及时形成分析报告并上报监管部门。总体来看，融资融券业务在全年股票市场震荡运行的环境中保持平稳运行，各项指标符合监管要求。

当然，相对于境外成熟市场，我国融资融券业务仍处于起步阶段，需要解决的问题与矛盾还不少。目前，融资融券交易规模还不大，标的证券范围还比较狭窄，专业机构投资者如基金、保险等尚不能参与，转融通业务试点刚刚开始等等。随着融资融券业务覆盖面的进一步拓宽，转融通机制的不断完善，风险管理机制的逐步加强，这些问题将会在发展中逐步解决。

“深化金融改革、完善金融监管、推进金融创新、维护金融稳定”，这是党的十八大对新时期我国金融业发展的总体要求和部署。可以预期，伴随着我国国内生产总值翻一番和居民收入倍增计划的实现，我国资本市场将在改革开放创新中逐步拓展发展空间，将在服务实体经济中发挥支持推动作用。作为资本市场的基础性制度安排，融资融券和转融通业务会在资本市场的发展中汲取源源不断的动力，迎来又一个迅速发展期，机制会持续优化、规模会不断壮大、监管会日益完善、服务资本市场的能力会得到提高，从而谱写出更加辉煌壮丽的新篇章。

2013年

融资融券业务发展概况①

2013年是融资融券业务取得长足发展的一年。这一年，标的证券两次扩容，覆盖了全市场近三成的证券品种，近八成的流通市值；投资者准入门槛进一步放宽，参与交易的投资者数量较2012年增长172%；融资融券交易活跃度不断上升，交易额已占到A股交易额的8.4%；融资融券业务收入稳定增长，已占到证券公司全年营业收入的18.6%。中国证券金融公司依托融资融券统计监测系统，从交易、担保品、客户及证券公司等不同维度出发，对融资融券业务运行情况进行了总结分析，力求全方位、多角度反映2013年的业务运行情况。展望未来，融资融券业务覆盖面有望进一步拓宽，风险管理机制将逐步加强，转融通配套交易机制也将持续完善。

① 作者：中国证券金融公司市场监测部。

一、融资融券交易情况

2013 年，股票市场经历了小幅调整，上证综指收于 2 115.98 点，较 2012 年末下降 153.15 点，跌幅 6.75%。A 股全年累计成交金额 46 万亿元，同比增加 49%。在这样的背景下，证券公司融资融券业务成为交易最为活跃的一年。全年融资融券交易额达到 62 830 亿元，占 2010 年 3 月以来融资融券累计交易额的 64%，较 2012 年增长 2.8 倍；全年融资融券余额连续突破 1 000 亿元、2 000 亿元和 3 000 亿元，年末余额达到 3 466 亿元，较 2012 年增长 287%；相对于全年普通交易额，融资融券交易已经占 A 股交易额的 8.4%，同比增加 5.5 个百分点。这表明，融资融券已经成为我国证券市场重要的基础性交易机制。

从全年的增长上看，可以分为三个阶段：第一阶段是 2013 年 1 月 ~5 月。1 月，融资融券月交易额为 3 934 亿元，逐步增至 5 月的 5 859 亿元，月均增长 10.5%。余额呈快速上升态势，从 2012 年末的 895 亿元迅速增至 2013 年 5 月末的 2 216 亿元，月均增长 20%。第二阶段是 6 月 ~9 月。沪深 300 指数小幅上涨，融资融券月交易额从 4 165 亿元持续增至 7 581 亿元，月均增长 22.1%，9 月成为全年融资融券交易额最高的月份。余额呈温和式增长，从 6 月的 2 216 亿元缓慢增至 9 月的 2 861 亿元，月均增长 5%。第三阶段是 10 月 ~12

月。沪深 300 指数小幅回落，月交易额从 6 241 亿元连续降至 5 859 亿元，月均减少 8.2%。余额继续稳步攀升，10 月突破 3 000 亿元，至年末达到 3 466 亿元，阶段内月均增长 4%。年末融资余额为 3 435 亿元，较 2012 年增长 301%；融券余额 30.4 亿元，较 2012 年末下降 20.4%（见图 1）。

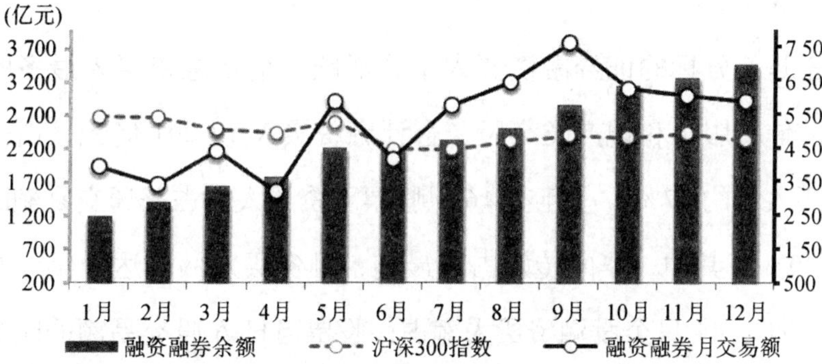

图 1　融资融券交易额与余额增长情况

融资融券交易的持续活跃，可以归结为以下五个方面的原因：

一是标的证券两次扩容。截至 2013 年末，标的证券共有 713 只，流通总市值达 152 223 亿元，已覆盖沪深市场近 80% 的流通市值。2013 年 1 月 31 日，标的股票数量由 278 只扩容至 500 只，此后一个月内日均融资买入额从 97 亿元增至 112 亿元，增长 16%；日均融券卖出额从 19 亿元增至 21 亿元，增长 7%。9 月 16 日，标的股票进一步扩容至 700 只，融资融券日均融资买入额又增长了 20%，日均融券卖出额增长了 6%。

二是客户迅速增加。2013 年 3 月以后，中国证监会取消了客户开立信用账户的窗口指导意见要求，新增客户数量连续 4 个月增长超过 10%，全年客户新开户数月均增长 8.68%，客户总数从年初的 50.4 万户增至年末的 136.95 万户，增幅为 172%。这些新增客户平均资产为 52.03 万元，全年融资融券交易额为 23 156.92 亿元，占全部客户交易额的 39.69%；年末融资余额为 1 762 亿元，占全市场融资余额的 51.3%。

三是部分标的证券融资买入十分活跃。全年融资买入最多的是金融、信息服务和地产类个股，合计融资买入 12 201 亿元，占全部融资买入额的 37%。全年有 16 只股票融资买入额占普通交易额比重超过 20%。其中，华闻传媒占比最高，融资买入额已达全年成交额的 24.2%。44 只个股融资买入额占该股票当日 A 股交易额的比重超过 50%，累计发生 68 只次，较 2012 年增加 31 只次。

四是交易型开放式指数基金融资融券交易增长迅速。全年标的交易型开放式指数基金融资买入 54.2 亿元，较 2012 年增长 225.2%，占交易型开放式指数基金普通交易额的比例平均为 11.39%；融券卖出 1 100.65 亿元，较 2012 年增长 205.9%，占交易型开放式指数基金普通交易额的比例平均为 16.64%。

五是日内回转交易活跃。2013 年，全市场共了结融资合约 2 480.43 万个，平均持仓时间为 24 天，共了结融券合约 482.65 万个，平均持仓时间为 7.7 天。其中，当日开仓当日了结的融资合约数量占融资合约的 6%，而当日开仓当日了结的融券合约数量占融券合约的 58%。

二、担保品结构及交易情况

2013 年，沪、深证券交易所宣布的担保证券品种从年初的 4 040 只增加到 4 710 只，数量增长了 16.6%。客户全年提交的担保证券共 3 130 只，较 2012 年末增加了 237 只。年末融资融券担保品总市值达到 8 760 亿元，较 2012 年末增长 226%。其中，沪深主板股票 1 414 只，市值 6 311 亿元，占 74.45%，较 2012 年末下降 11.38 个百分点；中小板及创业板股票 1 056 只，市值 2 110 亿元，占 24.90%，较 2012 年末增加 10.87 个百分点；基金及债券 660 只，市值 56 亿元，占 0.65%，较 2012 年末增加 0.51 个百分点（见表 1）。

表 1　　2013 年末担保品结构表

<table>
<tr><td rowspan="9">可充抵保证金证券</td><td colspan="3">可充抵保证金证券种类</td><td>数量（只）</td><td>数量占比（%）</td><td>市值（亿元）</td><td>市值占比（%）</td></tr>
<tr><td rowspan="5">股票</td><td>沪市</td><td>主板</td><td>945</td><td>30.19</td><td>4 657.81</td><td>54.94</td></tr>
<tr><td rowspan="3">深市</td><td>主板</td><td>469</td><td>14.98</td><td>1 653.58</td><td>19.51</td></tr>
<tr><td>中小板</td><td>701</td><td>22.40</td><td>1 441.72</td><td>17.01</td></tr>
<tr><td>创业板</td><td>355</td><td>11.34</td><td>668.55</td><td>7.89</td></tr>
<tr><td colspan="2">股票合计</td><td>2 470</td><td>78.91</td><td>8 421.66</td><td>99.34</td></tr>
<tr><td colspan="3">基金</td><td>342</td><td>10.93</td><td>44.49</td><td>0.52</td></tr>
<tr><td colspan="3">债券</td><td>318</td><td>10.16</td><td>11.35</td><td>0.13</td></tr>
<tr><td colspan="3">总计</td><td>3 130</td><td>100.00</td><td>8 477.49</td><td>100.00</td></tr>
<tr><td>担保资金</td><td colspan="3">总额（亿元）</td><td colspan="4">282.41</td></tr>
<tr><td colspan="4">担保品总值（亿元）</td><td colspan="4">8 759.90</td></tr>
</table>

担保证券市值的大幅增加主要来自于新增客户。全年新增融资融券客户 86.55 万名，新增客户年末的担保证券市值为 4 302.53 亿元，占全部客户担保证券市值的 50.75%；2013 年前开户的客户年末担保证券市值为 4 174.96 亿元，较 2012 年底增长 65%。

2013 年底，有融资融券负债的客户担保品价值为 8 041.76 亿元，占全部客户担保品价值的 91.8%，较 2012 年同期增长 219.63%；客户总负债为 3 506.38 亿元，较 2012 年同期增长 289.04%。负债增速明显超过担保品价值增速，客户平均维持担保比例由年初的 276% 降至 229%。其中，维持担保比例在 300% 以上的客户有 86 575 人，占有负债客户的 24.03%；在 170% ~300% 之间的客户有 244 915 人，占 67.98%；在 150% ~170% 之间的客户有 24 041 人，占 6.67%；低于 150% 预警线以下的客户有 4 761 人，占 1.32%。这表明，证券公司融资融券业务总体上具有超额担保的特征，大多数客户具有较高的信用风险承受能力。

值得一提的是，全年客户担保品累计交易额达到 77 778 亿元，占客户信用证券账户全部交易额 140 608.5 亿元的 55%，超过了融资融券交易额。

三、证券公司融资融券业务开展情况

2013 年，开展融资融券业务的证券公司新增 10 家，总数达到

84 家；证券营业部新增 809 家，总数达到 4 869 家，占证券公司营业部总数的 86%。84 家证券公司年末净资本合计为 4 910. 61 亿元，较 2012 年底增长 11. 91%；融资融券余额占净资本的比例达到 73. 5%，同比增长 53 个百分点。

在全行业发展较为快速平稳的前提下，资金实力和经纪业务实力较强的证券公司市场份额较为领先。据统计，净资本排名前十的证券公司，融资融券客户人数合计 65. 45 万，占全部客户人数的 48. 4%；融资融券交易额 36 874. 7 万亿元，占全市场融资融券交易额的 56. 7%；融资融券余额为 1 871. 44 亿元，占全市场融资融券余额的 54%。

2013 年，证券公司实现融资融券业务收入 296. 39 亿元，较 2012 年增长 3 倍，成为证券公司收入的主要增长点，占证券公司全年营业收入 1 592. 41 亿元的 18. 6%。自 2010 年 3 月业务启动以来，证券公司融资融券业务收入年均增长 337%（见图 2）。其中，业务

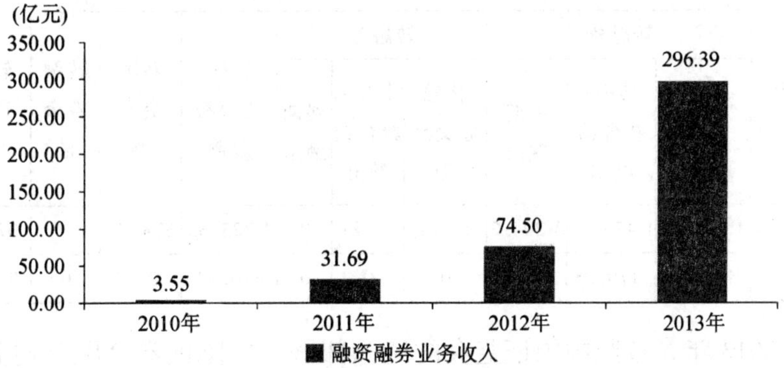

图 2　融资融券业务收入增长情况

收入超过10亿元的有11家公司，合计收入172.87亿元，占58.3%；介于1亿元~10亿元的有42家，合计收入111.7亿元，占37.7%；1亿元以下的证券公司有31家，合计收入11.82亿元，占4%。

四、转融通初步发挥了融资融券业务配套支持作用

2013年，转融通业务实现了快速增长，全年累计转融资融出资金1 653.07亿元，累计转融券融出股票82只，市值合计47.21亿元。截至年底，转融通余额为576.90亿元，较2012年底增长5.24倍；占融资融券余额的比例达到16.65%，较2012年底增加6.31个百分点（见表2）。其中，转融资余额574.71亿元，占99.62%；转融券余额2.19亿元，占0.38%。

表2　　转融通交易情况　　（单位：亿元）

年份	交易额							余额		
	转融资			转融券			转融通交易金额	转融资余额	转融券余额	转融通余额
	转融资交易额	其中：新合约融出	展期融出	转融券交易额	其中：新合约融出	展期融出				
2013年	4 678.11	1 473.87	3 204.2	47.21	47.21	0	4 725.32	574.71	2.19	576.9
2012年	410.33	179.2	231.13	0	0	0	410.33	92.51	0	92.51

2013年，按照中国证监会的统一部署，中国证券金融公司分两次扩大了转融资试点证券公司范围。1月，试点证券公司从30家增

至52家，5月又扩大至74家，覆盖了88%的已开展融资融券业务的证券公司。截至2013年底，转融资余额已占到74家证券公司融资余额的16.7%。其中，净资本在200亿元以上的大型证券公司，转融资余额占其融资余额的比例平均为12.6%；净资本200亿元以下的证券公司，转融资余额占其融资余额的比例平均为25.1%，其中有9家证券公司转融资余额超过其融资余额的一半。

2013年2月28日，中国证券金融公司正式启动了转融券业务试点。首批参与试点的证券公司为中信证券等11家业务准备较为成熟的公司，试点标的证券范围为90只股票。9月18日，试点证券公司范围扩大至30家证券公司，转融券标的股票扩大至287只。转融券业务试点的推出，有力地支持了融券业务发展，满足了市场的多元化投资需要。年内有19家证券公司实际参与了转融券交易，有6家证券公司年末有转融券余额，金额为2.19亿元，占这6家证券公司融券余额比例平均达到了17.9%。转融券余额分布在21只股票，占这些股票同期融券余额比例平均为46.11%。

五、融资融券业务的展望

总结2013年融资融券业务，可以说实现了总体上的平稳有序运行，融资融券交易稳步增长，标的证券、担保证券有序扩大，证券公司和客户参与范围逐步拓展，主要业务指标和风控指标处于安全线以内。这表明，融资融券业务发展有着良好的市场基础和市场环境，适应了中国资本市场实际情况和需要，在初步满足了客户通过信用交易方式进行证券投资的市场需求的同时，有力地促进了证券公司转换业务模式和强化综合管理能力，丰富了资本市场功能，为证券市场持续注入了流动性，成为完善我国资本市场交易制度的基础性制度创新。

融资融券业务的平稳发展，首先是得益于制度设计的到位。我国融资融券业务制度借鉴境外成熟市场的成功经验，实施了禁止裸卖空、提价规则、客户适当性管理、维持担保比例盯市管理等一系列制度安排，充分发挥了后发优势。其次是得益于监管合作的有效。四年来，监管各方分工协作，探索建立了以行政监管、自律监管和监测监控相结合的融资融券业务监管框架，推动构建监管合力，形成事前评估、事中监测监控和事后查处相结合的工作机制。再其次是得益于业务的有序推进。融资融券业务采取了试点先行、逐步扩大的原则，证券公司业务发展步伐比较稳健，投资者开户门槛逐步放开，标的证券范围有序扩大，转融通试点范围不断拓宽，积极重视舆论宣传引导工作，兼顾了业务发展与市场承受能力。最后是得益于业务风险的逐步释放。在技术系统安全稳定运行，不发生区域性风险和系统性风险的前提下，个别标的证券、担保证券风险事件，通过对少数投资者的平仓，使个别风险有序释放，保持了业务发展和风险可控的较好平衡。

当然，相对于境外成熟市场，我国融资融券业务仍处于起步阶段，需要解决的问题与矛盾还不少。目前，融资融券交易制度还不能完全满足业务发展的需要，融资融券交易规模还不大，标的证券范围还比较狭窄，专业机构投资者如基金、保险等尚不能参与，个别证券公司风险管理机制还有所疏漏，部分投资者风险意识还比较薄弱等等。随着我国资本市场进一步发展壮大，融资融券业务覆盖面进一步拓宽，转融通交易机制不断完善，风险管理机制逐步加强，这些问题将会在发展中逐步解决。

第一，进一步优化融资融券交易制度。相关各方正积极推动修订融资融券业务相关规则，适应市场发展需要和投资者交易需求。例如，有望实现融资融券合约必要的展期，以解决融资融券期限不能满足投资者长线投资需求的问题；扩大客户融券卖出所得资金使用范围，以解决信用账户资金沉淀、使用效率不高的问题；降低客户提取担保品门槛、提高担保品利用效率。这些基础交易制度的优化，是四年以来业务实践的经验总结，将进一步促进融资融券业务的健康发展。

第二，进一步扩大融资融券标的证券范围。目前，融资融券标的股票仅有 700 只，数量占沪深全部股票数量的比例仅为 28%，绝大部分是大盘蓝筹股，不能满足部分客户杠杆投资中小市值股票的需求。2013 年，融资融券标的证券有望在此前三次顺利扩大的基础上，继续按照流通市值、流动性、活跃度、财务基本面等因素，实现进一步扩大。在标的证券扩大的过程中，进一步完善标的证券的选取和动态调整机制，明确交易所划定的标的证券范围只是一个基础证券池，证券公司应结合标的基本面的变化自主筛选。

第三，有序推进专业机构客户参与融资融券和转融通业务。目前，融资融券业务主要以个人客户参与为主，以机构客户参与为辅。开立信用账户的一般机构客户仅有3 447名，仅占融资融券客户数的0.3%。社保基金、公募基金、信托公司和保险资产管理机构等专业机构客户受制于参与路径不明确，尚未开展融资融券和转融通业务，不仅使得融资、融券发展不平衡，也制约了融资融券业务的创新。未来两年，公募基金等专业机构客户参与转融通证券出借有望取得一定突破，融券券源供给将得到扩大，融资、融券业务不平衡的现象将有所改观。

第四，进一步完善证券公司融资融券风险内控管理。加强对证券公司融资融券业务检查，督促、推动证券公司完善、加强融资融券业务风险内控管理，将是监管机构、市场组织者的一项长期工作。一是加强标的证券选取和管理工作。证券公司应根据自身实际情况，在交易所确定的标的股票池的基础上，进一步筛选建立适合自身风控要求的标的股票池，并建立动态调整机制。二是加强担保品管理。证券公司应结合客户提交担保品的基本面、股价走势、单一担保证券集中度等，加强担保品盯市和风险监控，及时将资质较差的证券剔除担保证券范围。三是防范客户信用违约风险。证券公司应加强投资者适当性管理，探索差异化的客户授信管理和信用风险管理方法，以避免客户过度炒作波动较大的证券等。四是防范内部风险的积累。证券公司应强化以净资本为核心的风险管理体系，避免过度杠杆，关注流动性风险。

第五，进一步强化融资融券交易风险自担的宣传和教育。随着融资融券业务规模的继续扩大，进一步加强舆论宣传引导和投资者教育，突出强调证券公司和投资者树立风险自担意识。一是证券公司应当注意兼顾业务收益与风险，建立跟踪每一名客户盈亏情况的制度和风险报警体系，承担起客户信用违约风险预防、发现、报告和处置的第一主体责任。二是证券公司应当进一步强化客户适当性管理工作，提高客户适当性管理的有效性，加强客户事前教育，做好开户与签约环节的讲解沟通工作，以明确、醒目的方式书面及口头告知客户，融资融券可能引起亏损放大，甚至被强制平仓，客户需要自担投资风险。三是加强主动宣传，引导教育投资者增强风险防范能力，以真实的案例和统计数据向投资者全面揭示融资融券交易风险，突出强调交易风险自担的契约特征。

2014 年
融资融券业务发展概况*

2014 年是我国资本市场全面深化改革的开局之年，也是融资融券业务实现跨越式发展的一年。这一年，融资融券年交易额突破 10 万亿元，余额突破 1 万亿元，融资融券作为证券交易的配套机制，重要性不断上升，市场平衡作用初步显现。

一、融资融券业务实现跨越式发展

2014 年 5 月，国务院发布《关于进一步促进资本市场健康发展的若干意见》，为我国资本市场持续健康发展确定了纲领和路线。中国证监会积极推进市场基础制度改革，贯彻落实推进监管转型，加快完善发展多层次市场，大力推动证券期货行业创新。在资本市场制度不断完善、机制不断优化的大背景下，融资融券业务实现了跨

* 作者：中国证券金融公司市场监测部。本文写于 2015 年 3 月。

越式发展。

一是融资融券年交易额突破 10 万亿元，占 A 股交易额比重增至 14.4%（见图 1）。全年融资融券交易额合计 10.6 万亿元，较 2013 年增长 174.8%。其中，融资买入额 9.5 万亿元，占 89.5%；融券卖出额 1.1 万亿元，占 10.5%。融资融券交易额占同期 A 股总成交额的比重为 14.4%，较 2013 年增加 6.1 个百分点。全年融资融券交易呈现三个主要特点。第一，非银金融股融资融券交易活跃。33 只非银金融标的股票全年融资融券交易额为 1.57 万亿元，较 2013 年增加 1.07 万亿元；占全部标的证券融资融券交易额的 14.7%，较 2013 年提高 2 个百分点。第二，交易型开放式指数基金融券交易活跃。15 只标的交易型开放式指数基金全年融券卖出额为 2 402 亿元，较 2013 年增加 1 302 亿元；占全部标的证券融券卖出额的 21.5%，较 2013 年提高 2.4 个百分点。标的交易型开放式指数基金的融券卖出额是其融资买入额的 1.05 倍，而对标的股票来说，全部标的股票融券卖出额仅为融资买入额的 9.5%。第三，客户融券卖出集中度远高于融资买入。全年融券卖出额前 100 的客户合计融券卖出 6 611 亿元，占全部客户的 58.7%；而全年融资买入额前 100 的客户合计融资买入 3 801 亿元，仅占全部客户的 4%。

二是融资融券余额突破 1 万亿元，占 A 股流通市值的 3.3%（见图 2）。2014 年底融资融券余额达到 10 256.6 亿元，较 2013 年底增加 6 791.3 亿元。其中，融资余额 10 173.7 亿元，占 99.2%；融

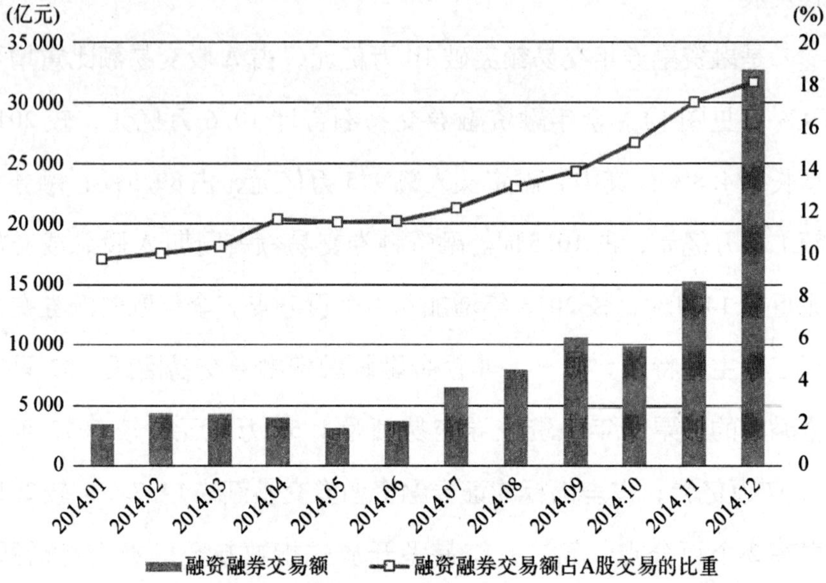

图 1 2014 年每月融资融券交易金额及占 A 股交易额的比重

券余额 82.8 亿元，占 0.8%。融资融券余额占 A 股流通市值的比例由 2013 年底的 1.7% 上升至 3.3%。全年融资融券余额变化呈现三个主要特点。第一，下半年余额增速较快，年尾时有所放缓。前 8 个月余额月均增加 220 亿元，9～11 月增速加快，月均增加 1 000 亿元，12 月中上旬日均增加额达到 121.1 亿元，进入下旬后逐步稳定在 10 100 亿元左右，增速放缓。第二，新增融资余额主要流入非银金融股票。年底非银金融股票融资余额 1 529.1 亿元，占全部标的证券融资余额的 14.9%，居各板块之首。该类股票全年融资余额净增 1 141 亿元，占全市场新增融资余额的 16.9%。第三，交易型开放式指数基金融券余额大幅增长。年底标的交易型开放式指数基金的融券余额为 32.2 亿元，较 2013 年底增长 616%，占全部标的证券融券余额的比重也由 2013 年底的 14.4% 上升到了 38.6%。

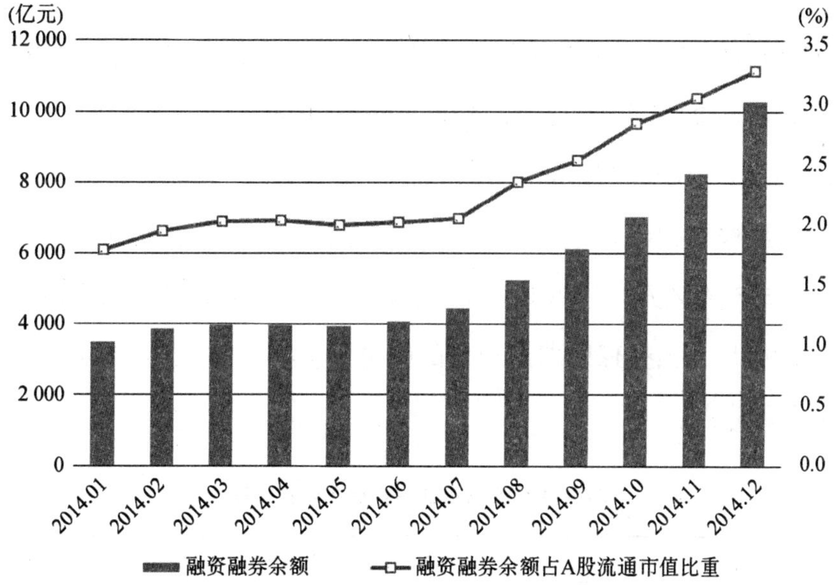

图 2　2014 年每月底融资融券余额及占 A 股流通市值的比重

三是融资融券担保品价值突破 2.7 万亿元，占 A 股流通市值比例由 4.4% 增至 8.1%（见表 1）。年底担保品总价值达到 27 238.7 亿元，较 2013 年底增长 211%。其中，担保资金 1 333.4 亿元，占 4.9%；担保证券 25 905.3 亿元，占 95.1%。担保证券市值占 A 股流通市值的比重为 8.1%，较 2013 年底增加 3.7 个百分点。全年担保品变化呈现三个主要特点。第一，担保品大幅净转入。客户全年向信用账户累计净转入担保证券 7 226 亿元，净转出资金 1 680 亿元，合计净转入担保品价值为 5 546 亿元，较 2013 年增加 2 106 亿元，增长61%。第二，担保品结构更加稳健。年底担保证券数量达到3 356只，较2013年底增加353只。其中属于沪深主板股票的担保证券共1 452只，合计担保市值为20 121.9亿元，较2013年底增加13 812.9亿元，占担保品总价值的比重由72.1%上升到73.9%；担保资金由2013年底的282.4亿元增至2014年底的1 333.4亿元，增幅为372.2%，占担保品总价值的比重由3.3%升至4.9%。第三，非银金融股票担保市值大幅增加。截至年底，非银金融股票担保市值为3 515.4亿元，较2013年底增加2 756.6亿元，是担保市值增加最多的板块；占担保股票总市值的比重为13.7%，较2013年底增加4.7个百分点。

表1　　2014年年底信用账户担保品结构统计

	种类			数量（只）	数量占比（%）	市值（亿元）	市值占比（%）
担保证券	股票	沪市	主板	986	29.38	15 236.26	58.82
		深市	主板	466	13.89	4 885.63	18.86
			中小板	731	21.78	3 783.72	14.61
			创业板	406	12.10	1 791.12	6.91
		股票合计		2 589	77.28	25 696.73	99.19
	基金			402	11.87	195.04	0.75
	债券			365	10.85	13.57	0.06
	总计			3 337	100.00	25 905.34	100.00
担保资金	总额（亿元）			1 333.39			
担保物总值（亿元）				27 238.73			

四是参与融资融券交易的投资者数量突破120万名，高净值投

资者交易活跃。年底融资融券投资者数量达到301万人，较2013年底增长120%。其中，178万名投资者全年未参与融资融券交易，占投资者总数的59%；123万名投资者参与了融资融券交易，占41%。统计显示，123万名参与交易的投资者呈现以下特点。第一，个人投资者数量多，机构投资者自有资产多。参与交易的个人投资者122.7万名，占99.8%，人均自有资产78.7万元；机构投资者0.27万名，占0.2%，人均自有资产4 500万元。第二，绝大部分投资者只有融资买入。参与交易的投资者中，103万名投资者只有融资买入，占83.7%；2.3万名投资者只有融券卖出，占1.9%；17.8万名投资者既有融资买入，又有融券卖出，占14.5%。第三，高净值投资者融资融券交易额和余额占全部投资者的一半。参与交易的投资者中，信用账户中自有资产300万元以上的高净值投资者有5.5万名，融资融券交易额为49 478亿元，占全部投资者的46.5%。这些投资者年底融资融券余额为5 650亿元，占全部投资者的55%。第四，自有资产50万元以下的投资者交易和余额占比不足两成。参与交易的投资者中，信用账户中自有资产50万元以下的投资者有90万名，融资融券交易额为20 818亿元，占全部投资者的19%；这些投资者年底融资融券余额为1 550亿元，占全部投资者的15%。

五是融资融券业务市场覆盖面进一步加大，业务集中度有所下降。年底，开展融资融券和转融通业务的证券公司家数分别为91家和81家，涉及6 234家营业部，占全部证券公司的90%。与2013年相比，融资融券市场份额集中度有所下降，全年交易额前十的证券公司融资融券交易额合计59 253亿元，占全市场的55.6%，较2013年下降4.4个百分点；年底余额前十的证券公司融资融券余额合计5 479亿元，占全市场的53.4%，较2013年底下降1.4个百分点。部分证券公司对转融通业务依赖度较高。截至年底，国泰君安等8家证券公司的转融资余额超过30亿元，日信证券等7家证券公司的转融资余额超过其融资余额的三成。中信证券等11家证券公司的转融券余额超过其融券余额的一半。

2014年，融资融券业务发展总体上顺应了市场走势，为我国资本市场的平稳健康发展，以及证券行业综合竞争力的提高发挥了重要作用：

一是活跃了市场交易。2014年，A股交易额为74.1万亿元，较2013年的46.7万亿元增长了58.9%；而同期融资融券交易额增长了174.8%，占A股交易额的比重由2013年的8.3%增至14.4%。特别是在12月，A股交易额达到创纪录的18.1万亿元，融资融券交易在其中占到了近20%。全年来看，融资买入额占其普通交易额超过30%的标的证券有6只，分别是燃控科技35.9%、中鼎股份34.8%、三峡新材33.8%、华夏上证50ETF32.4%、川投能源30.2%和科力远30.1%；单日融资买入额占其普通交易额比重超过50%的标的证券达到539只（次）。融券卖出额占其普通交易额超过20%的分别是华泰柏瑞沪深300ETF34.2%、华泰柏瑞红利

ETF26.6%、嘉实沪深300ETF25.8%和华夏上证50ETF25.3%；单日融券卖出额占其普通交易额比重超过30%的标的证券达到846只（次）。

二是促进了市场估值合理回归。2014年以来，融资融券已为证券市场注入了超过7 000亿元增量资金和超过50亿元的证券。金融类股票等大盘蓝筹股成为资金流入的主要对象，仅在下半年，客户融资买入金额为74 720亿元，其中非银金融类股票融资买入11 433亿元，占15.3%；银行类股票融资买入5 417亿元，占7.2%。两类股票融资余额合计2 402亿元，占全部融资余额的23.6%，金融类股票平均市盈率由5.73倍上升到8.9倍。下半年，沪深300指数成分股融资融券余额净增3 578亿元，占融资融券余额净增加额的62.5%。平均市盈率从8.5倍上升到12.9倍，估值日趋合理。

三是增强了证券公司盈利能力。融资融券业务作为证券公司一项重要创新业务，其收入占证券公司营业收入的比重逐年攀升（见图3）。2014年，证券公司融资融券息费收入为446亿元，较2013年大幅增长141.7%，占证券公司全年总营业收入的17.3%，较2013年上升5.8个百分点，已成为证券公司第三大业务收入，仅次于经纪业务和自营业务。此外，融资融券交易还为证券公司带来约232亿元的佣金收入。总的来看，融资融券业务助推了证券公司业务布局从纯中介业务向做市服务、融资融券等资本中介业务转型，加快了证券公司经营格局调整和业务转型升级，证券公司盈利模式进一步优化，盈利能力得到提升。

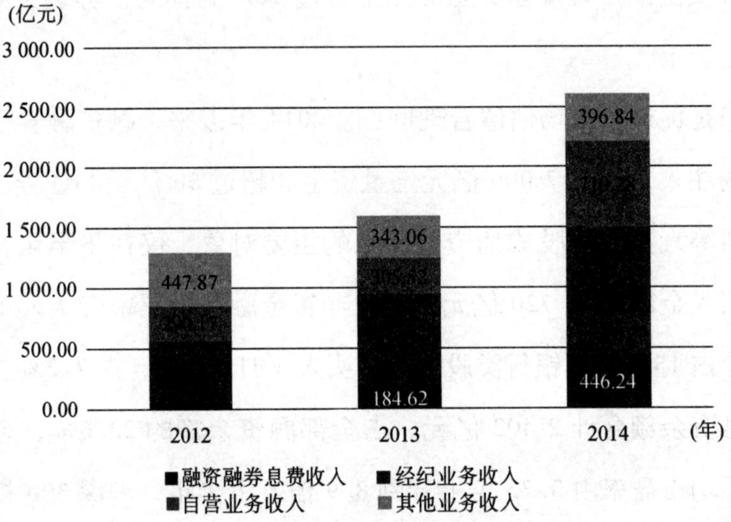

图 3　2012～2014 年证券公司收入结构

四是初步发挥了市场平衡作用。融券交易有平衡和净化证券市场交易的作用，可以挤压估值过高、存在财务问题的上市公司股价泡沫，有助于提高上市公司信息披露透明度，有效保护投资者利益。2014 年，日均融券卖出额为 45.7 亿元，较 2013 年增长超过 85%。融券卖出额占同期 A 股成交额的比重，2013 年底为 1.3%，2014 年为 1.5%。2014 年，交易型开放式指数基金融券卖出 2 402 亿元，超过融资买入的 2 291 亿元，成为投资者对冲套利和风险管理的重要工具。可以预期，随着融资融券双向交易机制的健全、融券券源的丰富、价值投资理念的强化，融券卖空的市场化平衡、对冲和净化作用将进一步发挥。

二、融资融券业务发展的主要推动因素

一是股票市场持续回暖。2014 年上证综指由 2115.98 点上涨至 3 234.68 点，累计上涨 53%；A 股交易额为 74.1 万亿元，较 2013 年增长近六成。上半年，上证综指下跌 3.2%，融资融券交易总体平稳，累计融资买入 2 万亿元，融券卖出 0.3 万亿元，合计占上半年 A 股交易额的 10.8%。下半年市场稳步上涨，上证综指累计涨幅为 57.9%。市场回暖的同时，融资买入和融券卖出也趋向活跃。期间，融资融券投资者增加 115 万名，信用账户的担保品价值增加 1.7 万亿元；累计融资买入 7.5 万亿元，融券卖出 0.8 万亿元，合计占下半年 A 股交易额的 15.9%，较上半年上升 5.1 个百分点。

二是标的证券范围进一步扩大。2014 年 9 月 22 日，上海证券交易所、深圳证券交易所对融资融券标的股票进行了第四次扩容，标的股票数量由 700 只扩容至 900 只。扩容后，融资融券标的股票流通市值 18.6 万亿元，占 A 股总流通市值的 80%；全年成交金额 49.6 万亿元，占 A 股成交额的 67.3%。2014 年 6 月 23 日，转融券标的股票数量由 287 只增加至 628 只，覆盖了近七成的融资融券标的股票。融资融券和转融通标的股票的扩大，可供投资者选择的证券品种更加全面，可供出借的证券数量更加丰富，可供投资者采取的交易策略也更加多样。从 9 月 22 日至年底，新增标的股票融资融

券交易额共 6 848 亿元，占同期全部标的证券的 11.1%；年底新增标的股票融资融券余额 1 043 亿元，占全部标的证券的 10.2%。

三是融资融券的财富效应有所显现。在参与融资融券交易的 123 万投资者中，82.8 万名投资者浮盈，占 67.4%，总浮盈 6 020.3 亿元，人均浮盈 72.7 万元。按盈利金额占账户日均净资产的比例计算，人均浮盈率为 69%。绝大多数投资者利用融资融券交易的杠杆特性，在市场上涨中显著提升了收益水平，体会到了融资融券带来的财富效应。

四是融资融券业务风险管理持续加强。我国融资融券业务从一开始就采取了严格的风险控制措施，包括禁止裸卖空、实施卖空提价规则、交易规模设定上限以及实行强制平仓制度等，中国证监会及各自律组织在业务实践中也不断加强对证券公司风控措施落实情况的监督检查力度。全年中国证监会及其派出机构对证券公司融资类业务进行了两次例行现场检查，及时对违规行为采取了处置和通报措施，并适时提高了对融资融券客户的适当性管理要求。证券交易所、登记结算机构和证券业协会等自律组织依据各自职责，加强对融资融券交易、证券资金划转的实时监控和风险提示，组织行业力量完善融资融券业务合同必备条款和风险揭示书。证券金融公司密切跟踪分析业务运行情况与存在的风险，有针对性地提示证券公司采取相应措施防控风险，及时向监管部门报告风险情况和处置建议。证券公司在实践中持续改进风控措施，根据市场变化和自身情况，及时采取提高客户适当性管理要求、提高保证金比例、降低担保证券折算率等措施，增强了业务发展的稳健性和可持续性。在各方的共同努力下，融资融券业务行政监管与行业自律相结合的监管体系初步形成，为业务的持续健康发展打下了坚实基础。

五是长期价值投资理念逐步形成。全年客户共了结融资合约2 331万个，平均持仓时间为23.1天，较2013年增加1.4天。其中持仓时间超过5个月的融资合约共223.6万个，占全部已了结合约数量的3.3%。自有资产300万元以上的投资者融资合约的平均持仓时间为34.5天，是自有资产300万以下投资者的1.7倍，显示高净值客户的长期价值投资理念有所加深。

六是转融通配套支持作用初步发挥。截至年底，转融通余额达到1 145亿元，较2013年底翻了一番。其中，转融资余额1 037亿元，占融资余额的10%，全年累计为证券公司提供资金支持1 697亿元，成为证券公司重要的资金来源渠道；转融券余额108亿元，是融券余额的1.3倍，全年累计为证券公司出借证券29亿股，成为证券公司开展融券业务的主要证券来源渠道。2014年，转融通业务创新取得阶段性进展，证券金融公司相继推出了有偿使用转融通担保资金和转融券约定申报业务，在提升转融通业务灵活性与效率的同时，也提高了证券公司参与业务的积极性。

三、加强融资融券业务发展与风险管理并重

过去的一年，融资融券业务取得了长足进步，已成为我国证券市场一项重要的基础交易制度。展望2015年，我国经济发展进入“新常态”，市场发展环境总体向好，资本市场服务实体经济转型升级能力将进一步增强，改革创新发展动力将进一步加大，法制化、国际化程度将进一步提高，投资者权益保护理念将进一步深入人心。

总体来看，融资融券业务的平稳健康发展，有赖于维护和巩固资本市场改革发展和对外开放大局，有赖于维护和强化投资者权益保护，关键在于兼顾业务发展与风险管理并重，加强中远期发展规划，进一步发挥对证券市场的积极影响和作用：

一是进一步完善融资融券业务规则体系。根据融资融券发展的实际状况和市场需求，完善融资融券规则体系，切实强化投资者适当性管理，坚守风控底线并兼顾业务发展，适当放宽融资融券客户在开户与合约期限等方面较为严格的限制，为融资融券发展创造良好的制度环境，增强融资融券对证券市场交易机制的完善作用。

二是促进融资融券业务创新发展。研究扩大融资融券标的证券范围，逐步探索标的证券“正面清单”与“负面清单”相结合的制度，更有效地发挥证券公司在管理和调整标的证券池方面的作用。研究搭建集中统一的证券借贷平台，简化和理顺转融券和融券业务流程，使市场化的融券功能机制有效得到发挥。推动专业机构投资

者开展融资融券交易，满足机构投资者实施量化、对冲、套利等多样化交易策略的需求等。

三是支持证券公司增强资本金实力。积极创造良好政策和市场环境，推动引导证券行业进一步加大股权融资力度，通过上市、定向增发等手段筹资扩股，提高净资本水平；优化行业债权融资结构，加大长期债权融资力度，减少对短期债权融资的依赖，减弱资金期限错配程度，提高抗风险能力。

四是督促证券公司加强融资融券业务风险控制。引导证券公司审慎合理确定融资融券规模和经营杠杆，全面强化标的证券和担保证券风险管理，执行落实投资者适当性管理各项规定，切实提高抵御风险能力，确保融资融券业务发展与自身资本实力和风险管理能力相适应。

五是强化融资融券业务统计与风险监测。加大对融资融券交易状况、客户结构、担保品情况等的统计分析力度，加强对市场风险较高的标的证券、信用风险较高的客户风险监测和防范处置工作，强化监管信息资源共享和功能协作，提高行业风险预判和预警能力，促进行业持续健康发展。

六是加强融资融券业务宣传教育。加大对融资融券业务发展正面客观的宣传引导力度，营造良好舆论环境。大力宣传融资融券合同契约性和“买者自负”原则，引导投资者理性审慎参与融资融券交易。广泛宣传引导广大投资者认真掌握融资融券基础知识，了解融资融券风险特性，切实增强融资融券风险意识和防范能力。

补充阅读：

2014 年各月融资融券交易、余额及担保品统计表

月份	交易（亿元）				A 股交易额（亿元）	融资融券交易占比（%）	月底余额（亿元）				A 股流通市值（亿元）	余额占比（%）	担保品（亿元）			平均维持担保比例（%）
	融资买入		融券卖出				融资		融券				资金	股票	基金、债券及其他	
	股票	ETF	股票	ETF			股票	ETF	股票	ETF						
2014.01	2 987.29	71.61	345.59	84.33	35 505.40	9.83	3 216.48	254.60	17.59	2.26	196 640.86	1.78	281.05	8 722.22	50.26	232.45
2014.02	3 863.88	73.73	394.69	79.72	43 649.71	10.11	3 565.72	270.40	21.77	3.86	199 927.29	1.93	391.48	9 371.64	47.23	230.10
2014.03	3 693.96	90.15	480.97	98.24	41 955.44	10.40	3 636.64	289.35	23.27	4.48	196 953.36	2.01	374.13	9 373.42	49.82	224.57
2014.04	3 396.52	118.59	425.33	120.17	34 621.49	11.73	3 611.15	322.73	22.88	3.41	196 626.90	2.01	365.28	9 491.40	53.43	224.47
2014.05	2 612.34	127.35	292.56	135.46	27 314.77	11.60	3 551.55	357.60	24.04	4.05	199 496.74	1.97	357.72	9 793.30	55.55	230.90
2014.06	3 162.82	147.49	262.23	157.66	32 042.68	11.64	3 634.86	395.20	23.39	6.58	203 020.49	2.00	383.75	10 227.30	57.26	235.71
2014.07	5 639.91	167.32	470.60	195.82	52 938.91	12.23	3 958.75	438.61	36.25	13.05	219 015.74	2.03	520.52	11 568.18	58.23	245.06
2014.08	7101.34	208.59	489.43	206.59	60 181.01	13.30	4 689.63	509.39	27.61	8.50	223 989.12	2.34	481.22	13 162.55	68.29	237.90
2014.09	9475.19	264.17	612.53	279.89	75 727.95	14.04	5 512.93	581.22	27.76	9.48	243 460.32	2.52	532.37	15 898.13	70.73	243.79
2014.10	8 823.20	220.01	629.37	253.49	64 593.90	15.37	6 308.77	643.86	33.35	14.41	249 171.27	2.81	734.42	17 472.71	70.24	238.24
2014.11	13 534.48	294.57	1 082.12	341.02	87 990.74	17.33	7 443.16	731.34	41.08	22.97	272 629.92	3.02	920.81	20 702.48	96.09	241.31
2014.12	28 485.31	507.32	3 301.94	449.73	179 909.08	18.20	9 369.43	822.41	50.85	32.15	315 624.31	3.26	1 333.39	25 688.30	217.05	240.45

索 引

图 Picture

表　*Table*

补充阅读

后记

Postscript

融资融券业务开展五周年之际，我们编辑出版这本书，主要基于三点考虑：一是通过真实记录我国融资融券和转融通业务的演变路径，为了解和认识我国信用交易发展状况与制度特征提供一个比较系统的解释，营造我国证券金融市场发展的社会认知环境；二是通过系统运用我国融资融券交易独特的数据，为市场参与主体及学术界提供鲜活的、详细的研究素材和资料，推动我国信用交易和卖空机制的纵深研究；三是通过系统介绍境外信用交易与证券借贷市场、第三方担保品管理业务的最新发展状况，为完善我国信用交易机制、构建我国证券借贷制度安排提供“他山之石”。

本书是中国证券金融公司集体创作的产物。中国证券金融公司于2011年10月成立以来，特别重视融资融券研究工作的制度建设和成果应用，初步构建了以“课题”为中心的研究工作机制，搭建了以《融资融券研究》为代表的成果发布平台，建立了与证券公司合作研究机制。紧紧围绕我国融资融券及转融通业务发展，以及境外信用交易制度体系与发展动态，形成了一批具有一定影响的研究成果，有的成果作为决策参考材料上报决策层，有的成果作为业务宣传素材对外发布，有的成果作为了解融资融券发展情况的资料用于对外交流，在实践应用中发挥了一定的积极作用。在本书付梓之际，对各位作者的辛勤劳动和创作表示感谢，同时感谢中国财政经济出版社为本书出版所付出的努力。

中国证券金融公司是一个富有活力、富有朝气、具有市场敏锐性的新公司，建设和发展证券金融市场在中国还是一项崭新的事业。融资融券业务开展5年来，累计交易额已突破32万亿元，余额突破1.3万亿元，融资买入与融券卖出额之和占到普通交易额的20%左右，转融通余额占到融资融券余额的一成多，短时间内展示了良好的发展潜力和旺盛生命力。这些初步取得的成绩，离不开中国人民银行、证监会、银监会等金融监管部门的大力支持，离不开金融系统各行业机构的积极配合和参与，离不开社会各界有关方面的理解和帮助。随着我国多层次资本市场建设的纵深推进，融资融券机制的不断完善，各类市场主体的广泛参与，证券金融市场发展前景依然十分广阔。在未来的工作中，我们殷切期望能进一步得到各方面领导和专家的垂注与指导，进一步加大与各行业各领域的沟通合作，汇聚各方力量，更加注重行业的规范发展，更加注重风险防范与监控，奋力推动我国证券金融市场向前向上发展，为推进我国多层次资本市场建设与改革发展做出更大贡献！

二〇一五年三月三十一日